*The Current Situation and Path Optimization of Teachers' Evidence-Based Practice*

# 教师循证实践的现状与路径优化

王俊山 / 主编

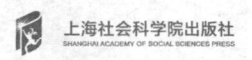

上海社会科学院出版社

# 序 一

  群众性的教育科研是我国基础学校改革发展路上的一大亮点。多年来，上海市静安区教育局采用不断设计全区"龙头"课题的方式，引领和推动了区内所有学校的改革进步。二十多年来，他们走过了从全体学生全面发展向个性化培育创新人才的整体改革之路，营造了"规划一片森林，让每棵树都自由生长"的优良科研生态。不仅如此，他们还积极探索研究方法的迭代升级，从"九五"到"十四五"，行动研究——实践研究——实证研究——实践性循证研究的方法进阶路径清晰可见。这为静安区重大教育改革的深入与落地提供了学术支撑，保障了静安教育科研的可持续发展。

  在"十三五"期间，静安区教育局有关科室为推进区域重大课题，对教师循证实践进行了攻关研究，形成了专题调查报告，构建了循证实践的基本模型，研发了循证实践的多个支撑工具，并在全区进行了由点到面的检验推广，形成了不少典型经验，促进了教师循证素养的提升和实践的改进。由王俊山老师领衔完成的这部著作正是他们研究成果的结晶，将为教师循证实践的逐步完善提供坚实的基础。

  该著作倡导的教师循证实践，很容易与前些年境外流行的"循证教育"混为一谈。据我所知，静安区的教师研究者并未将加拿大"舶来"的"循证医学"或据此移栽的"循证教育"拿来就用，而是下定"立足本来，吸收外来"的功夫，铸就了下述两个自我特征：

  第一，守住教师作为实践者的底色，特别注重多次往复、螺旋式改进的历程意识。举一个著名的教学个例。20世纪80年代时，有人向于漪老师请教："您怎么成为名师的？"她的话极简单："我上语文课，一篇课文三次备课，坚持数年一定成为好老师。"这是一辈子学做教师的过程，过程里有大量周期性的循环，几次循环不断改进，越来越好。基于一次实验结果，让所有人推广行不通。教师水平的提高是教育改革推进的关键，教师只有在参与教育改革的行动中接受教育,才能在多次尝试、反复循环中不断改进。要用证据监控行为,用效果检测证据。通过漫长的重效果的证据推理、长周期的循环改进,老师会成长起来,这也是循证研究的中国经验。

第二,强调教育的高度复杂性,坚持多元证据、多角度互证以及证据标准的规范与适当。既然是研究就必须以证据为准绳,不讲证据会陷入武断。证据来自多个方面,不能仅局限于量化数据,这会导致数字崇拜;将证据分等,常会贬低甚至漠视质性、个案等类型证据的价值。不少专家认为,那种以变量控制程度来区分证据优劣的做法,暗含着"技术至上"的危险,抹杀了教师的创造性,贬低了专业智慧的重要意义,很容易产生"片面或潜在"的误解。静安区的教师循证实践,重视如下四类证据的关注:一是数字形式呈现的量化证据,二是文本或实物形态的质性证据,三是体现逻辑思考的理论证据,四是符合现实的经验证据。关注和使用多元证据,对于身处改革大环境中的教师来说,是实践品质提升和改革成效保障的重要路径。在一项研究或改革项目中,通过多元证据的"三角互证",可使获得的结论更加可靠。值得注意的是,此书的研究者还对证据标准的规范和适当进行了更深层次的思考与探索,比如证据的针对性与显著意义、结论与观察之间的逻辑连贯与相容关系、所得结论在特定情况下的精确性和解释力等,认为最佳证据只有在整个循环改进过程中才能逐步形成,适当或适合的才是最好的。

总的来说,"教师循证实践"是深化改革行动和提升研究品质的有益尝试,推进实践性循证是一项很有时代意义的崭新工作。"林中无直路,人间有正道"。我们有理由期待,只要咬定青山不放松,在基础学校改革发展的康庄大道上,今后定会涌现更多、更好、更有用的研究成果。

2022 年 10 月 22 日

(作者系上海市青浦区教师进修学院名誉院长、华东师范大学数学科学学院荣誉教授)

# 序 二

静安区自"九五"以来,连续承担6项国家教育部重点课题,逐渐形成以重大科研项目引领和凝聚区域教育发展的机制,促进了静安区教育内涵的持续提升,成为静安区教育的一大特色甚至品牌。

静安区所承担的重大教育科研项目具有主旨一贯的连续和深入,从"九五"的"素质教育"到"十五"的"课程改革"以及"十一五"的"学业效能",从"十二五"的"走向个性化"到"十三五"的"深化个性化"以及"十四五"的"激活创造力",体现出前瞻和聚焦;在方法上彰显关注前沿的进阶和提升,从行动研究到实证研究,再到实践性循证研究,实现了迭代与升级。

在推进区域重大科研课题的过程中,静安区探索出"双轮驱动""三方协作"的运作机制和多条实施路径,基于方法培训和研修的推进是其中一条颇具特色的经验。从"十一五"到"十二五",围绕课题的推进,区科研室组织了两期实证研究方法专题培训班,回应了子课题研究团队开展实证研究的方法指导需求,缓解直至消除了大家在开始存在的"实证焦虑",有效提升了静安区学校的实证研究水平,提高了全区教师研究素养。

进入"十三五",静安区承担的重大课题是开展实践性循证研究,这是一个前沿的方法,相对以往的研究大家更感陌生,畏难情绪较重。当时又适逢两区合并,在研究方法应用上的认识和能力差异更大,如何通过指导培训解决这些问题,既影响到重大课题的有序推进,也关系到静安区教育科研的发展提升,任务的复杂性和挑战性更大。在后来的方法研修中,科研室一方面进行实证方法普及性培训,另一方面平行组织"实践性循证"专题研修班,既弥补了存在的短板,也探索了新方法的应用,收到了比较好的效果。

循证来自医学,教育的循证如何开展,这是一个前瞻性、普遍性难题。尽管有一些理论探索,但实践相对薄弱,这方面的成果更是缺乏。科研室为此攻坚克难,在全室共同探讨的基础上,又组织了专题研究小组,进行集中攻关,相继形成了一些基本思路和操作要则,推动了重大课题的进展。为了使循证更进一步融入教师的日常教学和学校的研修活动,王俊山带领区科研室专门成立了课题组,并申报立项上海市教育科研课题,对这一课题进行深度研究,这体现了他们知难而上、勇挑重担的品质和勇气,这也是静安教育科研人追求学术、勇攀高峰的一种折射。经过几年的研究,他们在教师循证实践方面取得了一些开创性成果,眼前的这本著作就是他们科研智慧的结晶。这些探索有效提升了静安区教师的循证实践素养,促进了教育实践的改善,形成了"静安-循证"的话语新标识,为提高静安教育科研的影响力作出了积极贡献。

"十四五"期间,静安区将围绕"激活学生创造力"开展新一轮的教育改革探索,而所使用的方法仍为实践性循证研究。如何在"十三五"的基础上,推动实践性循证进一步深化,更好地支撑教学深度变革,这如同激活创造力本身的研究一样,充满艰难与挑战。希望科研室深入总结在教师循证实践这一课题研究上的成果经验,并以此为基础,锚定关键环节,进行重点突破,使静安区的实践性循证再上一个台阶。

"十三五"期间,静安区探索形成了科研流动站、教育学术季等一批新机制、新平台,促进了教育研究成果的推广、转化、迭代、升级,促进了"学术精进、专业卓越"的区域氛围营造。希望在"十四五"期间,区科研室在激发科研活力、打造科研生态、提升科研品质上继续深入探索,努力为静安教育的高质量发展作出新的、更大的贡献。

2022 年 10 月 12 日

(作者系上海市静安区教育局局长)

# 前　言

循证实践是一个前沿性命题,需要我们了解与探究,更需要我们结合实际进行创造性的实施。静安区在循证实践方面进行了一些初步尝试,并成立课题组进行攻关研究。本书呈现了我们在循证实践上的理性认识与考察,展示了分阶段不断推进的历程,凸显了在具体操作方面所研发的典型成果,分析了所取得的阶段成效以及面向未来的审视与展望。

一、教师循证实践的总体认识

循证实践作为一个专有名词,在医学领域的使用比较普遍,医生对这一词语具有很高的知晓度。但对于教育领域而言,这个专有名词在某种程度上还属于比较生疏的学术词汇。我们于2019年10月在全市五个区的抽样调查显示,"完全没听说过"循证实践这一词语的教师达到38.6%,而其中对循证实践的发展过程"完全不了解"的更是高达45.5%。尽管静安区在这一方面做了一些前期工作,但"完全没听说过"或"完全不了解"的教师也有1/4。可见在教育领域特别是基础教育阶段,"循证实践"这一词语的知晓率是不高的。

关于循证实践的概念、背景、意义、渊源、特征等,在本书的第一章、第二章、第四章都有不同侧面、不同程度的介绍,这里对其概念和要点进行简明阐释。循证实践从医学领域而来,就其本来的含义,即遵循证据进行实践或基于证据的实践,其英文是Evidenced-Based Practice,也明确地表达了这样的内涵。详细地说,循证实践就是医生基于最佳证据,结合自身经验和病人情况实施医疗救治。在实际操作中,证据或者说最佳证据是基础、是核心,而最佳证据、医生经验、病人情况三者之间的紧密结合是关键。尽管不同的学者,对循证实践的具体定义都给出这样或那样的解释或说明,但其本质或其核心要义都是一致的。

循证实践自医学领域诞生以后,就迅速向社会科学领域渗透和延伸,教育领域也不例外。教育领域的循证实践,从其本质而言,与医学领域的概念是一致的,也是遵循证据进行实践,只是主体换成了教育工作者,对象换成了学生,场景换成了教育活动。另外,由于教育现象的复杂性,特别是教育对象——学生的主体性和成长性,教育领域的循证实践更加强调生态效度,更加关注多元证据特别是质性证据的运用。另外,基于教育现象及活动的复杂性和证据采信的特殊性,对于最佳证据的理解、生成、运用也都有一些新的认识和发展。

医学领域的循证实践,最核心的是遵循证据,尽管在其部分模型、解释及实际运用中,也或多或少地关注"循环",但未能凸显甚至缺乏关于"动态调整、多轮改进"的明确表述。我们基于循证实践的原初要义及教育的现状特点,提出了循证实践"一个核心、两个基本点"的内涵要义。具体而言,即:"证据是核心,遵循证据、循环改进是基本点"。在本书中,我们对循证实践的界定是:在教育教学实践活动中,教育工作者根据教育目标或问题,运用规准化证据和个人专业智慧,结合教育对象特点、环境条件所进行的循环性改进历程。这里的循证实践界定,明确了教师这一主体角色,聚焦了教师的日常教育教学场景,强化了规准化证据的运用,凸显了循环性改进这一重要特征。换句话说,这里对循证实践的界定,也即是教师循证实践的定义。

关于教师循证实践,上述概念已经基本表达了主体、对象、场景、流程、要则等方面的指向和内涵,为我们理解和把握教师循证实践提供了基本支撑。但在当下的学术探讨中,还存在着循证教育、循证教学、循证研究、循证教研、循证培训、循证指导等概念,为了便于大家对教师循证实践的内涵与外延进一步把握,我们结合教师的工作任务与内容再加以解释。教师的主体任务和日常工作是每日的教育教学,同时又有指向素养提升的教研、培训等专业成长活动,因此,本书所指的教师循证实践,相当于循证教育教学活动,既包括学科教学,也包括班主任、少先队、社团等活动;关联最紧的是循证教学,也涉及循证教研、循证培训、循证研修等方面。

二、静安循证实践的前期探索

循证实践发端于循证医学,在20世纪90年代初步提出并基本定型,其产生和发展的时间并不长。但如果从循证实践的核心本质——重视并运用证据这一点判断,其则有一个较长的萌发、孕育过程。就医学领域而言,循证医学的萌芽可以前推到20世纪80年代初,而如果把视野拓展至更广阔的社会科学,重视和强化证据的历史可以追溯得更远。从强化"证据"这一角度审视,循证实践与实证研究的思想是一致的。从强化证据、探索实证这一线索来梳理,静安区循证实践的历程大致可以分为四个阶段(见下表):

表0-1 静安区探索循证实践的历程

| 阶段 | 时段 | 项目 | 证据关注 | 推进方式 | 成果标志 |
|---|---|---|---|---|---|
| 第一阶段 | "十一五" | 提高中小学生学业效能:"轻负担、高质量"的实证研究 | 质性证据 | 举办质性研究专题培训班 | 学做质性研究:质性研究中的经验与故事 |
| 第二阶段 | "十二五" | 走向个性化:发达城区教育内涵提升的实证研究 | 量化与质性 | 举办实证研究专题培训班 | 系列实证研究案例 |
| 第三阶段 | "十三五" | 深化教育个性化:发达城区提升学生核心素养的实践性循证研究 | 多元证据循环改进 | 举办实证培训班、实践性循证专题研修班,实施教育反思专项行动 | 实践性循证研修案例、反思行动案例 |
| 第四阶段 | "十三五"至"十四五" | 中小学教师循证实践的现状调查与优化路径研究 | 多元证据循环改进 | 核心小组攻关+基地校合作推进 | 教师循证实践的现状与路径优化 |

第一个阶段,是以质性研究为主的实证研究。在"十一五"时期,我们承担的国家教育部重点课题首次使用实证研究并进行探索。由于缺乏理论储备和实践基础,我们在经过一系列的咨询、研讨、比较之后,从质性研究入手加以推进。在这一时期,我们所搜集的证据以质性资料为主,包括叙述性文本、观察访谈记录、教师教学设计与实施案例、学生作业作品等,所使用的资料搜集方式主要是质性观察、深度访谈、实物采集等。两年的质性研究专题培训,我们采用专题辅导和小组指导的形式加以开展,共分十个小组进行,每个小组配备一名导师。最终取得了关于质性研究的深化认识,积累了系列的典型案例,形成了关于质性研究的核心要点,并将所探索的成果以专著形式加以出版。

> **质性研究的核心要点**
> - 质性研究选题:聚焦适合自己的真问题
> - 质性研究方案设计:建构能操作的规范文本
> - 质性资料搜集:在情境和对话中了解事实和意义
> - 质性研究报告:叙说经验资料背后的意义

第二个阶段,是量化与质性并重的实证研究。在"十二五"时期,我们所承担的国家课题继续使用实证研究。但如何在实证研究上深化？如何拓展证据类型？如何丰富证据的搜集方式？如何优化证据的搜集过程？这一系列问题摆在我们的面前。在经过咨询、研讨之后，我们确立了量化与质性并重、适度增强量化证据的基本思路。我们采用专家总体指导和小组个别指导的方式进行，成立了五个小组，每组配备一名导师和一名科研员。在两年的专题培训中，我们开展了比较规范的准实验研究，进行了严谨的量化调查研究，总结了实证案例撰写的基本要点，形成了系列实证案例，有多篇论文在核心期刊上发表。

> **实证案例的基本要点**
> 
> ◆ 基于问题：案例要从真实的问题出发，问题要具体化、聚焦，是个性化研究中的实际问题。
> ◆ 说明举措：呈现学校具体的改进措施，即问题是如何解决的，有什么操作要点，进行精要的归纳。
> ◆ 描述过程：在新举措推行中遇到了什么困难？是如何推进的？是过程性的细节描述，不是抽象的总结性话语。
> ◆ 分析效果：反映实施前后的成效，从质性描述、量化数据角度分析举措有何效果。
> ◆ 解读价值：用数据或理性思辨来反映案例研究的整体状况，借助文献或理论来深度挖掘案例的意义、价值。

第三个阶段，是渗透循证思想的实践性循证研究。在"十三五"期间，静安区承担的国家教育部课题使用的研究方法是实践性循证研究，尽管在"十二五"的成果总结中已经提出实践性循证这一词语，但这一范式有何特点？在实际操作中如何开展？都需要有新的探索与回答。这时又逢原静安和闸北两区合并，在方法培训上也有新的需求。为此，我们组建了两个培训班，一个是实证方法培训班，主要是对基于"十一五""十二五"研究形成的方法成果进行普及，分幼儿园、小学、中学三个班进行；另一个是实践性循证专题研修班。四个学段共招收了43名学员，在专家总的指导下，每个学段另配备一名导师具体指导，每两周活动一次。通过实践性循证专题研修，学员的循证意识和循证能力大大增强，形成了一系列典型案例。

专栏0-1

### 实践性循证研修案例(部分)

◇ 设计班级微项目培养中学生坚毅品质的三方循证实践
◇ 初中《道德与法治》(六年级)单元活动的循证优化
◇ 三次"循环实证"提升教师命题素养
◇ 以小学中高年级数学活动设计为抓手,探究学生批判性思维启蒙的循证研究
◇ 基于多元证据,全程开展美育特色课程开发的实践性循证研究
◇ 基于螺旋形开发模式的人工智能课程的研发
◇ 基于证据再造流程,培育循证思维
◇ 立足循证的研究,让教育更加智慧
◇ 寻找最佳证据,完善课程建设——《指向学生核心素养培育的校本课程建设研究》的方法探究
◇ 多元建构,提升效度、趣度和深度——以大班活动"我们去买菜"为例
◇ "迷你小社会"玩具廊的实践性循证优化
◇ 基于研究共同体,开展实践性循证研究
◇ 寻找证据,我们一直在路上——特色课程培养幼儿善思品质的实践研究
◇ 以双循模式促研究实效——课题研究案例中的证据搜集
◇ 基于循证实践的挑战教育课程优化路径研究——以"挑战教育特色活动"为例
◇ 依问循证,依证实践——实践性循证研究在课题"幼儿园艺术特色活动日课程模式建构与内容个性化实施的实践研究"中的应用与实施

在这一阶段,我们还推出了渗透循证思想的另一个举措——静安区教育反思专项行动。教育反思行动文件的起草几易其稿,以体现循证思想的融入与强化。教育反思行动的实施举全区之力,覆盖每一所学校,理论上涉及每一位教师。因为这项行动是与学校的校本研修联动实施的,也就是说,学校两年的校本研修的内容就是围绕反思行动进行。为了使教育反思行动能够更好落实和贯彻循证的思想,我们制订了"1+4"的文件,即一份主件和四份附件,明确了证据类型的多样性、搜集渠道的多元化、实施过程的多轮次等体现循证实践思想的一些要点,并形成了反思行动的模型图(见图0-1)。这一行动通过校本研修这一基础路径,使全

区学校与教师对循证实践的核心要义和基本要点得到初步的了解。

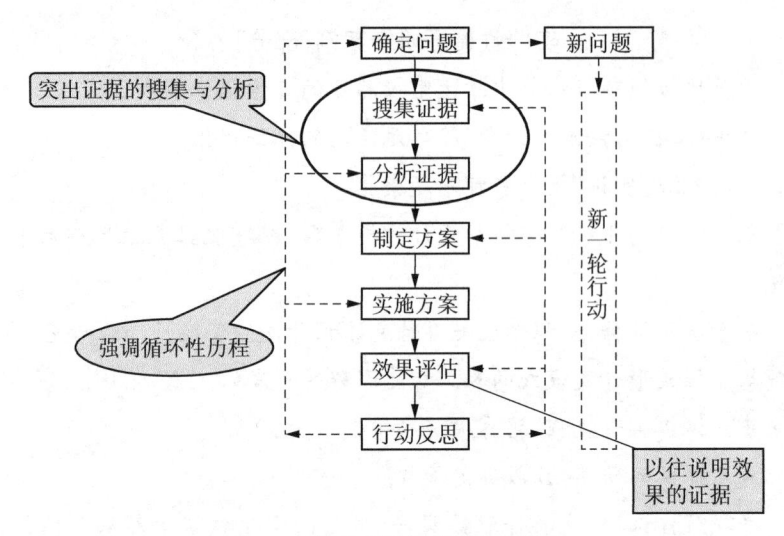

图 0-1 教育反思行动操作模型图

第四个阶段,是循证实践的专题性攻关研究。在"十三五"末,为了持续深入推进循证实践,也为了对循证实践的理论和操作有更加突破性的进展,我们申报了上海市教育科研课题——中小学教师循证实践的现状调查与优化路径研究,以专项课题的方式进行深度研究,并在幼儿园到高中的四个学段确立了八个基地校,共同探索和推进。这一阶段的研究就是本书的主体部分,所形成的成果也就是本书的核心内容,具体的过程在下一部分介绍。

### 三、循证攻关研究的设计实施

尽管通过第三阶段的循证思想渗透,使静安区教师对循证实践有了一些初步了解,但循证实践的核心要义到底是什么?具体怎么开展?有什么理念模型?有什么支撑性工具?这些问题期待我们回应解答。为了对循证实践的有关问题进行深度研究,并形成一些操作性的支撑工具,2019年,我们正式立项了上海市教育科研课题,以更加正式的课题研究来促进攻关突破。

这一市级课题,旨在基于循证实践核心特征和中小学教育主要特点,通过针对性的调查研究和扎根性的探索研究,明确中小学教师循证实践的内涵特征、基本要则,形成相应的支持系统,推进循证实践的开展,提升教师的专业素养。确立的具体目标为:(1)调查了解中小学教师循证实践的总体现状;(2)研发确立中小学教师循证实践的操作要点;(3)试点形成中小学教师循证实践的过程样例;(4)初步探索中小学教师循证实践的支持要素。这一研究从四个方面加以设计实施：一是中小学教师循证实践的基础研究，包括中小学教师循证实践的内涵特征和中小学教师循证实践的操作要点；二是中小学教师循证实践的调查研究，包括中小学教师循证实践的现状、中小学教师循证实践的影响因素、中小学教师循证实践与其专业发展水平的相关性；三是中小学教师循证实践的行动探索研究，包括以部分学科教学为试点的循证设计与实施和以学生主题活动为试点的循证设计与实施；四是中小学教师循证实践的支持要素研究，包括指向循证实践的指导策略探索、教师培训优化、制度机制设计。

  对于这一市级课题的推进，我们按照循证入手、点面结合、上下互动的方式进行。首先，在文献梳理分析的基础上，对循证实践的内涵本质、核心特点作深刻分析，同时结合访谈调查及实践考察，就循证实践在中小学的应用作适应性的改造，建构基本的、可操作的要素、准则。其次，在中小学的实际场景中，以学科教学和主题活动这两类最常见的任务及形式，开展循证实践的探索性研究，从而根据实际状况对要则进行修正，并形成实施的过程样例。最后，在获得点上经验的基础上，通过培训等渠道在区内推广，同时探索区域推进循证实践所需要的制度建设、指导策略、资源提供等，并形成相应的政策文本、指导手册等成果。具体的技术路线图见图 0-2。

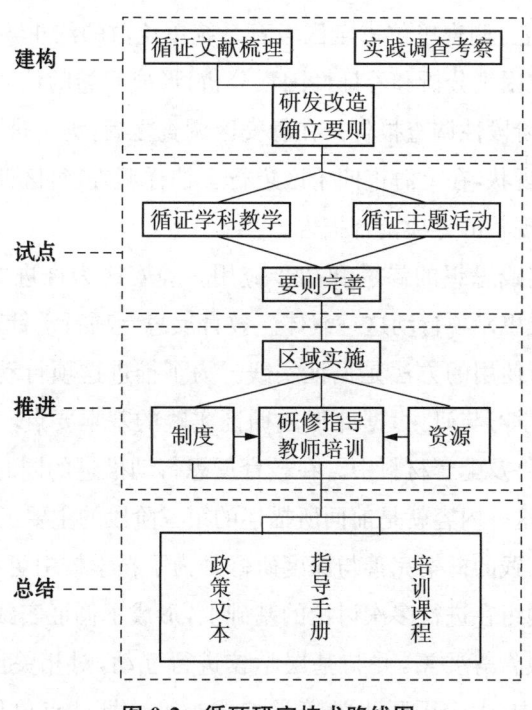

图 0-2 循环研究技术路线图

根据研究的内容设计和预定的研究步骤，课题组有序推进了各项研究工作，并落实了研究方法的应用。

第一，文献资料的搜集与学习。关于循证实践文献资料的搜集，课题组贯穿于整个研究过程。在课题建立之前或初期，课题组进行了较为广泛和深入的资料搜集，并形成了专题文献情报。之后的过程中，进行了零星的资料查询与积累。在结题的后期阶段，课题组又进行了比较深入和系统的资料搜集。这些搜集工作进一步丰富了资料内容，也为更为深刻和全面地认识循证实践及其相关问题，为把握循证实践研究的最新动态提供了支持，并为后续研究的开展奠定了基础。

第二，循证实践调查工具的编制。从2018年初，课题组就开始酝酿调查工具的编制。在前期文献资料研读的基础上，以中小学教师的实践为对象，正式启动工具编制工作，先由两个成员进行了初步的问题编写，然后进行若干次的讨论、修改与完善，形成基本问卷。基本问卷形成后，以全区学校科研室主任为对象进行试做和意见征求，并根据意见对问卷进一步完善，形成正式问卷。之后，进行问卷试测，从而形成最终问卷。

第三，循证实践专项调查的开展与分析。在预调查的基础上，我们在静安区进行了正式调查，调查单位占全区教育系统单位数的约1/3。基于调查的结果，进行了探索性因素分析和验证性因素分析，形成问卷的信效度指标，并形成了基于静安区的阶段性调查报告。在静安区调查之后，为了进一步在更大范围了解循证实践的现状，在上海市四个区进行了抽样调查，每区调查约600人，从而形成循证实践现状的专项调查报告。

第四，循证实践思想的渗透和初步应用。静安区为推进"十三五"重大课题，设计了教育反思专项行动这一载体。教育反思专项行动针对的内容是个性化和核心素养，所使用的方法是循证实践。为了推进这项行动，课题组先期进行了循证实践的学习与研讨，据此形成循证实践的基本要点，并将其设计到教育反思行动的文件及配套材料中。在教育反思行动推进的同时，我们联合组织了循证研修班。这一内容就是前面所描述的第三阶段的主要工作。

第五，循证实践的框架完善与深度研修。为了在学校中更有效地实施和推进循证实践，课题组在进行多次讨论的基础上，形成了循证实践模型、循证实践方案、循证实践报告等要素，并与基层学校进行互动，对相关操作工具加以完善。在这一过程中，大宁国际小学等学校成为第一批试点单位与合作研究基地。之后,课题组在四个学段的共八所学校加以推进,从而在更大范围内验证循证实践的框架,并形成实践层面的典型案例。最后,课题组在静安区的学校进行了抽样后测,以通过前后测的对比了解学校在循证实践推行方面所产生的效果。

### 四、教师循证实践的成效深化

教师循证实践能否为学校和教师所接受?能否真正促进学校的工作优化?能否切实为教师的素养提升和教学改善提供支持?这既是学校和教师所关心的问题,也是课题组在研究过程中关注的命题。就循证实践在医学领域所取得的成功、社会科学相关领域的引进推展以及重视证据的总体趋势而言,教育领域的循证实践或者说教师循证实践理应受到重视,并在改进实践中发挥强大作用。但这只是一个假设或者说一种期待,"实践是检验真理的唯一标准",一切都要以实践效果为参照。

在实施推进过程中,学校领导和有关的项目人员对此都给予重视,对教师的一些研究或实践活动也产生了影响,并取得了具体的成效。但总体来说,这些实施成效大多是一些直觉、局部方面的感受,成效的检验缺乏大范围的数据或证据支撑。

为了更全面、准确地了解推进循证实践的成效,我们于2022年6月在静安区进行了大样本的后测,覆盖第一阶段调查的所有学校,有效样本数达到2 856个。通过初步的分析发现,教师对循证实践的知晓度显著上升,教师的循证知识、循证能力、循证情意、前端证据和后效证据运用都有显著的进步,达到了统计学上的显著水平。简要的分析在本书第十章中有所呈现,但系统的统计分析和数据挖掘将在后期持续开展。

通过大样本的前后测数据比较,我们对循证实践的成效有了基本的把握,"一块石头也算落了地"。但实践中教师的切身感受如何?具体的作用点在哪里?怎么优化相关的支撑性的工具?这些深层次问题仍然需要我们去关注和回应。我们在研究过程中以幼儿园学段进行了质性研究,以了解教师的参与状况,具体内容见本书的第三章。后来又在小学学段也进行了质性研究,但由于疫情原因,深度访谈、现场观察还比较缺乏,特别是教师在实施过程的细节还有待去揭示。

循证实践的关键是基于证据的持续优化。基于对教师实践活动的考察,我们认为,如果教师在教育教学实践中,认真而规范地搜集多元证据,并在证据分析基础上对教育教学活动进行相应的改进，这会切实有效地促进教育教学实践改善，而通过这一过程，教师的专业素养也会快速提升。这也正是我们在学校开展循证实践培训时所预期和追求的结果，即通过循证实践的深度实施，优化活动设计，提高教学效果；提升教研品质，打造研修高地；夯实研究过程，提升课题质量。

当前，我国教育进入高质量发展的新阶段，一系列教育教学改革的重磅文件已经发布，推进教学变革的战鼓已经擂响。但如何推进教育改革和课堂变革走深走实，需要相应的抓手与工具，循证实践可以作为其中的一个选择。如果真正落实循证实践，强化证据和基于证据的改进，那么对教学的优化、研修的提升以及课题研究的品质都会起到有力的促进。所以，循证实践的探索不能浅尝辄止，而应该成为促进教育教学变革深化的催化剂和加速器。

五、本书的总体安排与基本特点

循证实践的研究经历两个时段，第一个时段是2018年开始以国家课题子课题的形式开展初步的研究；第二个时段是2019年成立市级课题后，特别是2020年开始所进行的专题攻关。本书是课题开展研究四年多来的成果结晶。

本书共分十章，其安排呈现"一二四二一"的结构。

第一章是对循证实践的背景、发展、要点的总体介绍和概览，以及教育领域循证实践的总体状况和深化的意义价值。

第二章和第三章则分别从跨时空探寻和专题性调查的角度，对循证实践进行梳理和把握。第二章主要运用文献梳理和质性考察的方法，就循证实践的传统渊源、现实基础、研究积淀、发展需求进行剖析。第三章则是运用问卷调查的方法，比较全面、系统、深度地考察中小学教师循证实践的现状，呈现教师循证实践的基本样貌和主要特点。

第四章至第七章是循证实践的建构部分，分别对循证实践模型、循证实践方案、循证实践工作单、循证实践报告进行理论和操作的解读与例析，这是十分重要的操作性内容，是对学校提供的支撑性工具，是我们研发的原创性成果。第四章对教师循证实践的内涵进行了深度阐释，从证据线索及螺旋式循环等角度对教师循证实践的主要特征进行解析，在此基础上，建构由提出方案—设计方案—推进行动—考察效果—开展反思组成的实践步骤，和由搜集证据—筛选证据—积累证据—评估证据—解释证据组成的证据关注，并对整个模型进行详细解读。第五章对教师循证实践方案的独特价值进行剖析，明确循证实践方案的八个要素，特别对"前端证据"进行了重点说明，并以片段案例和完整案例相结合的方式展示具体撰写的要求和概貌。第六章对教师循证实践过程的开展进行理性思考，阐述当下存在的问题，在此基础上对循证实践过程的记录工具——循证实践工作单进行了解析。第七章对教师循证实践结果表达的关键要素、主要特征及其效用价值进行理性阐发，并结合长短案例展示循证实践报告的细节与全貌。

第八章和第九章展现循证实践的探索过程和支持要素。第八章呈现推进循证实践的三条主要路径——基于工作坊的区域研修、基于项目组的专题行动、基于试点校的深度实施，详细描述了探索教师循证实践的印迹，并结合实例展示了学校或项目组在这方面形成的典型成果。第九章描摹了区域推进循证实践所提供的支持，以及未来深化循证实践所要着力开展的重点工作，包括指导完善、培训实施和机制建设，相对而言，支持系统的探索有些薄弱，但这也为今后的持续研究提供了生长点。

第十章是对研究的回顾与展望。首先是对研究所取得的成果进行提炼，概括了五方面的进展，并基于问卷调查和现场考察分析了推进循证实践所取得的成效；其次是对研究的不足进行反思，明确了在价值认识、要则应用、支持系统上的薄弱之处；最后从核心内容研发、部门之间协同、平台资源建设方面提出展望。

本书力求体现如下特点：

一是理论与实践的结合。对于循证实践的价值意义、模型基础等方面强化理论的思考与指引，注重理论的挖掘与借鉴，使循证实践的关键要素乃至整体成果都体现出理论的根基与厚度。在强化理论学习与运用的同时，凸显实践的指向和本色，努力彰显扎根学校教师、扎根教育教学、扎根研修培训的具体场景，为循证实践的日常化、常态化寻找一条道路。

二是学术与操作的兼顾。在课题研究、成果总结和本书的撰写过程中，我们注重学术理性的提升和学术规范的遵循，努力拓宽论述的学术视野，提升成果的学术品位。同时，强化具体的操作应用，使循证实践的要素环节能够落实到教师的实际教学。以第五章到第七章为例，这三章都展现了为什么、是什么、怎么做的基本架构，既有深入的理性思考，更有实例的解析说明，从而为一线教师的操作应用提供了切实的支撑。

三是经验与证据的融通。循证实践的核心是证据，强化证据的认识、采集、评估、运用在本书中得到凸显，力求以多元化证据、多样化论证呈现本书的逻辑结构和循证实践的核心要义。但同时，又吸纳和融会典型经验，经验本身是证据的一个方面，挖掘经验也是证据获取的一个来源，经验参与在解读证据中具有重要作用。促进经验与证据的互补是我们推进循证实践的一个期待。

四是当下与未来的连接。循证实践的产生与发展比较短暂，在当下仍未得到重视和弘扬，但从教育改革和研究的潮流来看，关注证据、强化证据、运用证据是一个趋势。如何立足当下的教育现状，敏感捕捉教育发展的先机，促进教育实践的持续优化与完善，是我们的使命与愿景。撰写本书正是我们以此为切入点所进行的一种尝试，不仅是对以往探索成果的总结，更是对未来持续深化的展望。

对循证实践的探索只是打开了一扇窗，期待更广阔的路径与空间被发现。

让我们共同探索和推进循证实践的设计与实施。

# 目 录

序一 ································································ 顾泠沅　1
序二 ································································ 陈宇卿　3
前言 ························································································· 5

## 第一章　循证实践的认识与审视 ··············································· 1
### 第一节　循证实践的源起与发展 ··········································· 1
### 第二节　循证实践的要点与反思 ··········································· 9
### 第三节　循证实践在教育领域的进展状况 ······························· 13
### 第四节　深化教育循证实践的意义价值 ·································· 17

## 第二章　教师循证实践的探源与寻迹 ········································ 23
### 第一节　教师循证实践的传统渊源 ········································ 24
### 第二节　教师循证实践的现实基础 ········································ 30
### 第三节　教师循证实践的研究积淀 ········································ 40
### 第四节　教师循证实践的发展需求 ········································ 59

## 第三章　教师循证实践的现状调查 ············································ 63
### 第一节　教师循证实践调查问卷的编制 ·································· 64
### 第二节　教师循证实践现状的问卷调查 ·································· 71
### 第三节　教师循证实践现状的质性研究 ·································· 92

## 第四章　教师循证实践的模型建构 ··········································· 101
### 第一节　教师循证实践的内涵阐释 ······································· 101
### 第二节　教师循证实践的特征解析 ······································· 105
### 第三节　教师循证实践的模型建构 ······································· 121

## 第五章　教师循证实践的方案设计 ··········································· 132
### 第一节　教师循证实践方案的创生思考 ································· 132

第二节　教师循证实践方案的结构解析 …………………… 137
　　第三节　教师循证实践方案的案例参考 …………………… 156

第六章　教师循证实践的过程开展 ……………………………… 170
　　第一节　教师循证实践过程的理性思考 …………………… 171
　　第二节　教师循证实践过程的记录工具 …………………… 174
　　第三节　教师循证实践过程的案例参考 …………………… 183

第七章　教师循证实践的结果表达 ……………………………… 200
　　第一节　教师循证实践结果表达的理性思考 ……………… 201
　　第二节　教师循证实践报告的基本架构与要素剖析 ……… 204
　　第三节　教师循证实践报告的案例参考 …………………… 212

第八章　教师循证实践的行动推进 ……………………………… 225
　　第一节　基于工作坊的区域研修 …………………………… 225
　　第二节　基于项目组的教育反思专题行动 ………………… 232
　　第三节　基于试点校的合作研究 …………………………… 241

第九章　教师循证实践的支持提升 ……………………………… 252
　　第一节　指向教师循证实践的指导完善 …………………… 252
　　第二节　指向教师循证实践的培训实施 …………………… 263
　　第三节　指向教师循证实践的机制建设 …………………… 270

第十章　教师循证实践的反思展望 ……………………………… 279
　　第一节　教师循证实践开展的成果与成效 ………………… 279
　　第二节　教师循证实践推进的不足与反思 ………………… 288
　　第三节　教师循证实践深化的谋划与展望 ………………… 292

主要参考文献 ………………………………………………………… 296
后记 …………………………………………………………………… 300

# 第一章 循证实践的认识与审视

循证实践尽管受到越来越多的关注,但实际上许多人并不了解其产生的背景和关键要点。因此,详细介绍循证实践的发生、发展,不仅是对循证实践有关知识的一种传播和推介,也是促使学习者形成整体框架和提高把握能力的一种方式。

本章阐述了循证实践的源起与发展,详细展现了其孕育的外部条件和内部动因,并在此基础上,对循证实践的要点进行了精要的分析,为学习者了解循证实践和阅读本书后续内容奠定了基础。同时还介绍了对循证实践的批判,以便使学习者更全面、客观、辩证地把握循证实践。

作为全书的第一部分,本章还就循证实践在教育中的进展以及深化教育循证实践的意义价值进行了剖析,从而提升了对教师循证实践探索意义的把握,也提高了对教师循证实践复杂性的认识,进而对教师循证实践的模型构建和操作实施增添一份期待。

关注证据、运用证据是科学研究活动的重要特征;如何强化证据,一直是研究方式创新发展的动力。在实践中,如何根据证据来改进行动,也在认识和操作中不断发展。但相对而言,实践层面的证据关注显得薄弱一些。尽管循证实践在医学领域得到较快发展,但在教育领域还进展缓慢。因此,全面考察循证实践的发展过程及当前的研究现状,明确教育领域循证实践推进的意义价值,显得非常重要。

## 第一节 循证实践的源起与发展

一、循证实践的源起

有人把循证实践的出现作为20世纪90年代成功的故事之一,也有称之为实践领域的一种全新的"范式"、一场声势浩大的"运动"或一种深入人心的"文化"。[①]循证实践概念的提出及其诞生的背景到底是什么呢？

1. 循证实践概念的萌发形成

循证实践是指遵循证据进行实践，英文为 Evidence-Based Practice(EBP)，也就是基于证据的实践。这一概念源于医学领域，是从循证医学发展而来的。循证医学的思想萌发于国际著名的临床流行病学家萨科特(David L. Sackett)。1981年，他提出医生要对一些基于临床研究的文章进行批判性地运用，以提高诊断和治疗的效果。1990年，加拿大学者 G.盖亚特受到萨科特的启发，提出"循证医学"这一概念，并于1991年在由萨科特创立的《美国内科医师学会杂志俱乐部》杂志上以第一作者登载文章，首次使用"循证医学"这一词语。后来，盖亚特等人还成立了首个循证医学工作组，并于1992年发表了《循证医学：医学实践教育的新途径》，指出临床医生在进行决策时，要依据科学的证据而不是个人的直觉。这是一篇具有纲领意义的文献，它完整阐述了循证医学的理念，由此宣告了循证医学的诞生，也进一步凸显了循证在医学临床领域的指导思想，体现了医学循证实践的明确与深化。

基于循证医学的循证实践的解释，一般认为萨科特的定义比较经典和权威。他在1996年指出，循证实践是在对病人进行护理的决策中，要认真、明确并明智地使用当前最佳证据进行判断；循证医学的实践就是指从研究中筛选最佳的、适合的临床证据并与临床专业知识加以整合。这被认为是比较明确且揭示本质的最早界定。2000年，萨科特在新版的《怎样实践和讲授循证医学》一书中，对循证实践的定义进行了完善：指在慎重、准确和明智地应用当前所能获得的最好的研究依据，同时结合医生的个人专业技能和多年临床经验，考虑病人的价值和愿望，将三者完美地结合制定出病人的治疗措施。这被认为是对循证实践最完整和准确的解释。注意这里是从医学实践的角度进行界定的，也就是说，来自医学的循证实践的定义，其核心是证据、医生、病人三者的统筹兼顾和有效结合，左图表达了三者之间的相互关联(见图 1-1)。

图 1-1 医学循证实践的核心要义

循证实践概念在医学领域形成后，得到普

---

[①] 杨文登.循证实践：一种新的实践形态？[J].自然辩证法研究,2010,26(04):106—110.

遍的认同和接受。鉴于这一理念对实践的改善有着显著的促进,循证实践的思想及其概念开始迅速向其他学科传播,其中较早受到影响的是心理学、社会学。确切地说,是与医学有着密切联系的有关领域,如心理咨询与治疗、社区矫正与服务等,因为这些领域本身具有医学治疗的某些特点。

循证实践的概念在从医学向其他领域辐射传播之后,其核心要义并未发生变化,仍然强调三者的结合。只是原来的医生转变成咨询师、社区工作者等,原来的病人变成了来访者、社区服务对象等。有学者根据不同领域的特点,对循证实践概念进行了概括,指出循证实践是实践者针对消费者(此处的消费者泛指实践者所服务的对象,按具体情境的不同,也可称为病人、顾客、来访者或服务对象等)的具体问题,在消费者的主动配合下,根据研究者提供的最佳证据及管理者制定的实践指南与标准等所进行的实践。[1]也就是说,在其他领域的循证实践也都强调三要素的结合,只是这里又提到了管理者,算是对证据这一要素的扩展和细化。

2. 循证实践生成的外部条件

循证实践是怎么兴起的呢?这受影响于理论与实践的融合以及整个学科的科学化运动。理论和实践最初是完全整合的,但后来由于分工的细化与专业化导致理论和实践逐渐分离,各个学科都是如此。在理论研究方面,又分为基础研究和应用研究。其中基础研究以学科的重大理论发展为目标,它和实践之间是相对较远的;应用研究以学科的基础理论应用为目标,探索如何把基础理论转化为应用成果,和生产实践相对就较为接近了。关于基础研究和应用研究的性质和侧重,有些类似于我国科学院和工程院的目标与任务。譬如物理学理论研究中提出热力学的分子运动理论,在应用研究中与微波结合,就形成了相应的应用研究成果,然后运用到日常生活中,就是我们目前使用的微波炉。就自然科学而言,像物理、化学、生物等学科,基础研究——应用研究——实践生产,非常紧密地结合在一起,其实践就是应用性研究成果在实际生活中的生产和运用。可以发现,从基础理论研究到应用研究,再到实践环节的产品开发与生产,形成了驱动转化的链条,相互促动着理论和实践的进展。

自然科学的成功引起了其他学科的仿效,都力求探索一条本学科的科学化之路。其科学化的路径按照基础研究的科学化、应用研究的科学化、实践领域

---

[1] 杨文登.循证实践:一种新的实践形态?[J].自然辩证法研究,2010,26(04):106—110.

的科学化这样的步骤和次序进行。而这一科学化的进程反映在不同学科中,其形式和样态也有所不同。就社会科学而言,其基本的转型与变化脉络是:在基础研究中注重实证研究,在应用研究中研发社会技术,在实践领域中进行循证实践(见图 1-2)。①

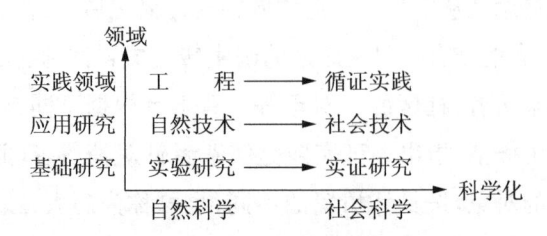

**图 1-2 不同学科及其领域的科学化之路**

某种程度上,循证实践的推行和发展可以看作是实证主义的延伸,是实证科学观在社会科学、人文科学领域进一步传导和深化的体现,是从人文社科的基础研究、应用研究层面向实践层面进一步弥散和扩展的结果。这些传导和扩展总体上是"科学化"浪潮的一部分,或者说是"科学化"浪潮的一朵朵浪花。

3. 循证实践生成的内部动因

循证实践为什么从医学领域最先得到发展?这方面的原因有两个。一方面是医学与自然科学相对而言更为接近。在自然科学、社会科学、人文科学的序列中,医学处于自然科学与社会科学中间,更容易受到自然科学的影响。自然科学中的理论与实践的完美转化与结合,给了医学更多的启示与动力。医学在完成自己学科的基础领域科学化和应用领域科学化的任务之后,开始进行实践领域科学化的孕育。但自然科学的实践对象是物,是非常客观的;而医学实践的对象是人,是非常多元和复杂的。医学实践领域的科学化不能完全像自然科学那样,而应考虑社会科学的特点,这就使得医学利用自己的学科特点和优势,最先进行探索突破,形成了"循证医学",并不断发展进而促成名为"循证实践"这一新型的实践方式。②

另一方面,循证实践的产生也与西方特别是美国当时的社会背景有关。在

---

① 杨文登,叶浩生.社会科学的三次"科学化"浪潮:从实证研究、社会技术到循证实践[J].社会科学,2012(08):107—116.

② 杨文登.循证实践:一种新的实践形态?[J].自然辩证法研究,2010,26(04):106—110.

第二次世界大战后,西方国家推进了福利运动,医疗福利是其中的重要组成部分,这使得国家投入医疗的费用特别高。但高投入并未带来高收益,民众的健康并未得到明显改观,这种情况导致整个社会对医疗的不满。在不断积压的各种社会矛盾的促动下,医疗改革势在必行,并最终通过了削减医疗预算的法案。在相关改革中,其中一项是要求治疗者必须用最佳的治疗方式来进行治疗,而不是不必要的治疗,以降低医疗成本。而要选用最佳的治疗方式,必须依赖"科学研究",这就与社会科学"科学化"的祈愿及相应的外部条件适时地结合在一起,从而推动了医学领域的"基于证据的医疗"这一活动,这就是我们前面介绍的"循证医学"。循证医学诞生后,得到了官方、民众的双重认可,因为这达到了减缩医疗支出和提高治疗效果两方面的目的,从而使这一模式迅速发展成为一场横扫整个医疗领域的循证实践运动。[①]这一运动某种程度上也是医学界的一场现代化运动。

二、循证实践的发展

循证实践的出现,顺应了科学化运动的潮流,也契合了社会发展、实践改进的需求。在医学领域,循证实践有时就是循证医学的代名词,因为循证医学的核心正是循证实践的要义。医学领域循证实践被美国《纽约时报》评为2001年度最具突破意义的80个伟大思想中的一个。《华盛顿邮报》的专栏记者甚至发文预言,医学循证实践将改变21世纪的医学。这一思想在医学内部及其他学科产生了深刻影响,并迅速在全球传播。

1. 循证实践在西方的发展

循证实践的发展,首先从医学领域开始,可以分为三个里程碑:第一是弗莱克斯纳报告,推动了基于科学的医学教育;第二是医学的随机临床实验,推动了高等级证据的形成;第三是美国食品与药品管理局及相关政府组织的建立,强化了医疗服务安全性和有效性的检验。[②]在后续的发展推进中,三位人物作出了开创性的贡献。第一位是英国的内科医生和流行病学家考克蓝(Archiebald Cochrane),他指出随机化临床实验是重要的,所有随机化临床实验要定期进行

---

[①] 杨文登,叶浩生.社会科学的三次"科学化"浪潮:从实证研究、社会技术到循证实践[J].社会科学,2012(08):107—116.

[②] Leffective, H. S. A brief history of evidenced-based practice and a vision for the future. In R. W. Manderscheid, M. J. Henderson(Eds.) Mental Health. Rochvelle, MD: U. S. Department of Health and Human Services, 2003:224—241.

整理和总结，并接受专家的评估。这为循证医学的诞生提供了思想基础，也是循证医学发展的方向指引。为了纪念这位循证医学思想的先驱，1993年英国成立了循证医学的协作组织(The Cochrane Collaboration)，并构建了数据库，这一协作组织和网络数据以他的名字命名，即 Cochrane 协作网。第二位是美国耶鲁大学的内科学与流行病学教授费恩斯坦(Alvan Feinstein)，他也是现代临床流行病学的开山鼻祖之一。他将数理统计学与逻辑学导入到临床流行病学，系统地构建了临床流行病学的体系，为循证医学的出现提供了基础。他的这一工作使得医学证据的搜集和采信有了新的进展，为循证医学的道路厚实了"方法"的路基。第三位就是前面所提到的美国学者萨科特，他推动创办了《美国内科医师学会杂志俱乐部》《循证医学》杂志并担任主编，这两本杂志成为早期循证医学交流与传播的重要平台。

从以上循证医学产生的过程来看，几位重要人物都是内科学及流行病学者。这与流行病学的性质有关。在流行病学的研究中，对于病例的认识和解决都需要更多的证据研判，也更加强调多样证据之间的相互印证。可以说，循证医学是在科学的哲学观指导下，现代流行病学和现代信息科学在医学中的交叉和融合而孕育生成的新理论、新方法、新领域。①

循证实践在医学领域出现后，在医学内部得到了快速的推进与发展，形成了循证护理学、循证心血管病学、循证眼科学、循证口腔学、循证内科学、循证外科学等学科。与此同时，又向邻近的学科进行辐射，形成了循证心理治疗、循证社会工作。最后向整个社会科学的实践领域推进，形成了循证教育学、循证管理学、循证决策学等多门学科(见图1-3)。②

**图1-3 循证实践的发展脉络**

---

① 但汉雷,肖冰,张亚历.循证医学的哲学思考——科学实质、理论体系与实践意义[J].医学与哲学,2002,23(11):42—43.

② 杨文登,叶浩生.社会科学的三次"科学化"浪潮：从实证研究、社会技术到循证实践[J].社会科学,2012(08):107—116.

2. 循证实践在国内的发展

循证实践在西方医学领域得到推进和辐射的同时,也在全球进行传播。如有名的 Cochrane 协作网、Campbell 协作网与全球许多国家都有合作。Cochrane 协作网目前在 43 个国家/地区拥有分支机构。Cochrane 协作网主要是医学方面的,而 Campbell 合作网则包括司法、教育、社会工作等众多学科,是以美国著名思想家、社会学家、心理学家 Donald Campbell 的姓氏来命名的。我国关于循证实践的尝试探索也是从医学领域开始的。中国循证医学中心于 1996 年在华西医科大学附属第一医院开始筹建,1997 年获卫生部认可,1999 年经国际 Cochrane 协作网指导委员会正式批准注册成为国际 Cochrane 协作网的第十五个中心。目前,全国已在许多大学或医院建立了循证医学研究分中心。2001 年,中国循证医学中心和四川大学华西医院承办的《中国循证医学杂志》得以创刊,一些医疗专业期刊还开辟了循证医学或循证实践专栏。总体而言,在国内医学界或医学相关领域中,循证或循证实践的概念已经广为传播并得到基本的认同。2019 年 3 月 12 日,中国中医药循证医学中心在北京揭牌成立,以循证医学的思路开展中医药学研究、方法共识、标准制定等工作。

循证实践在国内其他领域也得到了一定的传播与发展,其中心理治疗和社会工作领域的运用相对较多。在中国知网上用"循证实践"进行"关键词"的精确检索,共有 1 025 篇中文文献。[①]在所列的关键词中,主要还是循证医学和循证护理,其他领域则以心理学较多。在中国知网上用"循证实践"进行"关键词"的模糊检索,共有 1 075 篇中文文献,总体呈现出随年度增长的趋势(见图 1-4);在学科分布上,以临床医学和医学关联学科为主,占到总文献量的 65.97%,接下来的高等教育占 5.02%(见图 1-5);在所有非医学领域的研究者中,学者杨文登发表的成果最多。

有学者专门对社会科学方面循证实践的文献进行研究,在万方、CNKI 两个数据库进行检索,发现自建库起至 2015 年 3 月共 240 篇文献。其中,循证图书馆学占纳入文献的 31.76%(76 篇),循证信息检索学占 17.50%(42 篇),循证矫正学占 9.59%(23 篇),循证教育学占 7.08%(17 篇),循证管理学占 6.25%(15 篇),其他各领域共占 35%(84 篇)。[②]图书馆学和信息检索学占了几乎一半

---

① 检索时间为 2022 年 5 月 11 日。
② 童峰,庄世龙,张洪嘉.社会科学实践研究的新方向:循证实践[J].重庆工商大学学报(社会科学版),2017,34(05):83—87.

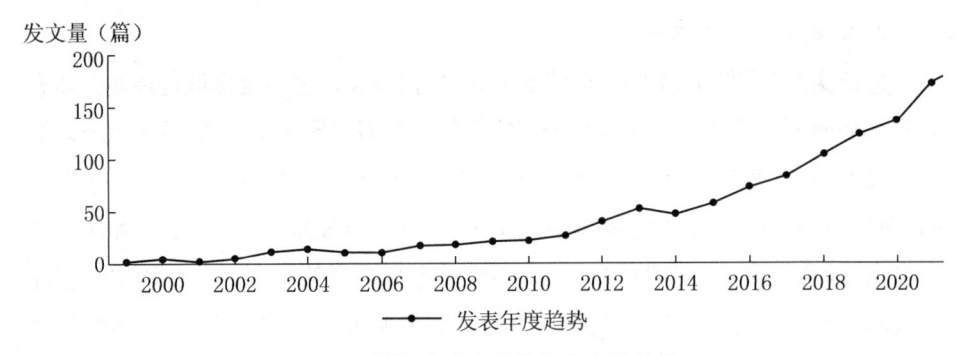

图 1-4　循证实践文献的年度变化趋势

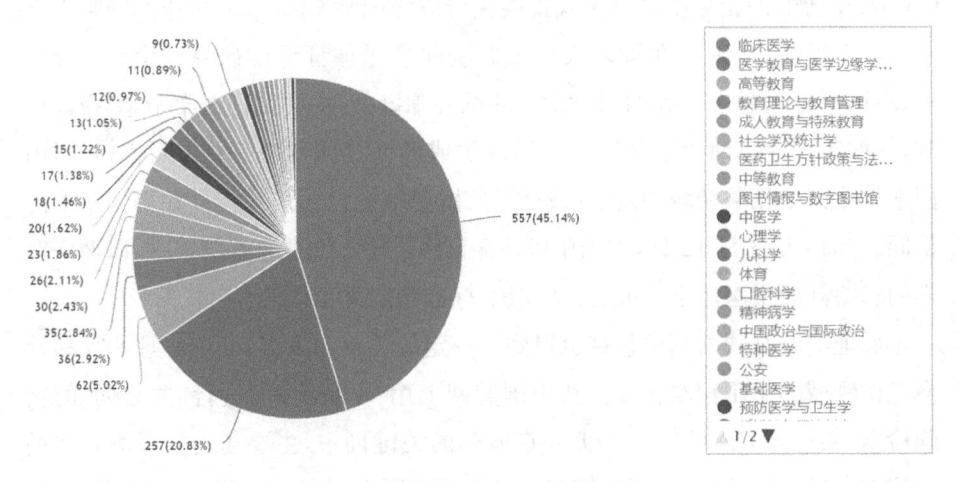

图 1-5　循证实践文献的学科分布

(49.26%)。也有研究者通过共词分析等可视化方法分析循证实践理念和方法在国内管理领域的发展现状,得到循证管理相关研究 76 篇。从研究主题来看,涉及公卫医疗决策及管理者占 35.53%,涉及循证人力资源管理者占 14.47%,介绍循证管理概念者占 10.53%。其他领域的循证决策和管理研究还比较少。[1] 总体而言,循证实践的运用与发展在国内非医学领域还比较欠缺。有人曾调查了 108 位一线社会工作者、社工系学生及相关专业人员,结果发现,调查对象中从未听说过循证社会工作的占 65.74%,听说过但未深入了解过的有 27.78%,只有 6.48% 自陈熟悉循证社会工作。[2] 这些情况表明,循证实践在国内的发展,

---

[1] 游洁,拜争刚,黄鹏,吴淑婷,钟小玲,赵坤,王建成,杨克虎.循证实践理念和方法在中国管理领域研究现状可视化分析[J].河南大学学报(医学版),2017,36(02):91—97.

[2] 彭文婧.循证社会工作初探:基于循证心理治疗的视角[D].广州大学学士学位论文,2012.

总体呈现"医学为主,其他为辅;理论偏多,实践较少;扩展延伸,多点并进"的态势。

## 第二节 循证实践的要点与反思

一、循证实践的基本要点

循证实践,按其英文的原意直译,就是基于证据的实践;进一步而言,就是遵循最佳证据进行实践。就医学领域的循证实践而言,其核心思想是在医疗决策中将临床证据、个人经验与患者的实际状况和意愿三者相结合。而要实现这样的循证实践,有两个要点:一是要有证据库,证据是研究者经科学研究所得到的,并由专业工作者进行评估和筛选;二是实践者的个人素养,包括专业经验、循证意识和能力、协作能力、关怀精神等,实践者不仅要关注证据和个人经验,还要关注对象的特点、背景等事项。这两点之中缺少任何一条,都无法达成循证实践的目标。

在这个过程中,证据是首个关键点。从最初的循证医学的萌发,到后来的循证实践的推进,证据一直是这个范式或框架的焦点。有人可能会说,医生看病一直都是在使用证据的,但这里的证据与以往的病人口述、直接观察等获得的证据不同,而是更强调科学研究的证据,或者更严格地来说,是基于随机化对照实验所获得的科学证据。但这样的证据显然不是一般医生随意形成的,而是需要有严格的实验设计和实施,还要进行评估和筛选。在取得一些证据之后,还需要把这些证据汇集起来,并通过一个平台很方便地提供给医生使用,这也就是 Cochrane 协作网、Campbell 协作网创建的重要原因。

循证实践不只是提出了一个理论或理念,而且明确了循证实践的操作步骤,从而保障每一位实践者都可以通过这样的步骤来予以落实,这是循证实践的另一个关键。关于循证实践的步骤,不同学者的提法略有差异。在医学循证实践中,大多数学者提出的是五个步骤。如 Trinder 等人提出的是:(1)创立病人的问题;(2)发现最佳证据;(3)评价证据效用;(4)将证据应用于病人;(5)评估治疗结果。[1]Silagy 等人提出的是:(1)定义问题;(2)了解信息资源;(3)对信

---

[1] Trinder L., & Reynolds S. Evidence-based practice: A critical appraisal. New York: Wiley-Blackwell Publishing, 2000:22—23.

息进行评价;(4)把信息应用于病人;(5)评价信息的有效性。[①]国内学者对医学循证实践的步骤,也倾向于五步骤的提法,即:(1)结合临床提出问题;(2)搜集有关资料;(3)评价所获资料;(4)在临床上应用资料;(5)评价应用结果,总结反思。此外也有学者提出六个步骤与七个步骤的。

尽管不同学者提出的步骤数量可能不等,表述上也有部分差异,但对以上步骤的分析可以看出,有一些共性的步骤是大家都使用的。而从医学、心理学、社会学、教育学等更广泛的学科和领域来看,也比较认同循证实践的五步骤:(1)实践者发现消费者的特殊问题;(2)检索相关的实践指南或电子数据库,找寻解决这一问题的所有证据;(3)实践者评价这些证据的效度与有用性,从中找出能够解决问题的最佳证据;(4)在取得消费者知情同意的情况下,遵循最佳证据进行实践;(5)对实践的效果进行总结、评估。[②]

综上所述,根据循证实践首倡者及大多数学者的观点,可以认为循证实践一般有五个步骤,这成为循证实践的基本范式:(1)明确问题;(2)搜集证据;(3)评价证据;(4)应用证据;(5)评估结果(见图1-6)。

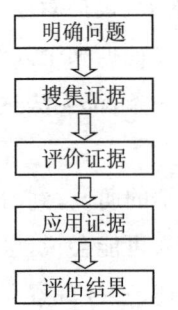

**图1-6 循证实践的基本流程**

(1)明确问题　实践者把实践过程中遇到的问题加以明确,并用简洁的语言进行表述。有的学科还开发了专门的问题呈现格式(如医学上专门的PICO格式,P指患者或人群,I指干预措施,C是其他备用或对照措施,O指结果)。问题可以是病人要诊疗的病症、咨询者所出现的心理障碍、学生的学习困难等。

(2)搜集证据　寻找解决这个问题的所有资料(证据),包括实践指南、手册、研究报告、经验案例、系统综述等。可以在专门的循证协作网站上(如Cochrane协作网、Campbell协作网、有效教学网等)查找,也可以在一些学术网站(如国内的知网、万方和国外的EBSCO数据库、Elsevier数据库)上检索。

(3)评价证据　对搜集到的证据资料,从信度、效度、准确性、有用性以及其他的标准或依据进行评估,从而筛选出解决问题的最佳证据。在评价时以系统

---

① Silagy S., Haines A., & Haines A. Evidence based practice in primary care. Massachusetts: BMJ Publishing Group, 2001:5—7.
② 杨文登.循证实践:一种新的实践形态?[J].自然辩证法研究,2010,26(04):106—110.

综述或元分析为优先考虑对象,如果没有这方面的资料,则应自己根据科学标准来判断这些证据可信度的级别以及是否选用。

(4) 应用证据　实践者根据找到的解决问题的最佳证据,考虑自身经验和其他条件因素,结合实践对象(病人、咨询者、学生等)的实际情况,在征求本人或其监护人意见的基础上,遵循最佳证据进行实践。

(5) 评估结果　对依据最佳证据进行实践所取得的效果进行评估,并对上述的四个步骤进行审视,在此基础上,总结反思证据应用的经验和教训,为以后的实践提供指导意见。

以上是循证实践的基本步骤,也可以根据不同领域或实践者的情况,来增删和调整步骤。譬如有学者根据心理健康教育者缺乏时间和精力的工作现状,对其循证实践步骤提出一些变化,认为只要有提出问题——检索证据——应用证据这样的三个步骤也是可行的。[①]

二、循证实践的批判反思

自医学领域肇始的循证实践,为社会科学的研究与实践带来了一股清风,受到了广泛的关注,并取得了丰硕的成果。正如庄子所言"始生之物,其形必丑",循证实践仍然存在着一些需要进一步解决的问题。学界对循证实践的态度并不全是支持,也有许多质疑甚至批判,这使我们对循证实践的认识更加全面和深刻,对其借鉴运用与未来发展更加务实和理性。

对于循证实践存在的问题,一方面是哲学层面,有人以心理治疗中的循证实践作为分析对象,指出其哲学基础是经验主义,进而存在着如下的问题:科学价值凌驾于人的价值之上;强调可操作化,把不符合经验实证观察的现象排除于循证;强调量化研究,不理解质化研究是基于不同哲学的研究方法;没有采取真正平等、多元的态度。[②]即使在医学领域,也有质疑的声音:"医学难道有不循证的吗?""我们一直在实践的不就是循证医学吗?"也有人批评循证实践是一种与传统背道而驰的哲学方法。还有一些人认为,由于循证实践的研究是在大样本水平上进行的,因此结果可能无法推广到现实中的每个人。

对于循证实践的质疑,还有来自其他学科及更多社会工作者的声音,而关

---

① 杨文登.美国心理健康教育的循证实践:理论、实施及启示[J].外国教育研究,2017,44(06):54—67.

② 黄伟红,杨文登.心理治疗中的循证实践及其哲学思考[J].医学与哲学(人文社会医学版),2008,29(08),53—54,57.

注的重点则是学科差异、证据分类、具体操作等方面的问题,主要包括如下一些方面。

首先,关于学科之间的差异。循证实践来自对自然科学的崇拜和模仿,尽管医学相比较其他学科,和自然科学的关系更近一些,但由于医学的对象是人,自然科学的对象是物,这两者之间还是有着很大的差异。把自然科学的方法移植到社会科学,本身就存在着极大的风险,而学科越靠近人文一端,其风险就越大。批评者普遍认为,虽然循证实践的目标值得赞许,但其方法论基础却有着根本的错误,可以称为科学主义在实践领域的还魂。他们认为循证实践是实践的一条不完整的或者说是还原主义的途径,它基于"科学主义"而不是科学,对真实世界的情境具有片面的或潜在的误解。[1]

其次,关于证据的分级标准。循证实践的证据是其核心。为了确保证据的价值与有效性,分级被视为是一个非常有效的严格手段。在证据分级标准中,以变量控制的严格程度作为分级的依据,把随机对照实验作为一等证据,而个人意见、经验案例则处于非常低的位置。这种分级标准受到了许多学者的反对,他们把证据分级视为威胁,称其偏离社会科学研究本质,不顾政治、伦理、环境在社会领域中的复杂性。[2]自然科学中的随机对照实验确实可产生可重复的结论,但用这样的标准来要求社会科学的研究与实践,难免让人产生削足适履之感。因为社会科学中的变量难以严格控制,而严格控制变量的实验又缺乏生态效度,难以推广到自然情境。

再次,关于实践过程的差异。自然科学的基础研究获得理论突破后,在应用研究领域会产生相应的工程和技术,形成详细的、完备的流程标准,产业工人只需按照相应的操作规程加以操作即可,这也是其工作的全部。社会科学领域则缺少这样的流程、标准,即使具有这样的流程标准,社会科学领域的实践者也不可能机械、僵化地执行流程标准,像制造工业产品一样治疗病人和教育学生。而且,人文社会科学领域的实践对象是人,其动态性、情境性、互动性更强,生成性问题更多。随着工业自动化及人工智能的发展,自然科学的技术转化更快捷、便利,而社会科学的技术却未给实践者带来更多便捷。对于缺乏时间、精力的实践者而言,要推动这样的循证实践,就更为艰难。

---

[1] 杨文登.循证实践:一种新的实践形态?[J].自然辩证法研究,2010,26(04):106—110.
[2] 童峰,郑昊,刘卓.从循证医学到循证实践的思辨与发展[J].医学与哲学(A),2017,38(02):38—42.

但总体而言，循证实践确实带来了多方面的转变和进步，这体现在多个方面：其一，是在价值观层面上，体现了求真、高效、共享等时代精神；其二，是在方法论层面上，强调科学、规范、标准等实证取向；其三，是在行动力上，实现了降耗、提质、增效等实际功用。由于循证实践促进了变革和实践，在许多领域得到了积极响应。目前，对其重要性和必要性的讨论越来越少，其理念和价值逐渐被接受并认同，研究者和实践者转而关注如何更好地运用与推进。

有学者指出，尽管循证实践对实践服务的提升方面已取得公认，但它对社会服务的指导能力仍然有限，特别是在国内，将循证实践纳入社会科学范畴仍待努力。[①]因此，我们要在认识到循证实践不足的同时，努力地在本领域进行探索性的实施。

譬如在社会工作领域，主要呈现出两种发展态势：一是研究逐渐纵深化。西方正在开展大量的元分析、系统综述研究，研究证据的数量不断增加，证据数据库内容不断丰富；二是实践逐渐细化与具体化。循证实践正在向具体的领域不断渗透，如：临床社会工作、小组社会工作、女性社会工作，等等。具体领域的证据不断增加，实践步骤不断细化，循证实践正在稳步发展。[②]国内的社会工作领域也正在积极开展循证实践，并取得了一些初步的成果。

总体来看，在当前循证实践的发展中，心理学、社会工作领域是相对发展较快的，在教育学、体育、政治等领域也有一些探索，但相对而言，总体还比较缓慢。

## 第三节　循证实践在教育领域的进展状况

为了考察循证实践在教育领域的进展状况，我们在中国知网上进行了相关的文献检索，检索条件为篇名中含有"循证"或"证据"，同时含有"教育"或"教学"，共发现有2 794篇中文文献（检索时间为2020年6月21日）。对这些文献进行分析，可发现具有以下特点。

---

[①] 童峰,郑昊,刘卓.从循证医学到循证实践的思辨与发展[J].医学与哲学(A),2017,38(02):38—42.

[②] 杨文登.社会工作的循证实践:西方社会工作发展的新方向[J].广州大学学报(社会科学版),2014,13(02):50—59.

一、总体呈推进态势

就所搜集到的文献而言，循证实践在教育领域的进展总体上呈快速发展的趋势（见图 1-7）。从图中可以看出，总体随着年份不断增长，而且呈现先慢后快的特点，且还处于持续增长中。2000 年之前总共有 10 篇文献，9 篇是医学教育教学方面的，一篇是司法方面的。2001 年开始快速增长，在 2006 年，全年这方面的文献量已超过 100 篇，2001—2006 年呈现一个增长的小高潮，达到年度 100 篇（2006 年为 116 篇）。从 2006—2016 年，文献的增长相对缓慢一些，中间还有些年份出现下降，但总体是增长态势。从年文献量 100 篇达到年文献量 200 篇，这用了 10 年时间。

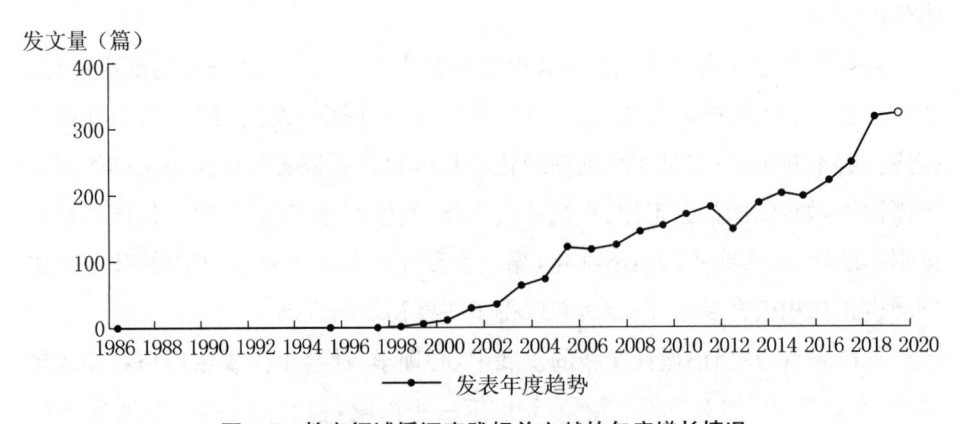

图 1-7 教育领域循证实践相关文献的年度增长情况

从 2017—2020 年，这方面的文献又出现快速增长的情况，到 2019 年，单年文献已经超过 300 篇。这一快速增长的情况既与循证范式在人文社会科学领域特别教育领域不断渗透和推进有关，也与中国教育掀起的一股推进教育实证研究的高潮有关。2015 年开始，四家单位联合在华东师范大学开展教育实证论坛，在全国形成了较大的影响①，推进了教育实证研究，也助推了教育循证的进展。

二、发展不够平衡

对这些文献进行进一步的分析，发现在涉及教育的亚领域中，研究的进展呈现出不平衡。

我们发现，教育领域的循证实践文献尽管有一定数量，但绝大多集中在医

---

① 这方面的详细情况，在本书第二章的实证研究部分会有进一步介绍。

学教育领域,从主题分布来看,排在前面的如循证医学(24.65%)、循证护理(11.39%)、临床教学(5.99%)、医学教育(5.29%)、医学生(4.62)、临床医学(4.42%)、EBM(4.20%),这已经占了近60%。若包括卫生教育、临床实践、临床实习、护理教学、护理教育等,总计要占到80%以上(见图1-8)。

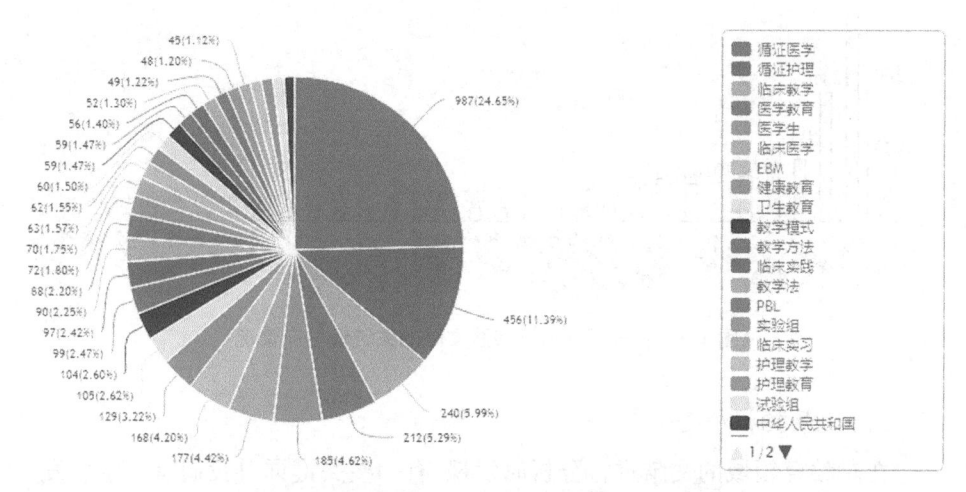

图1-8 教育领域循证实践文献的主题分布情况

从学科分类分布来看,也是以医学为主,排在前面的如临床医学(39.45%)、基础医学(20.77%)、护理(11.31%),也是在70%以上。虽然以"教育"为学科的有855篇(占18.85%),但这里面也有医学教育的方面,涉及非医学教育教学的,占比会更少。

从涉及的关键词而言,也是突出了医学教育教学方面的文献,如循证医学、循证护理、临床教学、医学教育、临床实习、护理教育、护理教学、临床医学,等等(见图1-9)。

从以上分析来看,尽管通过篇名词语检索的是教育领域的循证实践文献,但仍绝对集中于医学教育教学领域,这是与循证实践最初从医学开始并发展的总体背景有关。在教育领域中的学前教育、基础教育就显得非常少;在职业教育、高等教育里,非医学的也非常少。在这些文献中,以"循证实践"为关键词的有58篇,非医学方面的只有16篇。

在教育循证实践非医学领域的文献中,理论的探讨相对多一些,实践的探索则要少一些;基于某些具体学科(如化学、语文、物理等)的多一些,但能够联系理论与实践从中观层面的研究则要少一些。

文献数（篇）

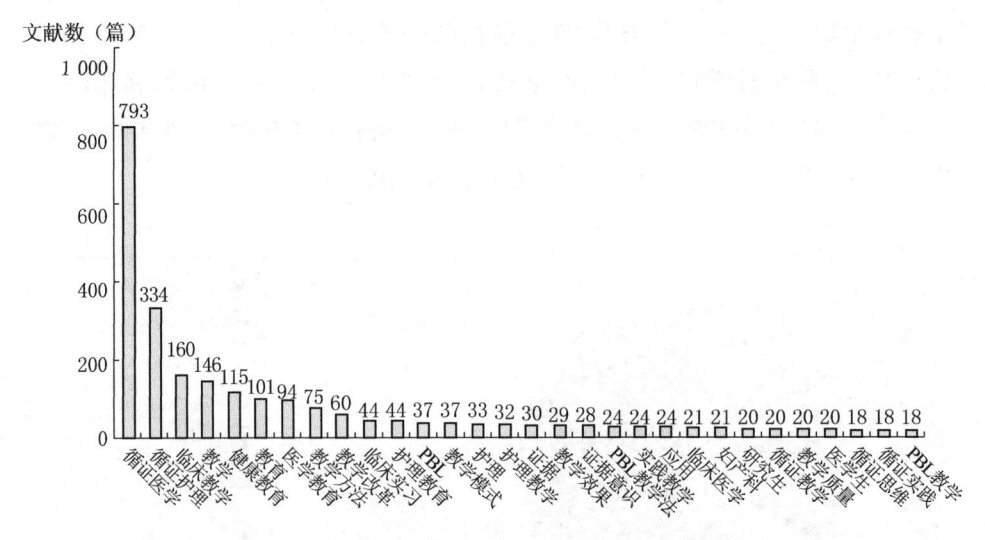

图 1-9 教育领域循证实践文献的关键词分布情况

## 三、进展仍相对缓慢

在对教育领域的文献进行分析时发现，有一些关键词对我们有一定启发，如循证思维、循证教学、证据意识等。其中循证思维、证据意识主要是针对学生的，特别是证据意识基于历史学科的研究居多。但目前还没有循证素养这方面的研究。

教育领域的循证实践探索主要集中在医学教育领域，在其他领域较少，但也在积极推进之中，循证教育决策、特殊教育循证等方面都取得了一些成果。在一般的教育领域如何推进循证实践，尚有许多的路要走。首先是关于循证实践理念的普及，要让广大教师对这一理论熟悉并认同，提高其循证的意识和能力，这需要相关的工作推进和机制保障，也需要时间和过程。其次是关于循证实践过程的改造，要基于循证实践的精神和原则，结合教育的特点和我国的国情，使其更适合于教育的场景和现状。第三是关于循证实践的最佳证据。教育中能否确认最佳证据的存在，如果存在，其最佳标准又应该如何确立，这是一个重要问题，也是一个需要突破的难题。在此基础上，才能通过征集形成证据库。第四是关于证据库的建立与证据选用，一线老师缺乏时间和精力，没有时间寻找所谓的最佳证据。而这样的证据库又必须建立，且方便教师选用，这才能达到循证实践的目标。而这在几个人、一个区域是很难做到的，需要集中许多力量协作攻关。

在国外,借鉴医学的循证教育理念渗透和在实践层面的探索较早,国外就教育中的证据等级、最佳证据的判断等进行了专题的研究,提出了一些框架。另外,借鉴医学的循证协作网,教育中也构建了类似的平台——有效教学策略网(What Works Clearinghouse,WWC),以提供一些一线教师开展循证教学实践的证据。但总体而言,这方面的推进也并不顺畅,关于证据分等、最佳证据等也受到一些批评,有效教学策略网的运用与建设也不像医学的类似平台(如Campbell协作网、Cochrane协作网)那样富有成效。国内尽管有一些关于循证实践的探索,但从结合于实际工作加以推进和落实的非常之少,特别是从一线教学角度怎样大面积实施,从支持保障的角度如何提供相关的资源平台,都显得非常缺乏。

综上所述,循证实践是一个重要理念,也是推进实践的一个重大改革,但要在认清其优点和不足的同时,在我们所在领域的实践中更加积极、审慎地进行研究和推进。

## 第四节 深化教育循证实践的意义价值

循证实践尽管在许多领域都有所推进,但教育领域特别是基础教育的循证实践探索及成果仍非常薄弱。深化教育领域的循证实践,特别是从整体性的视角,加强设计和实施,显得非常重要、必要和迫切。

一、教育循证实践亟待深化与突破

尽管循证思想或说证据意识得到一定传播,在研究和实践中重视证据也为大多数人接受,但教育领域的循证实践在观念认识、具体方法、资源平台等方面却还比较欠缺。

1. 循证思想日益成为一种普遍共识和指导准则

遵循证据(Evidence-based)被视作科学精神的一种体现,对科学研究的影响有目共睹,兴起于19世纪并延续至今的实证主义研究范式是一个例证。尽管社会科学和人文科学的研究对象同自然科学的研究对象差异很大,实证主义研究范式也受到质疑和批判,但在研究中遵循证据,重视证据的搜集与分析,已经成为一种基本共识和研究准则。由美国国家研究理事会组织多个领域学者完成的《教育的科学研究》(*Scientific Research in Education*)一书中明确了教育研究也要遵循证据这一准则(见专栏1-1)。2002年美国小布什时期签署的《不让一个孩子掉队法案》中,数处提到要坚持循证原则。

**专栏1-1**

教育研究的六条科学原则[1]

| 教育研究的科学原则委员会 | 提出的六条科学原则 |
|---|---|
| 自然科学家 | 提出有意义并能通过实证来研究的问题; |
| 统计学家 |  |
| 心理学家 | 将研究与相关的理论相结合; |
| 教育学家 | 使用能对研究问题进行直接研究的方法; |
| 政策分析家 |  |
| 社会学家 | 进行有条理的、明确的逻辑推理; |
| 历史学家 | 实施重复验证和研究推广; |
| 人类学家 | 发表研究结果,鼓励专业人士的审查与评论。 |
| 教育哲学家 |  |
| 教育实践者 |  |

尽管国内教育实践方面的实证研究较为欠缺和薄弱,但近年来随着人们对研究指导实践的科学性与有效性需求的不断加强,基于证据的研究和实践也得到认同。基于"中国知网"的检索发现,以"实证研究"为关键词的文献呈不断上升趋势;由全国教育科学规划办等多家单位联合举办的"全国教育实证研究论坛"及其所发布的《加强教育实证研究的行动宣言》,受到广泛关注和热烈响应。这些事实进一步说明循证思想日益成为研究者的共识。

2. 循证实践是实践改进的关键路径和重要趋势

社会科学和人文科学在其研究领域日益认同并践行了循证思想,但在其实践领域,却进展缓慢。直到20世纪90年代,西方国家兴起了一场循证实践运动(Evidence-based Practice Movement)。这场运动最初由医学界开始,并波及社会科学中众多的学科,其影响一直延续至今。就医学领域的循证实践而言,其核心思想是在医疗决策中将临床证据、个人经验与患者的实际状况和意愿三

---

[1] [美]理查德·沙沃森,丽萨·汤;曹晓南等译.教育的科学研究[M].北京:教育科学出版社,2006:48—49.

者相结合。这一思想充分关注科学证据的应用,为实践改进和质量提升指明了方向和路径,因此不但在医学领域迅速推广,在其他社会科学领域中也受到广泛重视。循证心理治疗、循证社会工作以及循证管理学、循证决策学等多门学科的出现就是循证实践在这些领域推进的体现。

为了进一步提升研究指导实践的有效性,指导基层单位的教学研究机构作为联系理论与实践的桥梁,要强调关注证据,关注研究结果的实践与推广。[①]许多和教育实践关系紧密的教育实践者、教学研究者和教学指导者等,提出了从经验走向证据的倡导。[②]同时,作为教学研究的专业指导机构,也开始通过专题论坛关注与探索教学指导如何从基于经验走向基于证据(见专栏1-2)。

### 专栏1-2

**从经验走向证据——第九届长三角基础教育课程与教学改革论坛**

3月22日,"第九届长三角基础教育课程与教学改革论坛"开幕式在苏州高新区实验初级中学举行,来自上海、江苏、浙江的300名教研工作者齐聚一堂,共同研讨教育综合改革大背景下三地教研工作的转型与发展。教育部基础教育课程教材发展中心主任田慧生,江苏省教育厅厅长朱卫国,江苏省教育科学研究院院长王国强,苏州市副市长曹后灵、高新区领导朱奚红等参加论坛开幕活动。

本届论坛的主题是"从经验走向证据"。两天的论坛活动中,与会人员参与了多场专题讨论与课堂观摩,还就"综合时间活动课程实施""新优质学校课程建设""新技术环境下的教学改革"等主题展开研讨。高新区实验初中、苏州市第三中心小学、苏州市枫桥中心小学等学校作为此次活动的承办单位,也将以此为契机,进一步强化对基础教育教研的系统研究。

开幕式会议指出,今后教学改革聚焦的核心应是课堂,在人才培养模式上应取得重要进展,着力培养学生的核心素养;在考试评价上要加大研究力度,在重大问题上要形成全国协作;在基础教育改革方面,要更好地服务课堂改革的推进,更好地服务时代的需求,以适应新时期教育工作的发展。教学研究的新挑战、新需要,要求以往的教研观念都应及时调整和转型,其核心要素要实现传统教研向现代教研的转变。

---

① 徐淀芳.严格的证据:教学研究进步的核心[J].教育发展研究,2013(02):1—4.
② 朱郁华.课堂改进:从基于"经验"走向基于"证据"[J].中小学教师培训,2017(07):59—60.

3. 教育循证实践是教育应用研究的前沿范式

循证实践在医学领域的成功带动和影响了该范式在其他领域的进展，教育领域的循证实践也得到开展。国外对教育循证实践的探索首先发生在心理健康教育、特殊教育、教育决策等方面，然后向其他教育领域渗透。美国教育科学研究院院长怀特赫斯特力推教育的循证实践，提出了相关的定义，研究了教育领域最佳证据的分级标准，推动创建了有效教学策略网。怀特赫斯特提出，循证教育是指"在教学过程中，专业智慧与最佳可利用的经验证据的融合"。

我国对教育研究和教育实践领域中的证据也不断重视，但相对而言，对于证据的重视程度还相对不足。一位教育研究者在她所著的《教育科学研究方法》一书的前言中写道，导师对她所写的论文到处批写着"Evidence? How do you know"，强调要关注证据。[①]另一位研究者曾经针对这一现象指出，研究方法的运用中存在证据降低的倾向，如把实验研究做成了行动研究，把行动研究做成了经验总结，把经验总结做成了感悟体会，这其实就从某个侧面体现了对证据的忽视。进一步而言，国内对循证实践的研究和应用相对较少，教育领域的循证实践更加缺乏。循证实践运动不仅改变了人们有关教育原则与实践行动的思考方式，还对人们合理、有效地进行教育决策或实施产生深刻影响，成为推动教育研究品质提升和教育改革实践完善的重要力量。教育循证实践由于其重要性、前瞻性、复杂性，成为教育应用研究的前沿范式，需要给予更多的关注和探究。

针对已有的研究进行分析，我们认为，首先教育循证的研究需要在实践中深入推进。我国关于教育循证的探索还比较缺乏，还只是极少数研究者在某个方面的一种尝试。如何推进教育循证实践，是研究者和教育实践者都应关注的命题。其次，基础教育的循证实践面临开拓和改造的挑战。目前关于教育循证实践的探索，基础教育方面还相当缺失。如何结合基础教育的特点和我国的国情，对循证实践的过程加以改造，使其更适合于中小学教育的场景和现状，这是一个极具挑战性的课题。

二、研究教师循证实践的重要价值

在教育循证实践的总体范围中，基础教育的中小学、幼儿园教师的循证实践更值得关注。这是因为，相对于循证医学的实践者——医生而言，教育中的

---

① 张红霞.教育科学研究方法[M].北京:教育科学出版社,2009:1—4.

实践者就是工作在一线的基层教师,研究他们的循证实践更具有典型性和代表性。

1. 循证实践为教师的教育教学改进提供新思路和新对策

教师的教育教学改进是一个永恒话题,许多研究在这方面取得了重要进展,形成了典型成果。但在新时期,特别是在我国教育迈向高质量发展的新阶段,如何进一步深化教学改革,提升教学的品质与效果,已经成为当前和未来一段时间我国教育改革的重要任务。特别是基础教育阶段,为推进"双减"政策落实和落实新课程方案,更需要教学的深度变革。循证实践强调用实证的方法对教育行为进行对比、诊断与评估,从中找出更为适切和有效的方式,这为教学的深化发展提供了新的思路与对策。对于教师的教学日常行为而言,如何精细地考察,并将有关的研究证据、个人经验、学生状况有机结合,会增加教师改进教学的新路径和新方式。

2. 循证实践为教师关键能力的提升提供新视角和新支撑

培养学生的关键能力已成为全球各国教育的总体趋势和战略方向,中国也不例外,而这需要有一批能胜任新时代要求的教师队伍作支撑。特别是在人工智能快速发展的背景下,教师关键能力的提升成为全球教育关注的议题,更是中国教育改革深化的重中之重。2018年1月印发的《中共中央 国务院关于全面深化新时代教师队伍建设改革的意见》,从新的高度明确了重视和发展教师队伍的重大意义。教师关键能力的提升要拓宽视野方向、强化科学路径,而循证实践的思想方法为此提供了重要的借鉴,通过提升教师的循证意识和循证教学能力,将为教师的专业发展和实践改善注入新的活力。

3. 基础教育循证实践的推进需要通过一个区域的探索获得新认识和新突破

教育循证实践目前在国内主要以译介和理论探讨为主,鲜见付诸实践的行动与成果,而中小学教师循证实践的探索更加缺乏。要推进这方面的工作,首先需要对一系列问题进行研究和解决,如操作要点怎样确定,证据标准如何认定。特别是证据库的建立和使用,仅仅依靠个体或一所学校完成十分困难,这需要一个区的整体设计,特别是在我国以区(县)为基本体制的格局下,可以整体考虑为循证实践提供资源、政策、指导等方面的保障。而反过来,这样的循证实践探索也为区域教育的治理提升和内涵发展提供了支持。因此,探索如何开展基于区域的中小学教师循证实践,具有重要的现实意义。

因此，要立足面向基层一线教师的循证实践探索，通过深入调查、模型建构、支持系统创建等开创性研究，达成循证实践的推进和拓展，进而对教育实践的提升和教师队伍的建设提供支撑。

# 第二章　教师循证实践的探源与寻迹

循证实践是一个来自西方医学的新概念，将其导入教育领域特别是教师日常工作中时，需要我们在把握其原初精髓的基础上，结合教育实践工作的现状与特点，进行更深入、细致地探寻与剖析，本章正是在上一章总体了解循证实践的基础上的延伸与挖潜。

我们基于循证实践的核心要义，从教育领域来审视教师循证实践，试图从更宽广的视角和更久远的历程来洞悉其脉络与痕迹。我们发现，关注证据和强化循环的基本精神在中华传统医学的辨证论治及传统教育的因材施教就有萌芽与体现，在学校教育教学的当下工作中也有一些无意识的运用。而对与教育领域相关的行动研究、实证研究、设计研究这三种研究积淀的分析表明，这些研究类型彰显和融会了循证实践的内核及关键价值信息：重设计、增证据、强循环。

如何从当下的现状出发，推进教师循证实践的具体开展与落实，需要在多元证据的采集与分析、循环过程的重视与凸显，以及与日常工作的衔接和整合方面加强研究，而这也正是后续各章内容展现的重点。


教师循证实践，就概念名称而言，是一个新生事物。但从教师循证实践的特征而言，却又有相应的基础与积淀。在对循证医学、教学实践、教师研修等有关文献及工作现场综合考察的基础上，我们认为，教师循证实践的内涵与特征，最核心的有两个要点，一个是遵循证据，一个是多次循环。关于这些内涵和特征，本书第四章有更详细的阐释，此处基于这些关键特征来探讨教师循证实践的渊源、基础、积淀、发展等有关问题。

## 第一节　教师循证实践的传统渊源

循证实践的概念源于西方的循证医学,是科学化运动的一种延伸与体现,并由医学向心理学、社会学、教育学等领域发展。当我们基于循证实践概念的内涵,从更宏大的视野来对其考察时,可以发现在我国传统医学及教育中也存在着这样的思想。

一、中华传统医学的辨证论治

辨证论治也称辨证施治。尽管也有人使用辨症施治、辩症施治等词语,但使用广泛或更为普遍的还是辨证论治,在中国知网上检索,篇名中含有"辨证论治"的文献有 7 414 篇。①这一数量远超使用其他类似词语的有关文献。辨证论治作为中医学最典型的特征之一,这一指导思想贯穿于中医学的各个方面。辨证论治中对"证"的关注把握及动态的诊疗过程体现出中医学深刻的思想内涵和鲜明的系统观念。

1. 中医学里"证据"的认识理解

尽管循证医学和中医学都重视"证"的作用,强调通过证据来提高医治效果和促进医学发展,但两者对于证据的理解有在层次和角度上的不同。循证医学的证据注重的是对诊断和治疗结果的分析评价,主要用于指导临床决策;而辨证论治中的证据强调病人的主观感觉和客观表现,主要用于诊断并指导治疗。②中医学辨证论治所指的证,是机体在疾病发展过程中的某一阶段所体现出来的临床证型,它是中医临床诊疗的依据。有人把辨证论治中的证理解为病症,但不够准确,因为中医所讲的证与病虽有密切联系,但却是两个不同的概念。这里的证是"病"所表现的主客观症状,是症病的病因、病位、性质等互相联系的一系列特征或症候群。由于"证"反映出疾病发展过程中某一阶段的病理变化的本质,因而它比症状更全面、更深刻,更正确地揭示了疾病的本质。

对应循证医学中来源于医学研究用之于临床诊疗的证据而言,中医学也有类似的证据,这便是中医积累几千年临床治病的珍贵经验。这是在辨证前提

---

① 检索时间为 2022 年 5 月 16 日。
② 陈锦芳.循证医学、中医学之"证据"辨析[J].福建中医药,2010,41(01):51—52.

下,在对药理、药性、药用等审察基础上,用药治病的具体过程和经验总结。中医治疗上基于药证相应而形成的经验证据,既非来自理论的推理,也非来自实验室的数据,更不是源于动物实验的结果,而是我们祖先用自己的身体尝试百药后,从自己身上直接获得的用药经验,是最佳的临床实践证据。中医学"辨证论治""知常达变",既能把握一般证治规律,又能洞察每个患者的特殊性,因而能不断获得最佳的临床证据。①

2. 中医学辨证论治的主要内容

辨证论治是中医学的特色和精髓,中医学的辨证方式,最常见的就是望、闻、问、切的诊断。辨证就是根据四诊所收集的信息、症状、体征,通过分析、综合,辨清疾病的病因、性质、部位,概括、判断为某种性质的证。望、闻、问、切,既表现出前后的顺序,也具有相互印证的关系。在辨证过程中,需要把病与证有机地统一起来,因为一种病可以表现为两种或两种以上不同的"证",而一种"证"也可以出现在许多互不相同的疾病中。辨证的内容,包括八纲辨证、六经辨证、三焦辨证、卫气营血辨证、脏腑辨证等。从辨证论治的角度而言,辨方证和药证也是其内容范畴。中医辨证首先要八纲辨证,这是辨证的第一步,八纲是指阴—阳、表—里、寒—热、虚—实,其中阴阳又是总纲。接下来是气血津液辨证、脏腑辨证、六经辨证等。

中医辨证不但重视证的种类,而且重视证类之间的关系,在具体的运用中,重视主证与兼证,重视整体与转化。整体观念是中医学理论的思想基础,也贯穿于辨证论治的各个方面。中医学通过阴阳、气血、脏腑、经络等学说,将人体的生理、病理、内外、上下、器官、功能、精神、物质、机体、环境等各个方面统一成为一个整体。②中医的辨证,强调整体系统的观念,强调各因素之间的相互联系,以中医的五行学说为例,肝木、心火、脾土、肺金、肾水之间,顺次相生,间隔相克,而且相互循环。有学者认为,如果说当代世界医学发展趋向已从分析时代进入系统时代的话,那么中医学的辨证论治早就具有系统时代的思想原型,以辨证论治为主要内容的整体恒动观,代表医学思想发展的方向。③也有学者认

---

① 陈锦芳.循证医学、中医学之"证据"辨析[J].福建中医药,2010,41(01):51—52.
② 韩佳瑞,左振魁,孙新宇,张玉峰.临床教学中辨证论治的要点[J].中医药管理杂志,2016,24(17):126—127.
③ 陈启智.内科疾病中医疗效的检测应体现辨证论治的特点[J].海南大学学报(自然科学版),1985,3(02):44—45.

为,中国医学的辨证论治,在不打开人体、不干扰人体正常生命活动的前提下,从外部联系和变化来考察人体和疾病过程的内在规律,其原理与现代黑箱方法是一致的。①

3. 中医学辨证论治的基本过程

关于辨证论治,在中医古籍中的有关论述共有41种不同的记载,"辨证论治"一词始见于清代,1955年学者首次明确提出这一概念,之后不断发展完善,并形成丰富多样的方法体系。②尽管辨证论治这一词语的运用和概念的提出在时间上似乎并不是特别久远,但这是对前人经验的总结,而这些经验的积累,是中华先贤和良医用了几千年的时间不断实践和验证的。"辨"和"证"是决定治疗的前提和依据,"论治"是治疗疾病的手段和方法。辨证和论治,是诊治疾病过程中相互联系不可分割的两个方面,是理论和实践相结合的具体体现(见图2-1)。③中医的辨证论治,体现出相互联系、对立统一、动态变化、守正用奇等方面的过程特征。

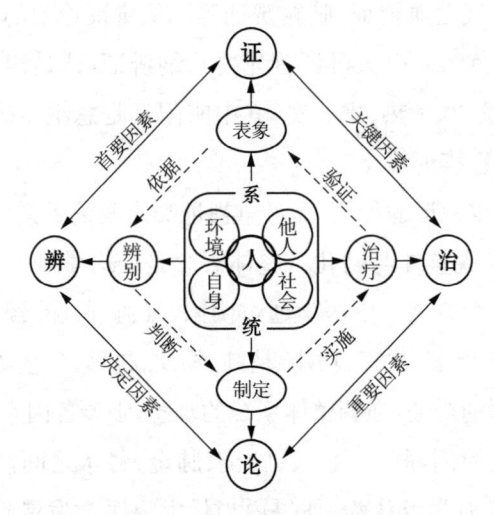

图 2-1　中医辨证论治原理

辨证论治既具有明确的内容,也具有相应的步骤,譬如望、闻、问、切,又譬

---

① 张继东.祖国医学辨证论治中的黑箱方法[J].山东医科大学学报(社会科学版),1989(01):24—26.
② 高玉亭,郝慧琴.基于辨证论治思想的中医学硕士研究生思政教育工作策略研究[J].中国中医药现代远程教育,2020,18(08):1—3.
③ 俞梅芳,赵斌.中医辨证论治理论下设计能力提升研究——以公共空间设计课程为例[J].设计教育,2020(10):128—130.

如从八纲辨证到气血津液等临床辨证再到方证、药证和最后治则和方则,都体现出先后次序和前后联系的过程。北京中医药大学李成卫教授根据《金匮要略》还明确创立了辨证论治八步法,八个步骤为:第一步"观其脉证",第二步"知犯何逆",第三步"辨识未病",第四步"策略选择",第五步"随证治之",第六步"治病求本",第七步"治疗未病",第八步"依法合方"。①"辨证论治八步法"是中医临床诊治疾病的一个思维过程,实际上也是由八个步骤构成的中医临床决策模式,这个全面、细致的过程反映了中医诊疗过程中基于多方证据、注重动态调整的特点。有人在中风病辨证论治学习软件的研发与应用中,也提出了辨证论治的过程,包括类证鉴别——辨病期——辨经络脏腑——确定证型——确定治疗方案——处方分析,体现出过程的循证性、顺序性、动态性等特点。②中医治病的动态变化是其显著特征,中医把天地万物、人体生命现象的运动变化与疾病过程的动态变化关联起来认识,强调疾病变化的相互制约、相互促进、不断变化、不断发展的特点,强调辨证开方用药因人、因时、因地灵活加减、随证变化。这一过程犹如战场上用兵打仗,辨证即为认清战况,治则犹如制定战略,治法好似确立战术,选方用药则如最后派兵应战,每一步都决定着战争最后的输赢。③

  中医的辨证论治突出个性化的诊治思路,强调以人为本的理念。中医证据具有多来源的特点,④中医的循证是一个探测、分析、探索、证实的"淘宝"过程。⑤中华传统医学的辨证论治体现了尊重证据和循证治疗的特点,与我们所探讨的循证实践的特征不谋而合。辨证论治不仅在医疗实践中得到贯彻,而且在医学之外的教育、管理等领域中也有人运用借鉴这种思想,譬如学生思维障碍的分析与对策、班主任工作中的望闻问切、思想政治教育工作的问题与论治、中小学语文微课教学的检查与处方、网络文化对青少年的负面影响及辨证施治等,都通过结合辨证论治取得了较好的效果。

---

  ① 赵坤,王莹,赵宏照,李刚,靳国印,张永鹏.基于"辨证论治八步法"对中医临床类课程开展PBL教学的探讨[J].中国多媒体与网络教学学报(上旬刊),2022(01):53—56.
  ② 宣琦,舒勤,曲红,张曙,胡振敏.中风病辨证论治学习软件的研发与应用[J].中国高等医学教育,2018(06):9—10.
  ③ 韩佳瑞,左振魁,孙新宇,张玉峰.临床教学中辨证论治的要点[J].中医药管理杂志,2016,24(17):126—127.
  ④ 吴大嵘.浅谈中医多来源证据特点及其评析方法(C).第八届中医/中西医结合循证医学方法研讨会论文集,2014.
  ⑤ 吴大嵘.从证据到实践:中医循证方法评析[C].第九届中医/中西医结合循证医学方法研讨会论文集,2015.

## 二、中国传统教育的因材施教

如果说辨证论治是中华传统医学宝库中的一颗璀璨明珠,那么因材施教可以称得上中国传统教育园地中的一株不老劲松。在中国知网上(www.cnki.net)检索关键词中含"因材施教"的文献,共有 9 443 篇;[①]以"因材施教"为关键词在百度网站上(www.baidu.com)进行搜索,共有 1 亿个网页。[②]因材施教中对学生的了解及由此实施的教育方法体现了中国传统教育的深厚底蕴和规律把握。

### 1. 因材施教思想的形成与发展

因材施教是一个随着社会和教育的发展而动态发展的教育命题,它的历史演进轨迹具有"同心圆扩大型"的特点,体现出时间上的延续性和空间上的广袤性。[③]对因材施教的认识是多角度、多层次的。它普遍被认为是一种教育思想、教学原则,也被认为是一种理论体系、教育教学方法,或者是一种融教学价值观、方法论于一体的教学哲学,是一种根植于教学理念、教学文化、教学信仰的内在教学自觉。[④]在新中国成立初期的一段时间,还为是否把它与"全面发展"并列作为教育方针而深入讨论,可见其影响之深远。

关于因材施教的实践源头,学界公认的是孔子最早进行了这方面的探索。由于春秋时期的"私学"兴起和人才需求,为孔子招收学生并进而探索个别化的因材施教提供了教育土壤和社会基础。孔子经过实践,形成了因材施教的基本样态和初始模式,为因材施教的后续发展夯实了根基。随着历史的前进和社会的发展,因材施教在各个朝代都得到不同程度的推进和深化。孟子把不同特点的施教个体扩大到不同类型的施教群体,汉朝董仲舒、郑玄、徐幹等也都强调教育因人而施,唐朝的韩愈从因材而用的思路看待"因材施教"。宋代是对因材施教思想认识和梳理比较深刻的时期,程颢、程颐第一次概括出这一思想,朱熹更是进一步明确提出"夫子教人,各因其材"的论断,胡瑗创立的分斋教学制则对因材施教的实施有较大的推进。此后,明代的王守仁,明末清初的王夫之、颜元也都重视和践行因材施教的思想。在这一过程中,从对个别学生的关注扩大到施教群体,从关注学生差异的多样性到梳理发展中的共同性,其内涵与实施不

---

[①②]  检索时间为 2022 年 5 月 24 日。
[③]  张如珍."因材施教"的历史演进及其现代化教育研究[J].教育研究,1997(09):73—76.
[④]  张良,刘茜.彰显孔子"因材施教"教学思想的现代魅力——基于现代心理学的理论阐释[J].重庆科技学院学报(社会科学版),2010(06):160—162.

断地丰富与发展,基本形成了一个比较完整的理论体系。[1]而其中,对学生的认识和实际情况的把握始终是基点,这也体现了循证实践所强调的关照对象的特点与意愿。

2. 因材施教中对学生的认识和考察

因材施教所体现对学生不同特点的把握,显示了教育对象作为施教的重要依据,也是一种证据的运用,只是这里的证据主要以直接的内部证据为主,体现为对学生行为的观察、个性特点的把握、学习状态的了解。在因材施教的漫长发展和持续深化中,对于学生的认识与考察也在不断丰富和完善,这为施教的改进与优化也提供了重要的支撑。

古代因材施教中对学生"材"的认识,涉及了个体差异的若干方面,蕴含了差异心理、个性心理等心理学思想。[2]有人梳理总结发现,在因材施教中对于学生的了解,包括年龄阶段、学习基础、学习态度或学习能力、志向水平、德性修养、爱好特长、性格特征等许多具体内容。[3]譬如,孔子指出"柴也愚,参也鲁,师也辟,由也喭",便是从禀赋和资质方面考察学生的结果。孔子所说的"德行:颜渊,闵子骞,冉伯牛,仲弓。言语:宰我,子贡。政事:冉有,季路。文学:子游,子夏",便是从特长方面考察的结果。在因材施教的探索中,对于材的认识也在不断发展,如张载提出的"教人至难,必尽人之材,乃不误人",王夫之强调的"因人而进",都是一些新的见解。

关于因材施教中认识学生"材"的途径,总体上包括言志和察言观行两种方式。为通过交流了解学生,孔子会与学生单独交谈或多人聚集在一起畅谈,这有些类似于我们现代教育研究方法中的个别访谈和团体访谈。这种问答方式是孔子识"材"的重要手段。孔子不仅通过听来了解学生,还要看他们的实际行动,"视其所以,观其所由,察其所安",并对所获得的信息加以分析,从而更加全面深入地了解学生,达到"知人"。

3. 因材施教中的教法选择与实施

因材施教的基点是识材,重点是施教,这是教师主导作用的体现,也是达成教育目的的重要途径与载体。因材施教中对于教学原则的总体把握和教学过程的动态调整,不但凸显了教学"因材而施"的要诀,而且体现了反馈调整这样

---

[1] 彭彩霞.因材施教思想的历史演进与当代流变[J].天津市教科院学报,2008(05):22—25.
[2] 柴勇敏.我国古代"因材施教"心理思想研究[J].江西教育科研,1993(04):61—64.
[3] 邓伊帆.从《学记》看儒家因材施教的教育思想[J].宜宾学院学报,2016,16(08):119—125.

的动态性和灵活性。

在因材施教的教法实施中,最典型的就是孔子对学生"闻斯行诸"的回答,对于这样一个问题,孔子给了子路和冉有完全不同甚至说截然相反的答案,这是孔子根据学生不同个性特点进行施教的生动写照,也是"因材施教"这一概念解释的典型样例。另外,孔子根据学生的志向、特长、学习能力、性格特征等方面的差异,也采取各有侧重的教学。比如子贡为人过于骄傲,孔子教其"切、磋、琢、磨",使其能学会谦虚;子张为人过于轻浮,孔子教其"质直而好义",使其能够踏实。[①]

因材施教的教法呈现多样化,有"教亦多术"与"所教者五",有学而思之与学而习之,有循循善诱与举一反三。[②]在后来的实践中其组织形式及授课方式也发生变化,北宋初期的胡瑗创设了分斋教学和主副科制度,使个别教学条件下的因材施教,在分斋教学的条件下进一步发展。朱熹则从根据学生特点进行横向分类发展到对个体的纵向分段。王阳明强调"因人而施"重视对个体才性的张扬。[③]所以说,因材施教是一个思想宝库,其不但符合认识论、教育论,而且有实践论的基础。[④]而且从生成论教学哲学的观点来看,诸如"因教而学""为人引学""因需施教""因材受教""差异教学"等这些现代的尝试都是一种继承和发展。[⑤]

中华传统医学的辨证论治和中国传统教育的因材施教,不但有对证据的认识与关注,而且凸显基于对象特点的动态变化,强调以人为本、生命至上等思想理念,对我们当下研究教师循证实践提供了重要启示与借鉴。

## 第二节　教师循证实践的现实基础

循证实践的概念来自西方的循证医学,其核心思想是证据运用和过程的循环实施。当我们借用这一思想来研究教师循证实践时,发现在我国教师的教育教学日常工作中,已经存在着类似的特征,体现了在证据运用和过程循环方面的有意无意的重视,这是我们推进和深化教师循证实践的重要现实基础。

---

① 邓伊帆.从《学记》看儒家因材施教的教育思想[J].宜宾学院学报,2016,16(08):119—125.
② 张兆端.因材施教　教亦多术——先秦儒家教育思想发凡[J].公安教育,2017(05):52—57.
③ 彭彩霞.因材施教思想的历史演进与当代流变[J].天津市教科院学报,2008(05):22—25.
④ 张如珍."因材施教"的历史演进及其现代化教育研究[J].教育研究,1997(09):73—76.
⑤ 张琼,张广君."因材施教"发展性概念的解读与批判——兼及基于生成论教学哲学立场的本体辩护[J].高等教育研究,2013,34(08):71—75.

一、教师团队研修的考察

以校本教研或校本研修为主要形式的教师研修,是我国基础教育教师专业发展和工作研究的重要方式,甚至可以称为中国基础教育的一大特色。这一形成于20世纪50年代的学校教学研究制度,随着时代的发展也在不断进步,对教师团队研修的考察可以使我们更加深入地了解其与循证实践的关联。

1. 中小学教师团队研修的过程要点

中小学教师的团队研修,通常称之为校本教研或校本研修。中小学校本教研或校本研修的形式有多种,譬如研究课、公开课、随堂听课、同课异构、同课共构、课例研究、教学诊断、网络研讨、微格教学、教师论坛、教学沙龙、专家报告,等等。而基于课堂教学的校本教研范式主要有叙事/描述范式、话语/解释范式、观察/评论范式和技术/分析范式。[①]其中最常见也是最普遍的,当属以课堂教学为对象、以课例研究为载体、以团队参与为样态的磨课、上课、改课、研课系列活动。在这一活动中,总体上存在着一些基本要点和一个基本流程,大体上包括选定主题、教学设计、上课观课、评课议课、总结交流、反思跟进等要素,一般是以直线型的流程为线索,有时也会在某个环节进行多轮循环。常见的公开课研磨就体现了这样的要点和程序(见图2-2)。

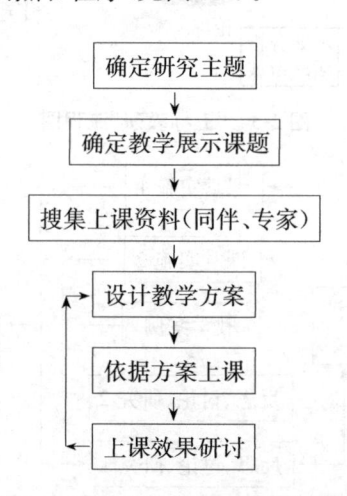

图 2-2　教学公开课研磨的基本流程

这样的公开课教学框架,呈现了从问题出发、参照资料设计、上课、研讨改进的要素,这与循证实践的基本流程有许多共同成分,体现了问题—设计—实

---

① 吴举宏.基于课堂教学的校本教研范式研究[J].中小学教师培训,2018(04):22—25.

施—评估—反思的基本要点,甚至包含着循环改进的基本架构。以上述研课为基本模式的学校教师团队研修,在校本教研或校本研修中是比较常见的。譬如有学校尝试推进"独立教学设计—试教—参阅相关理论书籍(修改设计)—再次试教—再次修改教学设计(倾听同组教师意见)—第三次试教—第三次修改教学设计(倾听全体教师意见)—公开展示"的研究程序,[1]有学校在开展"异构—交流—实践—研讨—反思—创新—提升"的螺旋式进程中构建出一种不同的教学特点。[2]一些学校还建立了校本教研或研修的流程图,更加清晰地体现了问题出发、循环改进的特点,譬如有学校探索"定标—调标—试标—测标—论标"五环节组成的"五标教研",形成相应的轮式流程图(见图2-3);[3]有学校研究现代学校教研活动的功能与形态,创建环式推进的课例教研流程(见图2-4)。[4]这些流程图更加直观而鲜明地呈现了校本教研的要素及过程。

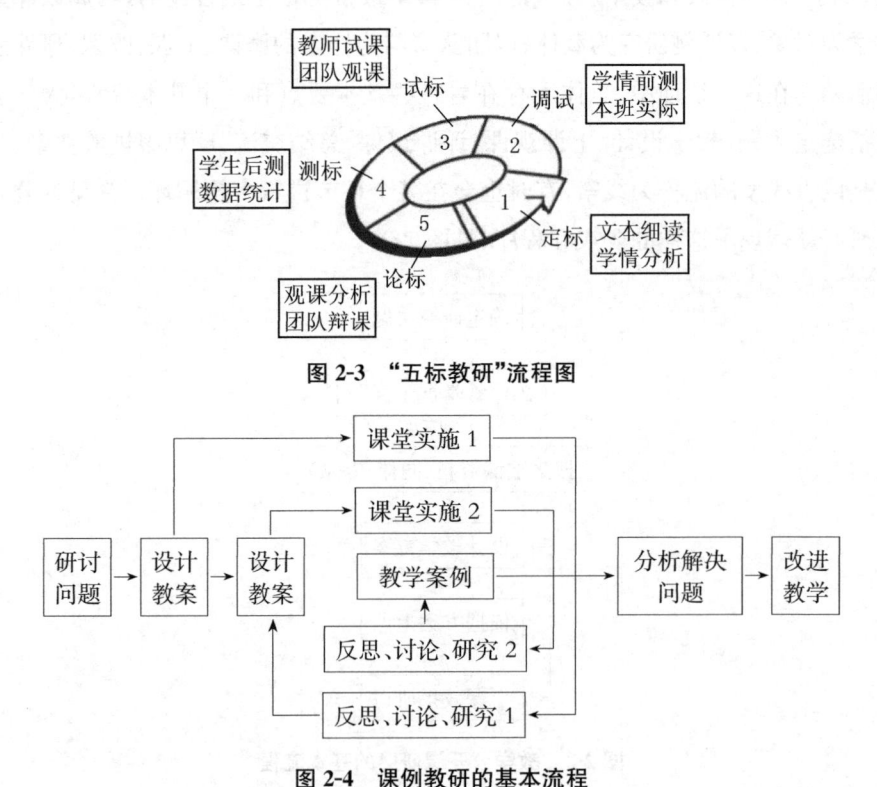

图2-3 "五标教研"流程图

图2-4 课例教研的基本流程

---

[1] 张祖润."教·研·训一体"校本教研方式的实践与思考[J].江苏教育,2016(62):40—43.
[2] 黄耿东."同课异构"校本教研新方式的探究与实践[J].福建基础教育研究,2012(11):17—18.
[3] 王增强."五标教研":一种有效的校本教研方式[J].教学月刊小学版(综合),2019(04):11—13.
[4] 鲁慧茹.现代学校教研活动功能与形态的实践研究[M].上海:上海教育出版社,2007:19—20.

在校本团队研修的过程中,大多都体现或强化"重复""反复""循环""回环",从而使团队研修循环改进的特征得以彰显。譬如有的学校在课例研究过程中,明确要将"重复"基于设计基础上的课堂教学和课后讨论环节,并直至得出结论(提出研究报告)。①有的学校在校本教研中,提出课、研并举(多人一课、一课多轮)和反思互动、总结提升的反复循环过程。②有的学校探索"前移后续"长程式的校本研修,把单个回环变成了连续的多个回环,后一学期的研修专题是前一学期研修专题的后续,从而使学年之间的研修专题形成序列化、系统化。③有的学者在对某个区域的校本教研进行考察后,同时提出这是一个周而复始的过程,通过持续的行动,直到解决问题、改进实践。④

2. 教师团队研修中的资料与经验运用

循证实践一方面强调实施过程的循环,另一方面强调证据的采集与运用,这在教师团队研修的过程中也有所体现。

譬如,有的学校在开展校本教研活动之前,为老师们推荐相关的阅读书目,让他们提前阅读和思考,从而把阅读借鉴与校本教研有机关联。⑤有的学校探索"外引式"校本教研,引导教师通过"理论下嫁"或"经验移植"完善自己的实践知识,提出了选择他人的先进理论或经验——分析理论或经验——实践验证——反思的基本程序。⑥这体现了对于教研之前的学习进行了关注与重视,尽管没有指出和明确我们在本书所强调的前端证据,但这样的意识已经存在。

在校本教研或校本研修实施的过程中,对于执教教师上课效果的考察,实施者总体上都会通过搜集各种各样的资料来加以佐证。一些研究指出,要证明行动是否有效,仅靠理性的思辨是不足以让人信服,必须有实证性资料,教师要随时随地、尽可能多地搜集各种研究信息,这些考察效果的信息资料包括访谈记录、观察记录、学生作业作品、学生考卷、照片录像、随笔日记等。⑦譬如,有的学校在校本教研中,全体成员有目的地参与课堂观察,并做好相应的观察记录,

---

① 马晓梅,程可拉.课例研究中需要明确的几个核心概念[J].当代教育论坛,2008(08):24—26.
② 李雅娟.浅谈校本教研流程管理策略[J].新课程(下),2012(06):155—156.
③ 何学锋.以"前移后续"校本研修方式促进教师发展[J].现代教学,2013(05):24—25.
④ 胡惠闵.从区域推进到以校为本:校本研修实践范式研究[J].教育发展研究,2010,30(24):61—65.
⑤ 邵龙霞.校本教研:悄然改变教师的行走方式——从两则语文校本教研案例说起[J].全国优秀作文选(写作与阅读教学研究),2016(02):4—6,2.
⑥ 吴义昌.基于实践知识论的校本教研范式构建[J].当代教育科学,2007(17):43—44.
⑦ 董盈溪.论校本教研及其实施步骤[J].卫生职业教育,2010,28(18):35—37.

同时跟进第一轮上课教师的课堂实录,着重检验经各位教师讨论过后的改进方案是否具有合理性、科学性和有效性。①有的学校根据后测数据、现场情况及观察量表记录,对教学目标达成的有效性进行分析,而且对于不同的目标有不同的检测或考察方式。对于测查发现的问题,有关的教师还对学生进行访谈,通过与学生的交流进一步澄清和检验达标中的有关问题。②这些举措都体现了对效果证据搜集的常见方式,有的还会及时对学生进行访谈,以获得对效果考察更全面的信息资料。

医学的循证实践强化科学研究的证据,虽也重视个人经验,但较少体现同伴的互助。教师的教学虽也借鉴有关的科学研究成果,但有很多的经验或借鉴来自同伴的互助或专家的指导,这在学校定期的教研活动中非常明显。譬如,有学校在对集体备课的探索中加强二次备课,主备人要综合集体的意见和智慧,在个人初备的基础上形成教案,然后印发给教师,对集体备课的教案开展二次备课。通过二次备课使教案成为教师教学智慧、教学个性的生成过程,也彰显了教师同伴互助的特征。③自我反思、同伴互助、专业引领是校本教研三种基本的形态,其中的同伴互助非常典型和关键,这体现了教师在研修中对同伴集体经验的挖掘与运用,也是证据采信的一种重要来源和形式。有关的调查也显示,"身边经验丰富的同事在教材教法方面的指导"、"专家、优秀教师和自己合作备课,再听课、评课,指导改进",对教师本人的影响更大。④

通过对中小学教师团队研修要点及流程的考察,可以发现,循证实践所倡导或强调的基于问题、实施方案、基于证据、循环改进等要则在教师研修中有或多或少、或显或隐的体现,这拉近了由日常研修到循证实践之间的距离,为循证实践的实施推进提供了基石。

二、教师个人教学的考察

基于课堂教学的工作开展不仅是教师专业成长的主渠道,也是教师专业生

---

① 高瑜,刘思佳.深度课例研究:校本教研内涵发展的有效方式[J].内蒙古师范大学学报(教育科学版),2014,27(04):94—96.
② 王增强."五标教研":一种有效的校本教研方式[J].教学月刊小学版(综合),2019(04):11—13.
③ 李树国,常荣.改进集体备课操作方式引领校本教研深入开展——关于集体备课的尝试及思考[J].中小学教师培训,2007(05):38—39.
④ 郑少鸣,姜虹,朱连云,李永元,顾泠沅,王洁.教师"行动教育"——青浦实验新世纪探索[J].课程.教材.教法,2014,34(03):3—12.

活的主阵地。在循证的视野下对教师日常教学工作进行考察,可以发现在教师个人教学的开展之中,同样存在着关联循证实践的线索与端倪。

1. 教师备课时的经验借鉴

从通常的备课—上课—作业—辅导—评价的教学五环节来看,备课是教学工作的前提和基础,也是影响教师教学水平和效果的关键因素。尽管对于备课,不同人提出了"十要点""七环节""六要素"等不同看法,但总体而言,备教材、备学生、备教法是大家公认的内容。备课不仅仅是写教案,而是分析教材、查阅资料、设计教法学法的研究过程。在这一过程中需要研究课标、钻研教材,需要深入了解学生,需要阅读报纸杂志和相关书籍,甚至还要借鉴名师的教学经验、积极与同行交流。所以,教师的备课过程就是博采众长的过程,除挖掘自己的经验之外,还需要借鉴专家、同行等方面的成果与经验。从这个意义上讲,基于循证实践的视角,教师备课的过程,就是参阅证据设计方案的过程。因此,教师的备课过程带有搜集证据、筛选证据的色彩。

教师在备课时不仅需要对材料进行搜集、学习,接受学科专家的建议以及同事和自己的经验,还要加强对学生的研究。[1]教师的备课也不能只是参照外部资料,还要将外部资料、学生情况、个人经验进行融合。这涉及钻研课标、教材、准备课程资源,了解学生已有知识状况及结合自身教学风格或特长。[2]从这一点而言,也是与循证实践所强调的三因素结合的特点相吻合的。

当然,就教师的备课而言,写教案只是显性的,钻研教材、查阅资料、搜集信息、思考教法这些大量的工作可以算作隐性的备课。[3]隐性备课所重视的教学研究,包括很多方面,关涉许多实际问题,需要在备课时给予考虑和关注,需要与其他教师商讨,需要向有关资源如网络、专业书籍、工具书求证,甚至需要向有关专家请教。[4]名师、优秀教师的备课都会注意从有关理论的学习或研究成果中获得滋养,从而使自己的教学不断发展,并取得显著的教学效果(见链接 2-1)。

---

[1] 冯月明."泰勒原理"与教师备课[J].扬州教育学院学报,2004(04):51—55.
[2] 张学忠,李森.校本教研:特点、内容与方式[J].当代教育科学,2003(15):33—35.
[3] 徐世贵.一路艰辛 一路欢歌——我是如何成长为一名特级教师的[J].中小学管理,2009(10):41—43.
[4] 郭翠菊.教师的隐性备课[J].教育科学研究,2009(11):77—80.

**链接 2-1**

研究型教师的成长案例研究——名师曹培英[①]

曹培英老师是上海市特级教师、正高级教师,曾任上海市静安区教育学院副院长、教育部课程教材研究所兼职研究员、中国教育学会小学数学教学专业委员会委员等职。他注重学习、潜心研究,以下是他成长中的一个片段。

**理论并不是灰色的**

当时出版的书比较少,他一本一本地看,小学数学教材教法的书全都看过,而且非常熟悉。曹培英不但看小学数学教育方面的书籍,还广泛阅读其他方面的内容,心理学方面的书籍就是他感兴趣的一类。一次,他读到了"反馈对于提升教学质量的意义"的文章后,及时果断地请领导把自己的课调至第 2、第 3 节。这样调整后,他可以在第一节课批阅作业,从中了解学生上一节课的学习情况,并进而根据学生作业提供的反馈信息调整本节课教学的内容、节奏、形式。通过这样的尝试,曹培英满怀信心地对自己说:"今年小学通考我又可以拿第一了。"

教师的教学与医生的看病有一个非常重要的区别,那就是教师备课时,有一个教学材料,即教材或教学用书,而且教材是经过专家集思广益编写的,本身就是科学研究的结果,所以,教材和教参是教学的依据或证据之一。备教材是教师备课的重要内容,几乎是备课中的第一点。有人甚至认为教学用书是教师有效备课的原点。[②]特别是在新课程方案颁布、教材更新的背景下,教育部门对教学提出许多新要求,而研究教学用书就更加重要和必要了。

当然,研究教学用书并非是把自己禁锢到教材里,自己的思考与经验是需要在备课中参照与运用的重要方面,不能从一个极端走向另一个极端,形成对"教参"的依赖。有人提出,教师要改变备课的程序安排,由教师→教参→文本转变为教师→文本→教参。也就是说,教师备课时一定不要先行阅读他人的学术阐释或教学设计方案,而要先行阅读文本并进行独立思考。[③]人民教育家于漪

---

[①] 王俊山.在知行转化中超越[A].郑慧琦,胡兴宏,王洁.做有思想的行动者:研究型教师成长的案例研究[M].上海:上海教育出版社,2008:214—227.

[②] 陈黎春.教学用书:教师有效备课的原点[J].教学与管理,2008(14):19—21.

[③] 张明琪."一体双翼式"校本教研生态范式[J].教育理论与实践,2013,33(23):17—20.

老师在谈到自己教学时,说自己有三次备课,正是按照自备——参备——再备的过程而开展的。

通过对教师备课过程的分析可以发现,教师在备课过程中对资料的分析借鉴、对学生情况的分析、对个人经验的挖掘,正是体现了循证实践的基本要义。教师对于外部资料的搜集与运用,也在某种程度上体现了对于外部证据运用的朴素意识,只是教师的教学与医学的治病有较大的区别,如何开展循证实践还需要科学的研究。

2. 教师教学中的反思改进

如果说备课是教师教学工作中的基础环节,那么教学反思应该是其中的关键步骤。许多专家学者对教学反思之于教师专业成长发展的作用有过精辟概括和典型论述。美国学者波斯纳提出的"教师成长＝经验＋反思"大家都非常熟悉,我国学者林崇德则提出了"优秀教师成长＝教学过程＋反思"的观点。有研究者对120位名师成长的轨迹进行分析,证实他们都有"全过程专业引领的实践反思"。[①]

有研究者基于教学反思构建了校本研修范式(见图2-5),强化了教学反思的阶段性、全面性、循环性。[②]反思不仅只限于教学后,还包括教学不同阶段的反思,其特点与功能也各有侧重,教学前反思突出前瞻性,教学中反思意在监控性,教学后反思强调批判性。[③]有学校为鼓励与推动教师进行教学反思,在教学设计(教案)中设置了教学反思栏,要求教师从课堂闪光点、课堂缺憾、学生表现、教学机智等方面进行教学反思。[④]对于教学反思价值与功用的强调,与循证实践中的反思是一致的,都体现了在实施过程中对于整体方案及操作举措的不断修正与完善。

教学反思是教师从自己的经历、学生的反馈、同事的评价和理论文献的解读中对自己的信念、知识、教学实践及其背景进行审视。[⑤]解决有教学无反思、有反思无记录、有记录无深度的问题,需要明确教学反思的内容、途径与手段。反思的主要内容包括对教学设计方案的反思、对教学活动过程的反思、对教学材

---

① 顾泠沅,王洁.教师在教育行动中成长——以课例为载体的教师教育模式研究[J].全球教育展望,2003,32(01):44—49.
② 刘金虎.教学反思型校本研修的范式建构与实践[J].现代中小学教育,2019,35(09):56—60.
③ 刘笑鹏.试论校本教研的三种基本方式[J].洛阳师范学院学报,2009,28(05):150—152.
④ 孔祥娟.新课程背景下校本教研的有效方式[J].基础教育论坛,2021(22):82—83.
⑤ 代建军.教师教育智慧生成的价值辩护[J].天津市教科院学报,2008(04):29—33.

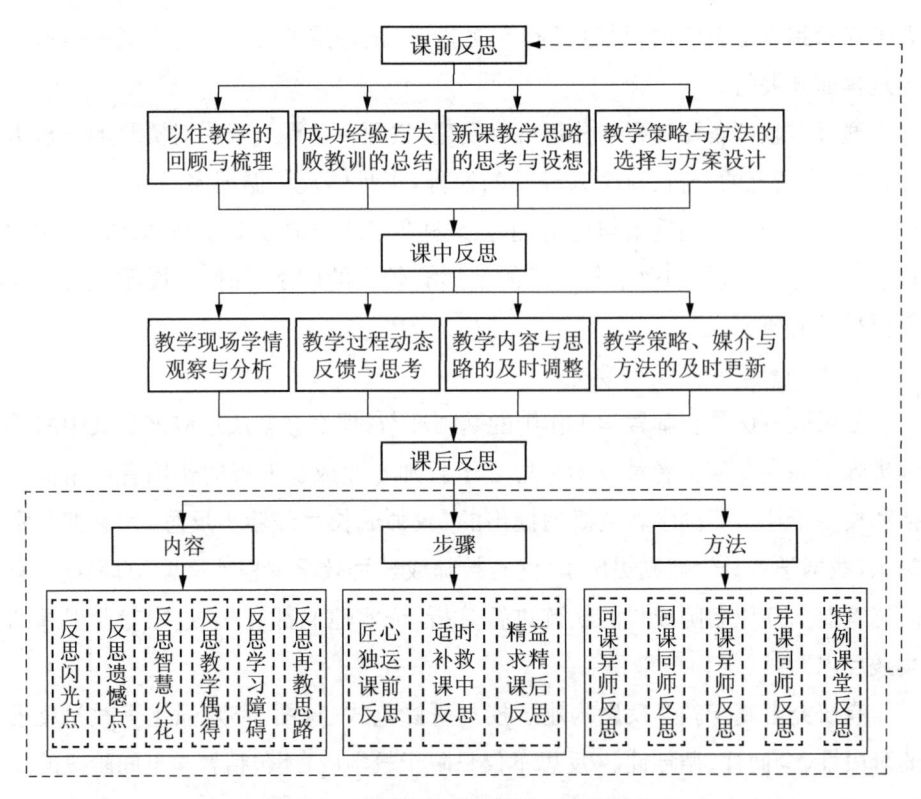

图 2-5　基于教学反思的校本研修范式

料手段的反思、对教学支持环境的反思,等等。教学反思的途径和手段有视频录像反思、教学日志反思、学生访谈反思、同事交流反思等,有时深入系统的反思,要借助学生、同事的力量和必要的研究工具。有教师写博客反思,长期坚持,从经验反思中吸取教益,通过"实践—反思—再实践",专业素养不断提升。[①]从这个角度讲,反思本身也是不断深化和优化的过程,这与循证实践中的评估反思具有异曲同工之妙。

相对于医学循证实践中反思的证据参照,教学反思中也关注相关的材料搜集。课堂教学反馈信息的来源及教师个体感知教学困境的途径主要是基于学生的反应、同事的观测,以及教师个体的观察与切实感受,因此教师在进行教学反思时搜集的信息材料也是针对性地从这三个角度开展。[②]教学反思不仅是参

---

① 蔡赐福.我的教师专业成长之道[J].思想政治课教学,2011(12):72—73.
② 王凤春.课堂教学的即时性反馈与反思——教师专业成长的有效途径[J].教育科学研究,2007(04):58—60.

照有关资料对自己教学审视的过程,有时也是对教学设计验证的过程。通过反馈既有助于取得真实的效果,又是通过理性验证达到纠正和提高,这种问题—设计—验证的思路,在教学反思中得到比较显著的展现。

相比较循证医学对于医生的成长而言,教学反思对于教师的专业成长,可能更加彰显教师反思的专业自主与智慧生成。教育学家叶澜曾提出"一个教师写一辈子教案不可能成为名师,但如果能坚持写三年的教学反思,就有可能成为名师"的论断。在我们的生活中确实存在着这样的案例。以人民教育家于漪老师的备课教学为原型而开展的教育行动研究指出,于漪老师在教学中融理论学习、教学设计、行为反省为一体的"三关注两反思"的操作模型(见图2-6),不仅强调广泛学习的重要性,而且通过反思已有行为与先进理念、先进经验的差距,通过反思理想的教学设计与学生实际获得的差距,完成更新理念和理念向行为的转移。①这为我们认识教师的教学反思和改进教师的教学反思提供了指引。

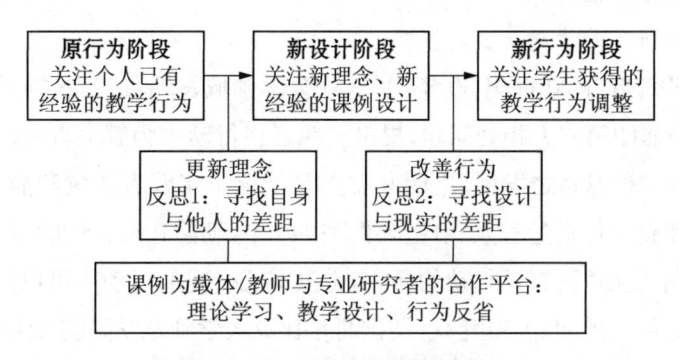

**图 2-6 "三关注两反思"操作模型**

基于对教师团队研修和教师个人教学的考察,我们发现,在当下的教师研修和教学工作中,有借鉴文献、经验等信息的方案设计,有对教学过程中的资料搜集与效果分析,有实施流程中的持续与循环,有基于反思基础上的行为跟进,这些都符合循证实践的基本特征和主要思想,因此,对于在中小学整体、全面、深入的推进循证实践,也就有了比较扎实的现实基础。

---

① 顾泠沅,王洁.教师在教育行动中成长——以课例为载体的教师教育模式研究[J].全球教育展望,2003,32(01):44—49.

## 第三节　教师循证实践的研究积淀

教师循证实践，不只存在着传统渊源和现实基础，从专门的研究领域或研究方法来看，其还有着重要的方法基础和宽厚的学术积淀。从教育领域而言，广泛普及的行动研究、方兴未艾的实证研究、受到关注的设计研究应该是三块特别的基石，与循证实践有着密切的联系。

一、行动研究达到推广与普及

英国教育家斯滕豪斯曾经说过，如果教育要得到重大的改进，就必须形成一种可以使教师接受的，并有助于教育的研究传统。斯滕豪斯所倡导的这种研究传统，就是行动研究，他还提出"教师即研究者"的著名口号，而他本人也成为在教育领域推进行动研究的重要人物。剖析行动研究的特点，对我们理解教师循证实践大有裨益。

1. 行动研究的缘起与实施模式

行动研究始自 20 世纪 30 年代，从社会学领域发端，最初是柯勒为了解决印第安人与非印第安人相处问题，提出实践者在行动中为解决自身问题而参与进行的研究。勒温将之发展，指明其要点是结合了实践者智慧和能力的研究，并提出了螺旋状行进过程及相应步骤。1946 年，勒温在《行动研究与少数民族问题》一文中提出"没有无行动的研究，也没有无研究的行动"，可以算是行动研究的正式定名。20 世纪 50 年代，美国哥伦比亚大学师范学院院长考瑞，将行动研究引入教育领域。但随着实证主义的盛行，行动研究在 20 世纪 60 年代曾比较低落。在 70 年代，行动研究在教育领域又进一步得到发展，英国学者艾里奥特、斯滕豪斯等作出了积极贡献。

尽管对于行动研究的定义和特征，不同学者有着不同的理解和表达，但总体而言，行动研究指向问题的解决和实践的改善，这应该是比较普遍的一点共识。从上述行动研究的发展可以看出，强调实际问题的解决是行动研究产生的本源，有关的特征"为了行动""在行动中""对行动""行动者"等都是进一步的解释与强化。正是由于这样的特征，行动研究一进入教育领域便得到响应，并不断发展深化，并通过与校本课程开发、教师专业发展等领域的耦合，得到深度的应用与推进。斯滕豪斯曾提出"课程即研究假设""课堂即实验室"的观点，这大大推动了教师的课程行动研究。

从行动研究的实施过程来看,强调螺旋式推进应该是其另一个典型的标识。勒温在早期就提出了"螺旋式循环"模式,后期的模式或多或少受初期的影响,可以看作是其模式的细致化或补充,因为计划—行动—观察—反思这些最基本的程序组件没有太多变化(见图2-7)。

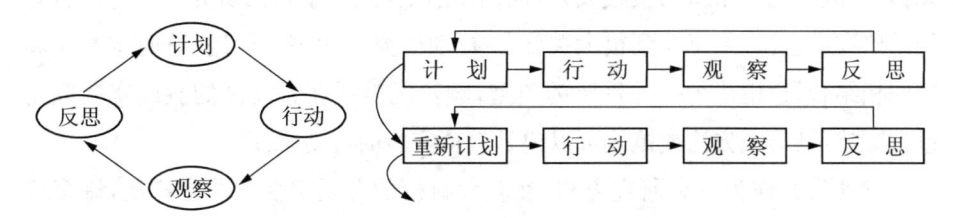

**图 2-7 勒温行动研究的螺旋模式及修正**

尽管行动研究在后来的发展中不断丰富和深化,但这一螺旋模式得到传承,并成为行动研究的典型特征之一。后来的许多学者对行动研究的螺旋模式进行了发展,使其更加清晰化、可操作化,而且进一步明确了其循环跟进的特点。譬如麦柯南提出了行动研究的时间进程模式,把研究按时间进程分为几个行动循环,十分形象和直观。[1]英国学者艾里奥特也提出了行动研究模式,更加注重行动者的自我反思以及研究过程之间的前后承接,强调研究中的螺旋式上升。这一循环模式在我国中小学的校本教研或校本研修中也比较常见。[2]

行动研究所凸显的实际问题解决及螺旋推进模式与循证实践的思想非常一致,这使得行动研究可以成为循证实践的重要基石,从而在推进教师循证实践时找到衔接处和挂靠点,减少教师在理解循证实践上的陌生感,降低教师在开展循证时的门槛和难度。

2. 行动研究在教育中的推广应用

关于行动研究在我国的传播,尽管在1950—1980年有几篇翻译文章中提到,但比较系统的介绍始自20世纪80年代。1984年心理学家陈立首先在《外国心理学》上发文,对这一研究方式进行系统介绍;1987年学者蒋楠在《外国教育动态》上撰文,作了进一步的阐释。之后,行动研究方面的介绍及研究文章持

---

[1] 卢家楣.教育科学研究方法[M].上海:上海教育出版社,2012:189—218.
[2] 刘凌波,杨全印."做中学":关于新型教师校本教研能力开发方式的探讨[J].教育科学,2007(04):24—28.

续增多,行动研究也随着传播逐渐在教育领域落地生根,并在基层的教育实践中得到迅速推广应用。

行动研究在我国的传播,首先作为一种研究方式或研究方法在教育科研或课题研究中得到重视。在 20 世纪 90 年代,一些学者在教育实践领域开展了较大规模的行动研究,其中华东师范大学陈桂生教授带领团队进行了持续的研究,并形成了比较丰富的实践成果,他们出版的《到中小学去研究教育——教育行动研究的尝试》一书受到很大关注。[①]行动研究在我国的运用,有时也与实验研究相结合,这也成为一种重要的类型,顾泠沅教授在青浦区的教改实验取得重大影响,其研究方法或范式可以说是教育实验的行动研究。[②]

行动研究作为一种研究方法,在教育科研的课题中使用非常广泛,许多研究的课题设计方案及实施过程均有涉及。特别是中小学的一线教师,使用行动研究法更是非常普遍。随机抽取静安区申报的青年教师课题方案为分析对象,发现直接列出行动研究法的达 70%(见表 2-1)。若从题目及内容角度进一步分析,发现使用行动研究法的比例还要提升。

表 2-1 静安区青年教师课题申报方案的研究方法运用(随机抽取 10 项分析)

| 序号 | 课题名称 | 使用方法 |
| --- | --- | --- |
| 1 | 基于大班主题学习活动,开展每月一"辩"活动的实践研究 | 文献研究法、观察法、行动研究法 |
| 2 | 幼儿园项目式学习中家长指导策略的实践研究 | 文献研究法、访谈法、案例研究法、行动研究法 |
| 3 | 基于班中"周末父母"的需求开展"e+"家园互动的案例研究 | 问卷调查法、观察法、个案研究法、行动研究法 |
| 4 | 正念训练改善四年级学生作业拖拉问题的实践研究 | 调查测验法、行动研究法、案例实践法 |
| 5 | 小学语文高年级习作单元逆向教学设计的实践研究 | 案例分析法、行动研究法 |
| 6 | 任务驱动教学在小学中低年段口语交际课堂运用的策略研究 | 文献研究法、行动研究法、经验总结法 |
| 7 | "四史"教育融入初中道德与法治教学的实践研究 | 文献研究法、观察法、调查法、案例分析法、经验总结法 |

---

① 陈桂生.到中小学去研究教育——教育行动研究的尝试[M].上海:华东师范大学出版社,2000.
② 顾泠沅,杨玉东.教师专业发展的校本行动研究[J].教育发展研究,2003(06):1—7.

续表

| 序号 | 课题名称 | 使用方法 |
|---|---|---|
| 8 | 分层作业在初中道德与法治教学中的实践研究 | 文献法、实验法 |
| 9 | 加强初中英语听说课堂中听与说关联性的研究探索 | 文献研究法、行动研究法、经验总结法 |
| 10 | 高中语文课内外阅读的生涯渗透实践研究 | 文献研究法、调查法 |

行动研究不仅成为教师课题研究的方法之一,而且广泛运用或渗透于学校的课程开发、教师专业发展、校本教研甚至是管理之中。行动研究之所以在中小学受到重视,既与其促进改善实践的初衷有关,也与其促进教师专业提升的功能有关,还与我国群众性教育科研的普及推广有关。这一方法在早期被介绍时,作者就认为"在我国如果得到推广,是会取得伟大成功的"[1]。行动研究后来在中国的发展也确实印证了这一观点,甚至被认为是最适合中小学教师的研究方法。行动研究受到中小学教师重视,也与其关照教育实践场景,有助于促进教师实践性知识的丰富、运用、发展、构建有关,[2]与其所具有的实践性、开放性、兼容性等特点有关,因为它相对更适合于没有接受过严格教育实验训练的中小学教师。[3]

行动研究作为一种具体的研究方法,并不像调查法、实验法这样受到普遍的认同,我国出版的教育科学研究方法类书籍中,有一些并未将行动研究法纳入其中加以介绍。因为有学者认为行动研究法并不严谨,不符合严格的研究规范与程序,甚至没有严谨的资料搜集方式。当然,随着行动研究在中小学普及推广的同时,也有"泛化"和"异化"的现象出现,以至于有些老师认为"有些行动,有些研究"就是行动研究。为此,许多专家学者呼吁加强行动研究的规范性,明确行动研究法的操作标准。但行动研究法的"滥用"与"误用"并不是行动研究本身的问题,因为行动研究是通过科学的方式解决问题,显示出系统、公开等精神,而不是随意性的问题解决和零碎或偶然的思考。[4]

尽管行动研究受到一些质疑,但这并不是行动研究本身的错误,行动研究除了关注问题解决和循环推进外,也注重研究资料的搜集与判断,因为这是调

---

[1] 陈立.行动研究[J].外国心理学,1984(03):2—5.
[2] 陈向明.参与式行动研究与教师专业发展[J].教育科学研究,2006(05):55—57.
[3] 寇冬泉.中小学教师开展行动研究的理性思考[J].广西师院学报,2002(02):78—82,108.
[4] 刘良华.重申"行动研究"[J].比较教育研究,2005(05):76—79,37.

整优化计划的依据。但不管如何,行动研究的特点及其在中小学的广泛应用应该说为教师循证实践的推进提供了一个支点。

## 二、实证研究得到重视与强化

实证研究是当前的一种潮流,也可能是未来的一种趋势,特别是在教育领域更加明显。实证研究受到重视与强化的本质及核心实际是对证据的强调和关注,反映了研究与实践中要立足证据、运用证据的倾向。实证研究对证据的关注与强调与循证实践的思想是完全吻合的,分析实证研究的内涵及其发展概况,可为我们认识和开展循证实践提供重要的支撑。

1. 实证研究的内涵与主要特征

(1) 实证研究的内涵及其理解。尽管实证研究似乎是一个时尚的术语,也为许多人所认同,但究竟何谓实证研究?对于其内涵并非所有人都清楚,甚至一些专家学者也有着不同的解释。

在20世纪末和21世纪初,在实证研究刚刚兴起时,许多教育实践者对其确实不太了解,而且还有许多争论甚至误解。如把教育实证研究视作一种研究方法,把教育实证研究等同于关于教育的经验研究或实验研究,认为通过访谈、观察、调查等方法开展的研究就是教育实证研究,认为教育实证研究不需要运用文献、思辨或理论研究。①当时更多的人把实证研究等同于量化研究。

我们认为,实证研究不等于定量研究或量化研究,不同于实证主义,也不是实验证明。通俗地讲,实证研究就是用事实证明,这个证明既可以采用数字事实,也可以采用文本或其他材料的描述事实。②有学者更明确地指出,实证研究是基于事实和证据的研究。③强调事实证据,是实证研究的核心内涵,这一点是绝大多数学者的共识。

实证研究不是类似调查、访谈等搜集资料的一种具体方法,实证研究可以理解为一种范式、一种方法论、一种思路或者一种研究类型。正如袁振国教授指出的,实证研究是一种精神,一种研究规则,一个不断丰富创新的方法体系,是精神、规则和方法的有机结合。④从方法体系来看,包括方法论指导、基本研究

---

① 涂元玲.论关于教育实证研究的几个错误认识[J].教育学报,2007(06):14—20.

② 陈宇卿."轻负担、高质量"的区域求索:提高中小学生学业效能的实证研究[M].上海:上海人民出版社,2013:78—79.

③④ 袁振国.实证研究是教育学走向科学的必要途径[J].华东师范大学学报(教育科学版),2017,35(03):4—17,168.

类型和具体研究方法的不同层面。也有研究者指出,应从"研究"和"实证"两个方面来理解实证研究,其中"研究"是中心,"实证"是解决问题的科学途径。[①]这进一步强调了实证是一种手段,这种手段包括量化和质性的方式。

关于实证研究一词的英文翻译,一些学者认为使用 positive research,因为 positive 翻译过来就是"实证的"。[②]但许多人将其翻译为 empirical research,这也造成一定的混乱。有学者对此专门进行了探讨,指出"中国的实证研究被实证主义捆绑了",因为在把"positivism"翻译成"实证主义"后,导致后来在谈到实证研究时,就避不开"实证主义",进而也出现使用"positive research"来指称"实证研究"。但中文"实证研究"的实证是一个合成词,而非 positive 这样的单义词,"实"指"事实和证据","证"指"证明或验证",并据此建议英文翻译应该为"research related to justifying hypothesis based on facts and evidence"。[③]根据中国语境中"实证研究"的内涵和英文相关词语的释义及实际所指,我们认为使用 empirical research 更为合理。这一观点也得到许多研究者的认同,认为中国的实证研究所对应的英语术语是更加变通、开放与包容的 empirical research,[④]而非严格、绝对、苛刻的 positive research。

(2)实证研究的主要特征。根据实证研究的内涵及其指向,实证研究的下位构成既包括基于数字的量化研究,也包括基于描述的质性研究,还包括兼有两者的混合研究。实证研究中具体的方法包括实验法、测验法(测量、统计)、观察法、调查法、访谈法、个案法等。研究方法的分类,可以用下图进行表示(见图 2-8),这一分类受到大多数学者的认可:

```
       ┌ 实证研究  ┌ 量化研究(quantitative research)
       │ (research)│ 质性研究(qualitative research)
研究 ─┤           └ 混合研究(mixed research)
       │ 思辨研究  ┌ 经验归纳性
       │ (study)  │ 逻辑推演性
       └          └ 价值伦理性(哲学、伦理、政治)
```

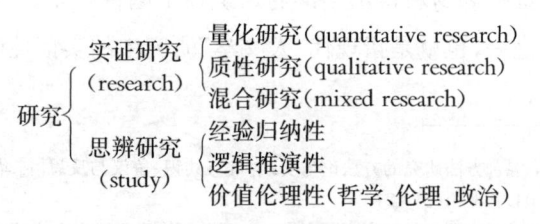

**图 2-8 研究方法的分类**

---

① 刘选.论教育实证研究的本质溯源与未来发展路径[J].广州广播电视大学学报,2018,18(04):27—32,108.
② 阎光才.关于教育中的实证与经验研究[J].中国高教研究,2016(01):74—76,82.
③ 胡中锋,禹薇.教育实证研究之深度反思[J].华南师范大学学报(社会科学版),2020(05):138—149,191—192.
④ 戚务念.论中国教育研究的实证转向[J].四川师范大学学报(社会科学版),2017,44(04):16—27.

总体而言,实证研究经历了纯粹追求量化、量化研究为主以及量化、质性和混合研究并存的三个时期。包含量化与质性的混合研究法自1990年进入了不断完善与快速扩张时期,而且成为一种趋势,研究者还开发形成了多种混合模式。①这种混合研究,被称为是西方的方法论转向或趋势,是一种先进方向,但这里的混合,主要是指量化与质性的混合。也就是说,仍然是在强调实证研究。

关于实证研究的特征,不同学者有不同看法。通常情况下严格的实证研究强调价值中立,需要建立理论假设,并以发现变量间的因果关系为目标,进而验证假设。但人文社会科学特别是教育,由于现象的复杂性和对象的动态性,教育实证研究又具有一些相应的特征。有学者提出教育实证研究追求的是研究的确定性,这种确定性品格表现在可观察性、可操作性、可测性和可重复性几个方面。②有学者指出实证研究具有以下特点:材料来源大部分是原始材料的搜集及对材料进行系统的实证性分析,研究工作空间基本上是实地或现场的调查访谈等,研究方式主要是通过量化分析或客观性的语言陈述,研究成果大多是客观的、实证性的。③教育实证研究具有以下五个特点:①问题是经验性的;②研究的目的在于验证;③依据是教育事实;④方法是多元的;⑤总结出来的规律是相对的。④也有学者提出,实证研究有几个要求:一是客观,以确凿的事实和证据为基础;二是量化,努力获得对事物特征和变化的"度"的把握;三是可检验,通过专业化背景下建立起来的共同概念、共同规则,使用共同方法、共同工具,在相同的条件下,不同的人用同样的方法可以获得相同的结果。⑤

综上可知,实证研究强调用证据和材料说话,这是统一的要求与普遍的共识。而这种基于证据和材料得出结论的意识在中国古代学人身上也得到体现,"考据"即是其中之一,也就是指现代"人文学"研究中的实证性研究方式。⑥通过

---

① 李刚,王红蕾.混合方法研究的方法论与实践尝试:共识、争议与反思[J].华东师范大学学报(教育科学版),2016,34(04):98—105,121.
② 彭钢,张南.教育理论研究与教育实证研究——两种不同类型研究方式的比较与分析[J].教育评论,1990(02):11—14,22.
③ 胡来林,安玉洁.近十年来我国教育技术学研究方法的回顾与反思[J].电化教育研究,2006(02):14—17,38.
④ 胡中锋,禹薇.教育实证研究之深度反思[J].华南师范大学学报(社会科学版),2020(05):138—149,191—192.
⑤ 袁振国.中国教育需要实证研究[J].中国教育学刊,2017(02):3.
⑥ 肖川.人文—社会学术研究中的感悟、思辨与实证[J].北京师范大学学报(社会科学版),2009(01):29—37.

这些分析和讨论,使我们更加明确了实证研究中对事实的关注和证据的强调,而这与循证实践的遵循证据是完全一致的。

2. 教育实证研究的开展与推进

(1) 教育实证研究的探索开展。尽管我国早在 1956 年就有探讨实证主义的文章,但篇名中含有"实证研究"的论文却在 1986 年才出现。早在 20 世纪 80 年代末,瞿葆奎等学者就通过分析提出,教育研究要向着科学化的目标迈进,这可以视作对教育实证研究的一种召唤与憧憬。[①]首次明确对教育实证研究进行探讨的文章是 1990 年彭钢、张南发表在《教育评论》上的论文,对教育理论研究和教育实证研究进行了比较和分析。在此之后,教育领域的实证研究逐渐增多。在中国知网以"实证研究"为精确关键词,对教育方面的文献进行检索,结果发现,在篇名中含"实证研究"的教育文献总体上有增多的趋势。在 1990—2001 年,整体处于较低水平。进入 21 世纪的前十年,数量快速上升,但研究者主要是高校和专业研究机构人员。进入 21 世纪第二个十年,这方面的研究数量持续增加,并达到了高潮(见表 2-2)。[②]

表 2-2　关于教育实证研究的文献统计

| 年份 | 1990 | 1992 | 1993 | 1994 | 1996 | 1997 | 1998 | 1999 | 2000 | 2001 |
|---|---|---|---|---|---|---|---|---|---|---|
| 篇数 | 1 | 1 | 2 | 1 | 2 | 9 | 4 | 4 | 11 | 9 |
| 年份 | 2002 | 2003 | 2004 | 2005 | 2006 | 2007 | 2008 | 2009 | 2010 | 2011 |
| 篇数 | 26 | 43 | 50 | 135 | 193 | 317 | 369 | 446 | 557 | 730 |
| 年份 | 2012 | 2013 | 2014 | 2015 | 2016 | 2017 | 2018 | 2019 | 2020 | 2021 |
| 篇数 | 891 | 1 056 | 1 208 | 1 292 | 1 444 | 1 417 | 1 517 | 1 528 | 1 433 | 1 228 |

根据前面所探讨的实证研究的特征,教育实证研究就是在教育场域中开展的基于事实和证据的研究。具体地讲,教育实证研究是针对教育现象或问题,通过实验、调查、观察、访谈等手段搜集数据或信息,进行教育视角下的分析和解释,探讨教育发展规律,解决教育问题。与实证研究类似,教育实证研究包括教育定量研究、教育质性研究与教育的混合方法研究,通过遵循定量和质性研

---

[①] 叶澜,陈桂生,瞿葆奎.向着科学化的目标前进——试述近十年我国教育研究方法的演进[J].中国教育学刊,1989(03):2—6.

[②] 检索时间为 2022 年 6 月 13 日。在检索实证研究的基础上,勾选高等教育、中等教育、教育理论与教育管理、职业教育、成人教育与特殊教育这些学科,文献类型包括期刊论文、博硕士学位论文、会议论文及报纸文章。

究各自的逻辑、原则、程序及方法,加以互补和互证。但是,对于教育实证研究的内涵理解以及其包括量化研究、质性研究、混合研究等类型的认识,也是一个不断确认、提升、深化的过程。

教育实证研究最初主要是以高校及专门机构的专业研究者为主,基础教育的中小学特别是一线老师并不了解甚至并不知晓实证研究。尽管通过群众性教育科研的普及,中小学教师对于诸如观察法、调查法、实验法等研究方法比较熟悉,但对于实证研究却比较陌生,更不知如何实施。以上海市静安区为例,在承担全国教育科学"十一五"规划教育部重点课题"提高中小学生学业效能:'轻负担、高质量'的实证研究"时,才开始认识和运用实证研究。静安区开展实证研究的过程并不顺利,在经过茫然、焦虑、讨论之后,课题组选择了从质性研究进行突破,并通过研修才逐渐得以落实,以下的描述反映了当时的真实状况(见链接2-2)。

**链接2-2**

基于课题的方法研修[①]

2008年11月课题开题论证会上,专家组指出:课题所做的是实证研究,是亮点,也是难点;"减负"是素质教育的一个瓶颈问题,"轻负担、高质量"说起来容易做起来难,特别是运用实证的方法研究更难。

专家的意见给了我们极大的启发,但是如何做"实证研究"呢? 事实上,各地"减负增效"的经验很多,但上升到实证研究层面的却比较鲜见。这项课题的意义就在于,用实证的方法来展开过程和展现结果。但是,研究方法如何符合实证规范? 研究过程能否体现实证要求? 最后能否得到实证性的结论? 这些都是摆在我们面前不能回避的、重要又"艰难"的问题,"实证"之路如何走? 如何设计严格的验证实验? 如何搜集材料? 怎么理解数据? 一连串的问题,不断地困扰着我们。

承担子课题研究项目的一线中小学教师不断向课题核心组发出求援的信号。如何找到突破口? 我们有压力更有动力,围绕"何谓实证""如何实证""有哪些具体方法""实证的结果如何呈现"等问题,课题核心组展开了重点讨论和攻关研究。我们的原则是:用学习的力量避免盲目。学习的途径有三条:首先,课题组内部加强文献资料的学习;其次,邀请专家专题讲座;第三个方法是"问诊"。在这一过程中,我们逐渐形成并确立了如下的认识:

---

① 陈宇卿.学做质性研究:质性研究中的经验与故事[M].上海:上海教育出版社,2012:2—4.

实证不仅仅指设计实验组与对照组的教育实验法,观察法、问卷调查法、访谈调查法、实物分析法等也可以;也不是仅仅指量化分析或数据分析,实证研究也包括质性分析。实证就是用事实和材料说话。

在2009年暑期子项目交流研讨会上,我们把"用材料和事实说话"这样的观念向各个子课题单位进行了宣讲和交流。交流中,一个想法冒了出来:系统的实证培训。

我们期待通过培训,更好地解决研究过程存在的问题。但对于"实证研究"这样一个宏大的主题,怎么培训？学习、争论、分析之后,我们聚焦到质性研究。

由上可以发现,教育实证研究经过专家学者的讨论、诠释,并经历一段时间的沉淀之后,才逐步在基层学校推广和深化。

(2) 教育实证研究的多方推进。总体而言,教育实证研究呈逐步增长的趋势,这一判断由许多研究者在不同阶段通过对不同材料的分析所证实。郑日昌等人对我国 1980—2000 年间教育研究方法及分析资料方法进行研究后指出,定性研究在整个教育研究中占有重要地位,定量研究逐步受到重视。[1]有研究者以 1 073 篇教育类学术研究为分析对象,探讨我国 2001—2011 年十年间教育研究方法的特点,结果发现量化研究呈现逐年上升趋势,质性研究和混合研究比例很小。[2]有研究者选取 15 种高水平教育学期刊为样本,对 2015—2019 年间发表的 3 808 篇论文进行分析,发现我国教育实证研究持续增长,被更广泛地采用,研究者的年龄呈现年轻化趋势,教育实证研究的主题丰富多元。[3]

教育实证研究的深入和推进,既与对教育研究的认识有关,也与多方主体、多种媒介的重视、推动有关。有研究者指出,长期以来教育研究侧重于理论阐释而忽视实证研究,这造成了教育研究脱离教育实际等问题,并强调教师的职业特点使其可以更多地从事实证研究。[4]有研究认为,我国当下教育实证研究的

---

[1] 郑日昌,崔丽霞.二十年来我国教育研究方法的回顾与反思[J].教育研究,2001(06):17—21.

[2] 姚计海,王喜雪.近十年来我国教育研究方法的分析与反思[J].教育研究,2013,34(03):20—24,73.

[3] 朱军文,马银琦.教育实证研究这五年:特征、趋势及展望[J].华东师范大学学报(教育科学版),2020,38(09):16—35.

[4] 欧群慧.走向多元的教育研究方法——定性研究与定量研究的比较[J].云南师范大学学报,2001(05):28—31.

兴起有其特定的语境,决策部门对证据的关注、大数据及其分析技术的运用和脑科学的初步进展等,是促成其兴起的主要动因。[1]一些出版机构及学术期刊在其中发挥了积极作用,推出了关于研究方法的专题书籍,其中重庆大学出版社推出的《万卷方法》具有较大的影响;一些杂志也强化投稿文章对资料搜集分析方法的运用,譬如《教育学术月刊》从2011年开始明确将"实证导向"作为办刊四点宗旨中的第一条,并对实证论文的规格提出要求。另外,一些专家学者对研究方法的热忱普及与倾力推广也产生了非常积极有效的影响,其中北京大学陈向明教授对质性研究进行了持续的关注与传播,她撰写的《教师如何做质的研究》受到中小学教师欢迎,而她本人也亲自到教育实践一线就质性研究多次授课讲学。

不仅是教育专业研究者的重视和传媒机构的推动,一些指导中小学教育教学实践的机构也在强化推进实证研究,譬如上海市教委教研室原主任徐淀芳就指出:用证据支持教研,用项目组织教研,学习证据获得的方法,重视证据的积累,从"经验型"走向"实证型",避免"岗位失声"与"岗位失语",使教研真正产生"教育生产力"。[2]曾经在大学、行政机构、专业研究机构工作过的袁振国教授,基于自己的学术和工作经历,强烈呼吁要加强教育实证研究,加强因果推论研究,通过实证化的道路,使教育研究的科学化水平再上一个台阶。[3]这些共识不断被凝聚,也催生了推进教育实证的更多平台,其中华东师范大学联合北京师范大学等教育机构于2015年开始举办的教育实证研究论坛具有很大影响,促成了近年来教育实证研究的进一步发展(见专栏2-1)。

专栏2-1

**教育实证研究论坛[4]**

2015年10月,由华东师范大学教育学部、北京师范大学教育学部、全国教育科学规划领导小组办公室和光明日报教育研究中心联合主办的"全国首届教育实证研究论坛"在华东师范大学举行。首届论坛报名参会人数达到600人,从2015年至2021年,每届论坛的报名人数持续增长。

---

[1] 阎光才.如何理解中国当下教育实证研究取向[J].大学教育科学,2020(05):4—11.
[2] 苏军.教研要从"经验"走向"实证"[N].文汇报,2012年1月18日.
[3] 袁振国,黄忠敬.走实证研究道路,使教育学成为科学——专访华东师范大学袁振国教授[J].教师教育学报,2022,9(02):1—9.
[4] 资料检索自华东师范大学网站、央广网、人民网。

为持续推进教育实证研究的深入开展,2017年,14所大学的教育学院(部)、32家教育杂志社以及全国教育科学规划办公室和光明日报教育研究中心,在华东师范大学召开"全国教育实证研究联席会议",并共同发布了《加强教育实证研究,促进研究范式转型的华东师大行动宣言》(简称《华东师大行动宣言》)。为践行《华东师大行动宣言》要求,每年举办"全国教育实证研究论坛"。

为期两天的2022届论坛采取"线下分布,云端同步"的形式,在中国及美国等地同步举办了29场分论坛,吸引了百万人次在线关注。

教育实证研究总体上仍是当前教育研究的主流话语和主要方法。有学者对2002—2017年间美国教育和政策研究领域中12种有代表性的学术期刊论文进行分析,发现实证研究占据了主要地位,并且从总体上而言,仍处于上升趋势。[1]有学者以国际教育科学十个领域SSCI期刊的4 096篇同行评议文章为对象,统计分析当前国际教育科学研究范式的演变趋势,结果发现,量化和质性等实证研究方法是2010—2019年十年间被应用最多的方法。[2]这些研究结果启示我们,进一步推进教育实证研究仍然大有可为。

尽管如此,在我国推进教育实证研究仍然任重道远。有研究者对我国六种教育期刊中2007—2016年间涉及实证研究的1 029篇论文进行研究,发现实证研究总数相对较少,且无明显上升趋势,而且体现出方法单一、反思性内容缺乏、静态封闭等情况。[3]实证研究的总体趋势及现实不足一方面为我们开展教育的循证实践提供了基础和方向,也为我们推进循证实践提出了要求与期待,某种程度上可以说,开展基础教育的循证实践,是一种责任和担当。

三、设计研究受到关注与传播

设计研究或基于设计的研究尽管形成时间不长,但受到一定关注,并且从设计科学、人工智能等领域向其他方面扩展,教育设计研究也得到一定的传播。了解、分析设计研究的基本思想和主要特征,对我们把握教师循证实践的要义

---

[1] 杨烁,余凯.美国教育政策循证研究的理论与实践:对中国的启示[J].复旦教育论坛,2019,17(06):91—96.

[2] 王树涛,顾建民.国际教育科学研究范式的演变与趋势——基于2010—2019年文献计量的分析[J].教育研究,2020,41(09):135—145.

[3] 张霄,王梦秦,夏盼盼,刘秀英,卢青青,李豆豆.我国教育领域实证研究的现状与反思——基于近十年六种教育期刊1 029篇论文的统计分析[J].上海教育科研,2017(09):5—11.

和设计教师循证实践的操作具有借鉴意义。

1. 设计研究的产生背景及价值

(1) 设计研究的产生背景。设计研究是学习科学及教育技术领域近年较为关注和流行的一个术语,但设计研究的产生背景却不局限于学习科学及教育技术范围,而是与教育研究甚至是人文社会科学研究领域对科学化运动或实证主义的反思有关。在20世纪中叶,研究者注意到,过于封闭或严格控制的纯量化研究或实验室研究范式,割裂了理论与实践之间的联系,对现实的生态状况缺乏关照,难以有效地解决教育实践中的问题。因此,不同领域的教育研究者都希望能够找到一种有效的方式,来促进研究在描述现状、问题解决以及知识生成之间的协调与平衡。

对新研究方式的探索是教育研究者们共同的心愿,设计研究的雏形始自美国学者柯林斯和布朗在20世纪90年代初期的尝试。他们借鉴"设计科学"的思想,提出将"设计"纳入到教育研究之中,从而更好地照应教育现实场景,促进对复杂问题的研究与解决,这被视为设计研究的开端。尽管设计研究的思路或思想在教育多个领域有所体现,但多数学者认为这一研究范式肇始于学习科学研究领域。

虽然设计研究与学习科学的关联很紧密,但在国内,其更多在教育技术学领域传播,关于设计研究的学术论文,大多发表在《中国电化教育》《电化教育研究》《开放教育研究》《现代教育技术》《远程教育杂志》等期刊上。这可能与学习科学传播的范围有限有关,也可能与学科的设置有关。教育技术作为一门学科,不仅在高校系科中非常明确,而且有更多的传播平台。当然,学习科学本身也是和教育技术常常联系在一起的。

有学者对设计研究的发展进行梳理,发现其与学习科学的发展一脉相承。鉴于学习科学从认知科学、发展心理学、技术创新、社会—文化理论、数学与科学教育等领域得到滋养,通过追溯可以发现设计研究在早期的临床谈话、教学实验和设计实验中的发展轨迹。一开始这一思想和倡导并未受到关注,直到进入21世纪,设计研究才成为学习科学领域的热门话题。[①]之后,设计研究在课程开发、教师教育、学习方式等领域以及高等教育、基础教育等学段得到应用,并形成一批典型的案例。

---

① 杨南昌."设计研究"的历史追溯与研究进展述评[J].现代教育技术,2008(05):12—18.

(2) 设计研究的意义价值。设计研究整合了多种研究方法或技术,进一步明晰了多学科融合研究教育现象或问题的思路,摆脱了单一、局限、僵化的教育研究范式,有助于弥合理论与实践之间的鸿沟,促进理论与实践之间的互动。特别是其将"设计"与"研究"整合,强化了指向问题解决的合作研究取向,凸显了基于理论指引下的设计与持续迭代改进,从而为教育研究和实践提供了新思路。

设计研究与其他研究方法、研究范式相比,在实用性、方法上的多样整合性、教学的生成性、促进实践的快速成长和理论研究的深入等方面有特别的优势。[1]设计研究之所以形成一股讨论和研究的热潮,不仅在于其将"设计"整合在研究之中,而是其对于研究价值取向、研究范式的一种探索,彰显了设计研究在方法应用、问题解决、理论发展的开放性和融合性。

2. 设计研究的内涵及主要特征

(1) 设计研究的基本内涵。设计研究又被称为基于设计的研究(design-based research, DBR),其中 DBR 的缩写很普遍。另外,设计研究也被称"设计实验"(design experiments),这与其发展历程有关,因为在一开始是用这个术语指称设计研究。另外,在课程与教学、媒体与技术、教师教育等领域的发展研究和教学设计领域的形成性研究,也都和设计研究有密切关联。尽管 Design Experiments、Design-Based Research 和 Design Research 都接近"设计研究"的本源意义,其含义也基本等同,但从体现"设计"和"研究"的整合意蕴,以及减少"实验"的控制感和表述简洁性而言,采用"设计研究"术语更符合中文语境。[2]

关于设计研究的内涵,不同学者的理解有一定差异。一种认为设计研究是一种全新的学习研究方法,是一种在真实生活情境中进行研究和设计工作的新方法,是一种系统的但却灵活的方法。[3]但这里所指的方法并不是类似于调查法这样的单一、具体的方法。一种认为设计研究是一种既有系统性又带灵活性的方法论,旨在设计一些人工制品作为一种教学干预或革新应用于实践,影响学与教并对其作出阐释。[4]也有人认为设计研究是一种"学习范型"的软系统方法

---

[1] 吴琼,李欣.基于设计的研究:可为与不可为[J].电化教育研究,2011(12):36—40.
[2][4] 杨南昌."设计研究"纷杂概念的界定及与相关方法的比较——学习研究的原初视角[J].远程教育杂志,2009,17(01):13—17.
[3] 吕林海.论基于设计的研究的主旨、特征及案例简析[J].教育科学,2007(05):19—22.

论。[1]还有人认为设计研究是一种范式,是一种发展中的、融合了实证的教育研究与理论驱动的学习环境设计,是理解教育知识如何、什么时候以及为什么能在教育实践中发挥作用的教育研究新范式。[2]总体而言,大多数学者认为设计研究是一种方法论或研究范式,强调理论伴随下的迭代分析、设计、开发和实施过程。我们认为,设计研究类似于实证研究,不是一个具体搜集资料的方法,因为在实际开展中可以采用文献法、调查法、观察法、访谈法、个案研究、实验法等一系列方法,从而提高研究的客观性、有效性和适用性。设计研究更是一种认识和研究教育的方法论或范式,具有相应的价值取向和操作体系。

(2)设计研究的主要特征。设计研究涉及一些重要概念,譬如人工制品、干预、迭代,给我们传递了其关键特征的概貌。其中迭代循环是一个非常重要的过程,一些项目在实施中经历了三轮甚至更多的循环。大多数学者认同设计研究具有干预、迭代、真实的情境、合作、理论构建与问题的解决等特征。[3]有学者从方法论的视角,认为设计研究具有如下的特征:解决现实问题与发展理论相结合、设计与研究并重、干预与迭代交互、研究共同体与方法的综合。[4]有的学者经过梳理归纳,认为设计研究具有实用性、务实性、迭代性、整合性、情境性五个关键特征。[5]也有学者提出设计研究具有如下特点:干预主义取向、参与取向、迭代循环、过程取向、实用主义导向、理论取向。[6]还有学者就设计研究中的"设计",提出其体现了有目的、可扩展、循环迭代三方面的特性。[7]

综合有关资料,笔者认为,指向问题解决、设计人工制品、强化多方协作、注重迭代循环、体现理论价值是设计研究的重要特征。尽管设计研究与其他研究范式如实证研究、行动研究等之间也有某些类似的特点,但这一研究范式仍表现出其在研究和解决教育问题上的独特性,体现了其自身的内涵、价值与魅力。

设计研究是一种范式或方法论,因此很难为其确定一个固定的步骤。但为了理解,只能列出一个大致步骤,这包括:①寻找一个有意义的问题;②研究者

---

[1] 王佑镁.教育设计研究:是什么与不是什么[J].中国电化教育,2010(09):7—14,21.
[2] 王文静.基于设计的研究:教育研究范式的创新[J].教育理论与实践,2010,30(22):3—6.
[3] 吴琼,李欣.基于设计的研究:可为与不可为[J].电化教育研究,2011(12):36—40.
[4] 张倩苇,张笑欢.促进教育理论与实践结合的教育设计研究——以河流城市为案例的分析[J].中国电化教育,2008(09):12—16.
[5] 祝智庭.设计研究作为教育技术的创新研究范式[J].电化教育研究,2008(10):30—31.
[6] 王文静,谢秋葵.基于设计的研究:教育理论与实践创新的持续动力[J].教育理论与实践,2008,28(31):7—11.
[7] 梁文鑫,余胜泉.基于设计的研究的过程与特征[J].电化教育研究,2006(07):19—21.

与教育实践者合作;③明确理论框架;④形成研究目标与实践目标;⑤设计一个教育干预;⑥对教育干预进行研发、实施和修订;⑦应用形成性评价的方式对干预进行评估;⑧对整个过程进行迭代循环;⑨撰写基于设计的研究报告。① 有人综合教育设计研究法的设计过程与工作要点,将流程归纳为五个环节十个要素:分析—评价、设计—开发、应用—行动、循证—阐释、评估—推广。从分析阶段到推广阶段可以反复循环,具体的环节和工作要素见下图(图 2-9)。②

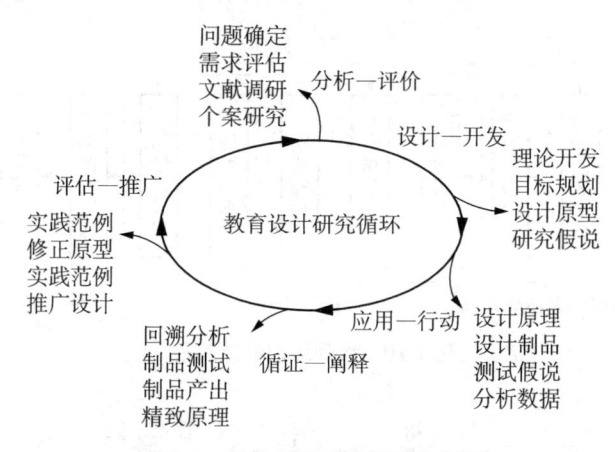

**图 2-9　教育设计研究循环流程图**

3. 设计研究在教育领域中的应用

设计研究在学习科学领域诞生,通过教育技术等学科平台得到传播。尽管设计研究的产生时间不长,但其仍然在总体架构、理论阐释、操作体系等方面取得了重要成果,并在教育实践的诸多领域得到应用,形成了一些典型的应用场景和实践案例。在国内,一些研究者或实践者运用设计研究,在课程、教学、学习、培训、教师教育、校本研修等方面进行探索,形成了一些样例。

在课程实施方面,有学者以我国综合实践活动课程为切入点,通过提供课程材料以及教师专业发展培训和学校后续支持活动来支持教师实施综合实践活动课程,探索教育设计研究在中国本土化的实践运用。基于两轮的现场实践发现,教师、学生均表示认同,对教师的学习和教学也带来积极影响。③

---

① 王文静,谢秋葵.基于设计的研究:教育理论与实践创新的持续动力[J].教育理论与实践,2008,28(31):7—11.
② 王佑镁.教育设计研究:是什么与不是什么[J].中国电化教育,2010(09):7—14,21.
③ 张倩苇.教育设计研究的本土化应用——支持教师实施综合实践活动课程的设计研究[J].电化教育研究,2011(01):35—39.

在教师培训方面,有研究者以设计研究为指导,提出了一个中小学教师培训设计的流程(见图 2-10),并以"中小学教师教育技术能力培训"的课程开发为例具体实践,形成了实施样例和深入认识。[①]有研究者创建了基于设计研究的中小学教师培训框架(见图 2-11),并以上海师范大学与海盐县教研室联合实施的中小学教师创感培训项目为例,详细介绍了 DBR 模型的应用,并发现该方法有利于了解培训需求和在过程中调整优化设计。[②]

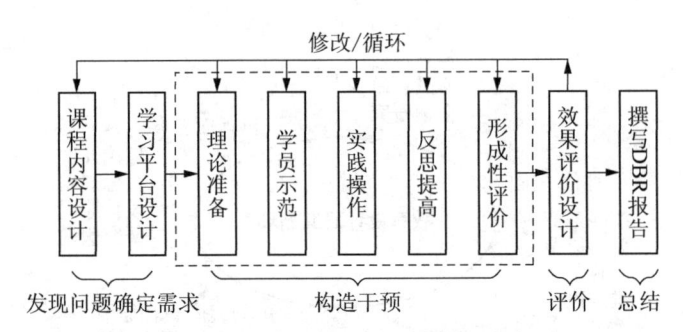

图 2-10 教师培训设计流程

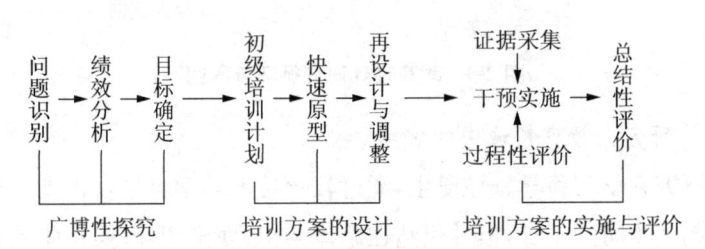

图 2-11 中小学教师培训中的 DBR 框架

在教学实施方面,有研究者在设计研究的范式指导下,以北京师范大学的教育学硕士研究生为对象,对专业必修课《教学设计》的教学,运用"学为导向"的教学模式开展"学"与"教",历时两年的实验结果表明,此举促进了学生的知识理解和教学设计能力提升。[③]有研究者以面向课堂情境的设计研究实施框架为指导,对课堂学习社会结构中的参与结构进行实践,通过设计—干预—再设

---

① 孔利华.基于设计的研究方法与教师培训设计[J].中国教育信息化,2012(12):92—95.
② 张怀浩.基于设计的研究方法在中小学教师培训中的应用与研究[J].中小学教师培训,2012(12):3—5.
③ 王文静.创新的教育研究范式:基于设计的研究[M].上海:华东师范大学出版社,2010:190—233.

计的循环过程,取得了较好的实施效果。①

在教师知识和教与学的实施方面,有研究者基于教师知识的特点和现状,提出将教育设计研究运用于教师实践性知识的构建,通过分析问题情境、设计原型、反复应用评价等方式开展研究,促进课程、教学、评价的发展,为教师实践性知识的构建提供有利的环境。②在教学设计和学科教学研究领域,也可以看到设计研究的渗透与体现。我们所熟知的教学设计,经历了融合与发展,更加强调多学科的视角与方法,③新的教学设计体现出面向对象、运用证据、注重循环的特点。④在数学学科教育方面,有研究者从"内涵""类型""过程"与"应用"等方面对设计研究进行了介绍,⑤并对数学任务设计进行了探讨,梳理了数学任务设计研究的历程。⑥有研究者对混合式协作学习的设计研究进行探索,构建了其干预设计总模型,通过迭代设计与实践检验表明,模型科学、实用、有效。⑦

另外,与设计研究关联的设计思维在一些领域也受到重视,尽管其与设计研究有一定的区别,但都强调了"设计"的重要性,甚至强调"设计思维+教育=教育创新"。教育领域对设计思维相关研究逐渐重视,设计思维培养策略与设计思维融入学科教学应用方面的研究逐渐增多。⑧为此,有杂志以"当设计思维来到教育领域"为主题进行专门推介,提出要在基础教育阶段导入设计思维的培养。有研究者对设计思维框架进行了详细的阐述(见图2-14),并从学习空间、课堂教学及学校教育三类场景阐述了设计思维的应用路径。⑨从设计思维的框架中可以看出,其对于设计、改进等方面的强调与设计研究是一致的。

---

① 杨南昌.学习科学视域中的设计研究[M].北京:教育科学出版社,2010:221—285.
② 尹静,王笃勤.教育设计研究与教师实践性知识的构建[J].河北大学学报(哲学社会科学版),2013,38(02):65—68.
③ 张华.教学设计研究:百年回顾与前瞻[J].教育科学,2000(04):25—29.
④ [美]格兰特·威金斯,杰伊·麦克泰格,闫寒冰等译.追求理解的教学设计(第二版)[M].上海:华东师范大学出版社,2017:9—20.
⑤ 李卓,鲍建生.论设计研究:"内涵""类型""过程"与"应用"[J].数学教育学报,2020,29(05):52—57.
⑥ 陈行,鲍建生,邢向东.国外数学任务设计研究50年:回顾与前瞻[J].课程.教材.教法,2018,38(07):139—143.
⑦ 彭绍东.混合式协作学习设计研究的干预设计模型[J].现代教育技术,2017,27(06):71—79.
⑧ 刘延艳,兰瑞乐.国内教育领域设计思维研究现状分析[J].教育现代化,2019,6(88):252—256.
⑨ 朱龙.设计思维:一种面向21世纪教育创新的实践框架[J].数字教育,2020,6(01):32—35.

| 1 发现 👁 | 2 解释 🔍 | 3 设想 💡 | 4 实验 ⚙ | 5 改进 ↻ |
|---|---|---|---|---|
| 我面临一个挑战<br>我该如何了解它？ | 我了解了相关信息<br>我该如何解释它？ | 我找到了解决机会<br>我该如何做？ | 我有了解决方法<br>我该如何实现？ | 我尝试了新的东西<br>我该如何改进？ |
| 步骤<br>1-1 理解挑战<br>1-2 探索准备<br>1-3 收集想法 | 2-1 故事分享<br>2-2 意义寻找<br>2-3 意义建构 | 3-1 观点收集<br>3-2 观点优化 | 4-1 制作原型<br>4-2 获取反馈 | 5-1 反思学习<br>5-2 继续前进 |

图 2-12 设计思维框架

设计研究不仅由高校及专业机构的研究者们进行传播与推进，而且在中小学的实践中也得到响应和渗透。静安区教育学院附属学校在学校的科研项目实施中，就把设计研究的思想加以运用，在推进课题研究的同时，也形成方法探索的成果（见链接 2-3）。

---

**链接 2-3**

基于设计的循环实证研究[①]

经过多次的尝试修改和不断的实践检验，我们在渗透设计研究思想的基础上，逐渐形成了"循环实证"的操作流程（见下图），并成为我们推进后"茶馆式"教学的有力方法。

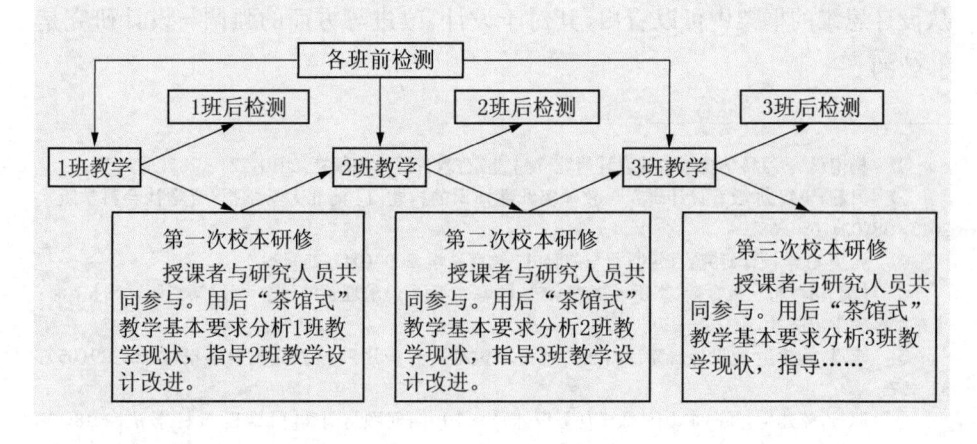

```
                    各班前检测
        ┌──────────┬──────────┬──────────┐
        ↓          ↓          ↓          ↓
   1班后检测    2班后检测              3班后检测
        ↓          ↓                       ↓
    1班教学 → 2班教学 → 3班教学
        ↓          ↓          ↓
   第一次校本研修  第二次校本研修  第三次校本研修
   授课者与研究人员共 授课者与研究人员共 授课者与研究人员共
   同参与。用后"茶馆式" 同参与。用后"茶馆式" 同参与。用后"茶馆式"
   教学基本要求分析1班教 教学基本要求分析2班教 教学基本要求分析3班
   学现状，指导2班教学设 学现状，指导3班教学设 教学现状，指导……
   计改进。              计改进。
```

---

[①] 张人利.基于设计的循环实证研究[A].陈宇卿."轻负担、高质量"的区域求索：提高中小学生学业效能的实证研究[M].上海：上海人民出版社，2013：88—92.

- 教师在此项实验之前都各自做好了课堂教学设计。教师统一教学目标的侧重面,但不一定统一教学目标的达成度。
- 1班、2班、3班……课堂教学时,所有研究人员(包括授课教师)全部观课。在每次校本研修时,所有研究人员与授课教师一同参加教学设计的改进。
- 授课与校本研修过程全程录像、录音。因为这一项目关注的不仅是课堂教学过程,还有对教学设计改进等其他方面的研究,所存的资料有利于反复研究、从各个角度研究。
- 通过一次或多次循环,关注对教学设计改进的研究,对教师专业发展的研究。

尽管设计研究在一些领域得到了应用,但总体而言,更多体现在对教育教学方面的影响,对于教研和研修设计的影响还相对较少,这方面还有许多值得深入探究的空间。从设计研究的内涵和特征而言,其强调理论借鉴、干预设计、循环迭代的思想对于我们探讨教师循证实践具有一定的参考与帮助。

## 第四节 教师循证实践的发展需求

基于以上分析可以看出,教师循证实践的思想或元素既可以寻迹到一定的渊源,也在教育实践中有一定的现实基础,而且经由一些研究范式或方法的传播有了理论上的储备,这为开展教师循证实践的探索提供了思想和实践准备。但是,进一步深入观察现状,要推进教师循证实践,在许多方面还需要强化与完善。

一、证据采信的增强与优化

尽管证据一词对于中小学教师而言并不陌生,但在教育教学实践中,对于证据的重视仍然显得欠缺,即使在学校的研修活动甚至是课题研究中,证据的搜集与分析也是一个薄弱环节。中小学教师的教育教学设计,尽管也查阅一些资料,但总体而言,教师备课更多是凭借经验。[①]对于中小学普遍应用的行动研究,正被变成"方便""随意"的研究。由于缺乏系统搜集数据的过程,很难做出

---

① 冯月明."泰勒原理"与教师备课[J].扬州教育学院学报,2004(04):51—55.

有质量的研究结论,使得研究重新回到了经验总结的水平。[1]而由于混淆了教育行动与教育行动研究,使教育行动研究变成一种形式甚至仅仅是一种标签,"去理论化"的倾向比较明显。[2]有学者发现当前存在一种相悖或背反的现象,即研究方法的著作与教材中,都凸显着经验的、实证的方法,而现实的教育科学研究成果中则大多是或主要是思辨加例证的方法。[3]对证据的认识、搜集、分析明显不足。

好的研究不但需要证据,而且需要"三法"平行互证的结果,即经验筛选、数据挖掘、叙事分析的综合运用,且几种方法发现的结果充分一致。[4]对于近年来受到重视的教学主张,其提炼有的是侧重概念界定、理论说明、观点阐述的理论路径,有的是侧重实践化、可视化、人格化的行动研究路径。[5]但不管是哪一种路径,都需要证据的搜集与分析,具有理论的视野和实践的依托。即使是教学研修中十分常见的课例研究,如果在实施中植入"研究假设",就会是一种全新的尝试,也会让实践者体会到研究的价值和乐趣。[6]而考察名师成长的过程也可以发现,实现教师的专业发展,增加教师的实践智慧,需要"精品理论"工具箱,学习理论、运用理论是提升实践智慧的一个重要路径。[7]这里的理论可以指更宽泛的证据借鉴与运用。

对教师而言,在教育实践中除经验证据的运用之外,需要更加丰富的证据,而不是单一经验的范式,而这正是我们开展教师循证实践的重要目的。一是在证据的类型上,增加丰富性,使用更加多元的证据;二是在证据的数量上,提高充分性,使用更多的证据;三是在证据的质量上,注重有效性,通过筛选提高证据应用的针对性、适用性。正如《循证教学》一书所倡导的,"我们需要循证实践,而不是习惯做法"[8],这也是我们努力的方向。

---

[1] 周钧.行动研究在我国的发展:回顾与反思[J].天津师范大学学报(基础教育版).2012,13(01):1—5.

[2] 卢立涛,井祥贵.教育行动研究在中国:审视与反思[J].教育学报,2012,8(01):49—53.

[3] 南纪稳,马建华.对我国教育科学研究的三维透视[J].陕西师范大学继续教育学报,2005(01):97—101.

[4] 郑少鸣,姜虹,朱连云,李永元,顾泠沅,王洁.教师"行动教育"——青浦实验新世纪探索[J].课程.教材.教法,2014,34(03):3—12.

[5] 余文森.教学主张:打开专业成长的"天眼"[J].人民教育,2015(03):17—21.

[6] 程春雨.研究型教师的成长力量——我的粗浅认识[J].教育研究与评论,2020(05):77—84.

[7] 刘晓晴.我的专业发展节点事件与观察析理——探寻中小学教师专业成长的捷径[J].中小学管理,2015(03):24—29.

[8] [美]杰夫·佩第,宋懿琛,付艳萍,孙一菲译,王为杰校.循证教学:一种有效的教学法[M].广州:广东教育出版社,2013:1.

## 二、循环过程的凸显与完善

教育教学的实践过程或问题解决,往往不是单一式的直线性推进,而是有着循环往复、螺旋式上升的特点。但在我们的教学研修或课题研究中,却常常看不到这样的循环过程,或者没有明显的循环改进迹象。对于中小学常见的行动研究,有具体的问题和螺旋式循环过程是其两个关键要素,但体现行动模式的日常教学反思恰恰缺乏这两个因素。[1]中小学的个人教学或团队研修,不重视反思,反思不明、不深、不恰当,或者循环改进不明显,这些情况非常惯见。

就教师个人教学而言,教学反思是促进专业发展的典型路径。有人以哈贝马斯认识兴趣理论为原型,建立分析框架,并对四位教师的教学反思进行分析,发现教学水平高的教师进行的全部是实践性和解放性反思,[2]更加注重开放性,强调互动性。对于团队研修所使用的行动研究,其强化计划改进与成效反馈的螺旋式交替,并从单纯行为改进向精细实证、融入理性的方向发展。[3]而教师们广为关注的课堂教学反馈机制,其教学反思的有效性与持续性取决于捕捉反馈信息的态度与能力、反馈信息的收集与整理、反馈信息的加工与处理。[4]以上这些实践例证都在强调循环、反馈、跟进的重要性。

因此,从当前的个人教学、团队研修、课题研究等教育教学实践活动而言,反馈互动、循环跟进的过程凸显与完善,应该是一个十分值得关注的提升点,而这也成为教师循证实践落实和推进的重要操作点。

## 三、日常工作的衔接与融通

中小学教师有着繁重的教学任务,如何将一种新的思想或行动方式有效融入教师的日常教学十分重要,否则初衷良好的行动革新常常半途而废或者成为形式主义。就常见的中小学备课而言,有人发现备课有被异化的现象,即形式固定,关注结构而不关注建构;本末倒置,关注客体而不关注主体;千人一面,关

---

[1] 张俐蓉.行动研究及其在中小学的运用[J].上海教育科研,2004(05):33—36.
[2] 赵明仁,陆春萍.从教学反思的水平看教师专业成长——基于新课程实施中四位教师的个案研究[J].课程.教材.教法,2007(02):83—88.
[3] 郑少鸣,姜琥,朱连云,李永元,顾泠沅,王洁.教师"行动教育"——青浦实验新世纪探索[J].课程.教材.教法,2014,34(03):3—12.
[4] 王凤春.课堂教学的即时性反馈与反思——教师专业成长的有效途径[J].教育科学研究,2007(04):58—60.

注形式而不关注内质。①即使是为中小学所推崇的教师行动研究,也表现出非功利性应然状态与功利性实然现状间的矛盾与对立。②

如果教师能够在教学过程中,时刻自我追问"为什么？是什么？怎么会？何时会？何地会？",那教师的教学势必不断提升。③有研究者提出,要强化教育实践工作者的研究主体地位,注重将学校和课堂情况作为研究的场域,实现研究成果的小范围推广行动研究与传统教育研究走向融合。④这对开展教师循证实践具有重要的启示,我们也需要从定位、理念、指导思想等方面进行思考和架构。中小学教师的研究要走出当前的困境,需要坚持目的上的应用性,动机上的高尚性,方法上的通俗性和过程上的自主性。⑤我们开展循证实践也要消除功利化,更好地促进各个学校、各位教师的进步与发展。

循证研究不能凌驾于教师专业知识和经验之上,而是应该指向实际的改革问题,并实现两者的融合与互动。教师深厚的专业理论积淀和敏锐的洞察能力是教育改革的前提条件,为循证研究的开展和实践提供了知识与经验层面的支持。⑥怎样在日常的教学、研修、德育等活动中,将循证实践有机地衔接与融合,而不是两张皮,或简单地另做一件事,这是我们促使教师循证实践落地生根的关键。要把循证实践作为学校德育、研修、教研、课题实施的一种提升方式、一个载体、一种手段,这是提高教师循证实践生命力的关键所在。

---

① 孟晓瑞,李晓红.从教师发展的视角反思备课[J].现代中小学教育,2010(10):68—70.
② 邓纯臻,杨卫安.教师行动研究的功利性与非功利性:现实困境与应对之策[J].学术探索,2021(09):140—148.
③ 丁钢.日常教学生活中的教师专业成长[J].教育科学,2006(06):52—55.
④ 郭文良.行动研究的内在逻辑及其教育启示[J].当代教育科学,2014(21):10—12.
⑤ 吴义昌.行动研究法的历史演变及其对我国中小学教师研究的启示[J].徐州师范大学学报,2000(02):145—148.
⑥ 陈唤春,蒋贵友.循证教育改革历史演变与实践反思[J].比较教育研究,2021,43(03):64—71.

# 第三章 教师循证实践的现状调查

　　教师循证实践的现状如何？有什么特点？是什么原因影响了教师的循证实践及相关素养？这些因素发挥了怎样的影响？这是本研究的核心内容之一。为此，本部分首先进行循证实践调查工具的开发，编制了具有较高信效度的教师循证实践调查问卷。然后，在包括静安的全市五个区进行抽样调查，获得教师循证实践的基本状况和差异情况。研究发现，中小学教师的循证素养总体处于中上水平，但还有较大的提升空间。其中，循证知识得分最低。不同区域、不同性别、不同学段、不同学历、不同教龄、不同职称以及是否承担科研工作，在循证实践及其各维度上存在显著或非常显著的差异。

　　在问卷调查基础上，我们选取了9位幼儿园教师进行深度访谈，深入了解幼儿园教师在循证实践中的样态，然后采用开放编码、主轴编码、选择性编码并发展核心主题等三级编码，对访谈材料进行分析。

　　在混合研究的基础上，提出从教师个人层面上，增强认识理解，深化学习践行；从学校组织层面上，优化领导管理，创造实施条件；从业务机构层面上，强化攻关研究，提升专业支持；从教育行政层面上，提供政策保障，构筑推进合力等对策建议。

　　经过前两章的阐述与分析，对教师循证实践的背景、要点、意义、发展有了基本的认识，对教师循证实践的渊源、现实、积淀、需求有了初步的了解，这为进一步考察教师循证实践提供了理论基础和宽广视野。为深入探析教师循证实践的运作与优化，需要从面上和点上更加细致地考察教师循证实践的现状，本章正是对这一任务及要求的回应与落实。

## 第一节　教师循证实践调查问卷的编制

教师循证实践调查包括两方面，一是编制调查工具，二是开展试测并报告工具的测量学指标。

一、调查工具的编制

本次调查问卷的编制经过了文献梳理、框架拟定、问题编写、问卷合成、试测修改五个阶段。

1. 文献梳理

在调查问卷编制初期，课题组对循证、循证医学、教育循证、教师循证等相关文献进行搜集、学习与讨论，以把握核心概念的基本内涵与本质。我们主要参考了《循证教育研究与实践》[1]一书中的调查问卷。

我们从资料中发现，Kee-HsinChen 等人开发了信效度良好的循证实践教育自评问卷，包括提问、获取、评价、运用、态度等五个维度；[2]Ruzafa-MartinezM 等人开发了针对医学专业本科生的循证实践问卷，包括循证实践的知识、技能与态度三个维度；[3]SciuchettiMB 等人开展了以教师为对象的调查研究，了解普通教育和特殊教育的教师关于循证实践的知识掌握情况，以及教师从什么渠道找到循证实践；[4]陈进、卿平等人从提出问题、查询最佳证据、评价证据、应用证据等五个维度上开展 EBM(Evidence-Based Medicine)实践相关能力学生自我评价。[5]以上这些文献资料为我们编制教师循证实践调查工具提供了重要参考。

2. 框架拟定

通过文献学习与深入讨论，我们在问卷设计中坚持几个原则：(1)突出循证指向；(2)指标的可测性；(3)抓住关键敏感指标。在原则的指导下，经过反复讨

---

[1][5] 陈进,卿平,王聪.循证教育研究与实践[M].北京:学苑出版社,2013:96—139.

[2] Chen K. H., Tzeng P. C., Chen T. H., et al. Develop a self-evaluation questionnaire for evidence-based practice education[J]. American Journal of Educational Research, 2014, 2(9):740—744.

[3] Ruzafa-Martinez M., Lopez-Iborra L., Moreno-Casbas T., et al. Development and validation of the competence in evidence based practice questionnaire (EBP-COQ) among nursing students[J]. BMC medical education, 2013, 13(1):1—10.

[4] Sciuchetti M. B., McKenna J. W., Flower A. L. Teacher knowledge and selection of evidence-based practices：A survey study[J]. Journal of Vincentian Social Action, 2016, 1(2):8.

论,同时邀请部分专家参与征求意见,课题组拟定了教师循证实践现状的调查框架(见表3-1)。

表 3-1　教师循证实践现状的调查框架

| 一级指标 | 二级指标 | 要素与观测点 |
| --- | --- | --- |
| 循证素养 | 循证知识 | 教师对循证实践的概念内涵、主要特征、基本步骤等方面的了解掌握情况 |
| | 循证能力 | 教师开展循证实践的能力,包括搜集证据、分析证据、评价证据、运用证据等 |
| | 循证情意 | 教师开展循证实践的态度,如是否愿意参加专题培训;开展循证实践的动机,如提高教学质量、提升教师专业发展、促进学生个性化成长等 |
| | 前端证据 | 在教育行动之前,为了改进实践所依照、遵循、借鉴的研究结果、优秀经验等,如课程标准、学术文章、专业书籍、学生的情况、本人及他人的经验等 |
| | 后效证据 | 在教育行动之后,为了说明行动效果的数据、实例等,如课堂观察所获资料、学生作业或作品、调查访谈所获资料,以及通过现代信息技术手段所获得的其他数据等 |
| 循证困难与需求 | 专业困难 | 教师在开展循证实践中可能遇到的困难与困惑,包括如何查阅文献、如何判断文献质量、如何使用统计软件等 |
| | 条件困难 | 包括培训机会、学习渠道、激励机制、经费支持、时间保障等 |
| 反思水平 | 反思意识 | 包括反思的习惯、反思的形式、反思的时间等 |
| | 反思能力 | 包括反思要点的清晰度、反思记载的明确性、反思方法的使用情况等 |

3. 问题编写

确定大致框架后,我们在参考有关问卷的同时,基于访谈、现场考察,围绕教师循证实践的五个维度分块编写相应的问题。我们依据以下策略进行编题:(1)使用标志词;(2)尽量使用具体事实,不用抽象的概念;(3)尽量指向所有教师都有可能参加的活动。经过逐题分析和不断讨论修改,我们形成最终的问卷题项。

在编写题项时,主要遵循以下编写原则:问题要与调查目标直接相关;问题表述要清晰明了、通俗易懂;问题表述要精炼简短;防止使用导向性的问题;回答问题无需回忆太久;回答问题无需计算;问题中不包含双重问题;问题不带有任何倾向性;敏感问题不过于直白;选择题中,选项内容维度单一。

在题目编写的过程中，即使有参考资料，我们也结合实际进行了较大幅度的修改，其中有的题目经过多轮的修改。项目组有时为几个题目反复研讨，付出了大量的时间与精力。以下结合一些题目的编写与修改作简要说明。

例1，问卷中循证实践能力维度。

> 修改前：
> 请在"完全不符合""基本不符合""一般""基本符合"和"完全符合"中，选对应的数字打"√"（以下题目中的"证据"均指"循证实践中的证据"）：
> 我能够敏锐地发现教育教学中要解决的问题。
> 我能够准确地提出和表述我要解决的问题。
> 当教学实践遇到问题时，我会寻找证据加以解决。
> 我知道证据的来源途径。
> ……

由于老师们对"证据"的含义不甚清晰，影响了教师对后续问题的理解与回答，经讨论，我们对证据进行了比较详细的说明。对于原括号中的解释说明，修改后的表述如下：

> 修改后：
> 以下题目中的"证据"均指"循证实践中的证据"，不仅包括在教育行动之后为了说明行动效果的数据、实例等，还包括在教育行动之前为了改进实践所依照、遵循、借鉴的研究结果、优秀经验等。

例2，问卷中后效证据维度。

> 修改前：
> 对于平时上课或开展活动的效果的考察，自己主要根据什么进行判断？请在"完全不符合""基本不符合""一般""基本符合"和"完全符合"中，选对应的数字打"√"。
> ……
> 根据观察及专题分析
> ……

通过访谈和试测发现，上述题目的区分度较小，而且出现了跨维度的现象。我们讨论后认为，主要是由于表述不够清晰，教师不知道所表述的具体观察及资料是什么，为此，我们进行了具体、明确的表述。

> 修改后：
> 根据对课堂观察工具搜集到的资料的分析

4. 问卷合成

通过讨论并多次修改各板块题项后,进行了整合组卷,形成了完整的调查问卷。在问卷形成后,我们又开展了若干次讨论,主要从整体内容的分布、不同板块的关联、问卷的总题量等角度进行完善。

5. 试测修改

随后,我们抽取本区部分学校对问卷进行试测,就问卷整体框架以及具体问题对参与试测的教师进行访谈,主要考察问卷题量、所用时间、做题的总体感觉、对题目的理解与表述等方面的情况。基于访谈情况反馈,再次修改问卷。

## 二、调查工具的测量学分析

1. 项目分析

在咨询访谈之后,项目组选取14所学校的所有专任教师(调查对象包括了幼儿园到高中各学段各年级的教师)进行预调查。在预调查问卷回收后,开展项目分析。

项目分析是工具编制中第一个与数据分析产生关联的工作,其主要目的是确认问题的可用程度,删除不良试题。根据相关标准,我们对所有问卷进行了项目分析,无任何题目删除。

2. 问卷的探索性因素分析

在预调查的基础上,我们在静安区进行了正式的调查,调查对象为所抽样学校的专任老师,这次调查涉及四个学段的36个学校。两次调查(共50个单位)占全区教育系统学校数的约1/3。基于调查的结果,我们进行了探索性因素分析和验证性因素分析,形成问卷的信效度指标,并形成了基于静安区的阶段性调查报告。

调查在网上开展,使用问卷星平台。调查结束后,对数据进行了清洗。之后,对问卷进行了探索性因素分析和验证性因素分析以确定问卷的信效度。

研究采用SPSS24.0对问卷进行探索性因素分析。探索性因素分析的主要功能为:(1)求出问卷的建构效度。效度(validity)是指测验出所欲测心理或行为特质的程度。(2)用于问卷题目的归类,利用数学分析的方法将性质相近的题目归为同一维度。(3)用来协助测验编制,进行项目分析,检验题目的优劣好坏。同时可以针对每一个题目的独特性进行精密的测量,比较相对的重要性。

进行探索性因素分析时,先检验各分问卷的抽样适当性参数(KMO)是否大于0.8(大于0.8表明题目之间的关系是良好的,大于0.9表明题目之间的关系是极佳的),Bartlett球形检验是否显著($p<0.01$),如果两个条件皆满足,表明比较适合进行探索性因素分析。[1]然后采用主成分分析和方差最大化的正交旋转进行因素抽取。首次运行时,因素个数的提取采用默认选项,即按特征根大于1的标准进行提取,并结合碎石图、因素累积解释百分比和因素意义进行综合分析。再次运行时,采用直接指定因素的个数进行,剔除不适合的题项,再做因素分析。如此反复,逐步删除,直至结果符合统计学要求。因素负荷的判断标准如下:大于或等于0.71,为特别理想;大于或等于0.63,为非常好;大于或等于0.55,为较好;大于或等于0.45,为普通。[2]

以主成分加最大方差法做探索性因素分析,问卷的KMO为0.958,显著性水平p值小于0.001,表明适合进行探索性因素分析。各分问卷探索性因素分析汇总见表3-2。

表3-2 教师循证实践问卷探索性因素分析汇总表

| 问卷 | 分问卷 | 因素命名 | 解释方差比例 | 累计解释方差 | 因素载荷取值范围 | 抽样适当性参数(KMO) | Bartlett球形检验显著性 |
|---|---|---|---|---|---|---|---|
| 循证实践现状问卷 | 循证实践素养 | 循证能力 | 20.93% | 80.10% | 0.784—0.834 | 0.958 | *** |
| | | 前端证据 | 19.86% | | 0.598—0.835 | | |
| | | 循证情意 | 16.27% | | 0.624—0.836 | | |
| | | 循证知识 | 12.14% | | 0.907—0.985 | | |
| | | 后效证据 | 10.91% | | 0.546—0.840 | | |
| | 反思素养 | 反思素养 | 75.51% | 75.51% | 0.771—0.911 | 0.913 | *** |
| | 循证实践困难 | 专业困难 | 38.11% | 69.38% | 0.752—0.889 | 0.928 | *** |
| | | 条件困难 | 31.26% | | 0.719—0.825 | | |

注:*** 表示$p<0.001$。

各分问卷抽样适当性参数均大于0.9,Bartlett球形检验非常显著($p<0.001$),表明非常适合进行探索性因素分析。各分问卷累计解释方差均超过70%,所有因数的负荷都大于0.55,总体而言,特别理想。

---

[1] 吴明隆.问卷统计分析——实务SPSS操作与应用[M].重庆:重庆大学出版社,2009:208.
[2] 吴明隆.问卷统计分析——实务SPSS操作与应用[M].重庆:重庆大学出版社,2009:201.

3. 问卷的验证性因素分析

在对各分问卷进行探索性因素分析后,我们进一步对问卷进行验证性因素分析,使用的软件为 AMOS24.0。

验证性因素分析被广泛应用于检验测量工具在多大程度上能代表构念。构念是潜变量而非观察变量。由于潜变量无法直接测量,需要通过理论研究利用观察变量进行测量。即使测量工具引用自较高信效度的已有工具,也需要进行验证性因素分析以重新评估其信效度。其中的原因很多,如测量工具一般不能适用于所有情形、跨文化情境的差异、翻译过程中原文意义没有完全传达、测量的时间不同等。本研究中用到的测量工具原创性程度较高,更应当进行验证性因素分析。

(1) 模型的整体适配度评估。模型的整体适配度指标是否达到标准,通常可以从以下几个指标来判断:$x^2$、$x^2/df$、GFI、AGFI、TLI、CFI、RMSEA、SRMR。各项拟合指标的建议值如下:$x^2/df$ 一般要小于 5,RMSEA 一般要小于 0.08,越小越好,数值在 0.08 与 0.10 之间是模型尚可,普通适配,不要超过 0.10;NNFI(TLI) 和 CFI 一般要大于 0.90,越大越好;SRMR 要小于 0.05,越小越好。GFI、AGFI 一般要大于 0.90,越大越好。[1]本研究接受以下建议值为拟合指标可接受的标准:

- $x^2/df < 5$
- $RMSEA < 0.1$
- $GFI > 0.8$
- $AGFI > 0.8$
- $NNFI > 0.9$
- $CFI > 0.9$
- $SRMR < 0.08$

但是,在结构方程模型应用于实际情况中时常会出现某种程度的模糊性,这意味着某些指标准则会指向接受模型,而其他指标准则会出现模棱两可的情形,甚至可能出现拒绝模型的相反结果。[2]本研究的一些测量模型也不例外。

---

[1] 吴明隆.结构方程模型——AMOS 的操作与应用[M].重庆:重庆大学出版社,2009.

[2] Bagozzi, R. P., & Yi, Y. On the evaluation of structural equation models [J]. Academic of Marketing Science, 1988(16):90.

对探索性因素分析得到的结果进行一阶验证性因素分析发现,循证实践素养一阶五因子全相关各因素之间呈中度以上的相关。再进行二阶验证性因素分析,目标系数(一阶因子全相关卡方值/二阶模型卡方值)非常接近1(为0.953),表示二阶模型非常具有代表性。

教师循证实践问卷各分问卷验证性因素分析拟合指标见表3-3。循证实践素养一阶五因子全相关、二阶模型、循证实践困难模型一阶二因子模型总体而言合理,反思素养一阶一因子模型拟合度总体较差,不可接受。

表3-3 教师循证实践问卷各分问卷验证性因素分析拟合指标

| 模型 | $x^2$ | df | $x^2$/df | GFI | AGFI | RMSEA | SRMR | CFI | NNFI |
|---|---|---|---|---|---|---|---|---|---|
| | | | **<5** | **>0.8** | **>0.8** | **<0.10** | **<0.08** | **>0.9** | **>0.9** |
| 循证实践素养模型1 | 4 209.517 | 584 | 7.208 | 0.773 | 0.741 | 0.085 | 0.054 | 0.916 | 0.91 |
| 循证实践素养模型2 | 4 452.208 | 589 | 7.559 | 0.769 | 0.739 | 0.087 | 0.087 | 0.911 | 0.905 |
| 反思素养模型 | 1 418.115 | 27 | 52.523 | 0.727 | 0.545 | 0.245 | 0.055 | 0.838 | 0.783 |
| 循证实践困难模型 | 410.326 | 40 | 10.258 | 0.922 | 0.87 | 0.104 | 0.06 | 0.958 | 0.943 |

注:循证实践素养模型1为一阶五因子全相关,循证实践素养模型2为二阶模型。表中粗体为拟合指标的评价标准。

(2)收敛效度和区分效度。收敛效度是利用同一构念中变量之间相关程度的大小加以评估,又称为内部一致性效度,主要是确保一个构念的变量之间至少有中等程度的相关。在结构方程模型中,一个构念要符合以下几个标准,才可被认为是具有足够的收敛效度。一是因素负荷量(measurement weight)要大于或等于0.7;二是组成信度(Composite Reliability,CR)要大于或等于0.7;三是平均变异数萃取量(Average Variance Extracted,AVE)要大于0.5。本研究采用组成信度大于或等于0.7、平均变异数萃取量大于0.5等指标来检验测量模型各构念的收敛效度。对本研究各分问卷潜变量收敛效度的验证发现,各分问卷所含潜变量组成信度均大于或等于0.7,平均变异数萃取量均大于0.5,表明有足够的收敛效度(见表3-4)。对本研究各分问卷潜变量区分效度的验证发现,每个潜变量AVE平方根值,均大于它与其他潜变量的相关系数绝对值(见表3-5),说明各分问卷具有良好的区分效度。

表 3-4　模型 AVE 和 CR 指标结果

| 模 型 | 因 子 | 标准化因素负荷取值范围 | 平均方差萃取 AVE 值 | 组合信度 CR 值 |
|---|---|---|---|---|
| | | | >0.5 | >0.7 |
| 循证实践素养模型 1 | 循证知识 | 0.943—0.99 | 0.946 | 0.991 |
| | 循证能力 | 0.761—0.941 | 0.8 | 0.97 |
| | 循证情意 | 0.665—0.971 | 0.8 | 0.969 |
| | 前端证据 | 0.647—0.86 | 0.626 | 0.93 |
| | 后效证据 | 0.705—0.891 | 0.626 | 0.909 |
| 循证实践困难模型 | 专业困难 | 0.823—0.948 | 0.781 | 0.955 |
| | 条件困难 | 0.726—0.805 | 0.596 | 0.88 |
| 反思素养模型 | 反思素养 | 0.732—0.901 | 0.715 | 0.958 |

注：循证实践素养模型 1 是指一阶五因子全相关模型。表中粗体字分别为 AVE 和 CR 指标的评价标准。

表 3-5　区分效度：Pearson 相关与 AVE 平方根值汇总表

| 模 型 | 因 子 | 循证知识 | 循证能力 | 循证情意 | 前端证据 | 后效证据 |
|---|---|---|---|---|---|---|
| 循证实践素养模型 1 | 循证知识 | **0.973** | | | | |
| | 循证能力 | 0.318 | **0.891** | | | |
| | 循证情意 | 0.484 | 0.703 | **0.896** | | |
| | 前端证据 | 0.269 | 0.409 | 0.428 | **0.79** | |
| | 后效证据 | 0.27 | 0.423 | 0.451 | 0.642 | 0.794 |

| 模型 | 因子 | 专业困难 | 条件困难 |
|---|---|---|---|
| 循证实践困难模型 | 专业困难 | **0.883** | |
| | 条件困难 | 0.605 | **0.77** |

备注：斜对角线粗体数字为 AVE 平方根值，其他数字为 pearson 相关系数。反思素养模型只有 1 个因子，无需计算区分效度。

分析表明，教师循证实践问卷具有足够的信度、内容效度、结构效度、区分效度与收敛效度。

## 第二节　教师循证实践现状的问卷调查

在本研究中，教师既是循证实践活动的设计者、执行者，也是循证教学证据的寻求者和研究者。为更加科学、精准地了解区域教师开展循证实践的现状，我们通过自编调查问卷对部分中小学、幼儿园教师进行了调查。

一、调查基本概况及总体状况分析

1. 问卷调查的基本概况

我们采用网络调查的方式，抽取了来自上海市 5 个区的部分专任教师，共调查教师 4 542 人。调查问卷中记录了教师的一些人口学变量及背景信息，包括性别、任教学段、所在区域、最后学历、教龄、职称、是否担任（过）学校科研室主任、是否担任班主任等（见表 3-6）。

表 3-6 教师基本信息一览表

| 变量 |  | 人数 | 百分比 |
| --- | --- | --- | --- |
| 性别 | 男 | 794 | 17.48% |
|  | 女 | 3 748 | 82.52% |
| 学段 | 幼儿园 | 788 | 17.35% |
|  | 小学 | 1 309 | 28.82% |
|  | 初中 | 1 453 | 31.99% |
|  | 高中 | 992 | 21.84% |
| 区域 | 本区 | 2 315 | 50.97% |
|  | 外区 | 2 227 | 49.03% |
| 位置 | 中心城区 | 3 243 | 71.40% |
|  | 郊区 | 1 299 | 28.60% |
| 学历 | 大专 | 140 | 3.08% |
|  | 大学本科 | 3 621 | 79.72% |
|  | 硕士研究生 | 781 | 17.20% |
| 教龄 | 5 年及以下 | 1 022 | 22.50% |
|  | 6—15 年 | 1 285 | 28.29% |
|  | 16—25 年 | 1 333 | 29.35% |
|  | 26 年及以上 | 902 | 19.86% |
| 职称 | 正高（或特级） | 6 | 0.13% |
|  | 高级 | 697 | 15.35% |
|  | 中级 | 2 124 | 46.76% |
|  | 初级 | 1 242 | 27.34% |
|  | 其他或未评 | 473 | 10.41% |

| 变量 | | 人数 | 百分比 |
| --- | --- | --- | --- |
| 是否担任(过)科研室主任 | 是 | 137 | 3.02% |
| | 否 | 4 405 | 96.98% |
| 是否班主任 | 班主任 | 2 034 | 44.78% |
| | 非班主任 | 2 508 | 55.22% |

2. 问卷调查的总体结果

调查发现，教师循证实践现状总体良好。其中，循证素养的均值为 3.33，反思素养的均值为 3.85，处于中等偏上水平。在循证素养的五个维度中，前端证据(3.82)得分最高，而循证知识(1.89)得分最低。除了循证知识，其他维度的均分在 3—4 分之间，处于中等到较好的水平(见表 3-7)。

表 3-7 教师循证实践整体状况的均值和标准差

| 维度 | 均值 | 标准差 | 维度 | 均值 | 标准差 |
| --- | --- | --- | --- | --- | --- |
| 循证素养 | 3.33 | 0.56 | 循证知识 | 1.89 | 0.94 |
| | | | 循证能力 | 3.54 | 0.82 |
| | | | 循证情意 | 3.54 | 0.88 |
| | | | 前端证据 | 3.82 | 0.70 |
| | | | 后效证据 | 3.56 | 0.66 |
| 反思素养 | 3.85 | 0.63 | 反思素养 | 3.85 | 0.63 |
| 循证困难 | 2.74 | 0.83 | 专业困难 | 2.51 | 0.94 |
| | | | 条件困难 | 3.01 | 0.92 |

注：本问卷的选项分别为"完全不了解""有一点了解""基本了解""比较了解""非常了解"(从了解度方面考察)，或者"完全不符合""基本不符合""一般""基本符合"和"完全符合"(从符合度方面考察)，或者"没有""很少""一般""较多"和"很多"(从频度方面考察)。计分分别为1、2、3、4、5。此处均值即为所有教师所选选项分值的总平均分，下同。

二、教师循证实践现状的差异分析

1. 各区差异状况

中心城区与郊区的教师在后效证据以外的各维度上均存在显著差异。中心城区教师在循证素养及其各个子维度与反思素养上的得分高于郊区教师，而循证实践困难及其子维度的得分低于郊区教师(见表 3-8)。

表 3-8　中心城区与郊区的差异情况

| 维度 | 中心城区 | 郊区 | T 值 | P 值 |
| --- | --- | --- | --- | --- |
| 循证素养 | 3.36(0.55) | 3.24(0.56) | 6.727 | <0.001 |
| 循证知识 | 2.00(0.97) | 1.60(0.81) | 14.097 | <0.001 |
| 循证能力 | 3.56(0.79) | 3.48(0.87) | 2.794 | 0.005 |
| 循证情意 | 3.57(0.87) | 3.48(0.89) | 2.984 | 0.003 |
| 前端证据 | 3.84(0.68) | 3.77(0.74) | 3.044 | 0.002 |
| 后效证据 | 3.56(0.65) | 3.54(0.69) | 1.287 | 0.198 |
| 反思素养 | 3.86(0.63) | 3.81(0.63) | 2.496 | 0.013 |
| 循证困难 | 2.68(0.81) | 2.89(0.85) | −7.931 | <0.001 |
| 专业困难 | 2.46(0.92) | 2.64(0.98) | −5.785 | <0.001 |
| 条件困难 | 2.93(0.90) | 3.19(0.92) | −8.66 | <0.001 |

2. 性别差异状况

女教师在循证情意、前端证据、专业困难上的得分显著高于男教师,在其他维度上不存在显著差异(见表 3-9)。

表 3-9　性别的差异情况

| 维度 | 男 | 女 | T 值 | P 值 |
| --- | --- | --- | --- | --- |
| 循证素养 | 3.30(0.57) | 3.34(0.56) | −1.838 | 0.066 |
| 循证知识 | 1.89(0.99) | 1.89(0.93) | 0.198 | 0.843 |
| 循证能力 | 3.59(0.87) | 3.52(0.80) | 1.828 | 0.068 |
| 循证情意 | 3.46(0.93) | 3.56(0.87) | −2.824 | 0.005 |
| 前端证据 | 3.73(0.68) | 3.84(0.70) | −4.016 | <0.001 |
| 后效证据 | 3.52(0.66) | 3.57(0.67) | −1.911 | 0.056 |
| 反思素养 | 3.82(0.66) | 3.85(0.62) | −1.508 | 0.132 |
| 循证困难 | 2.69(0.82) | 2.75(0.83) | −1.802 | 0.072 |
| 专业困难 | 2.44(0.97) | 2.53(0.93) | −2.407 | 0.016 |
| 条件困难 | 2.99(0.90) | 3.01(0.92) | −0.554 | 0.58 |

3. 是否担任科研主任的差异状况

担任过学校科研室主任的教师在循证素养及其各个子维度与反思素养上的得分显著高于未担任过科研室主任的教师,在循证实践困难及其子维度上的得分低于未担任过科研室主任的教师(见表 3-10)。

表 3-10　是否担任科研主任的差异情况

| 维度 | 是 | 否 | T 值 | P 值 |
| --- | --- | --- | --- | --- |
| 循证素养 | 3.61(0.54) | 3.32(0.56) | 5.992 | <0.001 |
| 循证知识 | 2.62(1.12) | 1.86(0.93) | 7.848 | <0.001 |
| 循证能力 | 3.69(0.66) | 3.53(0.82) | 2.767 | 0.006 |
| 循证情意 | 3.90(0.83) | 3.53(0.88) | 4.858 | <0.001 |
| 前端证据 | 3.94(0.60) | 3.82(0.70) | 2.271 | 0.025 |
| 后效证据 | 3.67(0.68) | 3.55(0.66) | 2.051 | 0.04 |
| 反思素养 | 3.98(0.68) | 3.84(0.63) | 2.604 | 0.009 |
| 循证困难 | 2.48(0.81) | 2.74(0.83) | −3.652 | <0.001 |
| 专业困难 | 2.21(0.88) | 2.52(0.94) | −3.772 | <0.001 |
| 条件困难 | 2.80(0.88) | 3.01(0.92) | −2.628 | 0.009 |

4.是否担任班主任的差异状况

教师是否担任班主任在循证素养、反思素养、循证实践困难及其各个子维度上的得分均不存在显著差异(见表 3-11)。

表 3-11　是否担任班主任的差异情况

| 维度 | 是 | 否 | T 值 | P 值 |
| --- | --- | --- | --- | --- |
| 循证素养 | 3.32(0.56) | 3.34(0.56) | −0.891 | 0.373 |
| 循证知识 | 1.90(0.94) | 1.88(0.94) | 0.522 | 0.601 |
| 循证能力 | 3.51(0.80) | 3.55(0.82) | −1.553 | 0.12 |
| 循证情意 | 3.54(0.88) | 3.55(0.88) | −0.287 | 0.774 |
| 前端证据 | 3.82(0.72) | 3.82(0.69) | −0.392 | 0.695 |
| 后效证据 | 3.54(0.67) | 3.57(0.66) | −1.648 | 0.1 |
| 反思素养 | 3.85(0.62) | 3.84(0.64) | 0.729 | 0.466 |
| 循证困难 | 2.76(0.82) | 2.72(0.83) | 1.542 | 0.123 |
| 专业困难 | 2.54(0.93) | 2.49(0.95) | 1.541 | 0.123 |
| 条件困难 | 3.02(0.92) | 2.99(0.91) | 1.173 | 0.241 |

5.不同学段的差异状况

分别以循证素养、循证实践困难、反思素养及各维度的平均分为因变量，以学段为自变量，做单因素方差分析发现，不同学段的教师在循证知识、循证情意、前端证据、后效证据、循证素养、专业困难、条件困难以及反思素养上具有非常显著差异。进一步分析发现，在循证素养、循证知识、循证情意、反思素养上，从幼儿园、小学、初中到高中，得分随学段升高而递减；在后效证据上，得分从高到低则是小学、初中、高中、幼儿园；幼儿园的专业困难最大，高中、初中的条件困难比小学、幼儿园大；在循证能力和总体困难上则未表现出显著差异（见表3-12）。

表3-12 不同学段教师的循证实践差异

| | 幼儿园 | 小学 | 初中 | 高中 | $F$ | $p$ | 事后检验 |
| --- | --- | --- | --- | --- | --- | --- | --- |
| 循证知识 | 2.14 (1.03) | 1.95 (0.95) | 1.78 (0.89) | 1.76 (0.88) | 34.96 | <0.001 | 1>2, 1>3, 1>4, 2>3, 2>4, 3>4 |
| 循证能力 | 3.50 (0.78) | 3.54 (0.82) | 3.56 (0.81) | 3.51 (0.84) | 1.51 | 0.211 | 无 |
| 循证情意 | 3.80 (0.89) | 3.54 (0.89) | 3.49 (0.84) | 3.43 (0.87) | 30.95 | <0.001 | 1>2, 1>3, 1>4, 2>3, 2>4, 3>4 |
| 前端证据 | 3.80 (0.76) | 3.89 (0.73) | 3.82 (0.67) | 3.76 (0.66) | 7.39 | <0.001 | 2>1, 2>3, 2>4, 3>1, 3>4, 1>4 |
| 后效证据 | 3.48 (0.69) | 3.64 (0.69) | 3.58 (0.64) | 3.49 (0.63) | 13.85 | <0.001 | 2>1, 2>3, 2>4, 3>1, 3>4, 4>1 |
| 循证素养 | 3.40 (0.59) | 3.37 (0.57) | 3.31 (0.54) | 3.25 (0.54) | 13.70 | <0.001 | 1>2, 1>3, 1>4, 2>3, 2>4, 3>4 |
| 循证困难 | 2.76 (0.86) | 2.70 (0.87) | 2.77 (0.80) | 2.72 (0.77) | 1.71 | 0.162 | 无 |
| 专业困难 | 2.61 (0.92) | 2.50 (0.98) | 2.52 (0.93) | 2.43 (0.91) | 5.63 | 0.001 | 1>2, 1>3, 1>4, 3>1, 3>4, 1>4 |
| 条件困难 | 2.94 (0.98) | 2.94 (0.95) | 3.06 (0.88) | 3.07 (0.86) | 7.28 | <0.001 | 4>1, 4>2, 4>3, 3>1, 3>2, 1>2 |
| 反思素养 | 3.90 (0.62) | 3.90 (0.67) | 3.82 (0.61) | 3.77 (0.59) | 11.50 | <0.001 | 1>2, 1>3, 1>4, 2>3, 2>4, 3>4 |

注：1. 表中列出不同学段教师群体在各维度上的平均分，括号内为标准差。2. 在事后检验中（用LSD法，以下同），1、2、3、4分别代表以下各组：幼儿园、小学、初中、高中。所列出的信息表示相应组别之间存在显著性差异。下同。

6. 不同学历的差异状况

因变量同上，以最后学历为自变量，做单因素方差分析，发现不同学历的教师在前端证据、后效证据、循证素养总体水平以及循证实践困难各维度上有非常显著差异。进一步分析发现，研究生学历教师在前端证据、后效证据以及循证素养总体水平上的得分最高，其次是本科学历教师，最后是大专学历教师；大专学历教师在循证实践中的专业困难最多；本科学历教师在循证实践中的条件困难最多（见表3-13）。

表 3-13 不同学历教师的循证实践差异

|  | 大专 | 本科 | 研究生 | F | p | 事后检验 |
|---|---|---|---|---|---|---|
| 循证知识 | 1.90(0.99) | 1.90(0.95) | 1.84(0.88) | 1.23 | 0.292 | 无 |
| 循证能力 | 3.44(0.82) | 3.54(0.82) | 3.54(0.79) | 1.02 | 0.362 | 无 |
| 循证情意 | 3.50(0.89) | 3.54(0.89) | 3.60(0.82) | 1.68 | 0.187 | 无 |
| 前端证据 | 3.49(0.80) | 3.82(0.70) | 3.88(0.65) | 18.91 | <0.001 | 3>1, 3>2, 2>1 |
| 后效证据 | 3.43(0.61) | 3.56(0.67) | 3.59(0.63) | 3.38 | 0.034 | 3>1, 3>2, 2>1 |
| 循证素养 | 3.20(0.59) | 3.33(0.57) | 3.35(0.52) | 4.15 | 0.016 | 3>1, 3>2, 2>1 |
| 循证困难 | 2.89(0.88) | 2.79(0.84) | 2.54(0.80) | 31.56 | <0.001 | 1>2, 1>3, 2>3 |
| 专业困难 | 2.79(0.94) | 2.61(0.93) | 2.25(0.91) | 53.69 | <0.001 | 1>2, 1>3, 2>3 |
| 条件困难 | 2.99(0.91) | 3.00(0.91) | 2.87(0.89) | 6.51 | 0.002 | 2>1, 2>3, 1>3 |
| 反思素养 | 3.79(0.66) | 3.84(0.63) | 3.87(0.59) | 1.22 | 0.296 | 无 |

注：1. 表中列出不同学历教师群体在各维度上的平均分，括号内为标准差。2. 在事后检验中，1、2、3分别代表以下各组：大专、本科、研究生。

7. 不同教龄的差异状况

因变量同上，以教龄为自变量，做单因素方差分析发现，不同教龄的教师除了在循证能力、后效证据这两个维度上无显著差异之外，在循证素养其他的子维度、循证实践困难以及反思素养上有非常显著差异。进一步分析发现，在循证知识、循证情意、循证素养、反思素养上，教龄越长得分越低；在前端证据方面，6—15年的教师最高；在循证困难和条件困难上，从高到低依次为16—25年、6—15年、26年及以上、5年及以下；在专业困难上，从高到低则依次为16—25年、26年及以上、6—15年、5年及以下（见表3-14）。

表 3-14 不同教龄教师的循证实践差异

|  | 5年及以下 | 6—15年 | 16—25年 | 26年及以上 | F | p | 事后检验 |
|---|---|---|---|---|---|---|---|
| 循证知识 | 1.98(0.92) | 1.90(0.93) | 1.84(0.95) | 1.83(0.95) | 5.35 | 0.001 | 1>2, 1>3, 1>4, 2>3, 2>4, 3>4 |
| 循证能力 | 3.50(0.72) | 3.53(0.81) | 3.55(0.86) | 3.57(0.86) | 1.19 | 0.311 | 无 |
| 循证情意 | 3.70(0.80) | 3.59(0.88) | 3.45(0.90) | 3.43(0.91) | 22.52 | <0.001 | 1>2, 1>3, 1>4, 2>3, 2>4, 3>4 |
| 前端证据 | 3.87(0.68) | 3.91(0.68) | 3.80(0.69) | 3.66(0.73) | 25.16 | <0.001 | 2>1, 2>3, 2>4, 1>3, 1>4, 3>4 |
| 后效证据 | 3.56(0.63) | 3.58(0.66) | 3.56(0.66) | 3.51(0.71) | 2.15 | 0.092 | 无 |

续表

| | 5年及以下 | 6—15年 | 16—25年 | 26年及以上 | F | p | 事后检验 |
|---|---|---|---|---|---|---|---|
| 循证素养 | 3.38 (0.52) | 3.37 (0.56) | 3.30 (0.57) | 3.26 (0.59) | 11.02 | <0.001 | 1>2, 1>3, 1>4, 2>3, 2>4, 3>4 |
| 循证困难 | 2.59 (0.82) | 2.76 (0.84) | 2.81 (0.81) | 2.76 (0.83) | 15.17 | <0.001 | 3>1, 3>2, 3>4, 2>1, 2>4, 4>1 |
| 专业困难 | 2.37 (0.92) | 2.52 (0.95) | 2.58 (0.93) | 2.56 (0.93) | 11.73 | <0.001 | 3>1, 3>2, 3>4, 4>1, 4>2, 2>1 |
| 条件困难 | 2.86 (0.93) | 3.06 (0.93) | 3.09 (0.89) | 2.99 (0.91) | 13.95 | <0.001 | 3>1, 3>2, 3>4, 2>1, 2>4, 4>1 |
| 反思素养 | 3.90 (0.60) | 3.89 (0.63) | 3.81 (0.62) | 3.78 (0.67) | 9.00 | <0.001 | 1>2, 1>3, 1>4, 2>3, 2>4, 3>4 |

注：1. 表中列出不同教龄的教师群体在各维度上的平均分，括号内为标准差。2. 在事后检验中，1、2、3、4分别代表以下各组：5年及以下、6—15年、16—25年、26年及以上。

8. 不同职称的差异状况

因变量同上，以职称为自变量，做单因素方差分析发现，不同职称教师除了在后效证据上无显著差异之外，在循证素养其他的子维度、循证实践困难以及反思素养各维度上有非常显著差异。进一步分析发现，在循证素养、循证情意及反思素养上，从高到低依次为，正高或特级教师、其他或未评、初级、中学高级、中级；在循证知识、前端证据上，中级教师得分相对较低；在循证能力上，初级教师得分相对较低；在循证困难总体、条件困难、专业困难上，正高或特级教师得分相对较低（见表3-15）。

表3-15 不同职称教师的循证实践差异

| | 正高或特级 | 中学高级 | 中级 | 初级 | 其他或未评 | F | p | 事后检验 |
|---|---|---|---|---|---|---|---|---|
| 循证知识 | 2.53 (1.05) | 1.96 (1.00) | 1.81 (0.91) | 1.96 (0.94) | 1.91 (0.93) | 7.14 | <0.001 | 1>2, 1>3, 1>4, 1>5, 4>2, 4>3, 4>5, 2>3, 2>5, 5>3 |
| 循证能力 | 4.17 (0.37) | 3.63 (0.84) | 3.52 (0.84) | 3.51 (0.79) | 3.52 (0.74) | 3.47 | 0.008 | 1>2, 1>3, 1>4, 1>5, 2>3, 2>4, 2>5, 5>3, 5>4, 3>4 |
| 循证情意 | 4.15 (0.57) | 3.50 (0.86) | 3.46 (0.91) | 3.62 (0.86) | 3.77 (0.79) | 15.99 | <0.001 | 1>2, 1>3, 1>4, 1>5, 5>2, 5>3, 5>4, 4>2, 4>3, 2>3 |

续表

| | 正高或特级 | 中学高级 | 中级 | 初级 | 其他或未评 | F | p | 事后检验 |
|---|---|---|---|---|---|---|---|---|
| 前端证据 | 3.96 (0.49) | 3.80 (0.64) | 3.79 (0.71) | 3.88 (0.70) | 3.84 (0.70) | 3.31 | 0.010 | 1>2, 1>3, 1>4, 1>5, 4>2, 4>3, 4>5, 5>2, 5>3, 2>3 |
| 后效证据 | 3.44 (0.49) | 3.58 (0.65) | 3.55 (0.68) | 3.56 (0.66) | 3.56 (0.62) | 0.33 | 0.858 | 无 |
| 循证素养 | 3.72 (0.48) | 3.35 (0.55) | 3.29 (0.57) | 3.37 (0.56) | 3.39 (0.52) | 6.55 | <0.001 | 1>2, 1>3, 1>4, 1>5, 5>2, 5>3, 5>4, 4>2, 4>3, 2>3 |
| 循证困难 | 2.02 (1.06) | 2.69 (0.78) | 2.82 (0.83) | 2.67 (0.83) | 2.62 (0.86) | 11.60 | <0.001 | 3>1, 3>2, 3>4, 3>5, 2>1, 2>4, 2>5, 4>1, 4>5, 5>1 |
| 专业困难 | 1.83 (1.07) | 2.44 (0.90) | 2.59 (0.94) | 2.44 (0.94) | 2.44 (0.95) | 8.51 | <0.001 | 3>1, 3>2, 3>4, 3>5, 5>1, 5>2, 5>4, 2>1, 2>4, 4>1 |
| 条件困难 | 2.23 (1.07) | 2.98 (0.87) | 3.09 (0.90) | 2.95 (0.93) | 2.83 (0.96) | 11.31 | <0.001 | 3>1, 3>2, 3>4, 3>5, 2>1, 2>4, 2>5, 4>1, 4>5, 5>1 |
| 反思素养 | 4.06 (0.65) | 3.83 (0.62) | 3.82 (0.64) | 3.88 (0.64) | 3.92 (0.58) | 4.17 | 0.002 | 1>2, 1>3, 1>4, 1>5, 5>2, 5>3, 5>4, 4>2, 4>3, 2>3 |

注:1.表中列出不同职称的教师群体在各维度上的平均分,括号内为标准差。2.在事后检验中,1、2、3、4、5分别代表以下各组:正高或特级、高级、中级、初级、其他或未评。

### 三、教师循证实践的具体状况分析

为进一步了解教师循证实践的现状,我们在维度分析的基础上,对问卷中具体题目的作答情况进行分析。限于篇幅,这里只对部分维度或部分题目加以呈现。

1. 调查的选项百分比情况

在循证素养的几个维度中,循证知识的得分情况最不理想,有很大的提升空间。例如,仅有6%的教师对循证实践的发展过程"非常了解",仅有7%的教师对循证实践的基本步骤、主要特征、证据种类"非常了解"(见表3-16)。

表 3-16 教师对循证知识了解的具体情况

| | 概念内涵 | 发展过程 | 基本步骤 | 主要特征 | 证据种类 |
|---|---|---|---|---|---|
| 完全不符合(%) | 40 | 46 | 43 | 44 | 44 |
| 基本不符合(%) | 34 | 33 | 33 | 33 | 33 |
| 一般(%) | 18 | 16 | 16 | 16 | 16 |
| 基本符合(%) | 6 | 4 | 5 | 5 | 5 |
| 完全符合(%) | 2 | 2 | 2 | 2 | 2 |

在循证能力方面，仍有12%的教师不知道证据的来源途径，10%的教师无法评价证据应用后的效果，9%的教师不能对搜集到的证据结合教学实际综合分析（见表3-17）。

表 3-17 教师在循证能力上的具体情况

| | 来源途径 | 搜集证据 | 优化设计 | 评价效果 | 综合分析 |
|---|---|---|---|---|---|
| 完全不符合(%) | 5 | 4 | 4 | 4 | 3 |
| 基本不符合(%) | 7 | 6 | 6 | 6 | 6 |
| 一般(%) | 39 | 39 | 38 | 40 | 39 |
| 基本符合(%) | 38 | 40 | 41 | 40 | 41 |
| 完全符合(%) | 11 | 12 | 12 | 10 | 11 |

从前端证据来看，教师在设计活动前有一定的证据意识，依据的证据占比最高的是学生的情况(79%)，最低的是学术文章(37%)（见表3-18）。

表 3-18 教师在前端证据上的具体情况

| | 学生情况 | 课程标准 | 学术文章 | 专业书籍 | 指导者意见 |
|---|---|---|---|---|---|
| 完全不符合(%) | 1 | 1 | 4 | 3 | 2 |
| 基本不符合(%) | 2 | 2 | 12 | 8 | 3 |
| 一般(%) | 19 | 22 | 47 | 41 | 33 |
| 基本符合(%) | 38 | 33 | 24 | 31 | 40 |
| 完全符合(%) | 41 | 42 | 13 | 17 | 22 |

从后效证据来看，教师在判断活动效果时也有一定的证据意识，但仅有40%的教师依据问卷调查，45%的教师依据家长反馈，50%的教师依据现代信息技术手段获得数据（见表3-19）。

表 3-19　教师在后效证据上的具体情况

|  | 问卷调查 | 家长反馈 | 信息技术 | 课堂观察 | 学生访谈 |
| --- | --- | --- | --- | --- | --- |
| 完全不符合(%) | 4 | 3 | 2 | 1 | 2 |
| 基本不符合(%) | 10 | 8 | 6 | 2 | 6 |
| 一般(%) | 46 | 44 | 42 | 33 | 41 |
| 基本符合(%) | 31 | 36 | 39 | 48 | 40 |
| 完全符合(%) | 9 | 9 | 11 | 16 | 11 |

在循证实践困难方面,得分相对较高的是如何使用统计软件(25%),如何分析循证实践后的效果(19%),如何搜集证据以及如何将证据运用到教育教学中(16%)(见表 3-20)。

表 3-20　教师在循证实践困难上的具体情况

|  | 软件使用 | 搜集证据 | 分析证据 | 证据运用 | 分析效果 |
| --- | --- | --- | --- | --- | --- |
| 完全不符合(%) | 17 | 22 | 20 | 19 | 16 |
| 基本不符合(%) | 21 | 26 | 26 | 25 | 23 |
| 一般(%) | 38 | 36 | 39 | 41 | 43 |
| 基本符合(%) | 17 | 12 | 11 | 12 | 14 |
| 完全符合(%) | 8 | 4 | 4 | 4 | 5 |

在循证实践的条件困难方面,得分较高的有"繁忙的工作对我进行循证实践造成了困难"(42%)、"我没有循证实践方面的培训机会"(32%)、"循证实践太专业导致力不从心"(31%)(见表 3-21)。

表 3-21　教师在循证实践条件困难上的具体情况

|  | 工作繁忙 | 培训机会 | 力不从心 | 激励机制 | 学校支持 |
| --- | --- | --- | --- | --- | --- |
| 完全不符合(%) | 8 | 12 | 10 | 15 | 16 |
| 基本不符合(%) | 12 | 15 | 16 | 17 | 18 |
| 一般(%) | 38 | 41 | 44 | 46 | 46 |
| 基本符合(%) | 24 | 20 | 20 | 13 | 13 |
| 完全符合(%) | 18 | 12 | 11 | 9 | 8 |

从反思素养方面来看,仅 53%的教师表示有明确的反思记载(如反思日志、教案备注等),58%的教师表示有一些实用的反思方法,64%的教师表示清楚反思的要点(见表 3-22)。

表 3-22　教师在反思素养上的具体情况

| | 反思记载 | 反思方法 | 反思要点 | 反思改进 | 反思习惯 |
| --- | --- | --- | --- | --- | --- |
| 完全不符合(%) | 1 | 0 | 0 | 1 | 0 |
| 基本不符合(%) | 6 | 2 | 2 | 1 | 1 |
| 一般(%) | 40 | 39 | 34 | 29 | 28 |
| 基本符合(%) | 38 | 44 | 48 | 47 | 48 |
| 完全符合(%) | 15 | 14 | 16 | 22 | 23 |

2. 基于开放题的调查结果

在本次问卷调查中还设置了两个开放题,其中一题是说出与"循证实践"相同或相近的概念,共有 488 人次回答了这个问题。进一步分析发现,大部分教师提出了诸如教学反思、实证研究、搜集证据等概念,与循证实践还是有关联的,说明教师的直觉或者说基本理解还是接近的。但也有 12.7% 的教师说不了解,与前面的结构性调查结果也是基本一致的。另有一些教师提出诸如个性化教学、反思行动,与静安区所开展的重大课题研究及专项行动有关(见表 3-23)。

表 3-23　教师认为与循证实践相同或相近的部分概念

| 名　称 | 频　数 | 百分比 |
| --- | --- | --- |
| 教学反思、实践 | 92 | 18.9 |
| 不了解 | 62 | 12.7 |
| 实证研究 | 42 | 8.6 |
| 观察搜集"证据",指导教学实践 | 33 | 6.8 |
| 个性化教学、培养 | 27 | 5.5 |
| 循证 | 22 | 4.5 |
| 行动研究 | 19 | 3.9 |
| 案例分析、案例研究 | 13 | 2.7 |
| 反思行动 | 11 | 2.3 |
| 教学实践 | 10 | 2 |

另一题是对于提升教师循证实践的能力有什么想法和建议,共有 428 人次回答了这个问题。进一步分析发现,组织培训被提到最多,还有实践教学、专家指导、教研活动、理论学习、案例学习、宣传推广等也是老师们比较关注的。此外,一些教师提出,需要时间支持、交流机会等,反映了老师们对外部条件的关注(见表 3-24)。

表 3-24　对于提升教师循证实践能力的部分建议

| 名　称 | 次　数 | 百分比 |
| --- | --- | --- |
| 组织培训 | 136 | 31.8 |
| 实践教学 | 25 | 5.8 |
| 专家指导 | 21 | 4.9 |
| 不清楚 | 19 | 4.4 |
| 组织教研活动 | 18 | 4.2 |
| 理论学习 | 16 | 3.7 |
| 案例学习 | 13 | 3 |
| 宣传推广 | 13 | 3 |
| 个人反思 | 12 | 2.8 |
| 提供时间支持 | 12 | 2.8 |
| 提供交流机会 | 10 | 2.3 |

### 四、调查结果的分析与讨论

本次调查从问卷编制的工具研发，到本区及全市的抽样调查，都是极具创新意义的工作，以下就现状调查的结果进行讨论。

1. 教师循证实践尚需提升和深化

（1）教师循证素养总体中上，但提升的空间和困难较大。教师循证素养的总平均分为 3.33 分(所有评分最高为 5 分)，总体属于中上水平，此结果在一定程度上反映了教师循证素养的基本状况。虽然循证实践的专题培训刚刚开始，但对于实证、证据等方面的强化与普及也具有一定的推动作用。

教师在循证素养各个维度上的平均分在 1.89—3.82，均分较低的是循证知识，原因之一可能是教师并不熟悉循证实践这一概念或术语。尽管循证实践在医学界运用较广泛，但在教育领域，循证实践还是个新生概念，理论界对教育循证的研究还处于初期阶段。我国循证教育领域的第一篇文献发表于 2002 年，此后的四年间并无文献发表，2007 年和 2009 年分别发表一篇，2010 年文献数量开始有所增加，2013、2014 年分别发表 6 篇。2015、2016 年分别发表 6 篇，2017 年发表 2 篇。[1]静安区在区域层面推进循证实践的研究是从"十三五"开始的，一线教师对循证实践概念、内涵、特点、发展历程等方面的了解较少。原因之二可能是循证知识维度的选项(1、2、3、4、5 分别表示从不、偶尔、有时、常

---

[1] 柳春艳,李秀霞,杨克虎.发展中的循证教育学:多元特征与研究前景[J].图书与情报,2018(03):35—42.

常、总是)不同于其他四个维度的选项(1、2、3、4、5分别表示非常不符合、比较不符合、一般、比较符合、非常符合),这一点需要通过后续的深度访谈再进一步验证。

关于前端证据得分大于后效证据,非常符合教师的实际情况。前端证据是指在平时的教学或专题活动方案设计中,所采用的依据,如课程标准、教学参考书、发表的学术文章、出版的专业书籍(课标及教参除外)、学生的情况等。后效证据是指对于平时上课或开展活动的效果的考察,如课堂观察所获得资料的分析、学生的练习测试、学生的课后作业、作品、问卷调查结果、学生访谈结果等。调查结果反映出教师考查教学效果的证据意识还相对薄弱。而循证能力是一种综合性的能力,包含了5个步骤,要对所做的工作进行评价,而找到、评价、应用前端证据或后效证据只是其中的环节,所以循证能力得分相对前端证据或后效证据更低。

循证情意得分处于中等水平,可能因为教师对循证实践还比较陌生,随之对于循证情意的投入也处于观望状态。在循证情意维度的8个问题中,涉及一些循证实践效果的问题,例如循证实践对教育教学质量的提高非常有帮助、循证实践对于个性化教育的提高非常有帮助、循证实践对我开展个性化教学很有帮助等,效果都需要教师在实际教学尝试后得到检验。在这几个题目中,选择"完全符合"的教师仅为16%左右。

较多教师对证据的种类和来源感到困惑,对于如何找到与研究问题相契合的"证"尚存在一定难度。究其原因,可能与循证理念在教育领域的发展起步较晚、培训学习渠道较少、相关的证据资源不足有关。调查发现,区域之间差异很大,一些区并未以循证实践为专题进行宣传推介。即使是某个区开展了循证实践的专题研究,进行了一些推广活动,但在面对区内庞大的教师群体时,要做到把有关知识内容传达给每位教师,难度很大。尤其是对于一些教学任务较重的教师而言,往往没有充分的时间保障来支持他们外出参加相关的专题培训。广大教师缺乏学习条件和学习资料的情况,亟待寻找方法加以解决。

多渠道、多水平获取和运用证据,是循证实践者还需提升的能力之一。从前端证据的运用情况来看,教师在教学设计中依据出版的专业书籍(课标及教参除外)相对较少;从后效证据的应用方面来看,教师通过问卷调查或运用现代信息技术手段所获数据对上课效果进行的考察相对欠缺。进一步分析发现,可能与以下因素有关:缺乏相关的循证知识,开展循证实践的时间有限且难度较大,缺乏循证的专业教材和学习资料,循证专题指导和实证资源缺乏等。

此外,教师对循证实践的开展有较高的需求,但也面临着较大的困难,而且条件困难比专业困难更大一些,譬如培训的机会、资源、经费支持等,这说明如何促进教师的循证实践提升是一项挑战,需要相关部门通过探索不断完善和深化。

(2) 教师反思素养总体较好,但反思水平还需进一步提升。教师的反思素养总体较好,达到3.85分。在具体的题项中,最高的是"反思后都会基于反思对教育教学进行调整"(达3.97分),最低的是"反思都有明确的反思记载"(为3.59分)。反思作为教师专业成长的重要方式,一般的教师都有或多或少的反思,有着不同形式的反思。这充分说明,静安区开展的教育反思行动取得了阶段性成果,效果明显。

但教师在反思要点(3.79分)、反思方法(3.69分)、反思记载(3.59分)上相对偏低,反思技能还需进一步提升,深刻的反思还需要提倡。由于教师在开展循证实践的过程中还存在一些困难,加上每个教师的习惯不同,对于反思记载每个人都有各自不同的理解和执行措施,从而出现反思的多样化、个性化。在不同的反思记载和反思方法运用之下,反思自然就会收到不同的效果。反思效果不佳可能会引起一系列不良的连锁反应,比如,质疑搜集到的证据是否科学、合理;得不到良好结果导致心理上的疲倦和困苦;耗费了大量时间和精力反倒是草草收场等。在这种情况下,需要考量的不仅是每个教师反思能力的提高,区域也要结合不同学校的实际发展情况以及教师个人的专业背景,给予个性化的专业引领和发展支撑,不断总结经验,以点促面,以面带点。

2. 不同群体的教师在循证实践上存在较大差异

(1) 不同区域教师的循证实践存在显著差异。调查显示,中心城区与郊区相比,前者教师循证实践在后效证据以外的维度上均处于优势($p<0.05$)。这可能与中心城区所开展的相关活动有关,也可能是中心城区得到资源更多或更加便利有关。当然,还有一个可能的原因就是,静安区作为中心城区之一,拉升了中心城区与郊区之间的均值,导致中心城区与郊区之间存在显著差异。至于中心城区与郊区教师在循证实践的后效证据维度上不显著,可能与近年来上海各区都强调通过效果证据来反映研究成效有关。

(2) 女教师在循证情意和前端证据上优于男教师。女教师在循证情意和前端证据维度显著高于男教师。关于循证情意的显著差异,这可能与女教师更加关注新经验有关，与她们对于新经验的评价更趋于正向积极有关。有研究显示，女性在情感性问题的处理上有一定优势，总体上更倾向于认同和乐观。关于前端证据上的显著，主要体现在依据课标、别人的经验（优秀课例、典型做法等）和学生的情况这三个方面，这或许因为女教师对于别人的经验更为谦虚，对于学生的情况更为细心观察。当然，具体的原因还需要进一步探索研究。

（3）科研室主任在循证实践上显著优于一般教师。担任科研室主任的教师在循证实践的所有维度上均优于一般教师。原因可能有三个方面，首先，科研室主任自身的科研能力较强，而证据搜集与应用本身就是科研能力的重要组成部分；其次，科研室主任参与区级、市级科研活动和科研培训的机会较多，对于循证实践的感知更敏锐，对循证知识的了解也更多；第三，科研室主任需要在学校中发挥引领作用，他们的学习意识更强，对循证的应用也更关注。

（4）小幼学段教师的循证实践总体优于中学学段。调查发现，小学、幼儿园学段在循证实践上总体上好于中学学段（包括初中和高中），这可能与小学、幼儿园教师在研究的投入度上更高以及更有时间学习有关。相关研究也发现，小学、幼儿园教师在研究热情上更高一些。具体而言，在循证知识和循证情意上，从幼儿园到高中，随着学段升高，得分逐渐下降，且之间差异显著。这可能由于中学学段教师的教学任务重，导致循证热情较低。小学教师在前端证据和后效证据上的得分相对较高，这可能与小学教师既有做研究的时间，同时又注重设计中的依据及效果有关。

（5）高学历教师在循证实践部分维度上呈现优势。学历为大专、本科、研究生的教师在前端证据和后效证据运用上的得分依次升高且差异显著，在循证实践的专业困难上则依次降低。这与现实情况还是比较吻合的，因为研究生学历的教师基本上都经历了较严格的学术训练，对证据的运用更加重视也更有能力。而大专学历的老师基本是一些老教师，学习的热情比较缺乏，也缺少相关的训练和资源，因此困难更多一些。但令人困惑的是，高学历教师本应在循证知识方面也要强一些，但却没有表现出显著差异，这从另一个侧面说明循证实践概念的专业性与新颖性很强。

进一步分析发现，在不同学段中，学历对教师循证实践的影响有所不同。以静安区为例，幼儿园和高中的不同学历教师在循证素养的各维度上差异均不显著，但小学学段的不同学历教师在循证素养的各维度上均存在显著或极其显著差异，大专学历的教师在各维度上的得分较低。究其原因，一方面可能与各学段内不同学历教师的占比不同有关,另一方面也可能与学段内的教师活动一致性程度较高有关。当然,今后还需进一步考察不同学历的教师在本区任职的学科范围以及教龄、职称等具体情况,从而确定学历与这些变量之间是否具有交互作用,并综合循证素养各维度的指标数据展开精准分析。

(6) 不同教龄的教师在循证实践上各有优势。在循证知识和循证情意上,随着教龄的增长,得分不断降低,且差异显著。这可能是因为青年教师的学习热情相对较高,接受的培训较多,学习途径比较多元,也更愿意对循证实践这一新生事物加以关注和了解。在前端证据上,6—15 年教龄的教师得分最高,可能是因为他们大多为成熟教师,在教学中参阅教参、了解学情也成为常态。调查发现,26 年及以上的教师在各个维度均最低,这与许多同类调查的结果比较一致,可能是因为这些教师接近退休,容易产生职业倦怠,因而表现出保守或退缩,不愿尝试新事物。

进一步分析发现,在各个学段内,教龄对循证实践的影响也表现出不同。以静安区样本为例,幼儿园教师在循证素养及其五个维度上均无显著差异,小学教师在循证情意、前端证据、后效证据及循证素养上具有显著差异,高中教师在前端证据上表现出差异。就小学教师而言,不足五年教龄的青年教师在循证情意上的得分最高。但是,青年教师受制于教学工作经验的不足,对证据把控等方面的能力还不够,在后效证据方面的得分较低,具体的情况还需要结合质性研究进一步探索。

(7) 不同职称教师在循证实践上呈 V 字形状况。不同职称的教师在循证素养及其下属的循证知识、循证情意、循证能力、前端证据维度上存在显著差异,总体上呈 V 字形结构。其中,中级职称教师得分最低,初级职称稍高,高级或特级教师最高。进一步分析,能评上中学高级或特级的教师一定是在业务上精益求精、不断钻研的教师,他们在克服教学困难,查找证据解决教学问题方面的能力本就突出,因此在循证知识、能力、情意、素养方面水平较高。具体到学段如幼儿园,由于高级教师的名额有限,导致中级职称的教师发展空间受限,又因为在岗位上从教多年,具有较多的教学经验,学校对他们的期待更多的是带教新教师,辐射已有的教学经验。发展空间有限、输出多于输入,因此这些中级职称教师容易进入职业倦怠期,在循证实践各维度得分最低。对于小学学段,根据平时走访调研和初步分析得知,由于初级职称的小学教师学历较高,且在大学或研究生学习的时候已经或多或少接触到循证实践的相关内容,在工作之初又有较多的培训学习机会,因此各方面得分相对较高。

以静安区为例,不同学段的具体情况又有些差异。譬如,高中学段在前端证据维度上,初级职称教师得分显著高于中学高级、中级(中一或小高)、其他职称或未评职称的教师。从该维度包含的各题情况来看,职初教师比中学高级、中级(中一或小高)教师更多地依据课程标准、别人的经验(优秀课例、典型做法等)、指导者(校内或校外)的意见;比中学高级教师更多地依据发表的学术文章、出版的专业书籍(课标及教参除外)。在依据学生情况方面,职初教师与中学高级和中学一级教师并无显著差异。究其原因,职初教师因为资历、经验尚浅,更迫切地想要吸取别人的经验和指导者的意见,或是从文献和书籍中学习;也可能因为职初教师所受的高等教育从研究范式上更强调实证,信息检索能力也较强。

五、调查的结论与建议

通过本次问卷调查,我们形成如下结论与建议。

1. 调查结论

(1) 本研究编制的《中小学教师循证实践问卷》具有良好的信效度,是可以用来调查中小学(幼儿园)教师循证实践状况的有效工具。

(2) 中小学教师的循证素养总体处于中上水平,但还有较大的提升空间。其中,循证知识得分最低。

(3) 不同区域、不同性别、不同学段、不同学历、不同教龄、不同职称以及是否承担科研室主任,在循证实践及其各维度上存在显著或非常显著差异。

(4) 大多教师在近期才了解循证实践,主要渠道是通过本校及本区的相关活动,在教育教学实践中进行尝试的人还较少。

(5) 中小学教师在循证实践的运用和推进中,有中等程度的困难,其中条件困难比专业困难更大。

2. 对策建议

根据调查结果以及相关讨论分析,我们从教师个人、学校组织、业务机构、教育行政等不同层面出发,对循证实践的推进、深化提出如下建议:

(1) 增强认识理解,深化学习践行。教育循证实践对于教师而言是一个新生事物,也是教学深入的一个生长点,要在教育工作中真正推进落实循证实践,需要教师个人在思想上积极接受,在行动上认真践行。

① 顺应时代发展,转变教育观念。尽管循证实践、循证教学对教师还比较

陌生,但关注证据、从经验走向证据越来越成为教育界的共识。教师要顺应时代发展,转变并接受循证实践的理念,努力强化实践与研究的结合,积极探索核心素养背景下的循证教学,促进自身素养在新时期进一步提升。

② 抓住一切机会,促进学习理解。循证实践在概念、流程、要点等许多方面都有新知识的成分。但到目前为止,关于循证实践的研究及其成果还比较少,关于循证实践的专题培训也不多。本次调查也发现,教师对循证实践的了解还是比较缺乏的,得分相对较低。作为一线教师,若要提高对循证实践的认识理解,就需要重视一切学习机会,积极认真地参与相关的学习、培训活动,充分地利用相关平台及资源来增强对循证实践的理解把握。

③ 结合工作实际,努力践行尝试。循证实践作为一项行为模式,是和行动、实做联系在一起的,而绝不只是概念的理解与领会。对于广大教师而言,要想通过循证实践提升素养、改善实践、增强效果,就需要真正地基于循证实践的核心理念在实际工作中加以尝试,并逐渐内化为自己的行为模式。本次调查发现,对循证实践进行较多尝试的教师只有约 20%,一点没有进行尝试的教师占到 47.2%。因此,特别需要教师克服困难,争取必要的条件,并根据实际工作情况,努力在实践中尝试和推进。从教师个人来讲,尤其是青年教师,还需要增强反思意识、提高反思能力,善于在教学实践中不断发现问题、分析问题、解决问题,不断积累并筛选更多的证据,提高反思改进的有效性。

(2) 优化学校管理,创造实施条件。教育循证实践的主体是教师,因而与教师个人的认知、理解、投入等有直接的关系。但作为教师所在的单位——学校,在推进循证实践上的角色和作用也非常关键,可称之为组织主体。学校要通过优化内部管理,为循证实践的落实创造一切必要的条件。

① 合理安排工作,提供时间保障。循证实践不仅是一个新的概念,在具体实施上也有一定的难度,这就需要教师有时间和精力来进行学习和尝试。本次调查发现,对于开展循证实践的困难,教师认为条件困难比专业困难还要大,而在条件困难中,"工作繁忙"的影响是最大的。在开放题的调查中也发现,教师对循证实践的建议中有一条就是"提供时间支持"。因此,就学校管理而言,对教师的工作进行优化安排,保障一定的学习及尝试时间,对于教师开展循证实践是一个非常重要的外部条件。

② 创建相关机制,推进启动深化。循证实践要在学校得到落实和推进,建立必要的机制非常重要。调查发现,在影响教师循证实践的条件困难中,"学校

没有开展循证实践的激励机制"也是重要的一点。为此,学校可以考虑制定有关的制度,要求教研组或项目组,在进行研修时能够结合循证实践。在制定考核、表彰及评优晋级等规则时,可以优先考虑循证实践表现突出的教师,对于他们的付出和成效给予奖励,从而激励更多团队或个人投入。学校还可以请循证实践比较突出的团队和教师在校内进行展示,对于他们积累的研究成果和经验及时进行总结、宣传、推广,从而不断激发教师探索和开展循证实践的热情。

③ 加强必要支持,提高实践水平。要促使教师开展循证实践,学校除提供时间的支持外,文献查阅、网络运用、培训指导等方面的专业支持同样不可缺少。譬如,请专家到校内进行专题培训指导,或者送教师外出参加相关的学习班。此外,学校还要创设支持反思、促进反思的教育环境,增强教师的专业发展自觉。只有促进教师不断反思、深入反思,才能促使循证实践活动更好更快的发展。只有为教师的学习、实践提供支持、创造条件,才能从情感上、行为上等多个方面促进循证实践在学校更好的开展。

(3) 强化攻关研究,提升专业支持。尽管循证实践的落实需依靠学校和教师,但在推进的过程中,区域教育业务机构发挥的专业引领与指导作用也非常关键。

① 研发相关成果,优化软件应用。循证实践具有一定的难度,特别是如何从教育角度对来自医学领域的要点进行改良,更加适合教育教学的现实场景,这需要区域层面的攻关研究。在具体实施过程中,循证实践的模型、实施要点、过程记录等支持性工具也需要相应的研发。此外,无论是搜集、获取证据,还是运用、分析证据阶段,都需要教师具有较强的信息技术应用能力。然而,教龄较大的教师在软件运用方面并不理想,直接导致了其在循证实践过程中对数据的处理速度较慢或难以上手,从而也间接地影响其循证情意。为此,需要想方设法优化软件的应用,降低实际操作难度,帮助教师在付出少量时间和精力情况下得出较准确的数据结果。

② 开展专题研修,强化专业指导。在提供给学校或教师有关研究成果的同时,给予全面甚至是全程的指导是另一个关键点。这首先要求区域教研、德研、科研等部门自身重视循证实践,并开展一定的专题研究。在开放题的调查中,我们发现,教师对于开展循证实践的期待之一就是提供相关的案例以供学习借鉴。通过专题研究的方式,可以提供他人成功的循证实践范例,让更多的教师发现循证实践的益处。中小学教师主要通过阅读、讲座、研讨等方式,提升专业

知识和专业理解，为此，区域层面还要提供更多更好的专业指导，来更好地解决教师在循证实践中遇到的实际困难。

③ 线上线下融合，拓宽学习渠道。为了更便捷地为教师提供循证实践的学习，在信息时代背景下，可以开启"线上＋线下"的学习模式。为此，区域层面可以定期发布循证案例集，为广大教师提供学习更多内容的机会；可以充分利用已有资源和信息化教育培训手段，开发多种学习方式供教师选择，如直播讲座、定制录播课程、在线分组研讨等；还可以借助微信公众号等形式进行信息发布、答疑解惑。教师则可以根据实际需求，灵活搭配选择适合自己的学习方式，让"线上＋线下"的学习模式，成为教师获取循证知识和提升循证能力的新途径、新趋势。

（4）提供政策保障，构筑推进合力。为了更有效、更深入地推进教师循证实践，还需要教育行政部门发挥关键的导向作用，在政策发布、氛围营造、资源建设、制度完善等方面整体设计。

① 颁布相关政策，营造推进氛围。为了推进循证实践，区域教育行政部门可以制定相关的制度、文件，促进循证实践的开展。譬如，在"十三五"期间开展的教育反思行动，就渗透了循证实践的思想，取得了一定的阶段成果。如果类似的行动可以进一步深化开展，或者更加明确地开展循证实践深化行动，区域的推进则会更为深入。区域还可以举行循证实践相关的案例或论文评比，以此来鼓励学校和教师研究和尝试循证实践。同时，教育行政还可以设立专门项目，给予一定的经费支持，激励教师开展循证实践。也可以在有关的专项评价或课题实施中，要求体现循证实践的思想。

② 加强领导协调，促进整体落实。循证实践在区域范围的深入实施，需要区域行政部门、业务机构、学校三方联动、整体推进，以此帮助教师树立基于证据的教学理念。在此过程中，既需要提升校长认识，促进学校落实，也需要专业机构加强重视，提供足够的专业支持，而这都需要教育行政部门积极发挥领导、组织和协调作用。

③ 注重资源建设，搭建交流平台。循证实践的实施及其成效在很大程度上取决于证据的真实性、科学性和有效性。为此，搜集、整理和研究教育教学证据，构建循证实践证据库，是推进循证实践的重要支撑。教育的证据来源于课堂观察、行动研究、案例分析等，来源于日常教学一点一滴的积累。只有构建教育的循证实践数据库，为教师教育实践积累丰富的证据，才能像循证医学一样

真正将循证实践推广辐射。除组织专家建立学科证据索引，形成循证证据库外，还要在区域层面搭建学术论坛、会议研讨等交流、分享的平台，从而更集中、更全面地展示相关成果，强化校内、校外的延伸与互动。

## 第三节　教师循证实践现状的质性研究

一、背景与意义

前一节中，研究团队通过调查的方式获得了区域教师循证实践的知识、能力、情意、前端证据、后效证据等方面的情况，掌握了面上的概况。为了进一步深入了解教师对循证实践的认识，了解教师在循证实践中的困难和需要的支持，我们开展了相关的质性研究。由于质性研究在时间和精力上要求更高，考虑条件所限，本节质性研究仅以幼儿园教师为对象，并未涉及小学、初中、高中等学段。

我们在不同类别幼儿园中选取处于不同发展阶段的幼儿园教师进行访谈，关注自然情境中教师个体看待教师循证实践的观点。我们关注社会文化背景、家庭生活、幼儿园条件、职业发展阶段、职业发展目标等不同因素综合作用下，教师看待和开展循证实践的个体感受，尝试以个体感受剖析开展循证实践的难点，结合学生、班级、学校、课堂、课程实际情况，制定出符合实际的方法，并根据方法使用过程中的具体情况，不断调整改进，持续完善。

我们以上海市静安区幼儿园教师为访谈对象，访谈教师在日常幼儿教育中运用循证实践的能力和情况，旨在探寻静安区幼儿园教师循证实践的现状，提出对策和建议。因此，本研究对于区域层面推进幼儿园教师循证实践能力的提高，具有一定的意义。

二、访谈的过程与方法

1. 研究取向与方法

教育循证实践是教师在日常教学过程中，基于搜集到的证据采用最适合当前情境的方法，从事教育活动的过程。幼儿教师在幼儿一日活动中，要善于搜集幼儿的行为、语言、表情等证据，分析幼儿对教师教学内容的反应，及时调整教师的教学策略，达到良好的教学效果。这个过程中，幼儿教师发现问题、搜集证据、分析证据、运用证据调整策略，以及运用证据评估教育手段及其效果的能力就显得尤为重要。

访谈法在质性研究中是非常重要的一种研究方法。访谈法往往能搜集到比量化研究更详细、具体、深入甚至意想不到的信息。因此,我们以半结构式的深度访谈为主要的资料搜集方法,对所搜集到的研究资料进行比较、分析与归纳、编码,统整为某些类别主题,再经过不断的访谈,搜集个案资料,了解幼儿教师在幼儿教育实践中开展循证实践的能力、情意、困难等。研究者期待通过研究,真实地反映幼儿园教师在循证实践中的现状,并为教育实践改进提供一定的参考。

2. 访谈提纲的设计

在访谈中,我们围绕幼儿园教师日常教育中循证实践的能力、情意、前端证据、后效证据等设计访谈提纲。访谈之前,事先列出要探讨的问题,在访谈中保持开放的方式,事先并不确定提问的顺序,而是依据访谈过程的实际情况,灵活地引导教师谈论访谈提纲中的相关问题。在语句措辞上,考虑到"循证实践"一词较学术化,我们在访谈中尽可能减少"循证实践"一词出现的频率,替换为幼儿园教师日常使用的"依据""参照""反思""总结"等,给教师较大的发挥空间。

3. 访谈者

访谈者为上海市静安区幼教科研员,具备一定的教育循证实践知识,熟悉幼教学段各个幼儿园的基本情况。作为教育循证实践的研究者和面向一线的工作者,能在访谈中对访谈对象讲述的情况感同身受,能理解访谈对象所采取的教育策略,能够避免因为专有名词的生疏而影响访谈效果。

4. 访谈对象的选取

在本区市级示范园、一级园、二级园各加以选择,访谈园长或科研室主任以及专任教师。在具体访谈对象的选择上考虑覆盖不同教龄(分为5年以下,6—15年、16年以上)、不同职称(高级教师、一级教师、二级教师、三级教师、未评)、不同学历(大专、本科、硕士研究生)的教师。

5. 访谈的方法

采用一对一的半结构式访谈。访谈时间地点未作统一要求,事先征询受访者的意见。访谈选择教师不带班的时间,多数为幼儿中午午睡时段。访谈地点为幼儿园。访谈过程中做好记录并在征得受访者的同意后录音。

6. 访谈的时间及过程

每一所幼儿园的教师集中在一天进行一对一访谈。访谈中,参照访谈提纲,依据访谈对象叙述的内容,在一个问题阐述完整后,适时引导访谈对象交流下一个问题。有些访谈对象对某个问题有较多的感触,就在此问题上使用相对较多的时间;有些访谈对象对某个问题感想不多,就适时进入下一个问题。

7. 访谈札记

在访谈过程中,在征得访谈对象同意后使用录音笔录制下整个访谈过程,访谈者同时还做了访谈札记。在访谈札记中,记录了访谈的时间、地点、参与人员、访谈对象的基本情况、访谈时间的长短、访谈者对访谈对象的印象、访谈互动的感受、访谈中的重要感受、访谈中遇到的困难、访谈后的反思等。访谈札记的目的在于帮助访谈者真实记录观察到的信息,记录访谈者改进访谈的技巧,便于后期整理访谈记录时回忆访谈的细节,使访谈过程更加接近访谈的核心。

8. 访谈效度

访谈者在访谈完成后,第一时间整理访谈资料。将录音转为文字,并结合访谈札记,整理出访谈内容,确认正确无误后,将访谈内容发送给访谈对象,以确认访谈内容是否符合其原意。在得到访谈对象的修改意见后,访谈者对资料进行补充和完善。

### 三、访谈资料处理与分析

研究者在分析资料的过程中,必须对研究主题有充分的了解,并在资料编码和归类上有充分的依据。在编码过程中,研究者对访谈资料及访谈中的观察作了深度的思考,及时与研究主题相互对照。本研究依据质性研究的资料分析原则、具体分析过程及步骤进行资料处理。

1. 开放编码

研究者依据整理后的访谈资料,根据上下文的意思,结合自然段的内容,以访谈对象的陈述句为依据,将有意义的内容做开放性编码。

2. 主轴编码

将相关的内容意义单元进一步聚集,归纳为同一概念类别,并进行命名,即为主轴编码。研究者将相似内容归纳为同一类别,在维持访谈者及访谈对象原意的前提下,将原话具体摘录,尽量以贴切的名字为其命名,表达共同的概念。

3. 选择性编码并发展核心主题

从内容群聚后的命名寻找相关类别,确立核心主题并命名,主要目的在于整合在访谈中收集到的信息,以便分析幼儿园教师循证实践的现状、不足和提升策略。

四、研究发现

1. 幼儿园教师循证实践中的前端证据

（1）指南、课例、学情等是幼儿园教师搜集的重要前端证据。前端证据是指幼儿园教师在设计教育活动前，查阅活动资料、了解幼儿在活动主题方面的认识情况、掌握幼儿在其年龄段需要掌握此项活动内容的要求等。在前端证据方面，幼儿园教师基本上都会在设计活动之前参考相关资料。他们有循证的行为，但是缺乏循证的概念。大多数教师在访谈中提到设计活动会参考《3—6岁儿童学习与发展指南》等书及优秀课例，以及结合所带班级幼儿的年龄、已有知识、性格特点、兴趣、一日活动中的表现。年轻教师还会向有经验的教师（或带教老师）请教。

（2）高职称教师更倾向于搜索论文、报告等类别的前端证据。由于教师的教龄与职称之间有很密切的关系，教龄长的教师职称相对较高，这一点在我们的访谈对象中体现得很明显，教龄在5年以下的教师，职称为三级、二级。教龄在6—15年之间的教师职称为一级、二级。教龄在16年以上的职称为高级、一级。基于这种情况，此处将教师教龄与职称合并来进行分析。

访谈发现教龄在5年以下的教师（职称为三级、二级），活动设计之前更喜欢查找优秀课例、优秀的活动视频，更愿意向有经验的教师请教。例如教师1（二级幼儿园，5年以下教龄，三级教师，下同）说："我觉得自己在上课方面的经验真的很少，也不太明白到底要怎样提高。每次我都会去网上看名师的视频，听其他老师的课，虽然渠道不是很多，但我会在网上搜索名师的名字从而查找活动视频。"教师4（一级幼儿园，5年以下教龄，二级教师，下同）说："效果最好的是咨询成熟型教师、组长、园长等。百度不方便下载，知网也没有账号。"

访谈发现，教龄时间长（职称高）的教师，查找书籍、论文等的情况明显比5年以下的教师多。例如教师2（二级幼儿园，6—15年教龄，一级教师，下同）说道："华东师大、上师大的图书馆资源很多，如果能有这两所学校的网上图书馆账号就更好了，可惜我没有。"教师5（一级幼儿园，6—15年教龄，二级教师，科研室主任，下同）说："我喜欢在稻壳网上看论文，经常读学校订购的科研杂志。平时教师工作很忙，我们会发些相关书籍，想学习的时候至少有东西可以翻看。"关于书籍和会议所发的材料，教师5说她平时都会留心保存好，需要用的时候可以找出来。教师6（一级幼儿园，16年以上教龄，一级教师，下同）说："因为我们常常要交很多报告、专题小结、教学案例分析等，都需要去查找文献资料，将大白话提炼成学术语言。所以平时会经常在百度上查找文章、关注《上海托幼》、看一些高规格的杂志，关注教科研的微信公众号等，以保证质量。"

(3) 学校科研室主任搜集前端证据更多元，学情分析更深入。访谈发现，科研室主任在查找前端证据方面更有方法，更具指向性，更喜欢通过论文、书籍来寻找前端证据。对幼儿情况的分析也更深入、具体，教学更加个性化。

访谈对象中有两位科研室主任和一位准科研室主任（下学期即将担任）。这三位教师在前端证据上通过论文、书籍查阅资料的行为多于非科研室主任。例如教师 9（示范园、科研室主任，下同）是一位在幼儿园从事了多年科研工作的资深科研员。她很了解前端证据如何高效地搜集，她说："我会依据作者是否权威、杂志级别来判断资料的有效性，在知网查找论文的时候会先看摘要、预览一下大致内容。《上海托幼》是我坚持要读的杂志，教育专家推荐的书籍，也是我觉得能提高自身水平的书。""我会根据孩子的学情、分层情况、学习风格的不同来设计活动。对于视觉型幼儿多以视频的方式呈现资料，而对于听觉型幼儿多以录音的方式呈现。对于理解能力不是很强的孩子，给予高结构的问题；对于理解能力强的孩子，给予开放度大的问题。"教师 5 说："我更喜欢通过书和论文来学习，质量比网上找的好，也更有启发。书籍和论文是作者整理分析后基于条理和框架写下来的东西。网上乱七八糟的材料没有读的必要。"

访谈中还发现，有一位教师的前端证据观念很强，科研能力也很强，即教师 7（示范园、6—15 年教龄、一级教师，主持过区级课题，在核心期刊上发表过论文）。她未曾担任过科研室主任，但她是教研组长，幼儿园团支部书记。她说："我平时会反复看优秀教师上课的视频，尤其会关注自己幼儿园里每个领域的领衔人的视频。"

相比而言，普通教师在回答寻找前端证据的途径时更茫然，提到更多的是"上网""百度""问有经验的教师"等，她们认为百度的效果并不好，最有效的是询问有经验的教师。例如教师 4 说："咨询成熟型教师的效果最好，网上资料什么水平的都有，有些就是抄来抄去的，知网不能下载。"教师 8（示范园、5 年以下教龄、二级教师，下同）常常需要花费大量时间在网上查找资料，她认为这方面浪费了她大量时间，效果却不理想。她说："网上资料针对性不强，而且外地的课例没法在上海使用，有些看起来貌似很好，很可能已经过时了，感觉网上的喊口号较多，比较宽泛。"教师 1 说："在找资料的时候，我会有意识地查找知名教师的视频资料,但常常找不到,或者找来的并不好用,我希望有一个专门的网站可以将这些集中在一起,方便查找。"教师8说:"我喜欢案例型的材料,可以直接借鉴,比较好用。百度查找针对性不强,比较杂,并不好用,而且地区背景不一样,差异比较大,上海地区的案例更贴近我们实际"。

(4)研究型教师善于利用文献数据库及图书馆等获得前端证据。我们将主持过课题或发表过论文的教师总称为研究型教师,分析其对教师前端证据搜集的影响。

访谈发现,主持过课题的教师(发表过论文)比未主持过、未参与过课题的教师更有循证意识,查找前端证据的能力更强,而且主持课题的级别越高,证据意识越强。例如,教师2是幼儿园领导(主持过市级及以上课题,在刊物上发表过文章)就说道:"华东师大、上师大的图书馆资料很好,如果能有账号会对研究工作非常有帮助。""平时在保教工作中遇到了困难,会先梳理所有资料,进行分类,发现缺漏点,再思考问题。"而未参与过课题的教师8(未参与过课题、未发表过文章)虽然工作很努力,但她表示:"对于拿到手的数据资料,并不知道该怎么使用,如果我设计好了一个观测表,该怎么办我也不是十分清楚。我对自己设计的表格常常不满意。"

2. 幼儿园教师循证实践中的后效证据

(1)幼儿园教师使用本人感受、幼儿反应等作为后效证据。后效证据是指实践活动完成后,教师依据各种实践活动中搜集到的信息,判断实践过程是否达到预期目标的证据。幼儿园教师都有在活动后反思的习惯。她们依据上课的主观感受、小朋友的反应、小朋友的各种作品、对小朋友的观察记录表、来自家长的反馈、其他教师的点评、专家的点评等判断活动的效果。

(2)高职称教师善于运用观察记录表等工具搜集后效证据。访谈中发现教龄长、职称高的教师在反思课堂的时候,更有经验,对于怎样反思能聊得更具体深入,而教龄短(职称低)的教师在聊到这个话题的时候更空泛。

例如,在访谈中有这样一个问题:老师们常常要完成孩子的观察记录表,你觉得观察记录表有用吗?你是怎样使用观察记录表的?回答这个问题的时候,不同职称、教龄老师表现迥异。教师1回答道:"观察记录表可以帮助我回忆课堂情况,如果想知道自己这堂课的问题在哪里,可以在观察记录表里找到。"这位老师知道观察记录表的用途,但对于怎样使用观察记录表分析课堂的情况,她没有多说。访谈者试图引导她继续结合自己的课堂聊一聊,她回避了,没有再聊这个话题。教师7说："观察记录表是我在进行家园共育时的有效资料,是评价孩子情况的依据,也是我进行活动设计,制订班级学习计划、周计划的有效依据。"教师9说："观察记录表有利于我进行活动设计,是家园共育中培育孩子行为习惯的重要途径,孩子在家里的行为方式,家长上传给我们,我们再基于观察记录表,进行对照、互动、改进,同时邀请家长参与进来,促进孩子进步。"

3. 幼儿园教师循证实践中的循证情意

(1)科研室主任、高职称教师更愿意投入循证实践。循证情意是指教师是否愿意在日常教育教学中学习并使用循证实践的相关知识,是否愿意参加循证实践的培训等。访谈发现,由于各位教师的家庭情况不同,职业发展阶段不同,个人追求不同,学习能力不同,幼儿园教师在循证情意上表现出很大的差别。整体来说,职初教师参加循证培训的意愿比教龄长的教师强烈。科研室主任的循证意愿强于普通教师。有课题的教师循证情意强于没有课题的教师。

(2)职初教师有比较强烈的循证实践学习需求。职初教师由于职业生涯才刚开始,还没有完全掌握幼儿教育的各项技能,对幼儿与幼儿教育活动处于摸索阶段,需要学习各种新知识、新技能来丰富教育实践,因此更愿意参加循证实践的培训。

例如教师4说："我自己在做课题方面还有很大的困难。我不知道从哪里找资料,也没有途径,常常陷入迷茫,希望能有专项的培训班可以参加。"教师8说："我对问卷的信度、效度看不懂,自己设计的问卷感觉不是那么一回事,质量不好,自己设计的观察记录表也不满意,希望能有关于数据方面的培训,需要数据方面的学习资料,自己的途径很少,希望有切合实际需求的培训。"教师3(教龄16年以上,二级教师)则认为："学校事情太多,时间、精力都很有限,我们带班老师,常规工作已经很多了,孩子们的一日活动,我们几乎一刻也不能离开,学校人手少,身兼数职,周转不过来,培训会增加老师的负担。"

(3)示范性幼儿园教师在循证实践的探索上更加主动。访谈发现,二级幼儿园教师在循证情意上低于一级和示范园。一级和示范园教师对区级、校级循证知识培训的需求更强烈,对培训内容的要求也更具体。

例如:同样是职初教师,教师1(二级园)说："说实话,我觉得循证实践的培训对教师负担蛮重的,因为这边(幼儿园)一个萝卜一个坑,你走了小朋友怎么办,而且工作之外的时间也是比较忙的,我家住得比较远,会比较困难。"教师4(一级幼儿园)说："我常常对科研方法不了解,不知道应该做什么、自己想做,却不知道该怎么做才是正确的,希望能通过培训学习。"教师8(示范园)说:"我对自己设计的表格常常不满意。我需要关于数据处理方面的培训,自己能力有限,需求很大。"

五、结论与讨论

1. 幼儿园教师在循证实践的开展上有一定的意识和方法

在教育领域,教育循证还是个新生概念。但在幼儿教育领域,虽然教师对循证实践的概念陌生,但教育实践中常常用到循证实践的方法。幼儿园教师具有一定的循证实践的意识和能力。教师平时的教育活动经常需要做观察记录表、听幼儿反馈、家园互动。在教研活动中,老教师在带教新教师的过程中会指导新教师如何查询优秀活动方案、如何磨课、如何改进活动设计等。这些经常参与的活动,帮助幼儿园教师建立起一定的循证实践意识,培养了一定的循证实践能力,这也是教育经验积累的效果。

2. 幼儿园教师对教参、课标和学情研究较多,在广度和深度上还需加强

访谈发现,大部分教师认为设计活动要依据课程标准、教学参考书、学生的情况,少数教师认为活动设计要查阅专业书籍、相关文献。少数教师集中于幼儿园科研室主任、保教主任等业务骨干,说明幼儿园教师的整体科研意识、科研能力还需加强,需要系统、深入地学习相关理论知识。由于教师循证实践的意识有待进一步提高,在搜集证据时,容易遗失相关证据。教师善于根据幼儿在活动中的反馈调整活动设计,但对多种多样的证据渠道、证据形式还不够了解,有些青年教师不知道为什么要做观察记录表,该怎样运用观察记录表搜集到的信息。幼儿园还需提高教师的证据敏感性。

3. 幼儿园教师愿意参加循证实践的学习,但学习内容需关照不同教师的情况

访谈发现,职初教师比较愿意参加循证实践的培训,希望培训能结合幼儿园的具体工作有效指导他们实施。有职业追求的教师,会更愿意了解循证实践,参加相关培训,更加关注有关的书籍和资料。家庭事务较多的教师,例如离校较远的教师、孩子较小的教师、家里老人需要照料的教师在循证情意上就不如家庭事务少的教师更愿意投入精力。

4. 科研室主任及研究型的教师在循证实践的了解和实施水平上更加突出

科研室主任科研能力较强,有参加科研活动的需求,参与区级、市级科研活动、科研培训的机会较多,承担的课题研究较多,发表论文的刊物级别也较高。

他们对于循证实践的感知更敏锐,对循证知识的了解更多,相应地在循证知识、循证能力、循证情意上都高于普通教师。同样的,主持的课题级别越高科研能力相对更强,发表论文刊物级别越高科研能力相对更强,在循证知识、能力、情意上的水平也就越高。

六、对策与建议

1. 三方联动整体推进帮助教师树立基于证据的教育理念

访谈发现,仅有科研室主任、主持过市区级课题、在刊物上发表过文章的教师循证素养水平较高。这部分教师人数太少,绝大多数教师对循证实践较为陌生。为改变这一现状,需要区域自上而下整体推进,教育局大力宣传循证实践的理念,顶层设计、整体布局;区域教研、科研、进修等部门多管齐下,相互协作;学校教研、科研团队找准切入点,以日常幼儿教育工作为载体,有效融入循证实践的教育理念。我们以往过于强调教育经验的重要性,强调经验的有效积累,这也可能导致教育过程过于主观化。现在要重视教育中的证据、基于证据的教育环节设计、基于证据的有效评估。树立基于证据的教育理念,将有助于幼儿教育走向科学化。

2. 提升教师循证素养是有效推进循证实践的重要举措

幼儿教师是教育活动的主体,循证教育的实施离不开教师主体的设计和实践。访谈发现,教师需要的培训是切实关照他们需求的培训。教育研究者应该切实提升幼儿教师循证实践的素养,帮助教师提升有效搜寻证据的能力,提升教师判断证据有效性的能力,提升教师分析证据、灵活运用证据调整教育活动的能力,教师运用证据检验教育效果的能力。只有围绕教师的实际需求,关照教师教育实践中的问题、困难,提升教师循证素养的水平,才能真正有效保证循证实践的有效实施,保证循证实践的真正落地。

3. 构建证据库是教师循证实践的重要支撑

教师循证实践的实施及其成效在很大程度上取决于证据的真实性、科学性和有效性。为此,搜集、整理和研究教育证据,构建循证教育证据库,是推进循证教育的重要支撑,是循证实践的发展方向。教育的证据来源于课堂观察、行动研究、案例分析,来源于日常教学一点一滴的积累。因此,构建循证教育数据库,为教师教育实践积累丰富的证据,才能像循证医学一样真正将循证实践推广辐射。

# 第四章 教师循证实践的模型建构

教学理论和教学设计理论是教学设计模型建构的逻辑基础。体现系统化设计理念的教学设计模型把抽象的教学理念以图形描述的方式呈现出来，具有精简化、可视化、易操作的特点。教师运用有效的设计模型开展循证实践，能够高效地进行教育教学，达到教育教学效果的最大化。

本章旨在通过教师循证实践的内涵阐释、特征解析为教师循证实践建构实施模型。我们结合区域的循证调查和前期实践，融合教育行动研究的循环理念、教师磨课研究的反思理念、ADDIE教学设计模型的系统化理念，以及循证医学设计模型的循证理念，尝试建立教师循证实践的操作模型。

在我国，可以说循证教育才起步，教师开展循证实践进行教育教学更是一种崭新的教育教学实践模式。在本章中，我们尝试把循证实践哲学、循证医学理念、循证教育理论以及教育科学研究方法与教师循证实践相结合，探索和分析这种全新的教育教学理念，寻求教师循证实践理念、策略和方法的突破。

## 第一节 教师循证实践的内涵阐释

教育循证实践目前在国内主要以译介和理论探讨为主，鲜见付诸实践的行动与成果，中小学教师循证实践的探索更加少见。教师开展循证教学实践，需要对一系列问题进行研究和解决：什么是证据？证据的分类、分级和标准有哪些？如何获得最佳证据？如何将证据运用到教育教学中？通过对教师循证实践的概念的内涵阐释，有助于我们理解相关概念及教师循证实践设计模型的建构，促进教师循证实践的推进和拓展。

## 一、教师循证实践的定义

教师循证实践在我国还处于探索的初始阶段,但已有不少学者进行过概念的界定。有的认为循证教学是"基于证据的教学,是教师主体,基于经验智慧与证据引导学生学习,并在师生交往互动中促进学生掌握知识,学得技能训练思维和提高水平的实践活动"[①]。也有学者把循证教学定义为"在特定的教学环境下,在具备业务素质和水平管理者的协调下,基于当前可获得的最佳教学研究证据,结合教育者教学技能、经验和智慧,充分考虑受教育者意愿和价值观的基础上进行教学实践活动"[②]。还有学者认为循证教学是"教育者在充分考虑受教育者文化及价值观的基础上,遵循研究者创建的最佳证据或教育指南,在管理者的协调下进行的实践"[③]。

教育部于2019年10月颁布的《关于加强新时代教育科学研究工作的意见》(简称《意见》)明确提出,要创新科研范式和方法,要"加强实证研究,坚持以事实和证据为依据",要求我国教育教学要从经验向循证发展。教师循证实践合乎《意见》提出的上述要求,表明教师开展循证实践进行教学是新时代教师教学方法革新的新途径和新思路,对促进学校教育教学变革具有重要的现实意义和实践价值。

尽管有专家学者、政策文件在不断阐释教师循证实践的内涵,但是目前仍然没有形成一个公认的定义,国家政策文件也没有统一的概念定义。我们通过对循证实践、循证教育以及教师开展循证实践活动进行教育教学的相关文献研究,结合本区域开展教育教学的循证实践和调查,认为教师循证实践(在本章也称为"循证教育教学""循证教学")是指:在教育教学实践活动中,教育工作者根据教育目标或问题,运用规准化证据和个人专业智慧,结合教育对象特点、环境条件所进行的循环性改进历程。本定义表明,教师循证实践的实质是教师需要从问题出发,将教育教学技能和经验智慧与当前可获得的最佳证据(最佳的教育教学方法),以及教育教学环境相结合,同时考虑对象特点后做出最佳的方案决策及循环改进的实践活动。本定义强调,教师循证实践决策的基础是教师的技能和教学智慧,关键是最佳证据,决策实践过程中须注重学生素养培育和教

---

① 崔友兴.循证教学的过程逻辑与运行机制[J].课程·教材·教法,2021,41(01):64—71.
② 田金徽.循证教学:从传统教学到基于证据教学[J].中国医药导刊,2019,21(11):699—702.
③ 杨文登,谈心.教师实践智慧的五种常见误解及其澄清——基于循证教育学的视角[J].教师教育研究,2016,28(04):1—7.

学情境等因素,同时强调循环改进历程的重要性。

二、教师循证实践的要素

依据教师循证实践的定义,教师开展循证教育教学,作为一种新型的实践范式,在实践过程中要遵循证据,解决教学遇到的具体问题,提高教学质量,提升学生素养。教师开展循证实践活动涉及的要素至少有以下四方面。

1. 学生的核心素养

学生是教师开展循证教学的对象和主体,所有教学活动都是以学生为中心。根据《普通高中课程方案和学科课程标准》(2020年修订版)及《义务教育课程方案和学科课程标准》(2022版)要求,教师教学的首要任务是要在教学中落实学生学科核心素养培育的目标。学生核心素养是课程育人价值的集中体现,是学生通过课程学习逐步形成适应个人终身发展和社会发展需要的正确价值观、必备品格和关键能力。教师开展循证教学也不能例外,和其他教学范式一样,必须依据新课标要求,围绕学生核心素养的培育决定课程目标,选择课程内容和教学方法,开展循证教育教学。

学生是教师开展循证教学的主体,还体现在学生不是被动依附的,学生有权利谋求学习质量的最大化,有权利要求教师遵循最佳证据进行教学,规避教师因经验的局限性或主观性的错误带来的风险,使教师减少实践错误,真正做到因材施教,真正实施个性化教学。

在教师开展循证教学实践活动中,学生的学科核心素养培育首先要纳入教学最佳证据的考量范围内,成为构建最佳证据的重要组成部分。教师要开展循证教学实践活动,只有根据学生的独特个性和实际情况,以满足学生核心素养的养成和个性化发展,才能真正实现学生学习水平的提升并保障学生的健康成长。

2. 教师的专业技能及经验智慧

教师是开展循证教育教学的主体,是教学的计划者、组织者和实施者。教师的经验智慧是循证教学活动的基础,教师的专业知识和技能是循证教学活动的专业与技术保证。循证教学实践活动强调教师经验智慧与证据的最佳结合,使教师主体的个性化经验、对象的客观实际、教学过程的情境性等因素有机整合起来,以此消除经验主导型的教学和主观性教学的弊病。因此,教师开展循证教学是基于证据的教学,是教师个体经验、教学智慧与教学证据有机融合的教学形态,是教师主体基于证据开展教学活动的过程。

教师开展循证教学活动既要有教学理念的突破,又要掌握科学的研究方法。循证教学活动是一种基于证据的教学观,即从经验主导型教学、主观性教学走向基于证据的教学。因此,循证教学活动意味着教师教学观念的变革,意味着遵循证据开展教学的教师主体不再盲从于他人的指导,包括对名师经验的盲目崇拜,同时也不再囿于个体经验,而是在教学过程中根据学生及教学情境,遵循证据,合理设计教学方式与教学行为,提高教学效果。掌握和应用科学的研究方法是循证教学活动有效开展的必备技能。科学的研究方法是教师开展循证教学活动的学术基础,如何查找证据、评价证据并获取最佳证据,需要教师的研究设计科学合理,并需要掌握有关的学术评价标准,以及掌握一定的统计学方法等必备的基本理论、知识和方法。

3. 最佳的教育教学证据

最佳教育教学证据就是最佳的教育教学方法,是开展循证教育教学的决策依据。教师根据问题需要,检索和掌握当前的教育教学研究成果,按照一定的分类、分级标准,经过严格评价并取得最佳证据,用于解决教学问题。最佳的教育教学研究证据应该科学和真实,且根据教学实践的发展不断更新,使教育教学研究证据与时俱进。同时,教育教学研究证据还应该具有适应性,能够解决教学问题,提升教学效果,并能被学生所接受。

4. 适宜的教育教学情境

教学的基本要素包括教师、学生和教学情境。教育教学情境是循证教育教学开展的支持条件。研究表明,由于学生不同个体之间、不同群体之间,以及不同情境因素之间存在差异性,最佳的证据应用在其他课堂教学中可能并不会出现同样的效果。这表明在一般情况下有效的教学策略,以及科学研究所得出的最佳证据,只具有一般性的指导意义,最终需要考虑到教师的教学、学生及教师自己所处的教学情境等诸多因素。教学环境在不断变化,需要教师不断调整适应,无论教师教学技能多高,总有不断改进的空间。[①]不同的学生、不同的学习方式以及不同的学习时间和场景,往往决定教师怎么教和学生怎样学。因此,开展循证教育教学应因时因地采取灵活多样的教学方式,研究循证教育教学的方法或策略时,必须注意研究教育教学情境。循证教育教学情境包括"物理情境、

---

① [美]佩第.宋懿琛等译.循证教学:一种有效的教学法[M].广州:广东教育出版社,2013:446.

心理情境和制度文化"[①]。

物理情境是循证教学活动运行的时空支持系统,如循证教学开展的课堂教学空间、教师教和学生学的时间流程,以及教学活动得以运行的课堂中的各种物理性基础。物理情境是教师教学的工作环境,是开展循证教学活动的物质基础,营造民主、和谐的教学情境是顺利实施循证教学的重要支持条件。循证教学活动的物理情境,更加关注在"互联网+"环境下的教学。循证需要运用大数据为教育教学提供重要的支持,也需要运用学习分析技术为循证教学提供客观真实与可视化的学生学习证据,帮助教师精准地获得教学过程的数据,全面和深入地掌握学生学习的过程和本质,为循证教学提供证据支撑。

心理情境是指师生支持循证教学活动的文化场域和心理氛围,包括教师对循证教学理念是否认同,以及循证教学活动中师生之间、生生之间互动时的心理变化等。心理情境是教师开展循证教学活动的动因,师生在教学情境中的体验直接决定循证教学活动的质量,因此,营造安全、民主、充满活力的心理情境是循证教育教学活动有效展开的前提。

制度文化是教师开展循证教学活动的保障,包括学校支持、鼓励,以及提供相关培训的实施制度和评价制度。学校循证教育教学的制度和文化为循证教育教学的大力开展提供制度保障和良性的环境氛围,因此,循证教育教学的实施需要营造学校的循证文化,在全校形成使用证据以提高教师教学水平的文化氛围。一所学校或者一个区域只有在形成了循证教育教学的文化氛围之后,才能够更好地开展基于证据的教学,走出经验主导的教学和主观性教学的误区。

## 第二节 教师循证实践的特征解析

教师循证实践是教师遵循证据开展教育教学实践活动,结合教育教学经验,以最好的证据解决教育教学问题,并不断循环改进的过程。循证教育教学的全部过程围绕检索证据、评价证据、转化使用证据,以及反复循环为核心展开实践。教师循证实践的证据及循环是循证教育教学的核心和灵魂,与其他非循证教育教学范式相比,证据和循环特性是教师循证实践最显著的特征。顾泠沅

---

[①] 崔友兴.论循证教学的内涵、结构与价值[J].教师教育学报,2019,6(02):53—58.

教授认为,循证教育实践研究有两个关键:其一是注重循环性的历程,在尝试循环中改进;其二是寻找规准化的证据。①下面将从厘清证据概念、获取证据、评价证据、应用证据、循环改进五个维度解析教师开展循证实践的特征。

一、界定证据概念是教师循证实践的基础

在循证实践中,证据是循证研究的核心基础,循证医学如此,循证教育也是如此。医生需要获取最佳证据进行诊断决策,并保证决策的有效性;教育决策部门需要最佳证据做出教育决策,并以此证明决策的科学性;教育研究者需要证据作为依据,以此提出问题并解释研究结论;教师则需要用证据来解决教学过程中遇到的问题。厘清并理解证据概念是提出问题、搜集证据、评估循证实践环节有效开展的基础。

1. 教师循证实践的证据定义

在英语中,证据(evidence)一词出现于公元14世纪,《简明牛津英语》对证据的解释包括:①证明意见或主张真实有效的信息或符号;②法律规定调查中或法庭上接纳证词时用来确证事实的信息。在汉语中,证据二字在我国春秋战国时期就有使用,古汉语的证据多表明为证明事实的根据。证据在《现代汉语词典》中的定义是:能够证明某事物真实性的有关事实或材料。

2005年,加拿大卫生服务研究基金资助的一项研究,用系统评价的方法定义卫生研究中的证据,其结论为"证据是最接近事实本身的一种信息,其形式取决于具体情况,高质量、方法恰当的研究结果是最佳证据"。2008年,有国内学者将卫生研究中的证据定义为"证据是经过系统评价后的信息"②。

2015年美国颁布的《每个学生都成功法》中,有92处条文提到证据、63处条文提到循证以及循证干预,对循证教育研究的证据进行了界定。具体而言,该法案将证据定义为:在改进学生学业结果或其他相关结果上的统计的显著积极效果。③依据这个定义,对于中小学校的教师教学实践来说,可以把证据理解为教师获得的有效的教学方法。

综上,教师循证实践中的证据是指:最佳的教育教学方法,也就是真实可靠并对解决教育教学问题有重要的实用价值的教育教学研究成果和教育教学实践成果。

---

① 顾泠沅.回望与期盼[J].上海教育科研,2018(02):1.
② 李幼平.主编.实用循证医学[M].北京:人民卫生出版社,2018:30.
③ 时晨晨.循证学校改进:美国学校改进新阶段[J].比较教育研究,2022,44(02):77—86.

2. 教师循证实践的证据特征

循证教育教学的证据及其质量是制定决策方案和解决教学问题的依据。在循证医学的实践规制中,高质量的证据具有一些共同特征,比如,具有科学性、真实性和实用性等特点。以下列举出的有关高质量证据的特点,有助于我们理解和把握循证教育教学的证据特征。

一是科学和真实。科学和真实即证据的生产必须针对特定问题、经过科学设计、偏倚控制、严格实施和客观分析,并能溯源,接受时间和实践检验。

二是系统和量化。系统指在严格科学的顶层设计下,全面、科学、分步骤的证据生产和使用。定量证据是决策的理想证据,但实际工作中证据并非总能量化,在教育、管理和社会科学领域尤其如此,因而只要是科学、真实的证据仍有用。

三是动态和更新。基于一定时期、一定人群、一定条件下生产出来的证据,随着条件改变、人群更迭、实践模式和方法改变及新证据出现不断更新,才能科学地指导实践。

四是共享与实用。证据作为解决问题的知识产品,是消耗人类的各种资源生产出来的,应该为人类所共享,接受公众监督,保证需要者能获取,并帮助人们利用证据解决实际问题。

五是分类和分级。将证据按研究者和使用者关注的问题先进行分类,再在同类信息中按事先确定的标准经科学评价后严格分级,是快速筛选海量信息的重要手段和方法。

六是肯定、否定和不确定。肯定、否定和不确定都可能是研究的合理结果,但都需要证据支持。[1]

二、获取证据是教师循证实践的起点

获取证据是指根据教育教学问题需要,获得解决问题所需要的最佳证据材料。搜集证据解决问题时,教师都希望能够获取到最需要的证据材料。在信息技术高度发达的今天,获取信息的途径和方式十分经济且便捷,但是,在浩瀚的信息海洋中搜集到最需要的教学证据材料,是具有挑战性的,需要我们采用科学的研究方法。根据研究资料来源不同,以及证据分类的不同,有不同的证据搜集方式。循证教育教学中的证据可以是教师通过研究获得的原始研究证据,

---

[1] 李幼平.主编.实用循证医学[M].北京:人民卫生出版社,2018:3.

也可以是通过对二次证据检索获取的二次研究证据。

1. 教师循证实践的证据分类

不同领域的人群对证据的理解和需求各不相同,证据分类的主要目的是更好地推广和使用证据,分类的主要依据是各类证据互不交叠。迄今尚无国内外公认、统一的分类方法。我国有学者根据证据性质,从对教育政策的影响程度把教育证据分为四类:描述性证据、分析性证据、评估性证据和政策性证据。① 从中小学教师的教学实际需要出发,一般采用按研究方法和传播渠道两种方式进行分类。

(1) 按研究方法分类。根据研究方法的不同,教育教学证据可以分为原始研究证据和二次研究证据两大类。

原始研究证据是教师针对教学实践中的具体问题,通过定量研究和定性研究得出的结论。定量研究侧重于通过数据采集和分析,包括问卷调查、测试成绩、实验研究等方式获取证据。定性研究大多数情况下采用文字叙述的教学反思日记、访谈法和观察法等方式获取证据。

二次研究证据是教师尽可能地搜集某一问题的全部原始研究证据,严格评价、整合处理、分析总结后所得出的综合结论,是对多个原始研究证据再加工后得到的更高层次的证据,包括与教学相关的各种研究文献资料。

(2) 按传播渠道分类。根据传播渠道的不同可将教育教学证据分为公开发表的证据、灰色文献、在研证据和网上信息。

公开发表的证据包括在杂志、专著、手册及声像制品中的证据,既包括原始研究证据,也包括二次研究证据。灰色文献指已完成但未公开发表的教育教学证据,常以会议论文、学位论文和内部资料形式交流。在研证据指正在进行的原始研究证据和二次研究证据,既包括教师通过问卷调查和实验研究获得的证据,即通过定量研究方法获得的证据,也包括教师通过反思、访谈和观察等方法获得的证据,即通过定性研究方法获得的证据。网上信息指教育教学相关的组织和机构建设与发布的原始研究证据和二次研究证据数据库。

2. 教师循证实践的证据搜集

按研究方法取得的研究成果类型分类,循证教育教学证据可分原始证据和二次证据。原始证据可以通过教师的定量和定性研究来获得,二次证据可以通

---

① 胡晓玲.柳春艳.循证教育学概论[M].北京:中国社会科学出版社,2021:80.

过文献检索来获取。

（1）二次研究证据的搜集。循证教育教学二次研究证据的搜集方式，主要是文献研究，是对来源于各种书籍、刊物或经验数据的研究。文献是记录已有知识的一切载体，包括已发表过或虽未发表过但已被整理、报道过的记录知识的一切载体。要检索证据首先要根据特定的问题决定恰当的证据研究类型，再根据相应证据的分级选择恰当的数据库，制定检索词语进行检索。

循证教育教学二次研究证据检索的方法包括5个步骤：第一步是明确和转化提出的问题，其目的是明确检索目标，并以此为基础设置检索词和检索方法。第二步是选择合适的数据库，教师必须了解本学科相关的数据库及其检索方法。第三步是确定检索词，检索词一般从问题的重要特征词中选择，如果检索结果过多，再增加相关特征词缩小检索范围。第四步是编写检索策略，就是由检索词和检索运算符构成，各个检索系统的检索策略有所不同。第五步是调整数据库、检索词和检索策略。根据检索结果不断调整相应检索策略，一般需要重复多次检索后才能获取较好的证据。

循证教育教学二次证据的来源渠道很多，从证据的传播方式分为数据库、网站、杂志、会议论文及正在进行或未发表的研究等。国内与教育教学相关的，比较常用的数据库有：中国知识资源总库（CNKI）、维普中文科技期刊数据库、万方数据库、超星数字图书馆、中文社会科学引文索引（CSSCI）。国外常用的教育数据库包括：ERIC、Science Direct Onsite（Elsevier-SDOS）、AEI、BEI、EBSCO、PEJ、PQDT、ERC和WWC（有效教学策略网）等。其中ERIC的全称为Educational Resources Information Center，中文名称为教育资源信息中心。它是目前世界上最大的教育信息数据库，由美国教育部和美国教育科学研究所创立。

网站资源作为一种传输速度快、交互能力强、方便可得的信息载体，是通过检索获得二次研究证据的重要途径。Campbell协作网资源是社会科学循证教学的专门网站。随着Cochrane协作网在医学领域的快速发展，并获得的巨大成功，Campbell协作网于2000年在美国一所大学成立，与Cochrane协作网合作，为教育等社会科学领域提供严谨的循证实践证据。其目标和理念与Cochrane协作网相似，包括系统评价遵循系统、全面搜集相关研究证据、严格评价和分析纳入、报告结果等规范步骤，为教育教学实践提供真实、可靠的证据。

（2）原始证据的搜集。教师教育教学实践中的原始证据是教师通过定量研究和定性研究搜集和描述来自教育教学过程中的数据,并进行统计、分析和总结后得出的结论。定量研究证据的来源有两个方面:一是通过问卷调查取得的证据;二是通过实验研究得到的证据。定性研究证据来源有三个方面:一是通过访谈取得证据;二是通过课堂观察取得证据;三是通过写教学日志和反思笔记取得的证据。教师对这些数据采用不同的方法进行分析,得到原始研究证据。原始研究证据又为其他教育研究者和实践者获得二次研究证据提供证据资源。

原始研究证据和二次研究证据对教师的循证教学都是重要的。当对教学相关现状不了解,可以开展原始证据的搜集。对于某种教学方法的研究,可以在大量二次证据支撑基础上,开展实验研究,获得原始数据的佐证。以科学严谨的方法获得研究证据和数据是教师循证教育教学实践活动的起点和基础。

三、评价证据是教师循证实践的关键

证据的质量是有高低之分的,在获得不同类型的证据后,从众多的证据资料之中寻找解决问题的最佳证据便是循证教育教学过程中最为关键的环节。循证教学中的最佳证据以解决教学问题、提高教学效果为目的,依据证据分级、分类及相关标准,通过系统分析等手段,评估出具有科学性、有用性和适用性的证据资源。

1. 教师循证实践的证据分级

在网络信息技术十分发达的今天,面对浩瀚的教育教学信息资源,如何获取真实而适用的证据,具有一定的挑战性。只有理解了证据的内涵、分类分级和判断标准,才可能正确快速查找自己所需最佳证据。充分利用研究者预先确立的证据分级标准和推荐意见更容易正确评估各种高质量证据。但研究证据质量良莠不齐,各种证据分级和推荐强度标准也大相径庭。

2002年,美国国家研究院提出判断证据质量标准,将证据按照其方法的严格程度划分了等级,一级是随机实验获取的研究证据;二级是准实验研究,包括前后测实验获取的研究证据;三级是运用统计方法获取的相关性研究;四级是没有统计方法的相关性研究;五级是案例研究。[1]

2015年美国的《每个学生都成功法》依据研究方法的严格程度,将循证教育证据强度分为三个等级。第一等级(strong)证据,指来自至少一项精心设计且

---

[1] 胡晓玲.柳春艳.循证教育学概论[M].北京:中国社会科学出版社,2021:80.

被良好实施的实验研究的统计显著积极效果;第二等级(moderate)证据,指来自至少一项精心设计且被良好实施的准实验研究的统计显著积极效果;第三等级(promising)证据,指来自至少一项精心设计且被良好实施,并对选择偏见进行统计控制的相关性研究的统计显著积极效果。①

在医学界,针对证据分级与推荐意见存在的不足,包括临床专家和循证医学专家,以及 WHO 和 Cochrane 协作网在内的 100 多个国际组织协会成立证据分级组织 Grade 工作组,推出 Grade 系统,作为证据分级评估开发的工具。其系统适用于随机对照试验、非随机对照试验和其他类型观察性研究的证据评估,主要用于干预性证据的证据分级,也可用于诊断性证据分级。

循证社会科学,包括循证教育界的众多学者根据 Grade 系统分类法,参照《每个学生都成功法》分级标准,结合教学实践实际,将教育教学证据根据其来源、科学性和可靠程度分为 A、B、C 三个等级。A 级证据的科学性最强,可信度最高,来自多项随机试验或多项汇总分析研究;B 级证据的可信度次之,来自单项随机试验或非随机研究;C 级证据的可信度最低,来自专家共识和(或)小型研究。根据证据的级别高低分级,可将获得的最高级别的证据作为最佳证据;如果可获得的最高级别证据缺失,则采用次之的证据,以此类推。A、B、C 三个等级的证据对应的研究类型分别为实验研究、非实验研究和实践经验三个类型。②

实验研究是一项给予被试某种干预措施,并测量这项干预措施是否带给被试行为上变化的研究。实验研究可以分为随机实验和准实验两类,其区别主要在于参与者是否被随机分配并使用不同干预手段。在评价实验研究时最重要的是要仔细检查研究的三个方面——随机分配、对照组以及实验前后测的变化。

非实验研究是对研究对象不施加任何干预和处理,研究完全在自然状态下进行,可以用来描述和比较各变量状况,适用于描述性研究、相关性研究和分析研究。非实验研究通常包括调查研究、观察法、前后对比研究、相关研究、个案研究等。

实践经验包括决策者、专家和利益相关者的经验、洞察、信念以及其他成功

---

① 时晨晨.循证学校改进:美国学校改进新阶段[J].比较教育研究,2022,44(02):77—86.
② 杨烁,余凯.美国教育政策循证研究的理论与实践:对中国的启示[J].复旦教育论坛,2019,17(06):91—96.

实践的经验等。严谨的研究证据很重要,但是教育决策者也要考虑从其他渠道获得的证据,比如实践经验类证据。

2. 教师循证实践的证据质量评价

如何评价证据?如何将已有文献进行科学有效地整合,为解决问题提供高质量的新信息和新方法指导实践?系统评价为循证教育教学最佳证据的获取提供了较好的评价策略和评价思路。系统评价方法不但可以有效整合已有的大量证据,提供一个真实可靠的综合答案,而且还可以为合理的教学决策提供科学依据,以满足教师和研究者快速准确地获得高质量研究证据的需要。系统评价(Systematic Review)又称为系统综述,其概念来自循证医学。Cochrane 协作网给出的定义是:系统评价是一种全新的文献综合评价方法,针对某一个具体的临床问题,采用临床流行病学较少偏倚和随机误差的原则和方法,系统、全面地搜集全世界所有已发表或未发表的临床研究结果,筛选出符合质量标准的文献,进行定性和定量合成,获得较为可靠的结论。同时,随着新的研究证据的出现对已有的结论及时更新,随时提供最新的知识和信息作为重要的决策依据。[1]循证教育目前还没有比较成熟的系统评价平台,结合证据分级标准和其他领域的系统评价策略,循证教育教学证据质量评价应遵循"真实性、重要性、适用性"原则进行严格评估。[2]

(1)证据的真实性评估。如上所述,循证教育教学证据分级标准根据检索到的证据来源的真实性和可靠性的不同,将证据分为 A、B、C 三级。在系统评价中,A 级证据较好地减少各种偏倚因素的影响,系统评价认为是强度最高的研究证据;B 级以下的试验因为受到了偏倚因素的影响,其系统评价的论证强度相对降低。显然,A、B、C 三个等级中,A 级可信度最强,其次是 B 级,最弱的是 C 级。证据选择时,首选是 A 级证据,如果没有 A 级的证据,就选 B 级,从可信度最高级别选起,以此类推。

(2)证据的重要性评估。一个高质量的证据除了具有可信度高,也就是真实性外,还要评估其是否有利用价值,是否能在实际教育教学中具有指导性和启示性,是否能够解决教学问题,是否能够提高教学效率,以及教学效果大小如何。系统评价对搜集到的证据是否重要可以从两个方面进行评估:一是能够真

---

[1] 李幼平.主编.实用循证医学[M].北京:人民卫生出版社,2018:453.
[2] 李幼平.主编.实用循证医学[M].北京:人民卫生出版社,2018:462—463.

实地反映教学的现状或存在的问题;二是能够提出有效的解决方法。同时要考虑这两个方面都是在特定的教学环境、教学对象等因素下进行。在运用系统进行结果重要性价值合成分析时,并不是通过比较简单的数字来确定其重要程度的结论,而是根据研究证据的类型,结合分级(A、B、C三级),以及样本量的大小给予不同的权重值,并采用恰当的指标生成结果,并计算出相应的可信区间。

(3) 证据的适用性评估。评估证据的真实性和重要性后,高质量的教学证据还需要进行适用性评估,就是证据是否可以运用到自己的教学实践中,是否适用自己的学生、教学环境和教学问题等情境。一般通过系统评价获取的结果证据是对所有研究对象的平均效应,因此,在评估证据结果时,还要关注是否适用于自己的教学对象,以及与结果证据中的对象的差异情况,同时还要关照评估证据中的教学方法在教学中是否被自己的学生所接受。

四、应用证据是教师循证实践的核心

促进证据与问题解决的证据应用环节是将通过评价所得出的最佳证据与实践相结合的过程。将获得的最佳证据结合教师的教学技能、经验智慧,应用于自己的教学实践,是循证教学实践应用的关键一步。如果没有把已经严格评估的高质量证据应用到教学实践中去,对前面"提出问题、获取证据、评价证据"等环节的工作而言是没有价值的。如果发现获得的最佳证据不适用于自己的学生,不能解决教学问题,那么,前面部分的工作将重新开始,进行又一次的循环。如果问题的确定不准确,将再次明确教学问题,并完成检索证据,找到最佳证据步骤后,再次整合自己的专业经验智慧,制定整合后的决策方案并实施方案。在教师循证实践的应用证据过程中,需要遵守以下两个原则。

1. 证据应用的实践性原则

实践是检验真理的标准,检验真理就是要检验人的主观认识同客观实际是否相符合以及符合的程度。高质量的证据只有与实践相组合,才能实现循证教育教学的价值作用。学生是循证教学的对象和主体,所有教学实践活动都应该以学生为中心,以提高学生的学习效果和素养培育为出发点。因此在应用证据进行教学过程中,学生的价值和愿望、学生对教学法的接受程度以及他们的评价和建议都需要得到关照。因此,在整合最佳证据进行教学实践中,教师要从多个实践角度检验证据是否有效:(1)自己的教学对象与最佳证据中的研究对象差异程度是否可控;(2)最佳证据中的教学方法在自己的课堂中是否可行;(3)问题是否得到解决;(4)教学效果和学生素养是否得到提升;(5)学生是否接受证据提供的教学方法。这就要求教师在应用最佳证据的过程中,不但要密切观察和记录课堂实施情况,并且还需要对实施后的教学效果的评价持科学客观的态度。

2. 证据应用的校本化原则

如前所述,循证教育教学是一项复杂的实践活动,受到各种因素,包括教师、学生、教学方法、教学环境等因素的影响,所以在应用证据过程中,教师需要全面细致地分析情况,在科学方法指导下进行实践应用,要注重证据的真实性和重要性,更要关注证据的适用性。证据的适用性强调证据是否适用于自己的教学对象。通过证据应用的校本化,可以有效提升证据的适用性价值。证据的校本化,是在综合考虑学校自身的校园文化、学生群体、教师专业化、学校环境、课程设置等因素后,对最佳证据本土化应用的过程。这是减少无效的经验借鉴,保障证据应用的有效性和科学性的过程。

五、循环改进是教师循证实践的旨归

教师循证实践强调评价和反思两个环节的作用。具有启发性的、循环性的评价和反思行动,是教师循证实践模型与一般研究模型的显著不同之处,通过评价和反思环节进入新一轮的循证实践,是教育循证实践持续不断与行动整体优化的过程,也是教师循证实践区别于其他教育教学范式的重要特征。

1. 教师循证实践的循环性评价

评价是所有系统化教学设计模型都强调的重要环节,教师循证实践模型也不例外。但是教师循证实践的评价更加注重过程评价和效果评价的循环性。对循证教育教学进行效果评估,是针对学生的实际情况和教学中的具体问题,通过检索获取相关文献,并在严格评价证据的基础上应用于教育教学,以评价解决学生具体学习问题后的结果。如果没有达到预期的效果,则要回到前面的步骤,开始第二轮循证。循证教育教学的实践者还需要从循证教学的每一个步骤进行自我评价,包括四个方面的评价:评价"提出问题"的能力,评价"证据检索"的能力,评价"评价证据质量"的能力,评价"运用证据"的能力。通过自我评价,可以随时发现各个循证教学环节的问题,并及时返回上一环节解决问题,直到问题得到解决。以此循环往返,在解决问题的同时,教师还能充分认识自身能力及不足之处,促进改进和提升循证实践能力。教师循证实践评价环节是循证教育教学的形成性评价与终结性评价的有效结合,既有对教学过程的评价,也有对教学成果做出的价值判断。

## 2. 教师循证实践的循环性反思

教师专业水平的提升离不开教师在教学过程中的反思实践。教师循证实践过程是通过自我反思不断循环往复推进、螺旋式上升的过程。教师通过证据的获取和应用，使得最初的部分问题得到解决；通过评价和反思，针对出现的新问题进行第二轮循证实践，最终使实践呈反复循环的趋势。教师循证实践的这一特征与行动研究的"凯米斯程序"模型的"计划—行动—观察—反思—再计划……"有相似之处，都是一个无止境的探索过程。循证教育教学的循环性反思特征体现了教师循证实践不仅有持续性，还有不断的改进性。教师通过对方案实施效果进行反思，以新的行动方式投入新一轮的教学行动，再次去寻找要解决的问题，再次获取证据，再次设计方案……如此循环往复，不断地解决教学中出现的新问题，及时反馈学生信息并适时调整教学计划，从而不断提高教学效果。

下面是上海市第一中学的循证实践案例。此案例中，首先是提出问题，然后选取调查数据证据和实践经验证据这两类证据，结合问题解决要点，设计并实施解决方案，从而获得了较好的实施效果。

**案例 4-1：设计班级微项目培养中学生坚毅品质的循证实践**[①]

作为全国心理健康特色校，上海市第一中学始终关注学生心理品质的提升。在新时代背景下，学校致力于培养学生的坚毅品质，以期更好提升学生的综合素养，鼓励学生积极参与社会实践，在身心方面获得全方位成长，认识自己的历史使命，不惧挫折，坚毅奋进，未来积极投身于国家的建设与发展中，为实现伟大中国梦而奋斗。

学校为培养学生坚毅品质，以班级微项目的设计为载体，开展了学生、家长、学校三方参与的循证实践，以清晰可分析的最佳证据来讨论学生坚毅品质的培养。

**一、研究问题：聚焦"坚毅品质"，培养中学生核心素养**

"坚毅"（Grit），是对长期目标的持续激情及持久耐力，是不忘初衷、专注投入、坚持不懈，是一种包含了自我激励、自我约束和自我调整的性格特征。Grit

---

[①] 本案例由上海市第一中学"设计班级微项目培养中学生坚毅品质的实践研究"课题组提供，课题主持人朱立宏。

一词在古英语中的原义是沙砾,即沙堆中坚硬耐磨的颗粒。坚毅包括的要素有:向着长期目标,坚持自己的激情,即便历经失败,依然能够坚持不懈地努力下去。在积极心理学中,坚毅与激情、自制力、乐观态度、感恩精神、社交智力、好奇心并称为预示孩子未来成功的"七大秘密武器"。①

坚毅品质是核心素养中的重要要素,也是个人发展的必备品格与关键能力,是个体能够适应未来社会、促进终身学习、实现全面发展的重要人格特质,与培养核心素养"促进人的全面发展、适应社会需要"的内涵高度契合。

坚毅品质并不指向某一学科知识,而是强调个体能够积极主动并且具备一定的方法获得知识和技能,它的目的不仅限于满足基本生活需要,更有助于个人追求生活目标、促进个人发展和有效参与社会活动。

【案例 1:周同学】我长期坚持的一项学习是兴趣类的打击乐,获得了打击乐八级的证书,我先定一个小目标:打击乐二级,然后不断地向这个方向努力。以此类推,接下来的考级我也是这样做的,在其中我遇到了时间不足等困难,难以每天完成练习任务,这时候我只能抓紧每一分每一秒,一有时间赶紧练习,接下来我会继续向着十级努力拼搏,加油!

周同学的"坚毅品质",在学生群体中是属于较高层次的。周同学在分析自己学习打击乐经过的时候,着重提到了"目标",长远来说是十级,初始目标是二级。其次提到了"努力"的过程,遇到了时间不足的困难,很难实现每天完成练习,因此周同学抓住每次的"一有时间",就去"赶紧"练习。重要的是周同学对实现目标和保持练习始终"葆有热情",他会督促自己拼搏和加油。在周同学的案例中,最恰当地描述出了"坚毅品质"的特质。

因此,学校主张将培养学生的坚毅品质的含义,设计为制定长期目标,对实现目标保有热情,能够在实现目标的过程中克服困难,不断自励、自律和调整的人格特质。

微项目是指促进学生抗逆力的一些德育教育、实践、体验的活动。在设计活动过程中,我们充分运用来自学生、家长和老师三方面的证据,以班级为单位开展微项目,包括微讲座、微体验等活动。"微"在于切入点小,易操作。班级微项目的主题确定,一方面根据学校调研所统计出的年级学生的类别差异,一方面根据班级学生的个性需求。

---

① 刘俊江.积极心理学视域下培育学生坚毅品质的实践探索[J].现代教学,2022(Z2):139—141.

## 二、结合"坚毅力"测量数据,分年级设计学生坚毅品质培养项目

因为所处的学业阶段不同,身心发展的状态不同,入学的途径也不同,因而所呈现的问题也各不同。我校初中属于就近入学,学生呈自然状态分布,个体间和家庭状况差异大,需要更多关注个别化教育指导。我校高中属于区实验性示范性高中,入学经过选拔,相对来说学业状况比较整齐,但有两个突出现象,部分同学学习习惯好但潜力有限,部分同学相对聪明但学习习惯有待养成,培育坚毅品质,更应关注学生心理状态和个性状况。

为了更多搜集学生坚毅力方面的数据,学校以全体学生为研究对象,选取了宾夕法尼亚大学心理学教授 Angela Duckworth 在对西点军校的研究中开发的坚毅力量表,对学生的"坚毅力"水平现状进行了测量。[①]测量结果显示,平均值为3.43,中位数为3.50,标准差为0.70,最大值为4.80(满分为5.0),最小值为1.4(参见表1)。

表1 坚毅力量表测试百分位数

| 平均值 | 中位数 | 众数 | 标准差 | 方差 | 最小值 | 最大值 |
| --- | --- | --- | --- | --- | --- | --- |
| 3.426 9 | 3.500 0 | 3.50 | 0.695 71 | 0.484 | 1.40 | 4.80 |

| 百分位数 ||||||||||
| --- | --- | --- | --- | --- | --- | --- | --- | --- | --- |
| 10 | 20 | 25 | 30 | 40 | 50 | 60 | 70 | 75 | 80 | 90 |
| 2.60 | 2.90 | 3.00 | 3.10 | 3.30 | 3.50 | 3.60 | 3.80 | 3.80 | 4.00 | 4.30 |

关于目标的设定与完成,测试数据显示,更多的学生设定目标的变动较大,经常设定一个目标后又会选择另一个目标,超过半数的学生会因为有新的想法而从原先的想法中分心。对于原定目标的坚持性,86.6%的学生会觉得无论开始做什么都会把它做完(参见表2)。

表2 关于目标的设定与完成的观点认同度

| 对于观点的认同度 | 有点儿像我 | 很像我 | 特别像我 |
| --- | --- | --- | --- |
| 新的想法和事情有时会让我从原先的想法和事情中分心 | 46.2% | 29.4% | 10.1% |
| 我经常设定一个目标,但后来又会选择另一个目标 | 31.1% | 37.8% | 16.0% |
| 无论我开始做什么,我都会把它做完 | 34.5% | 25.2% | 26.9% |

---

① 刘俊江.积极心理学视域下培育学生坚毅品质的实践探索[J].现代教学,2022(Z2):139—141.

关于兴趣或想法,测试数据显示,学生自评兴趣每年都在变化的比例超过了 50%(很像和特别像的部分),符合中学生兴趣众多且多变的特点。兴趣的形成在短时间内,之后又逐渐失去兴趣的情况超过了 70%。对于需要花费几个月时间的兴趣活动,学生自评会难以集中精力的状况超过 80%(参见表 3)。

表 3  关于自己的兴趣和想法的变动

| 对于观点的认同度 | 有点儿像我 | 很像我 | 特别像我 |
| --- | --- | --- | --- |
| 我的兴趣每年都在变化 | 19.3% | 24.4% | 36.1% |
| 我曾在短时间里迷上了一个想法或事情,但后来又失去了兴趣 | 30.3% | 34.5% | 16.0% |
| 需要花费几个月才能完成的事情,会让我较难集中精力 | 23.5% | 35.3% | 22.7% |

关于放弃与坚持的问题,测试数据显示,学生面对挫折不会气馁且不轻易放弃的自评超过 88%,具有为了征服重要的挑战曾战胜种种挫折的经验的学生超过 86%(参见表 4)。

表 4  关于放弃与坚持

| 对于观点的认同度 | 有点儿像我 | 很像我 | 特别像我 |
| --- | --- | --- | --- |
| 挫折不会让我气馁,我不会轻易放弃 | 26.9% | 36.1% | 25.2% |
| 为了征服一个重要的挑战,我曾经战胜了种种挫折 | 38.7% | 23.5% | 24.4% |

关于给自己的品质方面的评价,自评为是一个努力学习的人有 73%,自评为很勤奋且从不放弃的学生有 70.6%(参见表 5)。

表 5  关于自己品质的评价

| 对于观点的认同度 | 有点儿像我 | 很像我 | 特别像我 |
| --- | --- | --- | --- |
| 我是一个努力学习的人 | 40.3% | 21.8% | 10.9% |
| 我很勤奋,而且从来不放弃 | 41.2% | 21.0% | 8.4% |

学生在实现自己的长期目标的过程中,会遇到各种困难,如何通过问题的解决来实现目标,不同年级的学生有着自己的支持系统,在本课题中也被称为培养坚毅品质的相对优势。通过对有效测量(共 857 份)的数据分析,参照相关文献,我们整理总结出每个年级学生的"支持系统":预备年级为"来自长辈的社会支持",初一年级为"来自同伴的社会支持",初二年级为"人格特征",初三年

级为"情绪调控",高一年级为"认知评价",高二年级为"合理归因",高三年级为"自我效能"。[①]

学生横跨七个年级,处在身心成长和学业学习的不同阶段,因此培养坚毅品质时不同年级各有侧重。对于预备年级而言,是了解初中阶段的学业生涯和培育良好的学习习惯;对于初一年级而言,是初步适应初中学习节奏以后保持健康快乐的心态,并尊重规则和纪律;对于初二年级而言,是面对生命成长所带来的青春期现象,养成与人正常交往相处的合作与沟通能力;对于初三年级而言,是面对升学,增强学业信心、提高效率、持之以恒;而对于高一年级来说,则是适应高中阶段的学业节奏,了解职业生涯,进行独立思考,规划高中生活和制定目标;对于高二年级学生来说,突出自主管理以及过程性自我约束,积极适应并服务社会;对于高三年级来说,需要直面升学,科学合理安排学业,调适心理,坚持不懈,应对考试。

**三、参考教师和家长的经验,进行"坚毅力"班级微项目设计**

学校在顶层设计方面,认真组织教师、家长学习坚毅品质的相关理论,利用教职工大会、班主任培训、读书沙龙等机会,学习和交流坚毅品质培养的必要性、途径等相关内容,让家长了解培养学生坚毅品质的方法和重要性。年级组层面,则根据测试结果设定年级培养目标,并在开学典礼、班会课、升旗仪式、班级板报设计等校级活动中,组织学生学习坚毅品质的相关内容,自我实践与评价。班级层面则根据学生的具体需求,设计个性化的微项目方案。

**【案例 2:李老师的观察日记——两个宣传委员】**两个宣传委员小 Q 和小 W,两个孩子在画画上都很有兴趣。小 Q 出身设计世家,妈妈是服装设计师,爸爸是平面设计师,他擅长细节处理,而小 W 的父母亲都在旅游业工作。从天赋和家庭背景来看,小 W 并不占优势。两个孩子在刚入预备年级时,都表现出对出黑板报、画艺术节 LOGO 等方面浓厚的兴趣。但孩子毕竟是孩子,处理起初中这么大一块黑板,一开始的结果都不尽如人意。我花了同样的时间、同样的精力指导小 Q 和小 W。小 Q 的热情很快消散,他在几次出黑板报失败以后已经兴致缺乏,也不擅长接受和消化别人的意见与建议,更没有去再学习和改变自我的毅力。他最后一次为班级出力是在他爸爸的帮助下为班级画了一张艺术节 LOGO,从此他就退出了班级的"画坛"。初三时文化课不够出色的他,原

---

[①] 刘俊江.积极心理学视域下培育学生坚毅品质的实践探索[J].现代教学,2022(Z2):139—141.

来有很好的机会可以参加美术艺术生的考试,也因为缺乏实战经验而与机会失之交臂。

  反观小 W 姑娘,她每次都认真听取多方意见,自己上网找模板,看优秀的黑板报案例。她课外学的是国画,她结合了国画的画法和出黑板报的技能,一次一次改进。渐渐地我发现她已经从单纯的模仿转变到了拥有自己固定的特色,如每张黑板报上一定有大色块的植物,格局一定是中规中矩等。之前每次出黑板报我都要她先交模板,到现在已经完全任她自由发挥。我发现,她在对画画有兴趣、有激情的同时,还有着毅力和恒心。

  【案例3:陪女儿学画的心路历程】我女儿从三岁半开始接触绘画,也是一个很偶然的机会。有一次带孩子去朋友的画室玩,孩子看什么都新鲜新奇,东摸摸,西看看,一双眼睛哪里够用。她第一次把一整支颜料挤在纸上,聚精会神地用一双小手涂涂抹抹的,脸上、衣服上沾满了颜料。我没有去打断她,我知道她是在用自己的方式感知和探索世界。

  果真是兴趣使然。这次以后,她强烈要求去上画画课,画室很远,权衡之下,她甚至放弃了就在小区里的芭蕾课。最初,我觉得她可能只是三分钟热度,于是抱着观望的态度让她去试试。没想到一试就是这么多年,她现在已经初一了。能坚持这么多年,初衷当然是因为她喜欢,但是能坚持下来,已经不仅仅是简单的喜欢了。她真的是热爱画画。现在初中了,学习时间很宝贵,她还是会挤出时间来画画,对她来说,画画已经是她生活的一部分。她不见得画得有多么的好,但是她那么喜欢,那么热爱,画画的时候那么愉悦和享受,我想这就够了。自发的内驱力是支撑她走下去的动力。

  学生坚毅品质的培养,离不开家长的关心和支持。在设计班级微项目时,有些班级请家长为学生开展讲座,或介绍坚毅品质培养的方法,或介绍坚毅品质培养的经验,或交流坚毅品质培养的案例,丰富了学校开展微项目的活动,使得微项目设计更加立体、高效和高指导性。

  班级微项目聚焦于学生群体反映出的有关"坚毅品质"的内容,活动方式有游戏体验、阅读材料并讨论、电影片段欣赏、观看自编视频、班级辩论、学生案例分享、小品表演、才艺表演等。

### 四、坚毅品质培养的思考与心得

  在开展培养学生"坚毅品质"的过程中,教师们系统学习了坚毅品质的培养策略,通过设计班级微项目开展活动,获得了很多思想上的进步和实践中的经验。

在微项目开展过程中,学生自我的概念得以重新整合,自我意识强的学生更容易获得自己学习生活目标的设定与达成的经验,在培养坚毅品质的同时,获得更多自尊、自控、自律等优秀品质。

## 第三节 教师循证实践的模型建构

教学设计模型建构的逻辑基础是教学理论和教学设计理论。教学设计模型是教学设计理论的精简形式,具有直观、操作性强等特点。教师循证实践的模型是以教师循证实践的内涵及特征为理论基础,结合教师行动研究、教师磨课研究、ADDIE 教学模型的教学设计理论和阶段模型加以构建,使教师能够系统化有序地开展循证实践,达到教师教育教学效果的最大化。

一、教学设计模型与教师循证实践的模型建构

教学设计是运用系统方法,将学习理论与教学理论的原理转换成对教学目标(或教学目的)、教学条件、教学方法、教学评价等教学环节进行具体计划的系统化过程。①加涅指出,教学设计是系统计划教学过程,安排教学活动中的各种变量,从而促进学习资源和步骤的优化安排。②这表明,系统性是教学设计理论的明显特征。乌美娜在《教学设计》一书中也提出系统性在教学设计中的重要性,认为系统方法从工程学中被引进和采纳到教学设计中,使教学设计不仅在理论上有了科学依据,同时也找到了科学设计运行的实际操作方法。③具体来说,教学设计是应用系统方法分析教学问题和需要,确立问题解决的方法和步骤,是关于教学方法及其模型最优化的理论。教学设计的系统性强调两个方面,一方面将教学的整体设计与局部设计相互关联,局部与局部、环节与环节之间相互关联,系统内部要素与外部情境相关联;另一方面,强调系统性的教学设计在大系统、子系统的架构下把教学分解为多个阶段或环节,每个阶段或环节产生新的决定,又成为下一阶段或环节。同时,每一个阶段或环节及时将反馈信息反馈给大系统,在教学系统总目标下予以检验评价,再将评估结果反馈给

---

① 何克抗.也论教学设计与教学论——与李秉德先生商榷[J].电化教育研究,2001(04):3—10.
② [美]Walter Dick 等.汪琼译.教学系统化设计[M].北京:高等教育出版社,2002:4—6.
③ 乌美娜.教学设计[M].北京:高等教育出版社,1994:17—19.

子系统,如此循环反馈改进,优化教学设计系统。

1. ADDIE 教学设计模型的"系统化理念"特征

20 世纪 60 年代后期,教学设计领域开始用系统方法构建教学设计模型,比较典型的有 Kemp 模型、Dick & Carey 模型、Smith & Ragan 模型,以及 ADDIE 模型等。众多教学设计模型的要素、步骤和环节不尽相同,但都显示出一定的教学设计特征,都具有系统性和拓展性等特点。比如加涅系统观教学设计模型有 6 环节(教学目标分析—评价测试题—设计教学策略—选择教学媒体—形成性评价—总结性评价);Dick & Carey 教学设计模型有 9 个环节(教学目标分析—教学内容分析—教学对象分析—编写绩效目标—开发测量表—设计教学策略—选择教学媒体—组织教学实践—总结性评价)。在众多教育设计模型中,为大众普遍采用,较为精简也较为典型的是 ADDIE 教学设计模式。

ADDIE 教学设计模型由美国佛罗里达大学设计开发,最早用于美国军事研究。作为通用教学设计模型(generic instructional design model),ADDIE 模式代表教学系统设计模型一系列核心步骤,包括 5 个步骤(见图 4-1):

第一步,Analysis——分析。提出需求分析,包括教学对象、目标、任务、教学环境等因素,并进行评价反馈。

第二步,Design——设计。根据需求分析,针对教学活动展开设计,包括教学策略设计、教学方法设计等,并进行评价反馈。

第三步,Development——开发。在前两步的基础上,撰写教案、开发媒体、拓展教具等,进行与设计相匹配的相关开发,并进行评价反馈。

第四步,Implement——实施。在开发好的课题基础上,采用具体的教学方法实施教学活动,并进行评价反馈。

第五步,Evaluation——评价。包括形成性评价和总结性评价。既有对教学实践活动实施后的效果评价,又有实施过程中对前面四个步骤的即时评价。

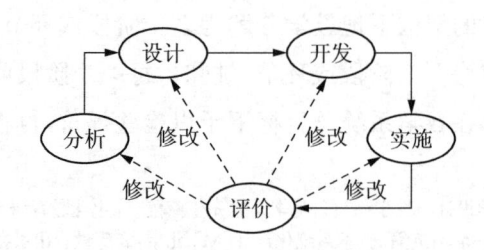

**图 4-1　ADDIE 教学设计的"系统化理念"模型**

系统性是若干相互联系的部分构成的集合,所有这些部分协同工作,服务于一个共同的有限目标。①系统化教学设计模型的建构,在系统化方面需要关照三点:一是重视"起点—终点"的分析。在教学模型设计中,将教师教学应达到的理想目标和开始教学现状差距作为确定教学目标、教学内容的依据。二是关注设计模型各个环节或步骤之间的"输入—输出"关系。系统设计模型是一个系统性闭环,各局部或子系统部分相互依赖、协同工作,每一个环节和步骤都是从前一个环节和步骤中输入信息,然后产生结果,并作为下一环节和步骤的输入信息。三是重视形成性评价在每个环节中的作用。采用即时反馈机制,运用形成性评价的结果来解释教学目标的设置和其他成分的安排是否合理。ADDIE教学设计模型的"系统化理念"为教师循证实践模型的建构提供了系统性程序基础。

2. 行动研究模型的"循环理念"特征

行动研究是教育研究者普遍使用的实践研究方法,在基础教育研究领域,行动研究尤其受到中小学教师的青睐。有关行动研究的模型不少,勒温(K. Lewin)认为,行动研究是自我反思的"圆环"(circle),是螺旋式循环(spiral of cycles)的不断反复循环的实践过程。

勒温行动研究模型包括四个步骤:考察目标、执行计划、观察行动过程、重新设计计划。20世纪80年代,凯米斯(S. Kemmis)在教育实践中,将勒温的"螺旋循环"模式进行了完善,构成"计划—行动—观察—反思—再计划……"的模式,称为"凯米斯程序",是人们公认的、较经典的行动研究模型。

怀特海(J. Whitehead)依据勒温的模型理念,在"凯米斯程序"的基础上,将行动研究的程序分为五步:第一步是教师遇到一个问题,发现自己的教学价值在实践中遭到否定;第二步是教师设想一个解决问题的方案;第三步是教师按照方案行动;第四步是教师评价自己的行动效果;第五步是教师根据自己的评价调整问题、设想以及行动。这几个步骤归纳为五个环节:问题—方案—行动—评价—调整。这个模型与"凯米斯程序"相比,其贡献价值是提出"问题"环节,并把提出问题环节作为研究的起点。②

凯米斯程序模型和怀特海行动研究模型对教师循证实践模型的建构提供

---

① [美]迪克等,庞维国等译.系统化教学设计[M].上海:华东师范大学出版社,2007:3.
② 刘良华.行动研究的史与思[D].上海:华东师范大学出版社,2001:38—47.

了"螺旋式循环"程序启示,以及五个环节操作化概念的实践依据(见图4-2):

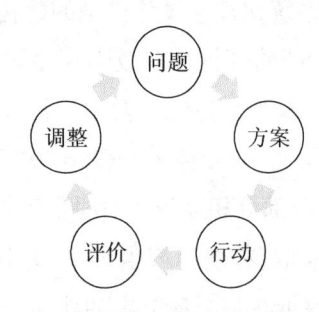

**图 4-2　行动研究的"螺旋式循环"模型**

行动研究的模型有两个显著特征:一是强调教师"在行动中"研究,突出教师的研究地位。二是五个环节("问题—方案—行动—评价—调整")是一个系统性的闭环,一个螺旋式循环的过程,一个无限探索的过程。行动研究的"循环理念"模型以螺旋式循环的结构形象地表达了行动研究既是持续不断的研究,同时又是不断改进的发展进程。

3. 中式课例研究中磨课模型的"反思理念"特征

教师反思行动可以有效提升教师专业水平。反思是把习俗观念、常识、自以为是的想法提升到可靠的理性认识水平。[1]中式课例研究也称为"基于教研活动的磨课研究",强调我国教师在教学实践中持续性改进的特有行为。磨课是中式课例研究中典型的实践表现形态,这一词汇来源于教师教学实践。2006年,磨课一词正式出现在国家政策文件中,教育部办公厅文件《送教下乡培训指南》中明确提出,磨课是实施教师研修的主要环节。[2]学校组织教师围绕研修主题,按照研修任务,结合校本研修,开展研课磨课。磨课环节突出课堂教学问题解决,围绕教学目标、教学内容、教学方法与手段、教学评价等进行打磨,不断反思改进教学设计。

有专家学者把磨课研究模式的基本特征概括为三个关注和两个反思。[3]三个关注包括三个阶段的关注:第一阶段是原行为阶段,教师独立备课,并进

---

[1] 陈桂生.到中小学去研究教育——"教育行动研究"的尝试[M].上海:华东师范大学出版社,2001:39.

[2] 庞雅丽,姜辉.中式课例研究中"磨课"研究的内涵、实践样态及未来趋势[J].上海教育科研,2020(10):33—37.

[3] 王洁,顾泠沅.行动教育:教师在职学习的范式革新[M].上海:华东师范大学出版社,2007:36—37.

行第一次授课,这个阶段是关注教师本人已有的教学经验;第二阶段是新设计阶段,通过教师团队对第一轮授课进行研讨,获取新理念和新经验,在此基础上进行集体备课,并进行第二次授课、议课,此阶段关注应用新理念、新经验进行课案的再设计;第三阶段是新行为阶段,根据第二次授课效果,对教学设计进行第三次重构,作为类似课的经验案例,在此阶段关注的是学生行为调整。

通过两个反思把三个阶段活动连接起来:第一次反思是在原行为结束后,反思已有行为与新理念、新经验的差距。通过反思行动,完成理念和经验的更新,以此为依据,开始新设计阶段。第二次反思是从新设计阶段到新行为阶段,反思理性的教学设计与课堂教学实际效果的实际差距,完成方案在实践中验证过程,实现理念转化为行动的飞跃。中式课例研究中磨课研究的反思环节是教师循证实践模型的重要环节,突出循环性反思行动在教师循证实践过程中的重要性,为教师循证实践的反思环节提供实践的行动基础和依据。中式课例研究中的磨课模型见第二章图2-6。

4. 循证医学模型的"循证理念"特征

循证医学被誉为21世纪的临床医学,在医学界得到普遍认可。循证医学在循证实践领域的研究和实践应用获得巨大成功,也推动了循证实践在其他领域的发展。循证医学认为,临床实践需要结合医生个人经验、患者意愿和来自系统化评价和合成的研究证据。循证医学实践操作模式的特征包括三要素、四原则和五步法,其中实践的五个步骤是:提出问题,检索证据,评价证据,应用证据,后校评价(见图4-3)。[①]

图 4-3 循证医学的实施模型

循证医学的"循证理念"对教师循证实践有直接的启示意义。循证医学的"循证理念"是在其逐渐形成的系统方法论基础上,在实践应用中自下而上地逐渐产生的。循证理念的行动要求在实践过程中,遵循当前获取的最佳证据进行实践。在循证实践领域,遵循证据进行实践已经不再是循证医学的专有名词,而是包括社会科学在内的循证教育、循证决策、循证社会工作等多个学科实践

---

① 李幼平主编.实用循证医学[M].北京:人民卫生出版社,2018:2—4.

关注的方法论和指导思想。国内学者杨文登借鉴循证医学,在循证心理学领域进行了深入研究,我们在研究及建构教师循证实践模型的过程中,也借鉴和参阅了他的有关著作和论文。譬如其所著的《循证心理治疗》一书所介绍的循证心理治疗的实践过程,为我们提供了直观形象。①

如第二章所述,实证研究在教育领域已经引起了广泛关注,并在实践中取得了显著进步,包括量化研究、质性研究在内研究方法的使用越来越普遍,使得许多教育现象得到了前所未有的精准证据的应用和解释。循证理念在教师教学实践中具备了一定的研究基础和技术准备,教师从以往基于常识与经验的实践方式,转变为遵循证据进行教学实践的循证实践方式越来越受到重视。把循证医学的"循证理念"证据特征融入教师循证实践的各个环节(问题、方案、行动、考察、反思)之中,使证据的获取、评价和应用各环节与操作实践的各个环节有效融合,由此可勾勒出教师循证实践的基本模型。

5. 教学设计模型特征与教师循证实践模型的建构

教学理论和教学设计理论是教学设计模型建构的逻辑基础。系统化设计理念的教学设计模型要求把抽象的教学理念以图形描述的方式呈现出来,突出其精简化、可视化、易操作的特点。教师循证实践模型的建构,是在此基础上逐渐形成并不断完善的(见图4-4)。

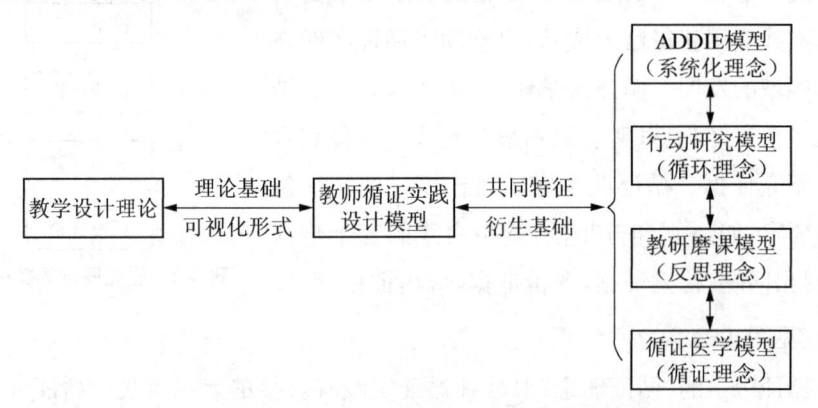

**图4-4 教学设计理论、教学设计模型与教师循证实践模型的关系**

教师循证实践模型以教师循证实践的内涵(四要素)、特点(遵循证据、循环改进)以及循证医学的循证理念为循证理论依据,以ADDIE教学设计模型为模型的系统化设计参考,同时关照教师行动研究的方法基础,以及

---

① 杨文登.循证心理治疗[M].北京:商务印书馆,2012:150.

教师磨课行动的实践基础,并在区域"十三五"国家课题的实践研究过程中,通过多轮循环改进,逐渐形成"实践步骤"和"证据关注"相关联的操作流程(见图 4-5):

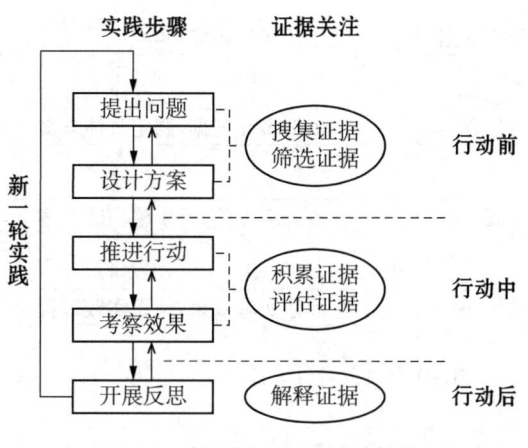

```
实践步骤         证据关注

  提出问题  ┐
           ├── 搜集证据  ── 行动前
  设计方案  ┘    筛选证据

  推进行动  ┐
           ├── 积累证据  ── 行动中
  考察效果  ┘    评估证据

  开展反思  ──── 解释证据  ── 行动后
```

新一轮实践

图 4-5　教师循证实践设计模型

## 二、教师循证实践模型的阐释

如前所述,教师循证实践模型的建构过程是逐渐完善的历程。这期间,在区域探索过程中,实践路径经过了多次循环往复及螺旋式循环上升的过程。

第一轮,在区域开展基于证据的教育反思专项行动中,形成教育反思的基本模型。

第二轮,在反思专项行动的基础上,开展循证实践的模型研究,形成初步的教师循证实践操作模型。

第三轮,在形成初步模型的基础上,通过调查研究,征询区域循证研修班教师、科研室主任意见,进一步完善初步模型。这中间形成过多个版本,我们在此处加以呈现,既可反映我们的研究历程,也体现模型建构本身也是循证推进的过程(见专栏 4-1)。

---

**专栏 4-1**

**课题组研究过程中所形成的循证实践模型的多个版本**

讨论模型 1——2019 年 12 月 5 日

问题/目标 → 前端证据 → 方案设计 → 行动实施 → 后效证据 → 反思

讨论模型 2——2019 年 12 月 15 日

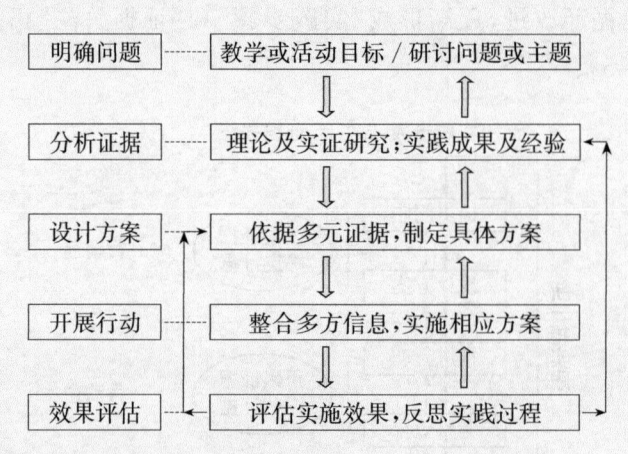

| 明确问题 | → | 教学或活动目标/研讨问题或主题 |
| 分析证据 | → | 理论及实证研究；实践成果及经验 |
| 设计方案 | → | 依据多元证据，制定具体方案 |
| 开展行动 | → | 整合多方信息，实施相应方案 |
| 效果评估 | → | 评估实施效果，反思实践过程 |

讨论模型 3——2019 年 12 月 19 日

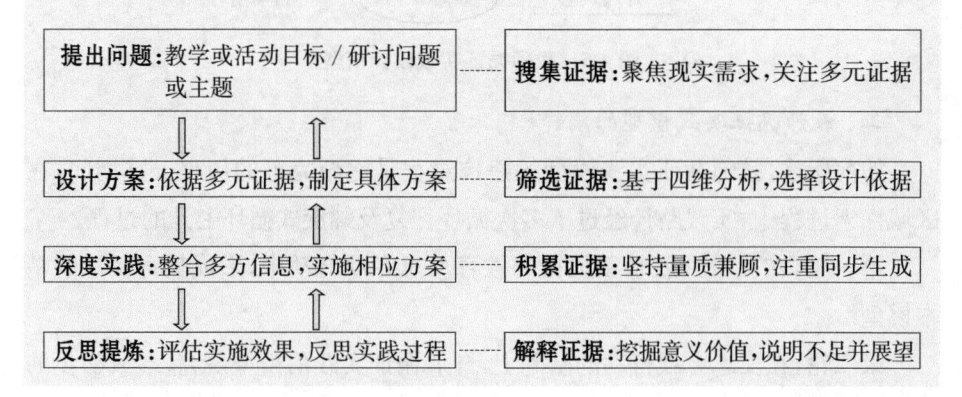

| 提出问题：教学或活动目标/研讨问题或主题 | 搜集证据：聚焦现实需求，关注多元证据 |
| 设计方案：依据多元证据，制定具体方案 | 筛选证据：基于四维分析，选择设计依据 |
| 深度实践：整合多方信息，实施相应方案 | 积累证据：坚持量质兼顾，注重同步生成 |
| 反思提炼：评估实施效果，反思实践过程 | 解释证据：挖掘意义价值，说明不足并展望 |

第四轮，在实践应用过程中对模型进一步优化，形成目前的教师循证实践模型（见图 4-5）。

教师循证实践模型强调根据教育目标或问题，运用规准化证据和个人专业智慧，结合教育对象特点、环境条件所进行的循环性改进实践活动的历程。这一模型既是一个思维导图，将实施要点进行了直观、清晰的呈现，也是对实施操作流程的具体化。

模型图分为左右两部分，左边是实践的过程及行为，右边为过程中对证据的关注要点及相应操作。这一模型凸显了对证据的重视与应用，强调基于证据的持续改进。

本模型的操作要点包括：模型左边的五个环节，首先是一种程序上的一般顺序，体现了循证实践的流程；其次体现了循环改进，即按照问题—方案—实践—反思的过程持续优化;第三,根据实际操作情况,可以由后面的步骤向前面跨步反馈(譬如由效果直接反馈到方案),体现出循环,但具体如何循环以及循环多少次,视具体情况而定。在制定方案时,要将所得的前端证据与专业智慧、对象特点、价值观相结合。

循证实践的核心思想是凸显证据,因此,证据是贯穿全过程的。为了有所侧重及体现对以往实践方式的改进,这里重点强调行动前、行动中、行动后不同阶段的证据特点。

1. 模型的流程环节

教师循证实践模型包括五个实践步骤:提出问题、设计方案、推进行动、考察效果、开展反思。

(1)提出问题:提出教学、活动等方面的问题或主题。这里的问题指的是问题情境,或者是实践的目的与出发点,或者是要解决的某个问题,或者是要达成的某个目标或完成的某个任务。这里描述问题,注意针对性、指向性、清晰性,越具体明确越好。

(2)设计方案:依据多元证据,制定具体方案。对于所要解决的问题或要达成的目标,在证据分析的基础上,准备用什么方法解决、核心举措是什么,要非常明确,过程与细节的安排要非常清晰。准备用什么样的指标和资料来反映行动的效果,以及怎么搜集这些指标和资料,也要提出设想。

(3)推进行动:整合多方信息,实施相应方案。对所制定的方案进行深度实施,在实施过程中注意自我监控,使实施过程成为互动的过程。根据对象的反应及时对行动进行微调,使之更有利于问题的解决或目标的达成。

(4)考察效果:基于充分证据,评估实施效果。对在行动过程中积累的证据要及时分析,要考察行动方案哪些操作是有效的,哪些是低效的或无效的。

(5)开展反思:反思实践过程,总结经验教训。通过基于证据的效果考察,对行动方案进行针对性的修改完善,同时形成基于实施的经验与教训。

2. 模型的证据环节

循证实践的核心思想是凸显证据,因此,证据是贯穿全过程的。为了有所侧重及体现对以往实践方式的改进,本模型重点强调行动前、行动中、行动后不同阶段的证据特点。教师循证实践模型的证据包括五个环节:搜集证据、筛选证据、积累证据、评估证据和解释证据。

(1)搜集证据:聚焦现实需求,关注多元证据。这里的证据为前端证据,指在行动之前,为发现问题或为设计出更好的行动方案而需要依照、遵循、借鉴的依据。譬如为方案设计中的材料选用、内容安排、方法运用、手段使用等提供支撑,即为什么要这样设计,具有充分的依据。

(2) 筛选证据:基于四维分析,选择设计依据。对所搜集到的证据,从证据的科学性、有效性、适用性、操作性等四个方面进行分析与评判(即四维分析),并结合自己的问题或目标进行取舍,决定采用哪些证据作为自己设计方案的依据。

(3) 积累证据:坚持量质兼顾,注重同步生成。这里的证据可以称之为效果证据,指对行动效果进行较为全面、充分、多元的效果考察。这里要体现实证的意识,即效果如何均要有相应的证据作为支撑。包括量化证据(如学业成绩、测量数据、调查数据、观察数据等),也包括质性证据(如观察记录、访谈记录、实物及其分析等)。

(4) 评估证据:把握证据特点,注重多角互证。对量化和质性不同效果证据的特点有清晰的了解,强调多种证据之间的相互印证,以便结论更加可靠。

(5) 解释证据:挖掘意义和价值,说明不足与展望。对在实践中积累的证据及取得的实践经验,结合文献等材料挖掘其意义价值。同时,根据对实践过程的深入了解,客观说明所存在的不足,并对进一步研究和实践深化进行展望。

3. 证据中的前端证据

前端证据的获取是教师循证实践的重点环节之一。前端证据的证据类型和获取方式如下。

(1) 证据类型:如果类型较多,可规定字母,表格中用字母代替。这些证据包括政策标准类(有关的政策、制度、课程标准、文件等),理论实证类(对某些关键概念以及对教育教学规律的提炼、总结,具体来源包括学术专著、期刊论文等),实践经验类(自己或他人的实践经验或有效做法),现状调研类(指校情、师情、学情等现状调研材料)。

(2) 证据名称:指的是证据的标题或者一类同质证据的文件名。比如,某课前测任务单及反馈分析,某主题下的教学设计汇总等。

(3) 证据内容:这部分是重点,主要说明本证据的要点或结论是什么。要考虑为什么要提供这个证据,它是否有代表性、普适性、迁移性以及是否通过改进能够与研究目标达成一致。具体的资料可以在表格内用附件或链接来标注,表格后可附具体内容。

(4) 证据来源：指这个证据是从哪里搜集来的，标注具体的出处或来源途径。

(5) 对应问题：说明这个证据主要解决哪一个或者哪几个问题，表格中可用字母代替。这也需要在开始提出问题的时候，细化大问题之下的小问题。

(6) 对应举措：基于这条证据，在方案设计中形成了哪条具体措施，或者指向哪条举措。

4. 证据中的效果证据

效果证据类别及搜集方式如下：

(1) 效果指向：这一实践最后的效果从哪些方面体现，要明确、具体地呈现反映效果的表述。效果可能体现在教师某素养的提升、课堂某一环节的优化、学生能力或状态的提升，等等。

(2) 检核方式：对于列出的效果，提出能够反映这一效果的具体依据，即依据什么表明会有这样的效果。

(3) 搜集设想：这个证据是怎么搜集来的，说明具体的搜集方式以及基本的操作要点。

(4) 证据类型：如果类型较多，表格中可用字母代替。

以上所说的证据包括量化证据（如学业测验、心理测量、问卷调查，也包括基于现代信息技术手段获取的数据等）与质性证据（质性观察、访谈、图片、实物等）。

# 第五章　教师循证实践的方案设计

中小学教师的教育科学研究有着独特的表现过程和表达方式，扎根于课堂与校园实践场景的教师，需要通过自身的主动反思来寻找问题，用个体的智慧来解决问题，更需要借助一定的研究工具来提升实践的科学性与有效性。在开展循证实践的过程中，需要有循证实践思维逻辑的引领以及循证实践工具脚手架的支持。

本章首先从教师循证实践方案设计的背景入手，剖析推出这一方案的意义与价值，然后对于实践方案的结构组成、主要元素进行逐层解读，展示实践方案的独特形态，帮助教师与长期以来熟悉的教育科研课题的申请方案进行明确的区分，强化循证实践的重要环节，逐步在实际工作中明晰循证实践的基本思路和方法。对于循证实践关键之一的"前端证据"进行深度剖析，回答"前端证据是什么、到哪里去找、找到后如何进行梳理、梳理好了如何呈现"等问题，用实践案例提供行动的操作启示。

教师循证实践的起点源于现实教育教学中的各种问题，当确立了问题之后，就要着手进行循证实践的行动设计。从何入手、用何方法、基于哪类证据寻找到研究的切入口和突破口、最终预设取得何种成果，都需要在研究行动开启的时候有个全面的"顶层设计"，为后续的行动提供思路、方向和方法启示。循证实践方案的开发与运用为循证实践的整个过程描绘了一个清晰的行动路线图，方案中每个组成部分与相应的提示将循证实践的研究导向不断强化。

## 第一节　教师循证实践方案的创生思考

一、教师循证实践需要有法可依

教育中的循证实践是指教育者在教育实践过程中，针对真实的教学需求，通过教育者本身的个人经验判断,并结合学生和实际教育情景,寻找各种最佳证据,并将其运用到教学实践的过程中。作为一种基于证据的教育理念,循证实践契合当下全球教育所提倡的质量意识和责任意识,打开了教师教学研究的新视域,"为教师教学决策及教学实践提供了合理依据,提高了教学的科学化和理性化水平"[①]。课堂改进从基于经验走向基于证据,为教学变革和教学质量的提升提供了新的视角,对教育研究走向科学化与实现教育高质量发展有着重要的意义与价值。

从长久的实践中发现,教师的教学实践尤为明显地体现出个人教学经验积累应用的特征,教学反思和改进有着明确的主观性,也因此反映出由于个体的差异所引发的实际教学水平的差异。在日益复杂多变的教学环境下,当代教师更需要有能力甄选和运用科学的方法对于一些结果做出解释,运用系统的设计方式展开理性与感性相结合的实践,提升理性分析的效果,见微知著探寻原理,用更综合的研究组合和更多元的信息类型来回答更深层次的问题,解决更复杂的教学问题,满足不同学生群体的学习需求。对教师而言,基于一线课堂实际开展循证研究,就是在个人经验的基础上,培养起证据意识,形成"发现问题、寻找证据、评价证据、实施证据、效果评估的能力"。

循证实践强调基于已有的研究成果来指导教育实践,基于问题剖析的证据实施教育实践,在问题提出之后,有针对性、有固定轨迹地寻求和验证在教育过程中发生了什么、产生了什么、原因是什么以及结果会怎样,有一个清晰可考察的实践记录过程,强调过程中的理性化、科学化与可视化,[②]给课程教学和评估等提供科学的依据。循证教学的价值主要体现为革新理念,使有据可依;转换思维,使有迹可循;明确过程,使有法可效。[③]

举一个简单的例子,学校里时常有公开课展示的机会,相比较家常课,公开课会经历一次次备课、说课,在逐次的打磨中逐步走向精致。回顾这个过程会发现,因为我们用心地去找寻改进的空间,故对于每一个环节、每一个细节都予以关注,提出的评判会找到具体的证明依据,如教师的语言记录、学生的表现记录、同行的观摩记录。但是我们也会发现,在这个打磨的过程中,问题意识不明确,搜集哪些信息作为评课改进的依据,是主观的,也是随意的。参与者投入程度的主观随意性也明显,容易受到个人经验的影响。专家型教师看到的多、看

---

[①②③] 崔友兴.论循证教学的内涵、结构与价值[J].教师教育学报,2019,6(02):53—58.

到的深,而新手教师、普通教师看到的会少一些。因此,即便同样是一节课的打磨过程,不同的人对同一节课的追求深度和方式也是不一样的。有学者认为,从经验视角看,课例研究是一种循证实践;从问题视角看,当前课例研究还不是循证实践。[1]如何提高这个打磨过程的全面性和深刻性,如果有一个明确的问题导引、一份系统而详尽的"清单",则可以提示出从哪些角度去进行深层多次的追问。无论是怎样的观课教师,可以在一个有意义的框架引领下,再现课堂语言与行为表层的背后真相,基于这些现象进行的思考、观察、改进,显然会有更好的效果。因此,近些年也诞生了很多课堂观察的记录量表,形成了一些课例研究的实践范式。

从调查中发现,教师的循证意识因个体的不同而有较大差异,在能力方法上有待提高。如何有效地实践循证,教师需要有一个行动的支架,提供问题解决方案的理想化模型。

循证实践的过程逻辑决定了整个研究的行动具体方向。有学者认为教育研究的循证实践有两个关键:一是注重循环性的历程,在尝试循环中改进;二是寻找规准化证据。[2]我们需要设计一个循证行动的方案将这两者有机融合到一起,对拟展开的循证实践做出整体设想与顶层设计,提供给教师一个实践的支持性行动框架,通过有明确指向的针对问题的研究实施图,清晰地展示实施计划的具体安排和问题解决所需的步骤,用具体的环节告诉教师每个阶段该做什么和能做什么,将循证的意识贯穿其中,规避行动的主观性,保持对特定目标的追求。要通过多层次、多维度的信息集合来实现对于某一种教学思想、某一个教学设计的现实态势的聚焦,让真相的再现更准确,走向的判断更明确。

二、教师循证实践需要有据可依

循证,从原意来看,循,即遵循、依循;证,即证据。证据,在教师的研究中并不缺少,几乎所有教师都会在设计活动之前参考相关资料,少数教师会主动查找论文、翻阅书籍等。当要写课题申请书、中期报告、结题报告、论文的时候,或者进行教研活动的时候,查阅文献的情况会增多。在研究过程中,也会去搜集一些课例、活动设计、学生作品或者进行一些调查等。

---

[1] 杨玉东,严加平.对中式课例研究中循证实践的再理解[J].上海教育科研,2022(02):9—17.
[2] 顾泠沅.回望与期盼[J].上海教育科研,2018(02):1.

教师在进行一项专题研究的时候,多数会自然地在行动开始之前,进行一些信息的搜集,可以说也有意无意地进行了基础证据的获取。比如提交的课题报告里会有文献综述,会有实践案例或者调查数据,但这些材料的数量、容量和涉及的范围不同的人会表现出较大的差异,对于材料的应用和分析也没有成为被关注的重点。常常是在实践过程中,不是没有证据,也不是没有进行证据的获取,而是忽略了多样性证据的有意义获取,以及对于证据的应用和证据的实效性的分析。

循证实践是一个复杂的生态活动链,包括证据的产生、证据的综合、证据的转化、证据的实施等环节,只有把这些要素作为一个整体来考虑,才能在教育中形成一个有效的证据生态系统。[1]

循证实践方案的诞生,在某种程度上是为了强化与扩大证据的实践作用,实现从经验走向证据的转型。证据贯穿在循证的全过程,在方案的设计中,行动前、行动中、行动后不同阶段都有证据,只是不同阶段的证据有不同的特点。在每一个阶段证据都会经历获取、分析与应用的过程。行动之前的证据获取分析是为了来印证问题提出的意义价值,寻找问题深入发展的切入口,这部分主要是为了改进实践所依照、遵循、借鉴的研究结果、优秀经验等,这也是与以往的行动研究和传统实践的重要区别之一。循证过程中的证据是为了说明实践的走向正确与否,验证方式正确与否。一遍遍的筛查,最后留下来的证据则是最直接与最优的证据。

中小学循证实践模型的证据包括了五个环节:搜集证据、筛选证据、积累证据、评估证据和解释证据。这些证据环节只有在一个行动计划里连续体现,方案的设计才能呈现出独特的样貌和独特的意义。

### 三、教师循证实践方案设计要点

提出循证实践的理论是走出了教育研究的新步子,但如何切实地通过行动践行这个理论,保障每一位实践者都可以理解和应用循证的思想和方法,对于广大的中小学教师来说,这是循证实践的关键和难点。设计一个容易被教师理解但又可以聚焦循证的特征,并和循证模型适配的方案,是教师循证实践方案设计的指导思想。

循证实践方案需要凸显证据的存在。我们通过检索发现,学者们就循证

---

[1] 李霞.循证教育:英国的实践探索[J].比较教育研究,2021,43(08):71—78.

实践提出了不同的操作步骤,或五步或七步(具体可见本书第一章论述),无论是几个步骤,可以明确的一点是,循证实践需要经历一些必不可少的步骤,从问题到证据再到结果,仅证据就包含搜集证据、评价证据和应用证据。因此,"证据"的步骤需要格外凸显出来,既要有开始时的基础阐述证据,又要有研究结束时的成效检验证据,保证在行动的每一个阶段给予教师明确的引导和启示,激发起对于证据的搜集和关注,基于证据展开行动的下一个环节。

循证实践方案和常规教育课题方案有清晰的区分。广大教师在实施循证研究之前,也在进行一些科研课题的研究、实践项目的运作,而这些课题和项目通常也需要一定的方案设计,一般课题方案都会包含以下几个组成部分:

一是立论依据,即本项研究的理论价值和实践意义,国内外研究现状分析,附主要的参考文献。

二是研究方案,即研究目标、研究内容、研究方法(研究技术路线)、研究过程、本项目拟解决的关键问题和特色创新之处。

三是完成研究的条件分析,包括现有研究工作基础、研究的外部条件、课题组人员结构、研究经费、设备等。

四是成果形式与最终完成时间。

这四个部分主要回答"要研究什么""为什么研究""如何研究""有何成效"问题,揭示了研究的意义和价值。

普通科研课题的方案中对证据特别是前端证据仅仅在立论依据中略有提及,多聚焦于一些文献的梳理。从实践中发现,这些内容往往仅成为立论的辅助说明,和后续的研究之间的关联度并不紧密。教师要开展循证实践显然需要运用一个更能凸显循证实践重点的方案进行研究行动的规划。

循证实践方案需要关照中小学教师的研究特点。要站在实践者——教师的行动视角上设计循证实践方案,将教师实践中可能遇到的困难和问题尽可能考虑全面,为教师提供一个细致的行动指南。

循证实践方案愈是贴近中小学教师的实际,愈是会降低教师接受与操作的难度,教师们在和方案不断"互动"的过程中,将逐步穿越认知与行动的"盲区",了解与掌握循证实践的主要技术路线和操作方法,理解与迁移运用循证实践的核心思想。

## 第二节　教师循证实践方案的结构解析[1]

### 一、循证实践方案的要素构成

1. 认识循证实践方案

基于"方案"视角的理性思考，我们研发了中小学教师循证实践的专门方案，针对教师实际操作过程中可能面对的问题以及基本的行动流程，设计了八个操作点，包括对应的依据、特点、关键要点等方面的阐释，在教师进行循证实践的过程中给予积极的干预与引导。

循证实践行动方案主要包含以下一些要素。

一是问题名称。主题或问题要大小适宜，能做一个学年；主题要体现针对性（是遇到的现实问题）、创新性（在思路、实践上有突破）、关联性（与学校的改革项目有机结合）。问题名称的表述要反映研究对象和核心内容。

二是选题分析。分析包括核心概念解读、问题本身的意义价值（重要性）、研究的必要性（对现实问题要有明确的归纳）、研究的可行性。表述要与搜集到的前端证据关联，体现层次与逻辑；使用小标题或主题句概括内容；使用图表、摘引，增强学术性。

三是实践目标。指在问题解决或达成结果上有什么期待，形成什么样的解决策略、方法、要则等。目标表述要体现层次，简洁、可测，使用如形成、探索、建构、研发等行为动词。

四是前端证据。指在问题选择及解决问题的操作方式方法的设计上，有什么依据。要详细描述搜集了什么证据，从哪里来的，主要结论与内容是什么，作什么用处。要体现匹配性、针对性、指导性。证据搜集来源尽可能多样、全面。对所搜集到的证据，从证据的科学性、有效性、适用性、操作性四个方面进行分析与评判，并结合自己的问题或目标确定证据的纳入和剔除标准。

五是举措要点。对于所提出的问题，在前端证据分析的基础上要确定准备用什么方法解决，行动的关键要点和核心举措是什么，怎样设计。举措要点与

---

[1] 本节中使用的案例片段涉及大宁国际小学、万航渡路小学、安庆幼儿园等，这里统一说明，后面不再一一列出。

行动目标要相互匹配,分点表述。每个要点要清楚表述举措的具体内容和操作设想。

六是过程安排。指具体开展行动的过程与细节是如何安排的,特别是解决问题的核心环节是如何操作的,时间、人员、预期成果等是如何落实的。

七是效果证据。设想用什么样的指标和资料来反映行动效果,以及准备怎样搜集这些资料。

八是预期成果。指取得什么样的阶段成果和最终成果。

如果对方案中的各个要素进行分析的话,可以分成几个部分,一是背景性要素,即实践领域、所在团队、实践周期、实践对象等,主要是为了反映实践本身的背景。二是工作性要素,即过程安排,可以清晰地反映预设行动轨迹,让整个研究行动有步骤有章法。三是设计性要素,显然也是最为重要的,包括选题分析、实践目标、举措要点、前端证据和效果证据。特别要注意的是,对于证据,为了充分的表现,都强调以附表形式单独列出。

以上为方案的要素解读,在实际操作中,为了方便教师使用,我们以表格形式呈现,具体的形态与样式见本章第三节的案例参考。

2. 方案中的"证据"解读

循证医学的核心是在日常治疗实践中建立和推广"最佳证据",通常的做法是对现有的科学研究证据进行评估和分级。一般来说,证据级别由高到低包括:系统综述和随机对照实验的结果;准实验研究、相关研究、病例个案研究等得出的结论;教科书上的建议、个人经验和专家意见。证据这个术语是指围绕特定服务对象和结果的确定变量而搜集的数据或事实。就最广泛意义而言,证据包括用来决定和解释真理性的所有事情,或通过证据证明自身的真理性,甚至还包括获得证据的研究过程。教育教学改革援引的证据不一定是纯粹的数据或者客观事实等材料,它还包括思想、观念和价值等内容。[1]

教师在做循证研究的时候,既是证据的检验运用者,也是证据的丰富与创生者。教师面临的问题是因为什么找证据,找什么样的证据,到哪里去找证据,找来的证据发挥什么解释力,等等。在循证实践过程中,证据所起到的作用有这样几种:支持研究行动的开展、验证行动的实效、解释行动的缘由以及清晰研究的方向。获取的证据从内容上来看,有的已经部分存在,有的需要补充完善,

---

[1] 曹志峰.基于证据的实践:教育教学改革的依据与范式[J].当代教育科学,2018(12):30—34.

有的可以借助实践进行检验。

为提高教学效率,一线教师最需要培养的能力就是带着教学中发现的问题,寻找通过实践行动得出的有效方法,用以解决遇到的现实问题,以及提高实践的效能,而证据则是支持与解释这些方法有作用的原始"材料"。究竟有哪些原始材料属于证据、适宜用作证据呢?

在方案中出现了两次证据,一是前端证据,指在行动之前,为发现问题或为设计出更好的行动方案而需要依照、遵循、借鉴的依据。譬如为方案设计中的材料选用、内容安排、方法运用、手段使用等提供支撑,即为什么要这样设计,具有充分的依据。二是后效证据,即准备用什么样的指标和资料来反映行动效果,以及怎么搜集这些资料。在循证实践方案和循证实践报告中,都会列出前端证据、核心举措、效果证据,其实在两个材料的撰写中,是有差异和侧重的。在循证实践方案中,前端证据、核心举措是重点,特别是前端证据,要非常详细和明晰,还要有附表说明;但对于效果证据,则是简略表达,是提出一些检验效果的设想。

前端证据贯穿于问题拟定到方案设计的全过程,帮助概念的厘清,给予选题方向的引领,为行动操作提供借鉴与改进的经验。在丰富的前端证据基础上,后续的研究可以发现新的生长点,对于前端证据的充分发掘和应用也是循证实践与以往行动研究和传统实践的重要区别。

关于证据的分类,我们在第四章有过一些分析,这里再结合中小学教育教学的实际,进行一些补充和细化。从量化与质性而言,量化证据包括学生成绩或幼儿发展水平数据、测试数据、学业测验、心理测量、问卷调查结果、结构性观察数据、专业量表测评数据、网上生成或追踪数据等;质性证据包括访谈记录、观察记录、日志、学生作业、图片、音像、其他实物等。在循证实践方案中,为了便于操作,我们把前端证据分为四类,一是政策标准类(上级部门颁布的政策、制度、课程标准、文件等);二为学术理论类(对某些关键概念以及对教育教学规律的提炼、总结,具体来源包括学术专著、期刊论文等);三是现状基础类(指校情、师情、学情等现状材料);四为实践经验类(指自己或他人的实践经验或有效做法)。

## 二、循证之路开启的问题选择

循证实践作为新的研究范式,是运用新的研究思维来进行研究,选题上的突破也利于循证内容与过程的丰富性,没有具体的问题做引导很难找到具体的实践着手点,进而也很难获取明确的证据,因此循证的起点是寻找到一个指向具体的问题,提升实践过程的有效性。

任何一个循证实践的起点总是一个适宜的教学问题,这个问题是真实的、有意义的,值得去解决以及需要去解决的,这是实践的目的或出发点。英国科学家贝尔纳曾指出:"课题的形成和选择,无论是作为外部的经济技术要求,抑或作为科学本身的要求,都是科研工作最复杂的一个阶段。一般说来,提出课题比解决课题更困难。"[1]提出问题比回答问题更难,问题的模糊、价值性不强常常导致后续的设计指向性不明确,造成行动的低效。因此,问题需要有价值,有明确的针对性与指向性,学生对象范围要明确具体几年级或者哪个群体,更要切实可行,可以通过操作行动得到实施和检验。

主题或问题范围要大小适宜,层面中观。太宏观,容易笼统发散;太微观,用最简易的证据就能完成,无需大费周折。从时间延续上来说,研究至少可以做一个学年。主题要体现针对性,即是已经遇到的迫切需要解决的现实问题,是基于现实问题的理性审视和选择;主题要有创新性,指在研究主题、思路上有创新,在实践做法上有突破;主题要有关联性,是与学校或者是其他一些研究紧密相关,有利于形成整体的研究力量,从不同侧面反映问题解决的全面方法。主题名称的表述上要反映具体研究对象和核心内容,直接阐明研究的问题,问题的描述应清晰、准确。

比如,某学校准备开展一个跨学科项目"不同凡响的京韵之美"的研究,融合了美术、语文、体育、音乐、劳技等不同学科。在这样的主题之下必须明确的是要研究哪些具体的问题,是学习内容的优化,是学习方式的创新实践,还是学习资源的均衡提供?问题的提出可以从不同的视角展开。从语文学习的角度,京剧剧目丰富多彩,其中有很多都是以我国的历史故事、文学名著为题材编排的,比如《封神榜》《盘丝洞》《白蛇传》《宝莲灯》《完璧归赵》等,京剧有没有现代故事?从艺术的角度来说,为什么京剧人物脸上画那么多颜色?不同的脸谱不同的颜色标志着什么,京剧里常用的乐器是什么?从科学的角度而言,画在脸上的油彩是什么原料,可以用水洗掉吗?京剧里的动作是真正的武术动作吗?还可以从跨文化角度、从社会学角度来发现新的问题。对于该校而言,京剧不是一个新的话题,因此格外需要去发掘在前期的实践中尚存的问题,找到切

---

[1] [英]贝尔纳.陈体芳译.科学的社会功能[M].南宁:广西师范大学出版社,2003:109.

入口。

在有了适宜的研究主题后,需要依据证据对选题进行剖析,清楚地显示出后续的行动思路。首先,分析力求全面,包括核心概念解读、问题本身的意义价值(重要性)、研究的必要性(比如需要对学校自身现实问题进行明确的归纳)、研究的可行性(即整个实践的开展是否可以顺畅地展开,有没有具备充足的条件,现实状况、团队情况)等。其次,分析问题的层次由宏观到微观,由远及近,逐步接近实践者面临的最现实需求。再次,作为循证研究,选题分析需要基于多样化前端证据,可适度运用数据、图表、概括后的文献索引加以呈现。从行文上来说,分析表述可用小标题呈现层次,有提炼的主题句,以及实质性的相应叙述内容。下面以实例说明。

案例5-1:"指向学生深度学习的英语学科思维导图的设计与实施研究"选题分析

1. 深度学习能力有助于提升学生的英语学科核心素养

本研究中"深度学习"的主要内涵为"借助具有整合作用的实际问题激活深层动机,展开切身体验和高阶思维,促进深度理解和实践创新,进而对学习者产生深远影响的学习样态"。相对浅层学习,深度学习在记忆方式、知识结构、学习动机、迁移运用、思维水平和学习过程这六个方面均有不同。深度学习提倡积极主动的学习,着意知识的深度加工,要求沟通交流与合作,注重迁移,面向问题解决以及强调自我反思与评价,培养高阶思维能力。

学科核心素养是学科育人价值的集中体现,是学生通过学科学习而逐步形成的正确价值观念、必备品格和关键能力。英语学科核心素养主要包括语言能力、文化意识、思维品质和学习能力。"深度学习"能帮助学生借助语言主动获取、梳理、概括、整合信息,从而获取基于主题的新知识结构;帮助学生通过丰富的学习和实践活动将习得的内容内化为个人知识和能力;能帮助学生运用所学语言知识、语言技能以及不同语言类型,在新的语境中主动构建意义,表达情感和态度,表现出更完整的认知结构,更得体的语言运用,更高阶的思维层次,更明确的价值取向和行动选择。这样,也就同步实现了语言能力、文化意识、思维品质和学习能力的共同发展。

2. 小学英语课标对学生的思维能力提出了较高的要求

义务教育阶段英语课程的总目标为学生能通过英语学习形成初步的综合语言运用能力。综合语言运用能力的形成是建立在语言技能、语言知识、情感态度、学习策略和文化意识等方面整体发展的基础之上,强调培养学生"能用英语做事情"。英语教学要着力于提升学生在英语学习中的思维能力。通过教师的日常实践发现,思维导图可以成为英语学习中提升学生思维能力、优化思维品质的有效载体。根据本校学生学情,我们认为思维导图可以是英语教学中训练学生思维能力的一个重要手段。

3. 运用思维导图撬动深度学习对小学生英语学习的重要性

思维导图被称为"大脑的存储数据库,是 21 世纪风靡全球的革命性思维工具、知识管理工具、心智开发的学习工具"。英语作为非母语的语言学科,学习的过程是由词到句到篇逐步积累的过程,输入与输出紧密关联。学生在接触英语时,缺乏适度的生活语境,学习到的是碎片化的英语语言点,散见于不同的学习时段和不同的学习主题中。利用思维导图开展教学,能促使教师有效传递语言的学习方法,指导学生运用思维导图这一可视化工具学会搜索、整理、提炼信息,有效地将这些知识碎片聚合以促进思维发展,引导学生建立新旧知识之间的逻辑关联,培养主动学习、自主学习的能力。在绘制思维导图时,学生的新观点、新想法不断被激发出来,帮助学生在学习过程中建立批判理解力、有机整合力、建构反思力与应用迁移力,借助思维导图逐步培养学生的深度学习能力。

4. 本校英语学科在思维导图设计与运用方面的现状分析

目前,思维导图在学校里的运用散见于不同教师的不同课堂、不同主题的学习内容。在运用的形式和功能发挥上带有比较多的教师个人色彩,缺乏针对学生的学情进行的整体规划,以及缺乏对已有实践资源的优化整合,在导图设计的广度和深度上缺乏较为规整的尺度。从前期搜集的教学个案来看,思维导图主要运用于常规的课堂教学,教师提供给学生自主学习、主动发挥的空间有限。

(1) 教师对思维导图的认识基础。低年段教师的有效案例百分比为 60%,中高年段教师的有效案例百分比为 62%,说明无论低、中、高年段的教师在理解思维导图的含义和形式上存在差异,运用思维导图进行教学的行为存在偏差。

(2) 不同课型思维导图的使用情况。教师在词汇课、复习课、故事课、阅读课和写作课中都尝试运用思维导图辅助教学,使用比较频繁的课型有词汇课、故事课和阅读课。

(3) 不同类型思维导图的使用情况。教师对多种类型的思维导图都尝试运用,其中使用频率较高的是气泡图、流程图和树状图。气泡图的使用最为频繁,达到44%。

(4) 不同年段思维导图的使用情况。低年段的老师在词汇课和复习课中较多使用思维导图,且常用的形式为气泡图和树状图。高年段的老师在故事课和阅读课中较多使用思维导图,且常用的形式为气泡图和树状图,但在锻炼思维含量的写作课中,极少使用思维导图。

(5) 全学段思维导图应用目的情况。教师使用思维导图的应用目的分为语言拓展、句式巩固和表达支架,其中作为语言拓展应用的比例占29%;而作为表达支架的应用占比最多,高达57%;将思维导图用作句式巩固的运用最少,仅占14%。

(6) 各年段思维导图应用目的情况。低年段教师将思维导图作为学生的表达支架、句式巩固和语言拓展的频次相对较均衡,中高年段教师则更倾向于用思维导图作为学生的表达搭建支架。横向比较不同年段,作为句式巩固的应用目的来看,它的被使用频次均是最少的。

5. 我校学生目前在英语学习中使用思维导图的现状

(1) 低年级段。基于我校低年级段英语教师在起始年段已经尝试在课堂中以思维导图为支架进行教学,因此一、二年级学生对英语学科中的思维导图形式,尤其是气泡图并不陌生。学生能够根据教师提供的完整、封闭的思维导图,理解所表达的主题,并抓取关键信息。

(2) 中年级段。三年级信息学科的学习中,学生已经比较完整地认识了思维导图的概念、形态、结构,了解其中心主题和各级分支之间的关联,并能绘制简单的思维导图。在这一能力基础上,学生在英语学习过程中能够在教师的要求和指导下,对于教师所给出的半封闭式的思维导图进行扩充与完善,并进行小篇幅的句群表达,完成学科学习任务。但是,学生主动运用思维导图归纳整理的意识比较薄弱,缺乏主观能动性。

(3) 高年级段。四、五年级的学生对思维导图在英语学科中的运用已非常熟悉,在英语故事与语篇学习中,能够借助气泡、树状类型的思维导图对故事和语篇内容进行归纳、整合、梳理,并进行有逻辑的复述。在学科活动中,学生能够尝试根据某一特定主题,自主绘制思维导图,具备了一定的信息搜集整理、筛选整合能力,所绘制的思维导图也有一定的创意性,并根据思维导图进行有条理的口语语段表达。

学生所选用的思维导图类型大多局限于气泡型,这与教师在日常教学中常用气泡类思维导图的实际情况有关。学生所设计的思维导图发散性程度存在差异,一般能够有两个层级,而能够再进一步深入、发散,画出三个以上层级的学生比较少。高年级学生在运用思维导图方面的能力参差不齐,有些学生的层级分布比较混乱,结构性与逻辑性不明显,有些学生对资料的筛选整合、提取关键词的能力较弱,画出来的思维导图过于繁复。

6. 可突破、进一步研究的发展点

根据我校英语学科在思维导图设计与运用方面的数据解读与现状分析,发现在课堂教学中,教师是设计思维导图的主体,学生在运用思维导图时的效率和效果与我们预期的设想存在差距。目前我校英语教师在教学中运用思维导图的尝试,多停留在借鉴他人经验的初步尝试阶段,尚未开展系统性的学习与梳理,在日常教学中对所积累的经验也未进行总结与归纳,未形成规范性。教师能做到有意识地去设计各种思维导图,让思维导图成为学生学习语言的支架,但主要的方式是呈现学习内容,缺乏深度学习的趋向性。师生共同运用思维导图的空间比较局限,课型单一,在复习课和故事课中使用较多,在其他课型、课后练习、学科活动中使用较少。

基于此,我们希望通过此次研究,能帮助教师打开思路,能引导教师将封闭式的思维导图变成半开放的状态,能在不同课型中尝试使用各种导图模型,基于牛津英语及校本补充内容的梯度变化,在不同年段展开实践。

通过低年段学生对思维导图的耳濡目染,我们希望学生在对思维导图有初步了解后,能根据特定话题积累相关词汇。到了中高年级时,学生在调用思维导图整合相关词汇、句型进行表达的基础上,能根据特定的话题,搜集相关信息支撑自己的观点,并能做到语言流畅、内容丰富,表达富有逻辑性。学生由接收者逐渐演变成思维导图设计的主体,能够结合学习内容,运用不同形式的思维导图进行呈现,呈现的内容也更为多元化,如学习资源的整理,螺旋式上升的相同主题下学习内容贯通的扩容。随着输入量的递增,能使学生设计的思维导图呈现更多的开放性。期望经过五年的学习体验,学生能在综合性英语活动中运用思维导图解决学习问题。

上述案例中,研究者从六个方面阐述了选题的意义价值,既有宏观的学生素养培育需求,又有针对主题的理性分析,更有第4、第5部分对教师、学生在思维导图的理解与应用上的状态进行量化的调研与细致的数据分析。在第6点中提出了明确的、亟待解决的、具体可测的问题,这些问题是建立在从宏观到微观、有质性有量化的证据分析基础之上的。由此,这些分析明晰了后续研究的方向,开启了循证研究起于证据、基于证据的实践之路。

在进行选题分析时,尤其需要关注的是前端证据与研究主题以及研究预设的目标和举措要点的之间相关性。前端证据既是对选题给出的有力支持,反映研究的必要性和重要性,也是对研究开展的有力指导,反映原有实践的"盲点""弱点",捕捉到可以变革的"重点"、"难点"和"突破点"。

**案例5-2:"在语文校本课程实施中开展主题学习的实践性循证研究"选题分析**

1. 传承历史文化

中华传统经典文化是中华文明传承千年的重要载体,上下五千年流传的经典浩如烟海。我校是非物质文化遗产的传承基地学校,在本校开展"小小国学社"经典文化诵读,是非遗传承的一个重要活动。

2. 拓展基础课程内涵,加强课程整合

"小小国学社"将重视语文学科的基础性和可持续性,从知识与技能、过程与方法、情感态度与价值观三个方面拓宽语文基础内涵,改进完善语文课程内容中对古诗词的忽视,促进形成较合理的认知结构。

3. 完善学习方式,拓展学习时空

"小小国学社"倡导自主探究、实践体验、合作交流的学习方式与接受性学习方式的有机结合,倡导"读""诵""说""演""练"等有机统一的学习过程,倡导合理灵活地利用各种课程资源和信息技术进行学习,实现学习方式的多样化,通过多种途径满足学生多样化和个性化发展的需要。

选题分析时除对于宏观与中观的意义分析外,更强调对于现实情状的分析。

上述案例中,对于选题的应然分析较多,但对于已经做到了怎样的实然情况,以及与主题"校本课程""主题学习"的关联性,缺少必要的分析,造成了需要解决问题的不够清晰,因此也无法对所探讨的问题形成清晰明确的解决策略、方法、要则等。

三、循证实践的目标和行动要点设计

举措要点即是通过什么方式来进行循证实践,准备用什么样的指标和资料来反映行动的效果,以及怎么搜集这些指标和资料的行动设想。

核心举措是预设的,是尚未经过实践检验的构想,是研究团队将要采取的具体做法或建构的框架,需要突出实践路径的清晰性和实际行动的可行性,表述清楚举措的具体内容和操作设想。操作的步骤要非常明确,过程与细节的安排要非常清晰,要点与实践目标要相互匹配、分点简明表述。结合选题分析,要确立明确的实践目标,体现层次性,表述上有指向性,使用相应的行为动词。

案例5-3:"小学低段口语交际'任务包'的设计与应用研究"举措要点
**一、开发设计"任务包"**
"任务包"主要包括核心活动方案、学习活动单、多元学习资源以及活动量规。

1. 设计以交际为指向的核心活动

针对口语交际学习活动设计偏向于表达而缺乏交互性,根据教材提供的学习内容以促进交际为指向,设计核心活动。核心活动包含任务设置、任务的目标和交互情境的创设。

2. 设计推动深层交互的学习活动单

针对口语交际学习活动须增强交互性的问题,关注核心活动实施过程中的组织方式——多形式小组活动,尝试开发学习活动单。学习活动单可以是提供学生参与交际活动的准备支撑,如呈现可以运用的词句、图片以及思维路径图等;可以是学生交际活动所要达到的目标及以供选择的方法策略;可以是学生以小组合作形式共同参与活动的任务表。

3. 开发促进交际互动的多元学习资源

针对口语交际学习活动资源的缺乏,教学实践难以形成长效机制以达成目标的问题,开发多元学习活动资源。学习活动资源包含多媒体影像资料、学生学习展示平台,以及由教材提供的阅读材料中挖掘的口语交际学习内容,即单元背景下阅读学习情景中的口语交际活动素材等教学资源,以此帮助学生能高频次、多层面的开展互动,促进交际能力的提升和激发主体交际意愿。

4. 开发促进主体深层交际互动的活动评价量表

针对评价方式不够多元的问题,我们设计了活动评价量表。交际互动过程中,学生随互动推进,在"听者""交流者"甚或是"组织协调者"多角色中进行转换。量表设计以检测学生任务目标达成的实际情况,但更关注学生学习过程性的参与质量。

## 二、探索"任务包"设计原则和应用策略

第一,"任务包"的设计为学习活动目标达成服务,首先要考虑其"适切性",任务的核心活动设计及过程性评价要与教学目标高度匹配。

第二,由于"任务包"应用对象为低段学习者,学习活动单的设计应考虑其图文并茂的"可视性"。

第三,"任务包"的设计旨在促进学习的"交互",因此要更关注核心任务情境创设、活动组织形式、师生互动(提问与应答)策略对学生形成互动的"交际性"。

## 三、设计评估量规检测教学实效的变化,形成循证机制

根据"任务包"的四大板块即核心活动、学习活动单、学习资源、学习活动评价,从教师、学生及媒介三个角度进行1.0版"任务包"设计与应用有效性的评价量规设计。

对于教师的核心活动设计、活动中提问设计、活动组织策略选择,以及学习活动单对交际活动支撑、个性化学习和促进合作交流的作用,设计具体的评估量规,来检测任务设置趋向性及对提升学生口语交际能力的有效性。对学习资源的开发设计,则从媒介对学生口语交际学习的延伸性及对学生交际意愿的激发上进行评价。对于学生的任务目标达成度,通过课堂观察、设置语文综合活动进行表现性评价,来判断"任务包"对提升学生口语交际素养的有效性。

通过设计量规,以检测任务包对提升学生交际意愿、交际能力带来的改变,搜集相关数据与案例,进行分析,从而总结归纳出有效的做法,进行第二次调整。

该案例中,基于前端证据发现的问题通过举措要点一一落实,针对口语交际学习活动设计偏向于表达而缺乏交互性,根据教材提供的学习内容以促进交际为指向——设计核心活动;针对口语交际学习活动资源的缺乏、教学实践难以形成长效机制以达成目标的问题——开发多元学习活动资源,从而形成具体、明确、可操作的要点举措。

## 四、前端证据的问题阐释

循证实践是基于证据的实践,前端证据和选题分析、举措设计之间要密切关联。戴维斯·菲利普(Davies Philip)指出,基于证据的教育教学改革有两个

操作层面:一是利用世界范围内研究已经得出的科学结论及与教育相关的文献证据;二是在现有的证据匮乏或已有的证据存在疑问、具有不确定性及薄弱性的地方建立好证据。①

安德烈亚斯·施雷歇(Andreas Schleicher)指出:"如果没有证据,你有的只是观点而已。"②证据用来支持行动、解释行动,降低经验的碎片化与差异化。用结构化与半结构化的方式处理证据,将定量和定性的证据、理论与实践的证据、个人与他人的经验证据有效地结合起来,详细描述搜集了什么证据、证据来源是什么、证据的主要结论与内容是什么、发挥什么用处,体现出与研究的匹配性、针对性和指导性。当下,随着互联网技术的普及,寻找证据也变得越发便利,只有提高证据的分析应用质量,发掘出证据对于实践改善的作用,才是真正实现循证的意义所在。

1. 寻找证据

在方案中体现最明显的为前端证据,指在行动之前,为发现问题或为设计出更好的行动方案而需要依照、遵循、借鉴的依据。前端证据的一个很重要的功用是帮助研究者建立一张研究的"地形图"。前端证据不仅是研究者对于他人已经开展的研究的了解,也是对自身已经进行的教育实践的追问和反思。两者结合起来,"有了这张图,才容易找到自己从事研究的突破口,而不会重复已有的研究成果,做辛劳无功的事情"③。

前端证据的寻找路径为"初设需求—广泛搜集—制定标准—归类提炼—发展更新"。证据搜集来源尽可能多元和全面,有利于形成多元互证,增强证据的科学性。譬如为方案设计中的材料选用、内容安排、方法运用、手段使用等提供支撑,即为什么要这样设计,具有充分的依据。证据有几类,一是学术研究,指通过严格的科学研究所获得的关于教与学的相关结论、知识、规律等;二是基于实践形成的、有显著效果的并在一定范围内推广的优秀教学案例、课例、举措等,以及通过报告会、论坛、研讨会或讲座获得的、未公开发表的他人经验;三是本人在长期教育教学实践中积淀的、行之有效的教育教学方法、举措等。

---

① P. Davies. What is Evidence-based Education[J]. British Journal of Educational Studies, 2015, 47(2):108—121.
② A. Schleicher. Seeing education through the prism of PISA[J]. European Journal of Education, 2017, 52(2):55.
③ 叶澜.教育研究及其方法[M].北京:中国科学技术出版社,1990:4—7.

证据获取环节需要进行证据检索和筛查。为了使原始研究的搜索更加精确，可以制定文献材料纳入以及排除的基本标准，比如将研究对象聚焦在某个特定群体，内容聚焦到某个点上；比如对实验方式进行确定；比如研究结果的呈现方式是否必须包含统计数据等。简而言之就是将证据逐步地精细化，让得到的大量文献或者实践经验与研究的相关度逐步提高。

"教育除了有量化的，还有质性的、经验形态的等多种'软证据'。"[①]在搜集证据时，证据的多样性和全面性都需要考虑，每一种类型的证据有着不同的特点，能够起到的作用也是有差异的，正向和负面的、积极和消极的证据都需要关照，失败的经验也同样重要。

前端证据中专家学者的学术性研究即理论性文献最容易寻找。因此，从教师实践的现状来看，这部分证据在数量上往往会占据绝大部分，但对于大量的学术性素材作为证据时，在涉及的面和量上该怎样分布，需要挖掘提取些什么也需要进行充分的考虑。

**案例 5-4："探究'影子跟读'训练法对高中英语听、说能力培养的实践意义"的理论实证类证据与实践经验类证据**

理论实证类证据：

1. Stephen Krashen：Compelling Comprehensive Input. 来源于网络.

2. Kun-Ting Hsieh, Da-Hui Dong, and Li-Yi Wang：A Preliminary Study of Applying Shadowing Technique to English Intonation Instruction[J]. Taiwan Journal of Linguistics, 2013, 11(2): 43—66.

3. 左嘉, 刘和平. 意象图式与同声传译中的影子跟读——一项基于图式理论的实证研究[J]. 中国翻译, 2011, 32(05): 58—61+96.

上述三个名称的证据分别对应三个问题：什么是影子跟读训练法的理论支撑？影子跟读训练法是否能促进英语语调的习得？意象图式的信息视觉化对影子跟读有什么促进作用？

实践经验类证据：

邓敏慧. 影子练习法在英语专业听力教学中的运用[J]. 品味经典, 2021(01): 123—124+165.

---

① 杨玉东, 严加平. 对中式课例研究中循证实践的再理解[J]. 上海教育科研, 2022(02): 9—17.

了解影子练习法在高校英语专业听力教学中的运用，解决"影子跟读练习在英语听力教学中是如何开展运用的，对高中英语教学有何借鉴价值"的问题。

上述案例中，出现了三个理论实证类证据，三个都指向了同一个问题"影子跟读的意义和作用"，但是"影子跟读"具体操作的流程、模式、方法或者工具，是不是已经有什么提示呢？在证据中并没有体现出来，目前的实践经验类证据仅有一篇文献，是来自同行个体的具体方法，从类型和容量上还远远不够。

再看以下的一个例子。

### 案例5-5："以提升学生几何思维水平为指向的小学五年级几何教学的优化实践研究"前端证据

以"几何思维水平""范希尔理论""范希尔几何思维""图形与几何""小学几何教学"等为关键词，通过"中国知网"、专业书籍等进行原始证据的搜集，最终形成四类证据（理论类、实证类、经验类、基础类）。密切相关文献合计有20篇，使我们明确了研究开展的现实意义，厘清了"几何思维水平"的概念，了解了小学生几何思维水平调查研究的现状，也为我们提供了实践研究、几何思维水平检测的具体操作方法。

在这个案例中，研究者对于所需要研究的问题领域的研究现状着重进行了相关证据的搜集，在所附加的证据列表中提供了理论类证据三份：数学课程标准2011版，PME：数学教育心理，The van hiele model of thinking in geometry among adolescents；实证类证据20份：指向如何检验学生几何思维水平，如何评价学生几何思维达到的水平；经验类证据两份：包括"八年级学生几何推理能力的调查研究"和"范希尔理论的几何思维水平研究综述及启示"。基础类证据则包括课后反思经验总结和五年级学生几何思维水平的调查分析。

从案例5-4和案例5-5来看，显然基于实践基础的证据相对较少。实践经验类证据相对政策标准以及学术理论类证据比较容易忽略，也往往成为研究者在方案设计时相对难以集中呈现的部分。这类证据建立在研究者对于日常教学的广泛积累和深度反思上，是教师经验与智慧结合的产物，更加贴近研究者的实践情境，在教师进行循证实践的过程中尤其需要引起更高的重视，这也更加强化教师用循证的方式开展研究的价值意义。

## 2. 处理证据

在预设一个研究行动的时候,根据自己所确定的问题,参考所提供的证据种类和证据来源,个人或通过集体协作,认真、细致地搜集相关证据,这是证据搜集阶段的工作。但伴随而来的是庞杂纷繁的各类证据,搜集过程中要随时随地做好搜集日志或备忘录,即何时、以何渠道搜集了什么,当时的发现、搜集过程中的感想等。对搜集到的大量证据,则需要根据研究本身的需求适度进行合理归纳,可以以证据类型、证据指向进行集中罗列,对证据进行分析与评判,结合自己的问题或目标建立证据的纳入和剔除的基本"质量标准",决定采用哪些证据作为自己设计方案的依据。

对搜集到的证据根据某个维度进行初步的归类整理,依照共性问题、客观要求、当前现状、解决策略、差异表现等不同维度建好文件夹或资料袋。比如把来自本校实践经验的案例分析和来自文献的资料分离,把具体的实践做法放到一起,把有关的数据放到一起,把理论的分析放到一起,把图片影像资料或者实物作品类放到一起等。在证据比较多的情况下,为了便捷地找到需要阅读的内容,可以根据不同标准分成几个表格,比如作用、来源等。

前端证据也需要经历去粗取精的过程,伴随着时段的展开,要在量的集聚基础上加强质的提炼,不断地"叠加、删减、替换、重构"。

案例5-6:"小学校园非正式学习时空内容优化和运作创新研究"前端证据

1. 本团队在前期搜集了理论类、基础类、实证类、经验类四类证据,其中理论类相关文献8篇,基础类问卷调查1份,实证类相关文献1篇,经验类相关文献6篇。(见表1)

表1 主要前端证据清单

| 证据类型 | 证据名称 | 证据内容 | 证据来源 | 对应问题 | 对应举措 |
| --- | --- | --- | --- | --- | --- |
| 理论类 | 《中共中央、国务院关于进一步加强和改进未成年人思想道德建设的若干意见》 | 坚持以人为本、教育和引导未成年人树立中国特色社会主义的理想信念和正确的世界观 | 专业部门 | 部分队员午间休息时间需要完成老师的课后作业及订正,缺乏自我活动的非正式学习空间 | 1. 设计完整"微笑午间70分钟"活动方案,并在校园范围内有效开展 2. 建立对于活动管理者和参与者的多元评估 |

续表

| 证据类型 | 证据名称 | 证据内容 | 证据来源 | 对应问题 | 对应举措 |
|---|---|---|---|---|---|
| 理论类 | 《少先队活动课程指导纲要》 | 少先队活动主要注重学生的组织意识、道德养成、政治启蒙、成长取向这四方面，教育内容涵盖50项 | 专业书籍 | 队员组织意识不够强烈，团队合作分工设计活动及解决问题的能力有待加强 | 根据学校硬件环境资源和自身软实力，成立多支各项活动组织管理小团队，形成活动组织管理运行机制 |
| 理论类 | 《关于构建阶梯式成长激励体系，增强少先队员光荣感的指导意见》 | 把握少年儿童主体地位，有机结合日常学习生活的现实场景和轨迹 | 专业书籍 | 活动设计应基于队员的热议和兴趣，不能由老师定 | 1.活动的场馆、内容及组织由队员自主选择 2.鼓励更多有意愿、有特长的普通队员加入活动组织者的行列 |
| 理论类 | 《中国少年先锋队章程》 | 少先队员在组织的教育引导下，实现"自我教育""自我管理""自我服务" | 专业书籍 | 自我教育、管理、服务的有效时间不够 | 确保"微笑午间70分钟"活动专属于队员本身，用音乐来告知全校活动开始和结束 |
| 实证类 | 《少先队自主活动与小学生自我教育能力培养》的实验研究 | 1.少先队员自主设计活动、自主活动、自主评价、自主反思 | 专题资源库 | 活动的管理团队建设有待加强，活动的衍生及分享有待深入 | 在自由时空中发现、寻找身边志趣相投的小伙伴，建设管理团队，讨论、修改和制订活动方案 |
| 基础类 | 午间安排内容现状调查 | 学生午间休息时段的内容较为集中 | 本校的学情调查 | 午间活动形式单一，实效不强；午间活动自主自动空间不够 | 鼓励队员开展个性展示类的秀场、工作室活动 |

2.诠释了非正式学习时空、活动课程、自我教育、自主管理等核心概念，支撑了选题分析中的非正式学习时空缺乏、学生自主管理能力有待生成、活动内容深度广度无法满足学生需求等要点，提供了行动要点设计中的活动机制、管理机制、品牌文化形成的举措。

从这份前端证据清单可以看出，搜集的文献证据中，无一类与非正式学习相关，主要集中于少先队建设、学生自主能力培养，和主题本身有一定的游离。

"微笑午间70分钟"是一个以学生为中心、学生发展为中心的深度整合的学习空间,学习的涵义是广义的,学生在这里打破原有的年级与班级的自然限制,人际出现了更为多元复杂的交互形态,因此在证据搜集时,需要搜集类似的活动设计、学习物理空间的建设等相关内容,从而既能获得对于学校现状问题的深度反思,也能找到后续优化的切入视角。

前端证据的寻找方向与所需要进行研究的问题是紧密关联的,随着证据的获取越来越丰富,研究问题也会逐渐清晰和聚焦,研究深入的切口也会愈发明确。前端证据和研究起点是互相支撑的关系。

### 案例5-7:"在小学中高年级图形与几何教学中提升学生空间观念的学习支架研究"的前端证据

1. 以"支架""学习支架""空间概念"等为关键词,通过……进行了原始证据的搜集,形成了四类证据,合计有文献若干篇。

2. 明确了研究开展的现实意义,最近发展区理论可以从心理学角度支持空间图形学习的关键难点。

3. 厘清了"支架"的概念,掌握了学习支架的基本种类,如情景支架、问题支架、认识支架、合作支架、评价支架、建议支架、活动支架等。

4. 提供了针对不同的几何概念知识搭建不同支架的具体操作方法。

前端证据的获取应该是有规划和有明确目的的,上述案例的研究主题为"提升空间观念的学习支架研究",因此前端证据从"问题的发展程度、关键概念的理解、已有可以借鉴的方法"几个维度,寻找"几何思维水平理论、学生几何思维水平现状、学习要求与几何思维水平对应情况,三年级学生几何思维发展的主要问题"等相关证据。

### 案例5-8:"证据视野中发现幼儿学习经历,支持个性化发展的行动研究"现状调研类证据与实践经验类证据

现状调研类证据:

通过网络调研的方式了解关于幼儿学习的界定,包括学习的特质和幼儿的典型性行为。

该类证据有助于教师解读幼儿的学习行为、分析发现幼儿的学习需求,提

供了便于教师观察与记录的工具,也启发项目组运用互动机制讨论分析幼儿学习行为的支持性措施,包括师幼互动引发、环境创设支持、时空提供保障等。

实践经验类证据:

通过大、中、小班教师在幼儿不同活动环节的实践记录,收集了大、中、小班8个实践案例:倒牛奶(中班)、发芽(小班)、小番茄倒了(小班)、花样跳绳(大班)、搭积木(小班)、造门(大班)、中国地图(大班)、弓箭(大班),总结出教师引导学习的基本方式。比如教师通过全班分享、过程提问引导幼儿发现问题,尝试操作最终成功;教师提出种植要求,幼儿提出问题,教师通过提供资源、组织记录等方式引导幼儿记录观察;幼儿发现种植的番茄茎倒了,教师引导其猜测原因,并提供资源(支架、温度),找来工具,引发幼儿讨论与操作。

通过证据分析得出,幼儿学习行为包括"接受他人建议、操作摆弄、改变行为、提问、观察、讨论、表征、萌发兴趣、模仿、尝试行为、动机、发现问题、解决问题的愿望、主动多次提问"等主要表现点。

本案例可以说是对基础证据应用处理非常好的一个示例,研究者进行了实践经验类、现状调研类基础证据的获取,对证据进行了梳理和提炼,比如从实践经验类总结出关于幼儿学习的若干行为表现,从调查中获知解决幼儿行为的基础工具和支持性措施,证据在这里已经起到了应用的价值,为后续的举措行动提供了基本的样板。

前端证据是对于所研究问题的现状与基础的全面说明,大量的证据获取的目的是要让证据"说出话来""发出声音",给予研究者以借鉴提示,寻找到适宜的突破口。

3. 呈现证据

处理好的证据需要有适宜的表现方式。为了更为清晰的表示,我们用附表和概括陈述两种方式来呈现,附表是详尽地呈现各个证据的实质性内容,方便检索和引用。

第一,证据名称,是指证据的标题或者一类同质证据的文件名。比如,某课前测任务单及反馈分析、某主题下的教学设计汇总等。

第二,证据内容,这是表格中的重点,主要说明本证据的要点或结论是什么。要考虑为什么要提供这个证据,它是否有代表性、普适性、迁移性以及是否通过改进能够与研究目标达成一致。具体的资料可以在表格内用附件1或链接来标注,表格后可附具体内容。为了标识的便捷,可以设定不同的字母来进行区分。

第三,证据来源,即这个证据是从哪里搜集来的,标注具体的出处或来源途径。证据的来源包括(1)专题资源库,如学科专题网站、中国知网等;(2)专业书籍,如学科教学等方面的专业书籍;(3)就专门领域进行研究、指导、管理、服务的相关机构与部门,如教研室、德育室、科研室、培训中心等;(4)专业人士,如对某一领域进行深入研究与实践的研究者、实践者。

第四,对应问题,说明这个证据主要对应提出的哪个问题,可规定字母,表格中用字母代替。这也需要在开始提出问题的时候,细化大问题之下的小问题,比如,Q1、Q2等。

第五,对应举措,即基于这条证据,在方案设计中形成了哪条具体措施,或者指向哪条举措。

案例5-9:"小学低年段关注文本语言的积累与运用研究"现有基础类证据

证据来源:在语文积累学习中的学生反馈。

证据内容1:学生的积累兴趣一般,且较多学生对背诵和写作完全无兴趣。另外,学生的积累学习受到当前考试评价的影响,极富功利性,其倾向于机械地积累会考试的内容,忽视对长远发展有利内容的积累。对应问题1:语文积累学习态度消极被动,兴趣淡薄。对应举措1:选择合适的内容,如从儿歌、童话、寓言等到优秀诗文,再到叙事性作品、说明性文章和简单的非连续性文本。

证据内容2:学生在学习时,忽视积累学习对学习方法和情感体悟的影响,忽略语文积累学习也包括方法过程和情感态度价值观的循序渐进的改变。对应问题2:学生的语文积累学习认识存在偏颇。对应举措2:明确积累任务,从阅读积累的具体内容和数量上,要求学生积累成语、格言警句、文中优美的词句、课外阅读和生活中获取的语言素材。背诵优秀诗文的篇目由50篇增加到60篇。

证据内容3:相当数量的学生了解的积累学习方法较少,且很多方法学生无法说清,不会用。学生比较了解且经常运用的方法主要是抄写、背诵、默写、摘抄等机械的训练方法。对应问题3:语文积累学习方法机械单一,未养成良好的积累习惯。对应举措3:形成相应的策略:以生为本,方法指导;以读为本,训练表达；以情入境，提升表达。

对于前端证据，通常需要先进行一些概括性的描述，这部分可以表达这样几层意思。首先是量化性的简介：前期搜集了几类证据，其中各类相关文献有多少篇；其次是功用提示：诠释了什么核心概念，支撑了选题分析中的哪些要点，提供了行动要点设计中的哪些具体操作方法；第三是要点提炼：不同来源证据的共同点、差异点、薄弱点和生长点。在证据的语言表述上，可用小标题呈现层次，有提炼的主题句，以及实质性的相应叙述内容。

前端证据呈现的目的在于辅助研究者清晰地看到有什么证据，证据起什么作用，需要用到这些证据时到哪里去找。证据数量可能很多，很难一下子找到需要阅读的内容，可以根据不同标准分成几个部分，比如作用、来源等，也可以做个证据索引表，对证据进行结构化的处理。

比如，某校英语学科要进行基于思维导图的深度学习的研究，寻找的实践载体是思维导图，就是利用思维导图来进行深度学习的落实，经历了几次证据的搜集和梳理的工作，最终将证据进行了归类划分，形成了八个角度的证据列表，具体可见本书第六章第三节的案例。

循证实践中，证据一直经历着动态发展的变化过程，证据的搜集与处理、抉择与筛选都渗透着教师智慧的参与，影响着证据的质量和功效。随着问题的清晰、思考的深入，实践者搜集证据的目标会越来越明确，对于搜集到的证据梳理的方法也会越来越明晰。

循证方案的研发与使用为教师的循证实践活动提供了有序的支架，为走向基于证据的教学改进提升了效能，但教育面对的对象是鲜活的学生个体，是人与人之间的互动交往，其间的复杂性、人文性、差异性和动态性不可忽视。对于循证方案设计强化的同时，仍然需要激励起教师热情投入、主动思考、勤于反思的教育精神，将教师的情感和智慧与科学和理性的实践探索有机融合，实现教育教学的高质量改进。

## 第三节 教师循证实践方案的案例参考

循证实践方案为教师的循证实践提供了行动的思路和具体操作的脚手架，

在实际运用的过程中,研究者对于研究主题的选择、对于方案每个板块的理解,甚至对于研究活动的投入都会直接反映到最终方案的文字呈现上。作为整个循证实践研究的开端,方案的设计更多地体现了研究者最初的预设思考,必然会存有不周密、不全面的疏漏,伴随着研究与实践的深入,对于最初的方案也会不断地进行优化完善,在这个过程中也会体现出循证实践的"循"之另一层含义。

此处我们选取了两所学校设计的循证实践方案,以供参考。

### 方案一:培养小学生创新实践能力的实验探究方式优化研究[①]

导读:本方案从学生创新实践能力的培养入手,以课堂科学实验作为实践载体,探索原有实践探究方式的优化途径。

本方案完整地呈现了一个循证实践方案的设计,方案中有着详尽的目标预设、过程安排以及行动举措,以七个问题为线索进行了选题分析,从宏观的育人目标开始,到概念的理解,再到学校学科的优势,然后和学校整体发展相结合,分析逐层深入,为整个研究的实施寻找到了有力的支撑。但是该选题分析中我们也可以看到值得提升的部分,比如原有的问题分析还不够明晰、适用性不强、指向性不够明确,举措要点还不够精细和具有操作性。在前端证据分析中尤其值得关注的是对于教师实践课例实验设计的分析与反思,积累了大量的课堂实践课例片断,反映出研究团队对于日常教学的有意识和有意义的思考,提供了循证的具体实操突破口。限于篇幅,前端证据部分有所删减。

| 主题(问题)名称 | 培养小学生创新实践能力的实验探究方式优化研究 |
| --- | --- |
| 实践领域 | ☑学科教学类 □学生成长类 □学校管理类 □其他(注明)_____ |
| 所在团队 | □教研组 □年级组 ☑项目组 □其他(注明)_____ |
| 实践周期 | □一学期 ☑一学年 □其他(注明)_____ |
| 实践对象 | 该方案针对我校"大科学"课程实验与探究模块中"身边的材料纸"与"神奇的能"两个主题,针对1—5年级的学生与任课教师。 |

---

[①] 本案例由上海市大宁国际小学提供,执笔人:陆磊、王淑馨、夏方。

续表

| | |
|---|---|
| 选题分析 | 1. 为什么要培养创新实践能力，为什么是实验探究<br>在教育部颁发的义务教育《小学科学课程标准》中明确指出：小学科学是一门"基础性""实践性""综合性"的课程，通过学习，学生除了需要"了解与小学生认知水平相适应的一些基本的科学知识"以外，还要培养"提问的习惯""探究的方法""对自然的好奇心""批判和创新意识""合作意识和社会责任感""科学能力与态度""与同伴交流、交往与合作的能力"。同时更强调学生要"动手与动脑结合"、教学要"多领域、多课程的渗透与结合"。这说明"创新实践能力""实验探究""大科学"这三大关键词在国家课程标准中是被明确指出并有具体要求的。<br>2. 什么是创新实践能力<br>通过文献研究，我们发现对于创新实践能力的普遍认识通常是将其直接解读为创新能力与实践能力，创新能力是指对事物包括自然界、社会等现象及人本身进行分析、综合、推理、想象，从而激发出新的灵感，发现新的规律，提出新知识和新方法，创造新产品、新工艺、新成果的一种能力，其还可以细分为创新思维、创新人格、创新技能三个方面。实践能力则是个体因完成某种特定任务而形成的认识观念，以及这一观念在活动实施过程中所需的生理及心理特征总和。它包含认知能力、问题解决能力、操作能力、交往能力、表达能力等要素。对于创新实践能力，偶尔也有合起来一起解释为是学生在学习、生活中表现出来的创造力，包括对事物独到的见解，利用所学知识去解决实际生活所遇问题的能力。我们认为，创新实践能力就是遇到事情，能通过观察、思考、尝试、表达、交流等手段解决问题的能力，以及能通过综合各种信息、反复深度思考、以推理的方式寻找新途径解决问题的能力。<br>3. 我们认为的创新实践能力的具体内涵<br>结合国家课程标准、本校"为全球胜任力奠基"的大课题中对于"问题探究"模块的要求以及"大科学"课题"在学生心里播下创新实践的种子"的相关研究，我们认为学生的创新实践能力包括九大内涵：(1)持之以恒、专注的品格；(2)思维的开放性和深刻性；(3)乐于动手尝试；(4)基于证据的表达；(5)合作交流的能力；(6)批判性的思维；(7)信息技术筛选和应用的能力；(8)具有一定问题意识；(9)善于观察并有搜集信息的能力。但是在先前的研究中，我们只提出了内涵是什么，却没有制定与之对应的具体的行为指标，难以对其进行观察和评估。<br>4. 原有的实验探究方式<br>对于实验探究的方式，我们把它解释为通过实验来开展探究学习的方式，它包括实验的基本流程和与流程对应的具体要求和目标，而其在现在的科学(自然)教育教学中尚没有一个统一的标准，多数情况下是参照国家课标中对于科学探究方式的要求进行改进的。我校现行的实验探究方式是：提出问题(基于教师引导)——做出预设(个性畅想)——设计实验(图文并茂)——开展实验(分工有序)——搜集信息(通过学习单做好记录)——得出结论(小组交流，互通想法)。其实，实验课是科学课中十分重要的一类课型，同时，由于其要求学生动手操作、互相评价的特点，对于培养学生的创新实践能力也是最强有力的手段。从日常教学的经验看，这样的流程是能满足一般的教学需求的。但是如果从培养学生创新实践能力的角度来看，则这样的方式适用性不强、指向性还不够，有时对于一些验证性的实验甚至对于学生创新能力的培养几乎没有促进作用。 |

续表

| | |
|---|---|
| 选题分析 | 5. 选题的契机<br>　　由于我校参加了上海市理科实验室项目,除了相应的硬件建设,我校还承担了相关的课程开发工作,开发了"身边的材料——纸"与"神奇的能"两个主题的校本实验课程。同时针对我校"大科学"创新实践能力的九大内涵,编撰了教师教学指南和学生学本。但在实际应用过程中,我们发现,校本课程中实验探究的部分由于还是根据我校现行的实验探究方式编撰的,最终的教学成果难以真正落实培养学生创新实践能力的目的。<br>6. 我们的优势<br>　　我校"大科学"学科是一门大融合学科,包含了信息技术、工程设计、科学与技术三门学科的融合。在多学科融合的基础上对于学生的培养也是多角度的,这为创新实践能力的培养提供了很好的先天优势。而在我们项目组中,"生物""工程""信息""数学""英语""物理""化学"等多学科专长的师资力量也为培养学生创新实践能力提供了有力保障和弹性空间。同时,动手实验正是我们"大科学"的一大特色。因此,"实验教学"作为培养学生创新实践能力的载体再合适不过了。<br>7. 与学校"为全球胜任力奠基"龙头课题的结合点<br>　　我们的龙头课题研究框架包含三个模块:学生的中国与国际观念——它可以定位到文化自信与尊重包容;学生的个体与社会行为——它可以定位到自我管理与沟通合作;学生的认知与行动能力——它可以定位到情境认知和问题探究。因此,根据我校"为全球胜任力奠基"课题中提出的研究框架模型,我们"大科学"组的课题"培养小学生创新实践能力的实验探究方式优化研究"可以定位到认知与行动模块下学生问题探究能力的范畴。在学生通过实验的方式来解决科学问题的过程中,培养创新实践能力,进而提高学生的认知与行动能力,为我校"为全球胜任力奠基"的终极目标贡献一份力量。 |
| 实践目标 | 1. 优化实验探究方式,规范适用于我校的实验探究一般流程及对应年段的具体要求。<br>2. 形成校本化的教师实验教学指南和学生实验操作手册。<br>3. 研发针对创新实践能力表现的实验过程观察量表。<br>4. 基于PISA标准设计校本化的关于创新实践能力的测评问卷。 |
| 前端证据 | 1. 教研组教师以创新实践能力的具体内涵、实验探究方式等为关键词进行文献研究与资料搜集,经过对数十篇相关文献的阅读整理,从中选择20余篇相关文献作为理论基础进行内容上的整理与归纳,从而得到关键词的释义、相关的可行策略,以及一些明确的行动方法等内容。同时结合教学经验与校本研究基础,提出前端证据(见附1)。<br>2. 通过对国家课程标准以及国外各种探究标准的分析,给优化实验探究方式提供依据,包括一般流程和具体要求。<br>3. 通过文献研究,找出对应"九大内涵"的文献并整理文献中的观点,理清"九大内涵"的具体表现形式并做出年段划分。<br>4. 通过教学经验,呈现我校当前使用的实验探究方式的具体表现,同时对照学生创新实践能力,提出学生在实验教学过程中所呈现出的具体问题。<br>5. 整理研究基础资料,包括原先设计的教师实验教学指南和学生学本、PISA测评的相关标准和例题、我校已有的相关课题、校情、学情、师情分析等,来提供研究基础的证据。 |

| | |
|---|---|
| 举措要点 | 1. 结合课表和培养目标,修改或补充对应的实验探究环节和流程。<br>2. 在教学实践中论证修改后的实验探究流程的可行性,并不断进行修订与完善,最终形成教师实践教学指南和学生实验操作手册。<br>3. 参照前端证据中整理的"九大内涵"的各种表现形式,依据我校小学生的年龄特点与能力水平,提炼和制定校本的学生创新实践能力的行为指标,并制定相应的等级量表。<br>4. 基于我校相关实验课程内容,结合 PISA 科学素养测评理论、相关标准和历史真题等,设计针对我校学生创新实践能力的测评问卷。 |
| 过程安排 | 一、任务分工<br>张翊菁:学科分管,课题统筹与规划。<br>夏方:学科带头人,方案设计、行动方案实施调控、方案总结。<br>王淑馨:五年级任课教师,前端证据搜集、方案实施、年段案例搜集、提供效果证据。<br>杨志浩:三年级任课教师,前端证据搜集、方案实施、年段案例搜集、提供效果证据。<br>陆磊:四年级任课教师,前端证据搜集、方案实施、年段案例搜集、提供效果证据。<br>徐勇:一年级任课教师,方案实施、年段案例搜集、提供效果证据。<br>相依玮:二年级任课教师,前端证据搜集、方案实施、年段案例搜集、提供效果证据。<br>二、时间节点安排<br>1. 准备阶段<br>确定研究方案的主题,制定出明确的行动方案目标。搜集相关前端证据。其中,根据目标中"九大内涵"的关键词,需要分配不同的任务来搜集相关前端理论证据。<br>前端证据包含政策标准、实践经验、学术理论、现状基础等。<br>计划时间:2020.06—2020.07。<br>2. 实施阶段<br>(1) 每个年级设置负责教师,该教师是项目行动小组核心成员。<br>(2) 通过例会,筛选实验室课程中的重点研究课例,同时将创新实践能力的"九大内涵"进行分类,一部分在实验探究过程中以量表进行观察,一部分在学习后的成果中以 PISA 测评问卷进行调查。行动小组每月召开一次例会,互通研究信息,对于实验探究流程、实验探究环节要点、实验过程中关于创新实践能力的评价量表以及针对创新实践能力的 PISA 测评问卷,集中讨论研究解决对策,并根据实际情况对行动方案进行动态调整。<br>(3) 根据讨论结果,每年段准备实验班与对照班(或者采用过去的录像课)若干,进行重点研究并集体备课、上课、评价、测评和反思。<br>(4) 根据时间条件,循环到第二步反思修改实验探究流程、实验探究环节要点、实验过程中关于创新实践能力的评价量表以及针对创新实践能力的 PISA 测评问卷,再另选实验班与对照班循环实践。<br>计划时间:2020.07—2021.06。 |

续表

| | |
|---|---|
| 过程安排 | 3. 总结阶段<br>（1）整理各年段方案实施中的过程性资料，如各年级实验课教案与二次备课教案、教学案例、教师反思、课题组例会记录、学生实验学习单、观察量表、PISA测评问卷等。<br>（2）课题组对过程性资料进行分析、总结相关经验、撰写行动方案结题报告。<br>计划时间：2021.06—2021.07。 |
| 效果证据 | 以附表形式单独列出 |

**附1：前端证据**

| 证据类型 | 证据名称 | 证据内容 | 证据来源 | 对应问题 | 对应措施 |
|---|---|---|---|---|---|
| 政策标准与学术理论 | 《小学科学课程标准》《对小学科学探究过程的研究》 | 1. 小学科学探究包括提出问题、做出假设、制订计划、搜集证据、处理信息、得出结论、表达交流和反思评价8个要素。<br>2. 除此以外，其他国家或者不同标准中科学探究模型还可能会存在观察、查阅资料、预测、分析解释证据、评价、应用等不同侧重点和难度的环节。<br>3. 每个探究环节的具体内容和要求。 | 中国教育部与中国知网 | LQ1:什么是实验（科学）探究方式？它包含哪几个环节？<br>LQ2:每个环节的具体内容和要求是什么？ | 根据前端证据改进实验探究的基本环节，并结合我校学生创新实践能力核心素养目标设计具体要求。 |
| 现状基础 | 《在学生心里播下"创新实践的种子"》 | 1. 我校"创新实践能力"的内涵主要包括九大表现：<br>（1）持之以恒、专注的品格；<br>（2）思维的开放性和深刻性；<br>（3）乐于动手尝试；<br>（4）基于证据的表达；<br>（5）合作交流的能力；<br>（6）批判性的思维；<br>（7）信息技术筛选和应用的能力；<br>（8）具有一定问题意识；<br>（9）善于观察并有搜集信息的能力。 | 校本研究课题 | LQ3:什么是创新实践能力的表现？ | 对我校创新实践能力的九大表现进行一定的筛选，选择与实验探究关联性较大的能力表现进行相关研究。 |
| 学术理论 | 《PISA测评的理论和实践》 | 1. 科学素养量表平均成绩和精熟度水平分布。<br>2. PISA2006科学样题。<br>3. PISA2009科学表现量表。<br>4. PISA科学素养测评框架。<br>5. PISA2006科学素养评测的背景分类。<br>6. PISA命题的指导原则。 | 相关专著 | LQ4:如何设计PISA测评表（针对小学学段的创新实践能力）？ | 结合书本理论进行针对创新实践能力的问卷设计，并选择试验班进行测试评估。 |

续表

| 证据类型 | 证据名称 | 证据内容 | 证据来源 | 对应问题 | 对应措施 |
|---|---|---|---|---|---|
| 实践经验与现状基础 | 《小学中高年段科学实验教学中运用DIS培养学生证据表达能力的实践研究》《基于证据意识培养的进阶式问题驱动教学——以"自由落体运动"为例》等 | 1.实验教学中DIS设备的合理使用可以提高学生的证据表达能力。2.基于DIS设备培养证据表达能力的相关实验表格。3.基于DIS设备设计的《探究摩擦力》案例分析。4.证据表达能力是指能在提问、猜想、设计、评价等环节中能运用证据,表达、支撑自己想法或观点的能力。5.证据表达能力的表现有:能结合数据与观察到的现象进行提问、能进行恰当的类比猜想或结合数据趋势进行预测性的猜想、能结合器材情况与预测方向进行实验设计、能针对他人的实验结果或者数据进行有针对性的评价。 | 个人区级课题、中国知网 | LQ5:如何培养学生在分析实验数据过程中的正确选择能力? LQ6:什么是证据表达能力?它的具体表现是什么?如何培养? | 1.利用学校新建的DISLab,设计DIS设备相关的实验教学,培养学生对于数据的敏感性和分析数据的能力以及学会合理的数据分析方法。2.制作DIS设备展示用学具,供学生在课余时间进行合理操作,观察数据,培养证据意识。 |
| 学术理论 | 《初中生观察能力培养的研究》 | 1.观察力是智力的重要构成要素,与记忆、思维、想象、创造一同构成学生的五个基本能力。观察是一切科学研究的源头,是在一定的学科知识背景下,运用感觉器官或借助科学仪器有目的、有计划地对外界事物或人进行感知的活动。2.以遵循观察客观规律、尊重学生心理发展特点、注重学生为主的探究规程、循序渐进为四大原则。培养观察能力的策略有:培养学生观察的兴趣、指导学生观察的方法、提高学生观察品质、将培养观察能力融入日常教学中。 | 中国知网 | LQ7:什么是观察能力? LQ8:培养观察能力的策略有哪些? | 1.确定评价标准。2.编制评价问卷。3.加强教师培训构建课堂环境。 |
| 实践经验 | 《水果电池》一课试教反馈 | 由于实验中,一只柠檬做的水果电池产生的电压太小,不足以点亮一个发光二极管,学生容易对自己制作的水果电池是否正确产生疑问:按照设计图进行连接,为什么发光二极管不亮?究竟是什么原因?每个小组的发光二极管都没有亮,学生有些困惑。 | 王淑馨老师公开课《水果电池》教学设计、教学实录 | 如何在自制水果电池的实验过程中引导学生思考影响发光二极管不亮的原因。 | 1.教师在实验活动设计中有层次地引导学生批判性地思考。2.学生根据自己提出的设想,通过实验进行排除。 |

续表

| 证据类型 | 证据名称 | 证据内容 | 证据来源 | 对应问题 | 对应措施 |
|---|---|---|---|---|---|
| 实践经验 | 《食物链与食物网》一课试教反馈 | 1. 由于教材中对于食物链的列举和导入都是森林中的动植物，所以学生往往会造成思维定势，局限于在森林中的生物中展开讨论。极少数的学生会想到城镇、海洋等其他生态系统中的食物链，造成对食物链认知的局限。 2. 在从食物链延伸到食物网的教学中，学生能够从图片中观察到如果食物链中的一个生物发生数量骤减或灭绝，对食物链中其他生物，乃至对食物网的影响。但是对这个影响的认知是抽象的。究竟影响的范围有多大，后果有多严重，学生很少能深刻感受到。对于本科教学中情感目标的达成就欠缺一些。 | 王淑馨老师《食物链与食物网》教学设计、教学实录 | 1. 如何打开学生思路，引导学生关注其他生态系统？ 2. 如果某种生物突然增加或减少，会产生怎样的影响？怎样验证猜想？ | 1. 在认识食物链的活动中，通过组织学生讨论，再进一步发散到不同的生态系统中的食物链。 2. 通过组织小组活动和讨论，让学生在交流中思维得到碰撞。 |
| 学术理论 | 国外近现代比较典型的培养问题意识的教学模式 | 1. 发现法（布鲁纳）：教师作为引导者，以学生自己喜欢研究的问题为主，采用发现式自主学习；教师鼓励学生利用已有经验去发现学习，根据已有知识概括出相关理论。 2. 探究式学习（萨奇曼）：教师将解决问题、探索未知的策略传授给学生。教师激发学生的好奇心，引导学生探究问题，发现真理。 3. 创造性解决问题的五步骤（奥斯本）：发现问题——发现事实——发现观念——找到解决方案——寻找认可。 4. 问题课程（布鲁贝克）：确定地域性和时代性的社会问题来研究；针对问题进行相关的社会调研，了解问题的实际情况、性质、危害等；开展以问题为中心的研讨会，学生可以提出自己的观点和看法；写出相关的问题报告，不限格式和形式。 | 教师课堂有效提问及其对学生问题意识培养的影响——以小学四年级科学课堂为例 | 1. 国外培养问题意识的教学模式对开展本研究有何启示？ 2. 在实验探究活动中，如何培养学生的问题意识？ 3. 培养问题意识与培养学生创新实践能力有何关系？ | 1. 结合本研究的总目标在实验探究中培养学生创新实践能力，拟尝试探究式学习法和创造性解决问题的五步骤法的教学模式。 2. 开展对照研究，将前后开展实验时学生提出问题的数量、质量进行对比，以检验新的教学模式的有效性。 |

续表

| 证据类型 | 证据名称 | 证据内容 | 证据来源 | 对应问题 | 对应措施 |
|---|---|---|---|---|---|
| 实践经验 | 《玩小车》试教听课反馈 | 1.由于实验工具的有限(斜面数量),学生容易产生争抢的现象,如何组织全班学生完成实验探究需要考验教师课堂管理的智慧。2.为了提高实验的成功率,小组合作是一个不错的解决方案。需要不同的人员进行不同的角色承担。3.对于低年级的学生,在实验探究活动中,教师要把握好预设与开放的度。 | 公开课教学 | 1.如何组织全班学生完成实验?2.如何培养学生在实验探究过程中的合作能力? | 充分利用教室空间,设置约6个活动小组(各组有独立的实验空间以及相同的配套材料)。 |
| 实践经验 | 《使小电珠发光》课例 | 在教师讲解完实验操作要点、解释实验用具用途后,学生依旧抱有迟疑情绪,不敢动手操作,讲出类似于"我不要做!我怕触电",抱有抵触心理。 | 日常教学 | 该实验电池带微弱电流,部分学生会紧张且带有恐惧心理。 | 学生对于实验操作主要器具有一定了解,各部分连接主要操作可以事先画一个连接图,先进行构思再操作。 |
| 实践经验 | 《使小电珠发光》课例 | 在实验器具发下后,学生将所有实验器具据为己有,准备在这个合作完成的实验中独立进行操作,把要触碰实验器具的其他组员试图用力推开,令其他学生在课堂产生消极情绪。 | 日常教学 | 在实验操作过程中以个人为中心,拒绝他人思维的参与和帮助。 | 小组有着足够的分工,防止某位学生操作所有实验器具的情况发生。 |

附2:效果证据

| 效果指向 | 检核方式 | 搜集设想 | 证据类型 |
|---|---|---|---|
| 学生的创新实践能力A类 | 基于实验探究内容的PISA测评问卷 | 对实验班级和对照班级的前后测比较 | 量化证据 |
| 学生对于新实验探究方式的感受 | 设计相关调查问卷,并进行数据分析 | 实践结束阶段,对参与学生进行全面征询 | 量化证据 |
| 学生的创新实践能力B类 | 针对学生创新实践能力的实验探究过程观察量表 | 对实验班级和对照班级的探究过程进行定期观察 | 量化证据 |
| 教师对于新实验探究方式的感受 | 项目组教师进行座谈讨论 | 形成相关会议纪要 | 质性证据 |
| 对学校实验探究方式的优化 | 相关课程的教师实验教学指南和学生实验手册 | 校本相关文本 | 质性证据 |

## 方案二：提升学生自主学习能力的长作业设计与实施[①]

导读：本方案从传统的文科作业弊端入手，破解实践之短板，通过综合性多样式长作业设计来培养学生的综合素养。

本方案完整地呈现了一个循证实践方案的设计，方案中有着详尽的目标预设、过程安排以及行动举措，也罗列了前端证据和效果证据的列表。就前端证据而言，在质和量上都有需要完善的地方，比如尽管罗列了政策标准类、学术理论类、实践经验类、现状调研类证据，但从证据内容来看尚有缺失。其一，对于初中文科"长作业"的现有实践样式、内容、实施方式缺乏文献以及实践经验的汇集；其二，研究涉及四门学科，证据中缺乏对于各学科关于学生学科基本素养的共性描述；其三，长作业指向单一学科还是具有跨学科性质和特点，长作业之长是否还有学科涉及范围之广之意，证据中缺乏对于学科综合类作业的证据和分析。

在循证实践研究中，证据的意义和价值毋庸置疑，正因如此，在每一个循证实践开展的时候，需要就"证据与主题的关联度，证据搜集的广度和深度"进行充分的考量，围绕"寻找证据"进行一次初始化"深度追问"和"顶层设计"，这个过程也是对研究问题的聚焦与深化，对研究路径的明确和导航。

| 主题<br>（问题）名称 | 提升学生自主学习能力的长作业设计与实施 |
|---|---|
| 实践领域 | ☑学科教学类　□学生成长类　□学校管理类　□其他（注明）_____ |
| 所在团队 | ☑教研组　□年级组　□项目组　□其他（注明）_____ |
| 实践周期 | □一学期　☑一学年　□其他（注明）_____ |
| 实践对象 | 综合文科教师团队，初中6—9年级学生 |
| 选题分析 | 1. 学科作业的个性化设计与实施在新课程背景下具有极重要的现实意义。新课程理念下的作业不再是课堂教学的简单消化、巩固、补充和延伸，还包括促进学生综合素质提高的深层次价值。优质的作业可以帮助学生扎实文化基础，在学习方式方法的选择上以及学习进程的评估与调控等方面进行训练和培养，帮助学生主动有效地进行学习管理，发掘自身的学习潜力，促进学生的自主发展。通过长作业的设计与实施，激发学生乐学善学、勤于反思，综合提升学生的学习品质和学习能力。 |

---

[①] 本案例由上海市时代中学提供，执笔人：学校综合文科组。

续表

| | |
|---|---|
| 选题分析 | 2. 史地政等综合文科的传统作业在义务教育课程改革深入推进的过程中弊端日益凸显。初中地理、历史、道德与法治等学科的传统作业,作业形式单一,内容拘泥于课堂和教材知识,作业的效果和评价以对错为标准。传统的"一刀切"的作业内容、形式和标准,对于学生的个体差异关注不够,在某种程度上可能加重学生的学业负担,也有可能加剧学生的两极分化。倡导作业个性化设计与实施是义务教育阶段教学的必然趋势和要求,在完成作业的同时达成学生学习兴趣的提升、综合学习能力的加强。<br>3. 长作业的个性化设计与实施可以更充分地关注个体差异。关注学生通过作业提升观察、认知、分析综合能力,在学生原有认知基础上,给学生以最大限度的发挥,促进学校的真知真行育人目标的实现。倡导学生主体参与、合作探究,强调自主学习能力培养,提升学生核心素养。项目组希望通过更为系统的实践研究,在基于有效证据的前提下,积累更多长作业设计的经验,提供更多优秀长作业设计的指导性意见,助力学生成长。 |
| 实践目标 | 1. 通过改革作业的形式和内容,准确定位长作业的目标,展现长作业的功能,培养学生学会学习、自主发展的核心素养。<br>2. 通过长作业设计,把学生引向日常生活、家庭、社会。倡导设计有关观测、考察、实验、调查和专题研究等具有实践性和开放性的作业。作业可让学生独立完成,也可鼓励学生通过合作完成。作业的设计注重学生综合能力的培养,指导学生将学科知识运用到实践中,提升学科素养。实践、总结综合文科教研组各学科长作业设计的合理评价方式。<br>3. 根据学生的现有知识储备、实际学习能力,在充分考虑学生原有差异的基础上进行长作业设计。长作业设计提供具有可选择的"作业套餐",满足学生多样化的学习需要,充分发挥学生的主体作用。此外,通过布置分层作业,考虑不同学习层次的学生的不同接受能力,让每一名学生在学习上学以致用、不断成长,获得成功体验。 |
| 前端证据 | 在综合文科组实施项目前,总共搜集了政策标准类、学术理论类、实践经验类、现状调研类证据。从中归纳得出,作业如果设计得好,对学生自主学习能力和综合实践能力的培养有很大的促进作用,同时也有利于教师改进教学方法。新课标下,为满足不同学生的需要,作业的设计不仅要考虑到学生的个性差异,还要考虑知识之间的差异,打破过去不同学生做同样的作业的局面,适应能力各异的学生的需要。长作业的设计与实施,需要让学生将书本知识运用到学习实践中、生活实践中,综合提升学生核心素养。(具体见附表) |
| 举措要点 | 1. 长作业形式的设计与实践。布置一些具有实践性、实验性的作业,打破仅靠"作业本"来完成作业的单一形式。可以通过小组合作的形式以及调查、观察、测试等方式,让作业的手段多样化,让纸笔作业不再是作业的唯一表现形式,转变作业评价形式。<br>2. 为了解决问题,综合文科组各科老师在自己所任教学科,针对长作业的设计问题,首先进行相关理论学习,然后进行设计与实施,再根据实际操作情况反思实际效果,修改长作业设计方案。 |

续表

| | |
|---|---|
| 举措要点 | 　　历史学科长作业设计：选择一个你曾经参观或比较了解的中国早期文化遗址，任选一个视角(比如建筑风格、特色文物等)提供至少一张照片做简要介绍，并结合所学历史知识谈谈你的体会和感悟。作业设计的形式很多，如调查访问、参观考察、小报编辑等都是很好的形式。在活动中，学生既动手又动脑，不仅真实地感受了历史，也和历史产生一种心灵上的亲近与共鸣。<br>　　地理学科长作业设计：请同学应用本学期所学知识，选择其中一个任务完成：春运客流的研究；南方春节文化习俗与地理环境的关系分析；世界地理趣闻搜集评论；旅行日记，表述景观的特色与成因。长作业要强调综合性与实践性，还要努力凸显学科特色。<br>　　道德与法治学科长作业设计：给自己设立一个小目标，并设计一条座右铭，期末对自己的小目标达成程度进行评分与点评。长作业是多样化的实践性作业，以贴近学生熟悉的现实生活，沟通生活与书本知识的联系，使生活和教学融为一体。<br>　　心理健康教育活动课长作业设计："七彩手环"挑战活动，其中的挑战内容非常丰富，可以囊括一个学期里重点需要培养的心理品质或者技能。这样需要一段时间来完成的长作业融体验性实践性为一体，又很有趣味性，能够推动学生的主动参与。因为与生活紧密结合，并不会给学生带来作业负担。<br>　　3. 探究能够更为有效激发学生学习兴趣、能够更为客观评价学生学习过程及成果的长作业评价方式与评价内容，搜集相关实践证据，总结相关实践经验。<br>　　4. 整理长作业设计的过程性资料，通过有效实践证据的搜集，总结积累更多长作业设计的经验，提供更多优秀长作业设计指导性意见。 |
| 过程安排 | 一、任务分工<br>　　朱雅勤，心理学科，项目统筹与规划、方案设计、方案总结。<br>　　王传捷，历史学科，前端证据搜集、方案实施、学科案例搜集、提供效果证据。<br>　　蒋瑞锋，历史学科、地理学科，前端证据搜集、方案实施、学科案例搜集、提供效果证据。<br>　　甘美，地理学科，方案实施、学科案例搜集、提供效果证据。<br>　　赵晓澐，道法学科，方案实施、学科案例搜集、提供效果证据。<br>　　徐逸青，道法学科，前端证据搜集、方案实施、学科案例搜集、提供效果证据。<br>　　马名骅，道法学科，前端证据搜集、方案实施、学科案例搜集、提供效果证据。<br>二、时间节点安排(具体时间略)<br>　　准备阶段：<br>　　学习研讨，前端证据搜集，设计项目方案。<br>　　实施阶段：<br>　　第一时段<br>　　◇ 分学科组开始长作业设计，依据项目方案开展专题学习研讨，修改各学科长作业设计方案。<br>　　◇ 分学科组开始长作业项目实施，开展第一轮实践研究，收集相关实践证据。 |

续表

| 过程安排 | 第二时段，根据第一轮实践，整理相关材料，开展项目反思与研讨，各学科组调整长作业设计，进行第二轮实践研究，搜集相关实践证据。<br>总结阶段：<br>长作业实施成果反馈，研讨交流长作业设计与实施的各学科情况，撰写各学科长作业设计与实施优秀案例，各学科教师完成项目反思和总结，形成项目效果证据。<br>项目组整理相关资料，分析、总结相关经验，撰写项目结题报告。 ||||
|---|---|---|---|---|
| 效果证据 | 效果指向 | 检核方式 | 搜集设想 | 证据类型 |
| | 学生长作业完成情况 | 根据各学科长作业预设评价要求，完成学生长作业情况汇总 | 学生作业分类整理、汇总 | 量化证据 |
| | 学生对于长作业完成后的感受 | 设计相关调查问卷，并进行数据分析 | 实践结束阶段，对参与学生进行全面征询 | 量化证据 |
| | 学生自主学习能力变化情况 | 设计相关观察、访谈形式与内容 | 整理学生完成长作业的过程性观察记录以及阶段性访谈记录 | 质性证据<br>量化证据 |
| | 教师对于长作业设计与实施的感受 | 项目组教师进行座谈讨论 | 形成相关会议纪要 | 质性证据 |
| | 各学科长作业设计与实施优秀案例 | 各学科优秀长作业示范案例 | 各学科优秀长作业示范案例收集与整理 | 质性证据 |
| | 教师对于长作业设计与实施的经验 | 参与项目的各学科教师完成项目反思和总结 | 相关文本资料整理 | 质性证据 |
| 预期成果 | 1. 指向学生自主学习能力提升的长作业设计与实施的循证实践报告。<br>2. 各学科长作业设计的优秀案例汇编。<br>3. 各学科长作业设计与实施的专题报告。 ||||

附表：前端证据

| 证据类型 | 证据名称 | 证据内容 | 证据来源 | 对应问题 | 对应举措 |
|---|---|---|---|---|---|
| 政策标准类 | 《义务教育课程方案和课程标准(2022年版)》 | 新课程理念下注重学科内知识关联、学科间关联。作业不再是课堂教学的简单消化、巩固、补充和延伸，还包括促进学生综合素质提高的其他训练和探究性活动。 | 文献检索 | 1. 长作业设计与实施的育人目标指导方针是什么？<br>2. 各相关学科课程标准对于长作业设计与实施指导有什么要求？ | 明确长作业设计与实施的意义：培养学生将所学的各学科基础知识运用于实践，综合提升学生核心素养。 |

续表

| 证据类型 | 证据名称 | 证据内容 | 证据来源 | 对应问题 | 对应举措 |
|---|---|---|---|---|---|
| 学术理论类 | 《深度解析：新课标和方案传递了哪些关键信号？学校教学如何跟进？》 | 需要一定数量比例的跨学科作业、长周期作业、综合实践类作业等。 | 文献检索 | 如何设计体现核心素养的作业？ | 确保相关作业题的设计体现情境性、综合性、开放性等特征。情境，既是培养学生核心素养的策略之一，也是检测学生素养水平的重要手段。 |
| 学术理论类 | 《基于课程标准的作业设计》 | "基于课程标准的作业设计"可以综合改进现有的诸多作业问题，同时，通过作业不仅可以完成"对学习的评价"，还能完成"为学习的评价"。 | 中国知网 | 如何开展作业设计与评价？ | 通过作业评价，完成"对学习的评价"。 |
| 学术理论类 | 《立足整体设计 促进深度学习——关于长作业设计的思考与实践》 | 长作业的"长"从时间角度看，贯穿学生学习某个内容的全过程；从空间角度看，纵横课堂内外和校园内外。 | 中国知网 | 如何设计一份有质量的长作业？ | 长作业课程理念下的作业设计旨在让教师能从整体层面把握一个主题的核心内容和所要达到的整体目标。 |
| 学术理论类 | 《探索着眼于学生发展的作业精准设计》 | 围绕教学目标精心选择和设计作业内容，结合学习标准精准设计"短作业"和优化"长作业"，有效提升学生学科素养，培养学生的综合能力。 | 中国知网 | 如何使得设计的长作业与学科"短作业"相配合，达成更好的教学目标？ | 长作业设计不能只着眼于单项作业设计，还需要融入整体学科教学，甚至跨学科教学的要求与育人目标的达成。 |
| 实践经验类 | 《基于学校"本真"文化的寄宿制初中特色课程体系构建的实践研究》 | 根据时代中学百多年学校"本真"文化的传承以及现在学生的需求，明确具有时代中学特色的"SD3+1育人目标"。 | 学校课题 | 长作业设计与实施如何达成学校育人目标？ | 明确作业设计、作业评价的核心理念，落实每一个作业设计环节的目标要求。 |
| 现状调研类 | 学生对于作业形式、作业内容的关注程度、投入程度的调研 | 开展学生对于作业形式、内容的感受以及愿意投入的程度的调研。 | 学生调研 | 如何设计一份学生感兴趣的长作业？ | 通过调研，寻找学生较为偏爱的学习方式、学习内容，为长作业的设计提供参考依据。 |

# 第六章　教师循证实践的过程开展

教师循证实践的过程实施，是循证实践行动的展开阶段，是整个循证研究中付出时间最长、精力投入最大、脑力思考最多的环节，也是循证实践研究的关键步骤。研究最终成果的取得，在很大程度上取决于实施阶段做得怎么样。

循证实践过程是前一章所设计方案的实施展开，方案设计到底如何，举措是否有效，都需要通过具体的过程实施和搜集效果证据来检验。同样，循证实践过程又是后一章循证实践报告撰写的支撑与保障，没有经过检验的举措和效果证据的支撑，就无法完成循证实践报告的撰写。因此，循证实践过程是承前启后的关键环节，是整个循证实践项目最能体现"实践"的部分。相比较循证方案设计和循证报告撰写，其更加扎根教育现场和体现动态调整。

教师在循证实践正式实施后，如何在过程中进行证据的搜集与分析，是非常关键的要点。本章倡导的循证实践过程，是教师围绕教学实践中的问题，通过前端证据的搜集和分析，综合个人专业智慧和过程性最佳研究证据，结合学生的实际情况等确立核心举措，并在实施过程中不断评估和优化实践，逐步形成新证据的一种实践样态。[1]其根本特征体现在多元主体参与和协商，促进学术研究与实践的整合，目的是提高实践的科学性和有效性。开展循证实践研究，对教师和学校管理者提出了更高的要求，通过循证实践过程的研究和探索，将提高教师和教育管理者的整体业务素质和水平。

---

[1] 袁丽,胡艺曦,王照萱,陈彬莉.论循证课例研究的实践:教师教育的新取向[J].教师教育研究,2020,32(04):17—23,44.

## 第一节 教师循证实践过程的理性思考

培养高质量、专业化、创新型教师是教师教育实践的核心目标,其达成需要不断优化教师教育实践,增强其科学性。而教师开展的循证实践,就是为更好地解决教育教学实践中的难题,从而提高教育教学的质量和水平,促进教育教学过程的理性化、规范化、科学化与可视化。

### 一、叩问:当下学校实践活动中存在的问题

现在的课题研究及学校研修等活动,在过程的循环及效果证据的搜集分析上,都是比较薄弱的环节。这与缺乏证据积累意识、能力欠缺、没有工具支撑等因素有关。我们强化循证实践过程这一环节,正是解决现实问题、改进有关工作的重要抓手。

1. 思想认识不足

现下,教师很重视课题申报,但立项后的研究过程不够扎实,这就使得课题"两端重,中间轻"。有不少做课题的教师,甚至没有体验过筹划、设计、查阅文献、搜集资料、调查访谈、总结探索、交流分享及结题展示等课题研究过程。一两年的课题,结题时只花一两个月整理一下、发表一篇论文,有的课题则是"有始无终",立项后几年结不了题,最后便不了了之。

2. 证据储备不足

证据是循证研究过程和实践活动中赖以记录、保存、交流和传播的音像、材料的总称,在研究实践中占有重要的地位。采集、整理和分析资料是研究的主体阶段,也是研究的起始,并贯通研究的全过程。研究过程中,对于证据的选择往往出现以下几种倾向:没有证据的搜集,只有观点没有材料,缺乏论据来支撑论点,只限于表述自己的论点,缺乏科学的论证;轻视资料的整理,对所搜集的资料不加适当地整理,直接在报告中枚举出来;缺少科学的分析,研究成果篇幅有限,不可能容纳过多的数据材料。

3. 工具支撑不足

在具体实施研究的过程中,教师对及时记录、搜集实践中的原始材料,包括阶段性报告、总结、个案分析、对比数据等的方法感到匮乏,主要方式就是找资料、闭门造车、搞文字突击,缺少实际的调查、测量、实验、统计、分析等途径。即

使有一些研究工作,但记录随意性也较大,没有明确的指向,缺少有效科学的记录辅助工具。因此,辅助工具的支撑,对于帮助教师逐步建立寻找证据、归类证据的意识和习惯,意义重大。在这样的思想引领下,对于如何搜集、整理数据,记录循证实践的研究过程,新的辅助工具也顺势而生。

教师循证实践过程具有求真(以最佳证据支持最佳实践)、民主(研究者、管理者、教育者和受教育者的共同参与和协调)、共享(证据的无边界传播)、高效(以最低成本获取最大利益)等积极意义。[①]其本身的价值:一是提升教师循证实践过程的意识和能力,强化实操性的方法学习;二是提供教师记录实践过程的支架,通过循证归因,精准靶向问题,设计核心举措;三是重视证据管理,以循环性历程优化教学设计与实施,为后续循证奠定基础。在教师开展循证实践的过程中,如何有效地搜集和记录有关的证据资料,对于实践过程中基于证据的改进和最终的总结与证据表达都非常重要。

二、聚焦:教师循证实践过程的关键探寻

循证实践作为一种新的教学实践模式,要想在教学过程中更好地实践循证研究,解决教学中遇到的具体问题,提高教学水平,必须具备以下三个关键要点。

1. 多轮次循环的实施

教师历经的循证实践是一个循环往复、不断推进的探索历程,表现为在反复几轮的实践过程中不停地"循证",实现证据迭代。这里的多轮次循环是指教师从真实问题出发,依靠科学凭证和实践智慧,形成问题解决方案,在验证解决方案的过程中,形成新的科学凭证和实践智慧。但这个过程并非就此结束,这是因为伴随着新科学证据和新实践智慧的形成,新的教学问题又会出现。从问题出发,到问题解决,再到新问题的出现和新问题的解决,这是一个不断循环的过程。

因而,循证实践的过程是一个开放系统,具有多次往复、不断循环的操作路径,强调基于多元证据的深度实践和基于反馈评估的持续改进。

2. 规准化的证据搜集与记录

教师循证过程最大的特点在于增加了"证据"这一基本要素。[②]所谓"证据"

---

[①] 谭轹纱,范卿泽.论循证教学的发展向度和功能限度[J].当代教育科学,2022(02):41—49.
[②] 吕全鹏.基于循证实践框架的语文核心素养教学[J].中学语文,2020(32):3—5.

就是:最佳的教学方法,是经过科学的原则和方法,以及有关质量评价的标准,对教学研究的资料经过认真分析与评价,获得最真实可靠且有教学应用价值的研究成果或称证据。顾泠沅教授指出,"规准化证据"同样是循证医学中所强调的,但不同的是,循证医学侧重"硬证据",即严格控制的实验;而教育除了量化的证据,还有质性的、经验形态的多种"软证据"。[1]因此,在教师循证实践中要多角度互证,基于目标、条件、过程、效果四元分析对证据进行分类。

"证据"通过五花八门的方式存在,它通常是课程标准要求、课前调研、学生访谈、作业作品、课堂观察、试卷数据反馈、教学反思等事实性材料,这些都可称为"凭证"。通过"循证实践的过程探索",教师可有效搜寻学生真实的思维痕迹,让学生的思维过程变得可见,从而精确把握学生的困难和窒碍,不断调整、优化教学策略。

3. 基于成效评估的举措优化

教师在循证实践的主体中承担了极其重要的角色,需要发挥个人的专业智慧,统筹协调学生、最佳证据以及教学环境的缔造,将经验证据与当前具体的教学情境相结合,共同服务于最佳的教学效果。

在获取、搜集、记录完证据后,精心设计教学过程,运用积极的执行策略,按照多元证据中所提供的步骤、方法实施教学是循证实践过程最重要的环节。因此,循证实践的基本运行模式就是在考虑学生以及教学环境的基础上,搜集并确定最佳证据,科学决策实施,制定优化举措,反思教学效果,以此构成一个完整的循证教学过程,体现以问题为核心,寻找证据、评估证据,形成核心举措,再搜集数据、形成新证据,不断提升实践科学性和有效性的循环过程。而此过程又可形成新证据并再次运作,因此循证教学呈现出周而复始、不断优化的发展态势。

三、突破:教师循证实践过程的要素优化

前文讲到,教师循证实践过程有着相对固定、成熟的实施步骤,即提出问题——获取证据——分析辨别——实践应用——效果评估。然而循证过程步骤并不是线性的流程,这样的实施步骤还应该让它循环往复地运作起来,在不断总结反思的基础上提出新的问题与设想,再通过实践研究获取新的证据,总结成熟的经验,提出批判性的修正意见,再重新构想,再回到实践中……

---

[1] 杨玉东,严加平.对中式课例研究中循证实践的再理解[J].上海教育科研,2022(02):9—17.

1. 基于证据，强调真实

它要求教师至少经历以下四个环节：(1)搜集凭证——离开"教学盲目性"，注重搜捕"证据"；(2)精确分析——学生的起点、障碍究竟在哪里；(3)有效引导——基于学生的起点，教师需要作出哪些引导；(4)调整反思——实现有效引导，需要怎样的教学行为。

2. 立足证据，循环改进

包含以下三种具体方式：(1)技术性证据与专业智慧、实践经验融通互补（多角度互证）；(2)基于目标、条件、过程、效果四元分析的证据分类（而不是事先分成等级）；(3)最佳证据在整个循环改进过程中逐步形成（适合才是最佳）。

除此之外，教师还可以引导学生从最终结果出发，反思解决问题的整个过程，发现存在困惑的主要原因，修正、完善解决问题的思路，为后续的循证学习积累更多的可能性知识。

## 第二节　教师循证实践过程的记录工具

循证实践，即"基于证据的教育教学实践"，是教师在充分考虑学生文化及价值观的基础上，遵循最佳证据或在教育指南的协调下进行的基于证据的、连续的、动态发展的实践改进活动。为了更好地落实循证实践，强化循证实践的过程，凸显循证实践的核心要点，我们经过多轮研讨、试用修订，研发了教师循证实践工作单，用以具体地分解任务、反映过程和积累证据。

一、教师循证实践工作单的功能与设计

循证实践工作单，顾名思义，就是循证实践过程行动的工作记录单。循证实践工作单是将以往类似工作进行证据化的具体抓手与载体，循证实践与以往类似研究或实际工作的最大区别在于，更加重视和凸显证据的搜集、分析与运用。

教师循证实践工作单的功能包括：(1)分解任务，将循证实践方案的总任务分解为几个具体操作的分任务；(2)反映过程，通过核心举措的改进历程，体现循证改进的线索与轨迹；(3)积累证据，通过相应表格的填写，使证据的种类更丰富、数量更充分，证据的搜集更规范，证据的表达更科学，证据的运用更有效。

教师循证实践工作单是在已制定循证实践方案的前提和基础上，在正式开展循证实践的行动实施后而运用的,其目的是通过工作单的记录与整理,精炼而扼要地呈现循证实践的关键点,一是核心举措的改进历程,要基于多轮实践,体现一轮一轮的改进;二是证据的积累,既包括前端证据的不断丰富与完善,也包括效果证据的不断清晰与深化。核心要素如下。

第一,循证点。指原有循证方案中一个具体的研究点,建议一轮中聚焦一个,当然第二轮或第三轮可以有微调,但要注明原因。

第二,指向循证点的前端证据。指本循证点的前端证据,注意应比循证方案中的证据更加具体、细化,更有针对性。第二和第三轮中,如有新增的前端证据,也要注明其类别、来源、名称和作用。

第三,核心举措。这里的阐述不是内容的罗列,而是针对循证点问题优化的操作性策略、方式、方法,要具体、清晰、可操作,重点要突出如何优化,以及这些核心举措如何通过实践去验证,是否有价值或有成效。在第二轮和第三轮中,根据第一轮循证过程,这些核心举措有哪些调整,注明具体调整之处和原因。

第四,过程性证据及其搜集工具与方式。是实践过程中形成的证据,主要指反映实践是否有成效的证据,可以是量化的数据,如学业测验、学习过程中的数据等;也可以是质性的证据,如观察记录、访谈、学生作业作品等。要列出具体的证据名称,明确搜集上述证据使用的具体工具,如问卷、访谈提纲、观察表等。在第二轮和第三轮中,可以搜集上次同类型的证据,以便追踪和比较,也可以根据情况补充新的证据。

第五,证据的评估。对所搜集到的证据,从有效性、针对性、客观性、互证性等方面加以审视,以便对结论的取得更加科学准确。

第六,结果与反思。根据对证据的评估确定实践举措的哪些操作有效,可以坚持或继续试用,哪些需要调整或删减。

二、强化证据搜集的循证实践过程记录

循证实践的过程即是教师主体提出教学问题、明确教学主题、获取教学证据、分析和辨别教学证据、运用教学证据、实施教学活动以及评价教学证据和教学活动的动态发展过程。循证实践工作单的具体内容见上面的表述,这里对其中的几个要点作进一步的解释和说明。

1. 循证点与核心举措的锚定和表述

工作单中的循证点与核心举措,这是决定循证实践成功失败、质量高低、意义价值的关键,也就是说,你到底要循证什么。这里的循证点不是循证方案中举措要点的简单复制，而是要分解和细化，更加具有操作性。

要在循证思维方式之下，寻找和选择合适的循证点成为教学研究的关键。教师在教学中不仅会面临一些预定性问题，也会面临着大量的生成性问题；既有一些结构性问题，也存在着很多非结构性问题。对于各式各样的问题，教师要有充分的问题意识，要有捕捉问题的能力，能够清晰地识别并提炼出教学中存在的具体问题、真问题和有意义的问题，然后将其格式化，以适合检索的方式呈现出来，生成循证点，这是迈向循证实践的第一步。

如大宁国际小学"大观念引领下单元任务链设计与实践研究"项目，第一轮工作单的循证点为"如何在大观念的指引下设计行之有效的单元教学任务链"，以课例五年级上册第三单元《百年追梦　复兴中华》为例，梳理单元各课时的教学目标，初步确定单元大观念。在第一轮研究的基础上，优化研究方法，拓宽研究视野，循证问题更进一步，第二轮精简循证问题的表述就调整为"大观念引领下单元任务链设计与实践研究"，侧重以课例四年级上册第三单元《与班级共成长》为例。

真实问题是教师循证实践的逻辑起点。教师循证实践要坚持问题解决导向，只有解决了教育教学实践中的关键问题、突出问题，才能实现实践的突破。上述案例循证点的设计体现如下思考：一是以课程标准为依据，以学科核心素养为导向，着重从大观念视角下开展单元任务链设计与实践的行动研究，以此为《道德与法治》课教学效果的提升和学生道德与法治品质的培养提供有效指导。二是从以往学生的学习情况看，单元中各小标题的教学内容相互独立，对于单元目标的达成度上就打了折扣。因此，教师以四、五年级"我与家庭"主题相关单元为例，尝试以单元为单位，设计一系列指向培养学生思辨意识和能力的任务链，帮助学生在解决任务的过程中，能够综合运用学科观念、思维模式和探究技能，形成正确的观念系统和行为习惯。

这样的循证点设计指向学科内容的本质问题，这些真实问题是遵循科学证据和运用实践智慧的焦点，给每一个学生预留思考和探究空间，让每一个学生都自由开放地展示自己的真实思维方式，呈现自己的独特理解。

2. 过程性证据的择选与积累

证据是"用以证明的凭据"。在循证实践中，证据的意义远非如此，更具"能动性"。它不只是被用来充当证明教育教学实践之合理性、有效性的凭证，更可以用来深究于哪些证据在何种情境中最为有效，从而寻找出最佳证据并据此改善教育教学,以达成"最佳教学实践"的目的。每一轮改进为什么要改,在什么地方改,改为什么,循证检验的举措最终是否有效并采纳,都要有证据来支撑和说明。

数据搜集与分析能力是科学探究技能中的核心能力,是培养学生科学精神的重要途径。以下案例重点呈现搜集证据——处理信息环节,关注学生的问题意识、基于证据的表达、合作学习、发散性思维和批判性思维的发展等核心素养的培养与落实,提高科学教学的有效性。

上海市大宁国际小学的大科学项目"培养学生创新实践能力的实验探究方式优化研究",循证点为针对创新实践能力筛选可用的实验探究内容并进行流程优化,并就此开展了两轮实践。

第一轮实践:核心举措是通过学习相关资料(创新实践能力,学科知识点,证据金字塔,心理学双盲问卷设计方法),设计调研问卷;通过教研活动,探讨并填写实验流程优化设计单。其中,过程性证据及其搜集工具与方式如下:

1. 问卷调研与结果分析
(1)问卷设计。

**感性还是理性?**

班级：　　　　　　学号：

生活中每一个人都有感性的一面,也有理性的一面。感性的人会拥有细腻的内心,非常善于和人相处;理性的人则理智聪慧,特别擅长逻辑推理。然而过度感性可能容易被情绪左右;过度理性也可能被人误会缺乏感情。

合理的处理自己的情感,感性和理性互相配合,就能交到更多的朋友噢!那你想知道自己是感性多一点还是理性多一点吗?快来测试下吧!

场景一:小明要上自主课了。他想针对班级中某两位同学"水火不容"的现象,准备相关的内容。为了搜索相关信息,他在网络搜索引擎中输入关键词(　　)来搜索信息。

A.如何正确处理同学关系　　B.好朋友　　C.怎样吵架才能赢别人

场景二:小王的乒乓球被好朋友小沈不小心踩扁了,除了道歉以外,你还可以建议小沈借助(　　)弥补他的过错。

A.一块橡皮　　B.一把剪刀　　C.一个锥子
D.一碗开水　　E.乒乓球拍

说明:限于篇幅,其余的四个场景这里略去。

关于问卷问题的设计说明:

场景一:指向信息搜集的能力。理想选项(如何正确处理同学关系),迷惑选项(好朋友),旨在测试学生面对真实的问题,在网络中选择怎样的关键词进行搜索比较合适。迷惑选项的设置基于学生表面性的理解"同学关系"而非同学关系的"处理"。

场景二:指向实践运用的能力。理想选项(一碗开水),迷惑选项(一把锥子,乒乓球拍),旨在测试生活中一些科学常识的运用,比如热胀冷缩,空气受热膨胀等。迷惑选项的设置基于学生错误的修理乒乓球的设想或者是从其他方面与好友沟通,而非合理的"弥补错误"。

说明:限于篇幅,其余的四个场景说明这里略去。

(2)问卷实施与结果统计(略)。

2.实验流程优化设计单

(1)教学手段的优化——课例:《声音的传播》(选自综合理科实验室课程"神奇的能"主题"声音王国的秘密")。

(2)教学设备(设施)的优化——课例:《探究串联和并联电路特点》[选自综合理科实验室课程"神奇的能"主题"家里的电路"单元(附表略)]。

(3)教学设计的优化——课例:《纸桥承重》(选自综合理科实验室课程"多功能的材料——纸"主题"搭纸桥"单元)。

3.按照探索性和验证性梳理常规实验

**筛选实验一览表**

**一年级**

| 探索性实验 | 验证性实验 |
| --- | --- |
| 10.探究纸的不同<br>15.比较身高与体重<br>16.比较指纹的不同<br>21.探究水的特性 | 36.连接简单电路★<br>37.探究物体是否导电★<br>…… |

**二年级**

| 探索性实验 | 验证性实验 |
| --- | --- |
| 29.比较"尿不湿"和其他材料的吸水性<br>31.探究衣料的不同<br>33.探究物体从空中下落的快慢<br>44.比较平面镜、凹面镜、凸面镜的不同 | 36.连接简单电路<br>37.探究物体是否导电★<br>51.探究磁极间的相互作用★<br>…… |

**三年级**

| 探索性实验 | 验证性实验 |
| --- | --- |
| 61.观察吹气后纸条的变化<br>67.探究纸桥的承重★<br>68.探究斜面的作用<br>71.探究弹簧拉伸的长度与所受拉力之间的关系 | 70.探究物体是否有弹性<br>73.探究不倒翁不倒的原因★<br>79.探究声音的传播★<br>80.比较不同材料反射声音的本领<br>…… |

四年级

| 探索性实验 | 验证性实验 |
|---|---|
| 130. 探究固体的传热方式<br>131. 探究不同材料的传热本领<br>132. 探究液体的传热方式<br>133. 探究气体的传热方式 | 115. 检测食物中的淀粉<br>116. 检测食物中的脂肪<br>118. 探究锈的特点<br>119. 探究铁生锈的原因<br>…… |

五年级

| 探索性实验 | 验证性实验 |
|---|---|
| 167. 探究风叶大小对收集风能的影响<br>169. 探究"摆"<br>170. 探究影响摩擦力大小的因素★<br>173. 探究面包霉变的原因 | 163. 探究三角形的稳定性★<br>177. 玩"斗气"的吸管★<br>…… |

第二轮实践：教师过程性证据及其搜集工具与方式是：(1)实验探究优化案例，包含优化实验材料——《化石》《茶叶的妙用》《做纸桥》，优化教学内容——《连结》，优化学习方式——《人生之旅》《望星空》，优化学习单——《衣料》《做小车》；(2)设计观察量表进行研究。研究团队着重对实验探究过程性数据进行了搜集工具探析，详尽地记录了优化实验材料、优化教学内容、优化学习方式、优化学习单的四种优化路径。

**第一条路径：优化实验材料——预测实验过程中误差数据的产生，合理引导，及时纠错**

科学数据的搜集是科学探究的重要一环，是分析、推理得出结论的关键。而在小学探究实验中，往往由于实验器材的选择、教师的引导、学生的主观意识等，造成收集的数据不准确，学生很难从中找到科学的普遍规律。为了得到比较准确可行的数据，教师在引导学生进行实验操作时，必须让学生明白如何控制好因变量和自变量，然后再进行规范操作的重要性。

如在执教《做纸桥》一课时，要求学生研究平板桥和拱桥的承受能力的不同，在实验后，学生得到了如下的数据。（这里的数据是指承载的钩码数量）

| 组别 | 1 | 2 | 3 | 4 | 5 | 6 | 7 | 8 |
|---|---|---|---|---|---|---|---|---|
| 平板桥 | 8 | 3 | 1 | 10 | 2 | 3 | 3 | 3 |
| 拱桥 | 11 | 6 | 10 | 12 | 14 | 14 | 10 | 6 |

学生从一系列的数据中得到的共识是：拱形桥面承受能力大。但在表中的数据中，发现同样是平板桥，各组实验中获得承重的能力却有很大的悬殊。一些承重能力强的平板桥甚至是超越了个别组的拱桥承载能力。出现这样的情况，与教师活动前的指导的指向性有重要的关系。活动前，教师对活动的要求并没有明确的规定，如这个实验主要是研究平板桥和拱桥的承重能力，作为对比实验，控制的变量很重要，但教师却没有重点要求。而只是讲了实验的方法。在实验中，学生就出现了这样的情况：部分学生在做平板桥时，将平桥两端在桥墩上的地方用手拉住或者按住，不让其变形；部分学生做拱桥的时候，将拱桥的拱足两端放入书本中间（即用书本抵住拱足）。这样开展实验得到的数据与原始数据就有了很大的差距，同时也影响拱形承载更大力的探究活动。

**第二条路径：优化教学内容——谨慎审视实验过程中的证据，理顺逻辑，避免无效探究**

科学教学中，倡导让学生亲历探究，提出问题只是科学探究的第一步，更重要的是让学生自己动手实验、观察，搜集证据，让学生对搜集的事实证据进行分析，作出合理的解释，以利于学生最终获得正确的科学认识。

首先，强调解释要从探究数据出发。在现实的科学课堂教学中，学生有时很难分清探究数据与解释。如"搅拌能加快食盐溶解"的对比实验中，学生在记录表的"观察到的现象"和"我们的结论"两栏里，都填上了"搅拌能加快食盐溶解"，这些学生混淆了数据与解释。所以，教师要指导学生树立证据意识，分清证据和解释。在让学生做解释时，教师强调解释应从探究数据出发，而不是依据自己的直觉，也不是依据自己的某种想法。应鼓励学生把自己的证据和解释记录下来，对自己的解释进行整理，三思而后言。对学生的解释，应经常运用"你的解释依据是什么？""从哪些数据中得出来的？"这样的问句追问，也可以要求学生在表述自己的解释时，出示探究数据，运用"根据这些数据……""从以上数据可以看出……"这样的语句来表述。这些问题和语句可以促进学生在做出解释时重视探究数据，知道自己的解释所依据的是什么。经过长期的训练，让学生逐步认识到，科学解释需要依据探究数据，结论与数据之间是有逻辑关系的。

其次，引导学生辨别探究数据的有效性。科学分析需要以探究数据为依据。在对探究数据进行分析之前，要引导学生对探究数据进行辨别。在交流中，可以增加发现那些无效探究数据的可能性。如果存在问题，要引导学生反思自己的整个探究过程，强调探究过程的可重复性。

最后,运用多种方法呈现探究数据。科学探究数据有简单的,也有复杂的,应该考虑整理这些数据,用合适的方式呈现探究数据。这样,学生可以获得更多有价值的信息,对探究数据做出正确的分析,使结果解释更令人信服。

### 第三条路径:优化学习方式——学习多种数据记录与整理的方法,合理选择,助力得出结论

为了充分利用好探究数据,进行合理的科学解释,教师应引导学生灵活运用探究数据展示的方式,使学生的解释更科学更具有说服力。

二年级《人生之旅》有一个活动:了解人们在不同阶段的身高和体重。在了解出生时的体重这个环节后,教师给每个学生发一枚磁铁,男生用的是绿色的,女生用的是粉色的,然后教师用一张统计图表的背景,要求学生把自己出生时的体重标注在统计图表中。学生很容易发现,同学们出生时的体重一般集中在2 750~3 500克的区间范围内,因此,得出人们在出生时的体重大约在3 000克左右。倘若使用的是表格数据,一系列的数字会让学生眼花缭乱,肯定没有统计图表看得清晰。

我们从某一个学生的统计图表中可以看出,该学生从出生到现在,每年的体重都在发生变化,这种变化是呈上升的趋势。由此,让学生感受到,折线统计图在表示某一事物发展过程中的趋势变化的优势是非常明显的。

### 第四条路径:优化学习单的设计和使用

《衣料》是小学《科学与技术》第三册第三单元《衣服的故事》的第二课时的内容,属于物质与材料板块。这节课的内容在单元中起到承上启下的作用,它的教学是基于前一节知道各种各样的衣服,了解衣服的演变过程为前提,同时也为后面学习织布和衣服的制作过程做好知识的准备。

本节课的授课对象是二年级的学生,他们对衣服有了一定的了解,知道有各种的衣服,也知道一些常见的衣料,但是他们对一些衣料的用途还不了解,并且不会用正确的方法去探究衣料的特点,还不能以适当的语言文字总结衣料的特点和生产方式。在完成学习单时,让他们自己讨论并完成填写会有一定的困难,教师在这节课的设计中,优化了学习单的学习内容,使学生通过看一看、做一做、选一选、说一说的方式提升观察比较的探究能力。

本节课设计了两个学习单,在完成"活动二"的学习单时,老师把衣料生产过程做成小贴纸放入信封,待学生看完教学视频后以小组为单位,一边讨论一边贴,既降低学生书写难度又能体现出学生是否在有效观察。这不仅能激发学

生认真去发现、去分析、去论证,使学生及时了解自己的观察学习能力,找出自己的优点和缺点等,同时也使学生学会欣赏别人,学会判断别人交流的内容是否正确,及时将存在的问题与别人进行交流,取长补短,相互促进,共同提高。

基于"证据"的教学实践,它更强调充分利用学生先前的知识基础和生活经验,强调教师在学生学习路径的每一步找到学习发生的证据,看见学生学习过程中思维活动的痕迹,以一种尊重个性、关注学生发展的方式,让学生实现学习力的提升。

3. 证据搜集的规范与评估

教师作为教学实践活动的主导者,掌控并调节着循证实践的运行及进度。工作单中非常强调证据搜集的规范和评估,这是增加科学性和深刻性的重要保障。证据规范的标准必须满足三个条件,即证据与所解决问题具有高度相关性、某一证据与其他类型证据具有一致性(相互支撑而非相互排斥)、证据是经过科学验证的。只有相关度最强、关系性一致、证据级别最高的证据才能作为解决实践问题的最佳证据来使用。

同样,也要充分发挥教师对教育教学证据的评估作用,使证据的使用过程更具反思性和研究性。对于教师而言,证据效果评估的基本目标主要有三个:一是检验证据对教学实践的干预是否有效;二是检验证据对教学实践的干预是否达到了预期效果;三是检验证据干预措施能否推广到更为广泛的教学环境中去。

如大宁国际小学"以提升学生思维水平为指向的小学五年级几何教学的优化实践研究"的项目研究中,通过两轮的循证实践过程记录,对循证点"导学单"的设计实施得出最终结论。

第一,两份导学单都基于学生已有知识的回顾与复习发现,更利于每位同学对新授知识的学习。

第二,两份导学单都给了学生提出质疑的机会,每位学生都尝试质疑,对本节课的学习重点也有了更清晰的认识。

第三,两份导学单都给了学生寻找生活中几何图形的机会,使教师对学生的认知基础、生活经验等各方面学情有了更精准的把握。

证据是循证实践过程的基点,教师教学的实施及其成效在很大程度上取决于证据的真实性、科学性和有效性。由于教学活动本身的复杂性,实践过程中证据的获取和验证,除了需要借鉴随机试验、准实验、前后测对照实验之外,还需要基于教学的特性,通过行动研究、田野研究、质化研究等方式搜集教学证据。

上述案例通过对核心举措中两份导学单的分析总结，最终结论表明，由于教学结果与教学过程中的诸多要素往往是一种相关关系，而非严格意义上的因果关系，因而教学证据与教学效果之间不能遵循线性的简单推理逻辑，而需要从整体上，基于全息的原则探讨教学证据与教学结果之间的内在关系。为此，教师循证实践过程中证据的获取还可以从课堂文化、师生关系、学生同伴群体、教学互动等角度进行挖掘和分析。

三、凸显在行动中循环反思的循证记录

工作单中的两个概念：一个是"轮"，即一个循证点的有效检验过程。不同轮之间的区别在于，循证举措是否进行改进和完善。换言之，后一轮实践中的举措相比前一轮，应该有改进和完善；另一个概念是"次"，指一轮实践中对有关的举措进行多少次检验。

具体实施一轮（或一次）循证的周期长短，根据不同项目的特点和具体内容而定。但同一个循证点的循证实践检验，纵向的改进过程原则上为三轮，不少于两轮。对一个循证点的一轮检验中，其实际的检验次数原则不少于3次。

循证实践方案中的内容点原则上都要经过循证检验的过程，也即要分解为几个循证点。几个循证点的实施，可以是在一个团队中分成几个小组同步进行，也可以是整个团队对循证点逐个进行检验。

本工作单是对一个阶段（一轮）的整理和记录，不是每次活动的记录。但为了更好地反映一轮工作的内容，过程中的即时记录根据每个项目的特点和需要自行安排。

这里的记录与其他有关工作（如课题研究、教研活动、校本研修等）的记录并不矛盾和冲突，其他记录可以照常进行。这里只是对证据化的要点加以提炼和集中呈现。

目前的多轮实践分写到不同页面上，但最后可以把几张记录纸并排放在一起，观察同一个内容的前后变化。

## 第三节　教师循证实践过程的案例参考

教师循证实践的过程从来就是一个探索性实践，没有样本可循，在联动基层学校推进研究的过程中，如何将点滴的成果进一步在区域进行经验辐射与成果转化,始终是一线科研人关注的焦点。鉴于研发循证实践工作单是一项原创性工作,任务非常艰巨,时间也比较仓促,我们在这方面目前只能提供初步的案例,还有许多需要完善的地方,未来还需要更深入研究。下面呈现的两个案例,体现了在这方面的辛勤耕耘、创新思维,展现了充满智慧、富有成效的过程性举措、手段、途径和经验,以期提供借鉴和参考。

**案例6-1:指向学生深度学习的英语学科思维导图的设计与实施研究**[①]

案例导读:大宁国际小学英语教研组自开展"指向学生深度学习的英语学科思维导图的设计与实施研究"循证实践以来,经历了研究的准备阶段和扎实有效的实施阶段。在这个过程中,学校对深度学习的内涵、思维导图的设计与实施都做了深入的探索与实践。

英语学科组采取的是典型的递进式推进方式。在前期研究中,课题组确定了从关注教师如何教到关注学生如何学的研究路径,梳理形成了不同文本类型及适配思维导图的基本思路,并通过学生的作品分析,发现学生典型的问题,作为修正思维导图及教学的基本依据。在新一轮的实践探索中,又融入了单元视角的元素,希望在原有阶段性实践的基础上,探究单元整体视域下的思维导图的设计与运用的优化。

本案例完整地呈现了一个三轮循证实践工作单的过程性记录,有着详尽的循证问题、关键要点与核心举措、前端证据、过程性证据及搜集方式等内容,着重剖析循证过程中的新举措及证据运用。

**教师循证实践工作单(第一轮实践)**

| 单位 | 上海市大宁国际小学 | 填写人 | 周嘉蓓 |
|---|---|---|---|
| 循证实践项目名称 | 指向学生深度学习的英语学科思维导图的设计与实施研究 | | |
| 循证点 | 基于前期证据搜集,发现教师在课堂教学中是设计思维导图的主体,学生在运用思维导图时的效率和效果与我们的预期之间存在差距。在第一轮实践过程中,鼓励教师将封闭式的思维导图变成半开放的状态,能在不同课型中尝试使用各种导图模型,并在不同年段展开实践,基于牛津英语及校本补充内容的梯度变化,形成我校特有的英语课堂的辅助工具。 | | |

---

[①] 本案例由上海市大宁国际小学提供,执笔人为周嘉蓓、吴磊、周旖旎等。

续表

| | 证据内容 | | 证据来源 |
|---|---|---|---|
| 指向循证点的前端证据 | 1. 思维导图的概念和价值 | 思维导图的定义 | 文献检索 |
| | | 思维导图的基本特征 | |
| | | 思维导图的意义价值 | |
| | 2. 深度学习的概念和价值 | 深度学习的定义 | 网络搜寻 |
| | | 深度学习的基本特质 | |
| | | 深度学习的意义价值 | |
| | 3. 英语学科深度学习 | 英语学科深度学习的含义 | 网络搜寻 |
| | | 英语学科中深度学习的意义价值 | |
| | 4. 我校英语教师目前在思维导图设计与运用方面的现状分析 | 教师对思维导图的认知程度 | 本校教师提供 |
| | | 不同类型思维导图的使用情况 | |
| | | 不同课型思维导图的使用情况 | |
| | | 不同年段思维导图的使用情况 | |
| | | 全学段思维导图应用目的情况 | |
| | | 各年段思维导图应用目的情况 | |
| | 5. 我校学生目前在英语学习中使用思维导图的现状 | 低年级学生使用情况 | 本校教师提供 |
| | | 中年级学生使用情况 | |
| | | 高年级学生使用情况 | |
| | 6. 思维导图的基本形态 | 八大基本形态 | 网络搜寻 |
| | 7. 有关思维导图的研究报告、实践经验、有效做法 | 解决的问题 | 网络搜寻 |
| | | 实施的策略 | |
| | | 解决的效果 | |
| | 8. 各年级在英语课堂教学中思维导图的使用举例 | 语言拓展类 | 本校教师提供 |
| | | 句式巩固类 | |
| | | 表达支架类 | |
| 核心举措 | 通过前期资料搜集整理和现有教师教学情况及学生的学情分析，多次集体头脑风暴讨论，结合专家的指导和研判，最终确立研究目标，即通过研究，构建学校英语学科思维导图设计运用的分级目标以及内容序列，探索形成运用思维导图促进学生深度学习的实施路径，提高学生英语学习效率、学习兴趣。以下是各年级拟定的循证实践子项目。<br>一年级，利用思维导图培养学生口语表达的完整性。 | | |

续表

| 核心举措 | 二年级,利用思维导图提升学生语言表达流畅性。<br>三年级,在英语课堂中运用思维导图提升学生口语表达的丰富性。<br>四年级,在英语教学中运用思维导图提升学生表达的逻辑性。<br>五年级,运用思维导图,设计与实施培养学生发散性思维的英语练习。 |
| --- | --- |
| 过程性证据及其搜集工具与方式 | 第一轮实践共计收到证据20份——考查类7份,课例类7份,作文类3份,学生活动类3份。(具体内容详见附录)<br>证据搜集的方式:(1)学生作业分析。(2)学生参与学科活动作品分析。 |
| 结果与反思 | 通过前端证据的梳理和分析,证据文本经历了"从厚到薄"的转变。这种浓缩下,不仅提炼了小学阶段可常用的八大类思维导图,还进一步建立了思维导图与学生深度学习的意义关联,具体表现在:<br>(1)借助语言和图形支架主动获取、梳理、概括、整合信息,获取基于主题的新知识结构;<br>(2)借助思维导图丰富的学习和实践活动信息,将习得内容内化为个人的认知和能力;<br>(3)能在新的语境中借助思维导图主动构建意义、表达情感和态度,表现出更完整的认知结构,更得体的语言运用,更高阶的思维层次,更明确的价值取向和行动选择。<br>由此,借助循证实践,我们实现了在思维导图与深度学习之间建立起牢固的联系。同时,可以从哪些维度去设计思维导图,教师也有了初步的认识。 |

附录:证据清单

| 年级 | 证据类型 | 证据数量 | 证据来源 |
| --- | --- | --- | --- |
| 一年级 | 考查类 | 2 | 第一学期英语嘉年华二 |
| | 课例类 | 2 | 1A Module 4 Unit 2 In the zoo(P1) Animal Talent Show |
| | | | 1A Module 4 Unit 3 In the park (P1) A colourful Christmas tree |
| 二年级 | 考查类 | 2 | 第一学期英语嘉年华一 |
| | | | 第一学期英语嘉年华二 |
| | 课例类 | 2 | 2A Module 4 Unit 2 In the forest (P2) Walking in the forest |
| | | | 2A Module 4 Unit 1 In the sky (P2) The beautiful sky at night |
| 三年级 | 考查类 | 1 | 第一学期第三模块练习卷 |
| | 课例类 | 1 | 3A Module 4 Unit 1 Insects (P2) Let's vote for "the best insect" |

续表

| 年级 | 证据类型 | 证据数量 | 证据来源 |
|---|---|---|---|
| 三年级 | 作文类 | 1 | 第一学期第三模块第一单元<br>写作练习 My School |
| | 学生活动类 | 1 | "走进南美洲"跨文化主题活动之狂欢节头饰 |
| 四年级 | 考查类 | 1 | 第一学期英语"微笑习得一"练习卷作文题 |
| | 课例类 | 1 | 4A Module 3 Unit 2 Around my home (P1) Nanjing Road |
| | 作文类 | 1 | 第一学期第三模块第一单元<br>写作练习 My _____ School |
| | 学生活动类 | 1 | "走进南美洲"跨文化主题活动<br>之走进哥伦比亚 |
| 五年级 | 考查类 | 1 | 第一学期英语"微笑习得一"练习卷作文题<br>My friends and I |
| | 课例类 | 1 | 5A Module 3 Unit 2 Buying new clothes (P1) The emperor's new clothes |
| | 作文类 | 1 | 第一学期第一模块第三单元<br>My dream job 写作练习 |
| | 学生活动类 | 1 | "走进南美洲"跨文化主题活动之走进哥伦比亚 |

第一轮实践共计收到证据20份(考查类7份,课例类7份,作文类3份,学生活动类3份)。

**教师循证实践工作单(第二轮实践)**

| 单位 | 上海市大宁国际小学 | 填写人 | 周嘉蓓 吴磊 |
|---|---|---|---|
| 循证点 | \multicolumn{3}{l|}{1. 通过第一轮循证实践,低年段学生在对思维导图有了初步了解后,能根据特定话题积累相关词汇。中高年级学生在合理调用思维导图整合相关词汇、句型进行合理表达的基础上,能根据特定的话题,搜集相关信息支撑自己的观点并能做到语言流畅、内容丰富、表达富有逻辑性。<br>2. 在项目的推进和实施中,从教师视角出发,从应然的层面出发,开展我们的实践探索,探究不同文本类型及适配思维导图。相关的研究主要分为三个步骤:归类文本类型,分析学生问题;根据学生难点,选择合适导图并进行设计;检测导图使用效果。} |
| 前端证据 | \multicolumn{3}{l|}{1. 对《牛津英语》1—5年级文本类型进行了全面梳理,初步归类出三类文本题材,分别是人物介绍类、故事复述类和观点表达类。其中人物介绍类文本为对特定人物或事物的口语或书面介绍,如介绍自己或他人的同学、朋友、家人,或介绍学校、公园、社区等;故事复述类文本为对教材中的故事内容进行复述;观点表达类文本在写作练习中比较常见,如描述自己的理想职业并说明原因、描述学校里最喜欢的场所并写出理由、对健康生活习惯进行建议等。} |

续表

| | |
|---|---|
| 前端证据 | 2. 对1—5年级循证实践的课例整理和搜集，聚焦学生表达过程中出现的逻辑问题，提炼各类文本题材中学生出现的主要问题。<br>3. 文献搜集与整理，主要文献资料如下：<br>上海市小学英语学科教学基本要求.上海教育出版社.2017.<br>刘月霞，郭华.深度学习:走向核心素养.教育科学出版社,2018.<br>《上海市中小学英语课程标准(2015版)》<br>《普通高中英语课程标准(2017版)》 |
| 核心举措 | 循证实践强调证据，不可避免的是关注证据的信度和效度的问题。在细化方案的过程中，为了让我们搜集到的数据能够更具有可解释性、更让人信服，我们的研究视角更多关注了教师的教学推进，以及学生的学习过程，从不同的角度出发，寻找能指向问题的证据，解释成因，寻找对策，检测对策的效度，等等。本轮研究分为以下三个方面：(1)三类文本题材对应学生三个难点问题。(2)针对文本类型遴选适切的思维导图。(3)结合思维导图进行任务设计。 |
| 过程性证据及其搜集工具与方式 | 1. 三类文本题材对应学生三个难点问题<br>(1) 人物介绍类——句序颠倒<br>以4AM1U1 A new classmate这一课时的"介绍新同学Jill"为例，学生通过教材文本的学习，能够提炼出一些关于人物Jill的关键信息，如姓名、年龄、外貌、学号、同桌、家庭、能力、爱好等，但是在表达时却无法将这些信息进行有序整合，出现这样的表达：We have a new classmate, Jill. She is tall and thin. She can dance. She is nine. Her deskmate is Kitty. She likes playing basketball. 看似信息完整，但实则排列无序。<br>再以4AM3U2 Nanjing Road这一课时为例，设定的语用任务是学生用英语介绍上海知名的马路——南京路。初次执教时，教师设计如图1所示的简单陈列式板书，虽然提供了足够的信息，但发现学生在介绍时看到什么说什么，无法准确把握buy与beautiful两个关键词的概括作用，缺乏层次概念。<br><br>图1 |

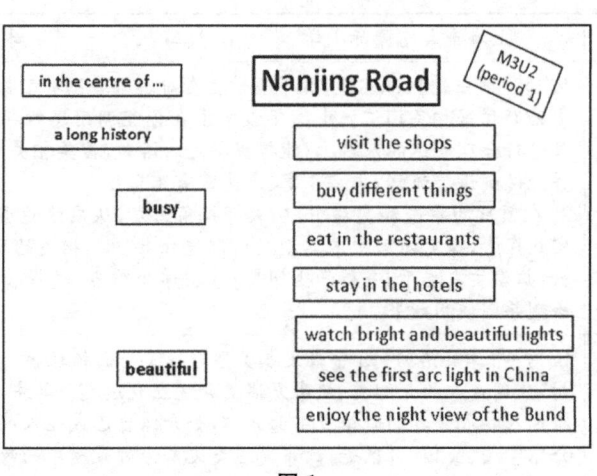

续表

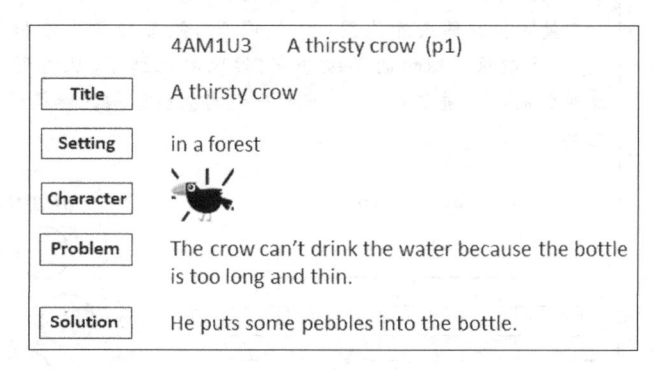

| | |
|---|---|
| 过程性证据及其搜集工具与方式 | (2) 故事复述类——信息遗漏。<br>有一段时间,教师喜欢用 Story map(故事元素图)来组织板书。故事元素图通过直观地展示故事的标题(title)、背景(setting)、角色(characters)、冲突(problem)、结局(solution),帮助学生快速把握故事发展的主要脉络。但是当学生需要对故事内容进行复述时,往往会遗漏产生因果关系的关键信息。如4AM1U3 A thirsty crow 中,故事元素图(图2)清晰地展现了故事的主要脉络,但学生在复述时无法主动并具体地说出乌鸦在看到水、喝不到水、想到办法而最终喝到水时的心情变化过程及原因。<br><br>4AM1U3　　A thirsty crow (p1)<br>Title: A thirsty crow<br>Setting: in a forest<br>Character: 🐦<br>Problem: The crow can't drink the water because the bottle is too long and thin.<br>Solution: He puts some pebbles into the bottle.<br><br>图 2<br><br>(3) 观点表达类——结构难建。<br>观点类文本在写作练习中较为常见。以习作练习 nice places at my school 为例,教师多用问题引导学生发散写作思维(见图3),通过 Are there any nice places at your school? What are they? Why do you think they are nice? 这三个问题引发学生对写作内容的思考,但是对行文关键段落的框架结构搭建起到的作用不大,学生能够轻易回答所列举的三个问题,但要合理安排段落并写作成文,往往难以下手。<br><br>Write a passage about 'Nice places at my school'.<br>Before you write, think about these following questions:<br>1. Are there any nice places at your school?<br>2. What are they?<br>3. Why do you think they are nice?<br><br>Nice places at my school<br>_____<br>_____<br>_____<br>_____<br><br>图 3 |

续表

| | |
|---|---|
| 过程性证据及其搜集工具与方式 | 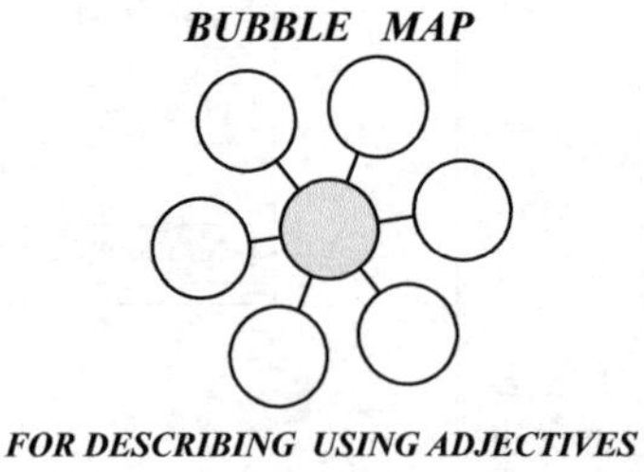 **2. 针对文本类型遴选适切的思维导图**<br><br>结合以上问题与难点,教师尝试运用思维导图来解决学生表达中遇到的逻辑性问题。<br><br>思维导图的基本类型有八种:圆圈图、气泡图、双气泡图、树状图、桥型图、括号图、流程图、多重流程图。哪些类型的图画分别适用于哪些类型的英语文本表达呢?根据教学实践经验,我们为这三类文本遴选了适切的思维导图种类。<br><br>(1)人物介绍类文本——树状图、气泡图。<br><br>使用树状图或气泡图(图4、图5),能帮助学生紧扣并直入表达的主题,学生能根据图中的层级分布,按照从上到下、从左到右,或顺时针、或逆时针的顺序进行表达,丰富的气泡与树枝结构也能提示学生不遗漏关键信息。 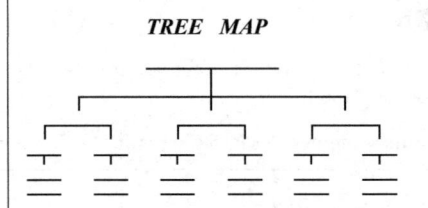<br><br>TREE MAP<br>FOR CLASSIFYING AND GROUPING<br>图4<br><br>BUBBLE MAP<br>FOR DESCRIBING USING ADJECTIVES<br>图5<br><br>(2)故事复述类——流程图(多流程图)。<br><br>故事教学中,流程图(多流程图)非常实用,如图6、图7所示。图中丰富的信息提示能帮助学生在故事复述时清晰地把握故事内容、梳理故事脉络。图中的箭头走向,有助于学生理清故事发展的因果逻辑关系。<br><br>FLOW MAP<br>FOR SEQUENCING AND ORDERING<br>图6<br><br>MULTI-FLOW MAP<br>FOR CAUSES AND EFFECTS<br>图7<br><br>(3)观点表达类——括号图。<br><br>写作前,使用括号图(图8)是帮助学生搭建写作基本结构框架、整理逻辑层次的很好途径。括号能直观地展示出总括与分述内容之间的关系。 |

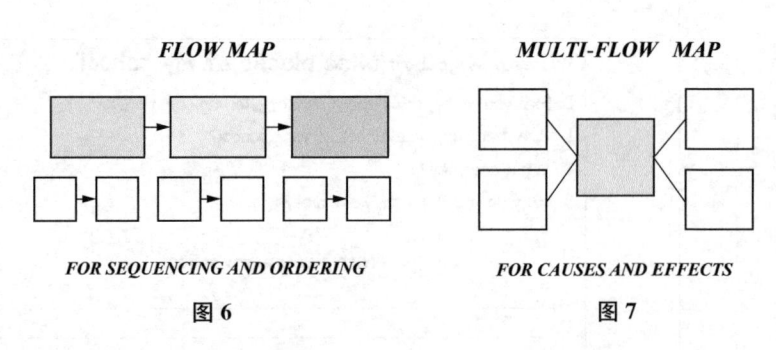

续表

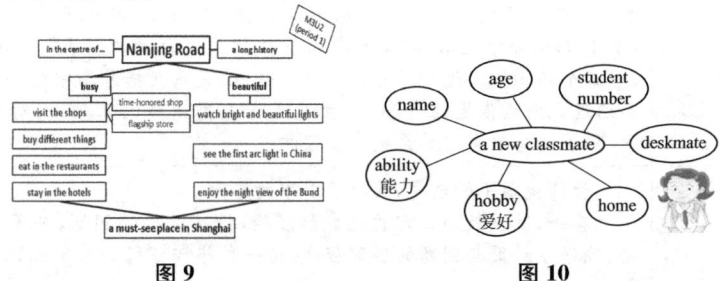

| 过程性证据及其搜集工具与方式 | 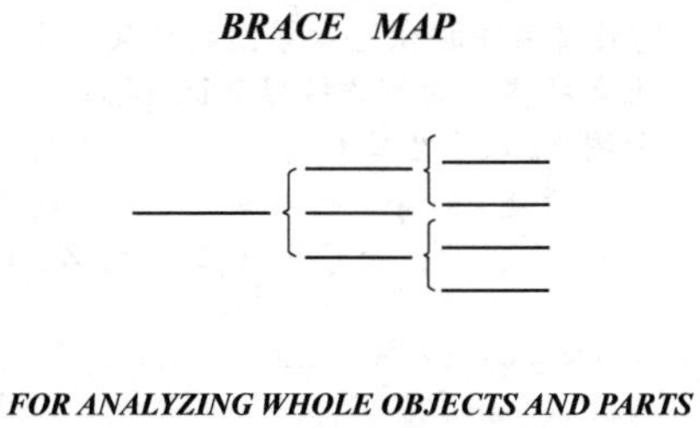 **BRACE MAP**<br><br>**FOR ANALYZING WHOLE OBJECTS AND PARTS**<br><br>图 8<br><br>3. 结合思维导图进行任务设计<br>（1）树状、气泡图支撑人物介绍。<br>　　如上文提到的 Nanjing Road 这一课，教师设计图 9 所示的树状图板书，学生围绕南京路这一主题，先介绍它的地理位置和历史，再从 busy 和 beautiful 两个方面分别展开叙述，最后进行总结：Nanjing Road is a must-see place in Shanghai.在树状图的树枝框架的提示下，学生的介绍前后有序、总分合理，明显富有了层次感。<br><br>图 9　　　　　　　　　　　图 10<br><br>　　再以 4AM1U1 Our new classmate 为例，教师设计了如图 10 所示的气泡式思维导图，将介绍人物"新同学"时所需要讲述的信息通过气泡发散，学生在介绍时能够围绕 a new classmate 的主题，完整地根据图中所示信息进行介绍，不会发生信息遗漏的情况。<br>（2）流程图辅助故事复述。<br>　　故事教学中，教师使用流程图将故事发展的逻辑顺序展示在板书上。在 thirsty crow 这则故事中，学生在流程图（图 11）的辅助下，对乌鸦心情及故事情节的变化一目了然，学生根据箭头的指向，可清晰地将表示因果关系的关键信息，如乌鸦在看到水、喝不到水、想到办法而最终喝到水时的心情变化过程及原因揭示出来。 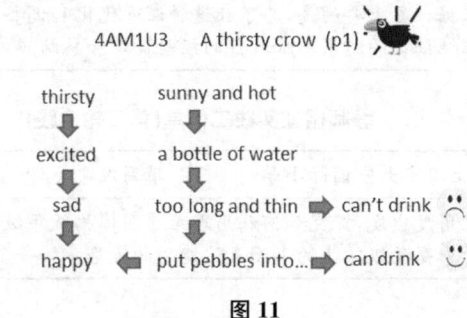<br><br>图 11 |

续表

| | |
|---|---|
| 过程性证据及其搜集工具与方式 | （3）写作练习中提供思维导图式框架。<br>如在上文所提到的写作练习 Nice places at my school 中，教师提供如图 12 所示的括号图，帮助学生建构基本的行文逻辑：文章主体部分分为 2 段，分别介绍学校里的两处 nice places 并阐述理由。同时，学生在填充完成思维导图的过程中，也会对即将进行的写作内容（场所名、理由等）进行构思。<br><br>图 12　　　　图 13<br><br>再以五年级 5AM1U3 My future 单元的写作练习 My dream job 为例，学生将围绕自己的理想职业及原因进行描述。教师通过括号图式的思维导图（图 13），引导学生从"职业本身的特征""学生自身的特点"和"对该职业的看法"三个层面依次进行思考，"总括—分述"关系在括号图中显而易见。在写作前通过完成这张思维导图，学生在思考写作内容的基础上，对文章段落的划分、段落的先后主次关系也有了架构。 |
| 结果与反思 | 教师视角下的研究，获得了以下的启示：<br>　　其一，结合教师日常的观察和经验，针对学生的问题，给予思维导图以支持，确保了对策与问题的匹配程度，是一种非常可行的落实循证实践的方法和策略。<br>　　其二，注重阶段性研究成果的梳理和总结，对于更好地推进研究助力极大。在我们的循证实践过程中，专家几乎要求一轮实践一轮汇总，虽然总结的频次要求较高，却也是从外部给我们提出了边实践、边总结、边改进的要求，这些是在以往实践推进中，我们较为忽略的。但恰恰是因为有了对过程的关注，更多学生学习需求得到了关注，也为项目的推进注入了源源不断的动力。<br>　　随着对循证实践的更多认同和理解，随着研究的不断推进，教师不仅会思考在不同类型的语段表达任务中，如何为学生提供合适的思维导图进行内容与结构上的支撑，还会主动寻找证据，作为对改良思维导图、优化教学设计的主要依据。更重要的是，为了让这种课堂优化和调整有据可循，教师们更加注重过程性证据的积累和阶段性的经验提炼和总结。 |

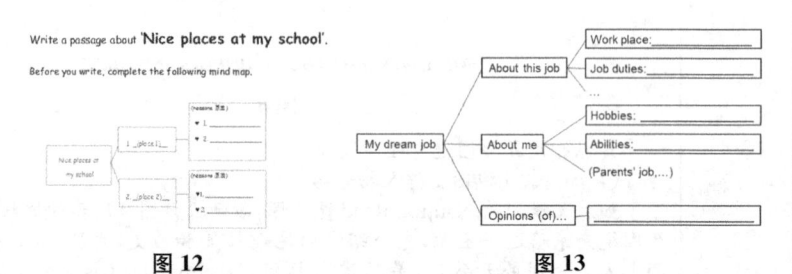

**教师循证实践工作单（第三轮实践）**

| 单位 | 上海市大宁国际小学 | 填写人 | 周嘉蓓　周旖旎 |
|---|---|---|---|
| 循证点 | 从学生角度出发，探究如何利用思维导图建构低年级学生的口语表达框架；形成提升中高年级学生的书面表达能力的策略。 ||||

续表

| | |
|---|---|
| 前端证据 | 主要参考文献：<br>张红.小学英语教学中学生思维品质的有效培养.教育现代化.2019.1.<br>杨启红.小学英语教学中如何使用思维导图.亚太教育.2019.10.<br>王雪琴.谈学生"非逻辑性表达"的应对之策.江苏教育.2017.3. |
| 核心举措 | 　　在教学实践中发现，以上气泡、流程、括号类思维导图在实际运用的过程中，教师对其进行一些改良，或在教学中增加一些策略性指导，能够更好地帮助学生提升表达的逻辑性。<br>（1）气泡图＋编号箭头，人物介绍时更有序。<br>（2）流程图＋故事元素，故事复述时更通顺。<br>（3）括号图＋关键句，段落关联性更强。 |
| 过程性证据及其搜集工具与方式 | （1）气泡图＋编号箭头，人物介绍时更有序<br>　　在人物介绍类文本中，教师发现，运用气泡图虽能帮助学生全面地按照气泡所示的各个方面逐一介绍，但气泡图的各个分支是并列关系，且无序的，如果在绘制各个气泡时未按照顺时针或逆时针的顺序进行排列，那么学生在表达时极易习惯性地按照顺时针或逆时针顺序进行介绍，导致逻辑上的偏差。<br>　　因此，教师对气泡图进行改良——用箭头或编号提示学生表达时的次序。如图14中，教师在气泡图的各个分支上添加数字序号，提示学生在介绍a boy 时按照姓名、身份、年龄、外貌、能力的正确顺序进行表达。又如图15中，教师在气泡图的各个气泡之间标注了箭头符号，更为直观地引导学生按照职业、性格、职责等顺序对人物进行介绍。<br><br>图14　　　　　　　　　　　图15<br><br>（2）流程图＋故事元素，故事复述时更通顺<br>　　在故事教学中，流程图的使用能够帮助学生清晰地梳理故事发展脉络与因果逻辑关系，但是对故事元素的宏观概览是缺失的，因此教师尝试将story map故事图与流程图相结合，如图16和图17两则故事教学的板书中，教师在流程图式的板书上结合添加了 title, setting, character, problem 和 solution 等故事元素的小标签。故事流程图为学生提供富有逻辑关系的语言表达支架，故事元素story map则帮助他们更全面地了解故事中的场景、主要人物、冲突与结局等重要元素。流程图与故事元素的两相结合，使学生对故事的理解更加完整，表达起来自然而清晰。 |

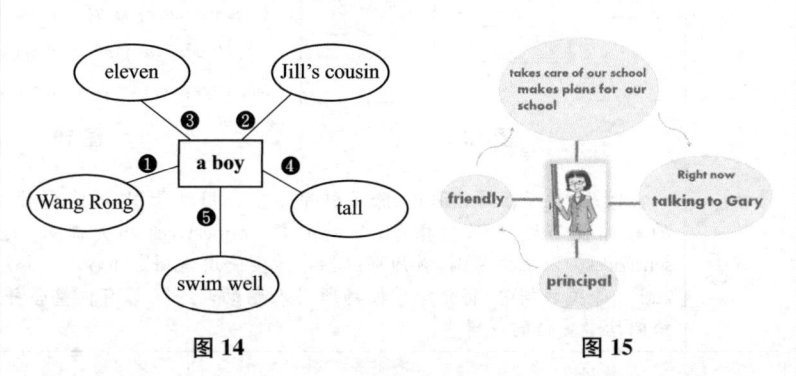

续表

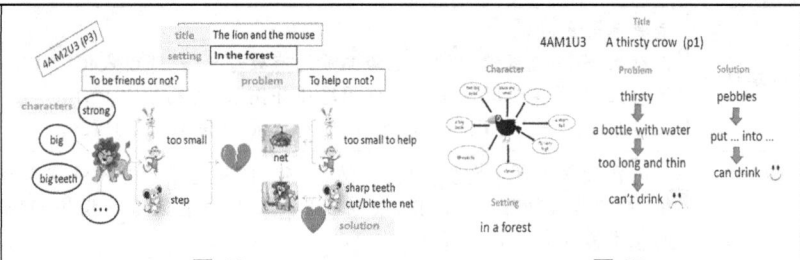

| | |
|---|---|
| 过程性证据及其搜集工具与方式 | 图 16　　　　　　　　　　　图 17<br><br>（3）括号图+关键句，段落关联性更强<br>　　在运用括号图进行写作构思的基础上，学生的写作框架基本能够搭建，并能利用括号图对写作内容进行梳理与提纲撰写。但是在实际教学过程中，教师发现学生在思维导图的框架下，容易生硬地将段落割裂开来，对段落之间的关联性思考比较欠缺。如在一篇题为 My nice school 的习作中，学生在括号图（见图18）的帮助下，能准确把握写作主题与内容，并从 nice place 和 nice person 两方面分两段来阐述，但是两个段落相对独立，它们之间的关系则比较生硬（见图 19）。 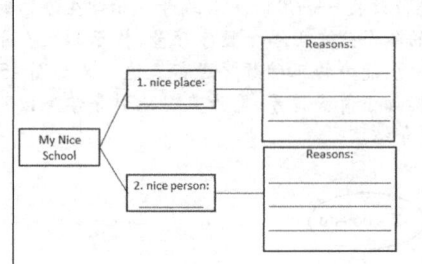<br><br>图 18 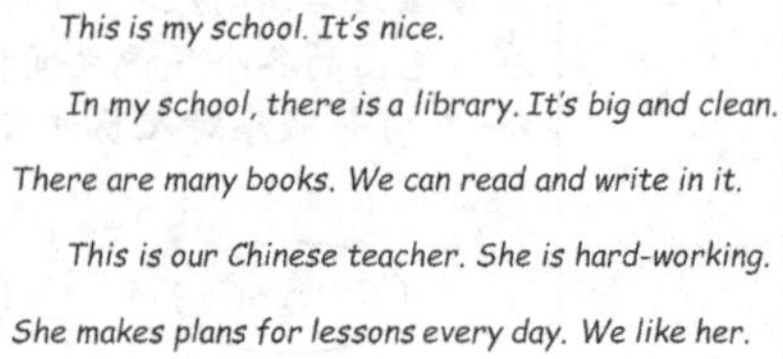　　　　　　　　　　　图 19<br><br>　　因此，教师在写作课中，除了引导学生会用括号图，还需要对高年级学生的写作技巧进行课堂指导，如关联词 connectives 和关键句（过渡句）key sentences。以上文为例，教师可以指导学生使用 And ... too./... also .../Both ... and ...等关联词句，将介绍学校场所与人物的两个段落有机整合并自然过渡，给阅读者更佳的逻辑感。 |
| 证据的评估 | 1. 有效性<br>　　三轮的实践研究对本课题研究进行了较充分的探索。在这一过程中，各备课组严格按照项目进行研究，从中发现了研究的重点并不断进行改进调整。基于全组教师共同参与的研讨氛围，本轮研究在解决关于推动学生深度学习的方式和方法上积累了一定的操作经验，这些描述性的研究过程和自我教学反思具有一定的推广性。<br>2. 针对性<br>　　各备课组能紧密结合研究子项目开展实践，呈现的案例较好地体现了实践内容的多维度，与日常教学严丝合缝。对研究的重点和难点做出了较为充分的实践。 |

续表

| | |
|---|---|
| 证据的评估 | 3. 客观性<br>　　在本轮研究过程中,为了让这种课堂优化和调整有据可依,教师们更加注重过程性证据的积累和阶段性的经验提炼和总结。教师们通过结合教学主题的课堂实践、作业练习设计、学科活动实施搜集了较为丰富的事实性的证据。基于特定的语境或任务,教师搜集了相关数据、案例、学生作品等。<br>4. 互证性<br>　　在研究实践中,每一个备课组都呈现了相关证据。每个证据关联教学过程、作业练习、学科活动,分布的时间序列性强。案例不仅呈现了教师的教,更多的是表现了学生在学习过程中对思维导图的认识、理解、运用的过程与成果。每个备课组的案例中明显地表现出教学对学生深度学习起到的推动和促进作用。 |
| 结果与反思 | 　　随着对循证实践的更多认同和理解,随着研究的不断推进,教师会主动寻找证据,作为对改良思维导图、优化教学设计的主要依据。而这种转变正悄然从核心组成员逐步扩展成为英语组成员的共性。在循证实践的推进中成长、收获、成熟,这种蜕变在英语组成员中成为常态。<br>　　低年级　在教学过程中,学生能在教师的帮助和引导下,初步感知思维导图;能在思维导图中图片的帮助下,听懂、读懂并讲述简单的小故事;能在教师的帮助下表演小故事或小短剧;能根据思维导图中图片、词语或例句的提示,写出简短的描述。<br>　　低年段学生,特别是在词汇学习中,气泡型图和树状图是最简单、最容易理解,也是最能贴合教材内容进行设计的一种导图形式,而且作为英语学习的初学者,学生对字母和词汇还不熟练,如果思维导图太难,反而会增加学生语言学习的障碍。实践证明,通过气泡型思维导图,让学生能借助图形从多方面完整介绍中心词,长期这样的训练是可以让他们英语口语表达更完整、更自信。<br>　　中年级　在故事教学中,引导学生运用老师提供的思维导图进行故事的复述,关注学生对故事的理解与主要内容的表达;在写作教学中,运用思维导图引导学生复现旧知,整理写作思路,培养学生的发散性思维与结构性思维。<br>　　高年级　在课堂教学和学科活动中,引导学生围绕相关主题自主绘制思维导图,并进行书面或口头上的段落(故事)复述、观点表达等,关注逻辑性、层次性。培养学生批判性思维,通过团队协作和有效沟通,提高他们解决复杂问题的能力,增强英语学科素养。<br>　　如今,英语组的循证实践收获满满,但同时又充满全新挑战——学生通过一定时间的积累已经能根据提供的现成的思维导图进行语言表达,能力较强的学生能够根据任务内容,以填空的形式完成封闭或半封闭式的思维导图的绘制。但是学生是否能够主动利用思维导图这一工具来完成任务、解决问题,即"会用图"的能力,是需要后续进一步重点关注的。此外,如何考虑学生效果证据的设计、收集和分析需求,优化基于思维导图的阶段性评估方式和内容等,也应该成为核心组成员共同关注的话题。 |

**案例 6-2:证据视野中发现幼儿学习经历,支持个性化发展的行动研究**[①]

　　案例导读:这项研究是安庆幼儿园 2017 年立项的市级课题"指向个性化教

---

① 本案例由上海市静安区安庆幼儿园提供,执笔人:曹云。

育支持的幼儿发展评价研究"子课题。由于幼儿发展具有自身特点,每一个幼儿发展速度都不一样,需在充分了解幼儿的基础上提供个性化教育支持。本案例将幼儿在园学习作为切入口,带领课题组教师共同在教育现场中进行观察、记录、分析,了解大班幼儿的个性化学习特点,发现幼儿个性化学习需求,并以此来构建教育实践活动,帮助每一名幼儿实现按照自己的方式和速度进行学习,构建自己的学习经历,从而逐渐完善自我,实现个性化发展。

下文呈现的是一个阶段两个循证点的记录。

第一轮实践

| 单位 | 静安区安庆幼儿园 | 填写人 | 曹 云 |
|---|---|---|---|
| 循证实践项目名称 | 证据视野中发现幼儿学习经历,支持个性化发展的行动研究 ||||
| 循证点 | 证据视野下如何发现幼儿学习经历——教师观察能力提升的方法 ||||
| 指向循证点的前端证据 | 进入到实践阶段,我们需要确定教师观察能力究竟在幼儿学习经历中发挥着怎样的作用。<br>　　第一轮实践共搜集了政策标准类、理论实证类、实践经验类、现状调研类四类证据,共计28项。搜集了教育现场案例5个,教师撰写的"我眼中的幼儿学习"案例8个,明确了提升教师观察能力的必要性和重要性。(证据附表略)<br>　　1. 提升观察能力有助于教师理解幼儿不同的学习特点<br>　　幼儿的学习方式是以游戏为基本形式,具有直接感知、实际操作、亲身体验等特点,幼儿以此获取经验。同时幼儿阶段的学习具有很强的年龄特点,可能转瞬即逝,也可能悄悄发生。因此教师只有经过连续性细致观察,才能"看见"幼儿的学习行为,"看懂"幼儿个性化学习的方式,才可能描述或解释清楚幼儿各个不同的学习经历。<br>　　2. 提升观察能力有助于教师形成更有效的教育支持行为<br>　　《上海市学前教育课程指南解读》《上海市学前教育发展性督导评价指标》列举了教育支持的几个内容,如内容选择和组织、充分材料、允许个性选择、个别指导回应等。但我们从问卷调查中发现,教师有一个共同的困惑:不知如何辨别支持行为是否适宜。换言之,在具体的教育情境中,教师无法根据幼儿的学习需要形成相对有效的支持行为。<br>　　有效的支持必须建立在充分理解的基础上。提升观察能力有助于教师不仅能"看见"幼儿学习内容,更能"看清"幼儿学习行为中的那些典型行为。||||
| 核心举措 | 行动一:取证——共同寻找"教师观察"的现存问题。<br>　　问题需要被共识才能称之为一个"共性问题"。课题组成员中有年长教师、经验型教师、青年教师、职初教师。要想知道每个人观察能力如何,就组织大家撰写和分享关于幼儿学习的小案例,了解教师观察能力现状。<br>　　大家互动分享了各自捕捉到的照片、视频,将那些学习行为提取出来描述,包括:萌发兴趣、观察模仿、发现问题及解决问题的过程、接受他人建议、操作摆弄、改变行为、提问、观察、讨论、表征、尝试行为、动机…… ||||

续表

| | |
|---|---|
| 核心举措 | 　　在互动交流中,教师们逐渐发现,"幼儿的学习"具有内化特点,很难通过一个行为片段来判断学习是否真实发生。由此,我们确定了本课题中的"幼儿学习具有过程性特质而非一个片段"的基调。于是,"教师观察"的现存问题产生了:如何才能全面地发现幼儿的学习过程?<br>　　行动二:明证——设计观察工具<br>　　为了引导教师全面且细致观察活动中幼儿不同的学习行为,课题组设计了观察实施工具——观察笔记,目的在于通过对幼儿一日生活中随机观察和记录,发现幼儿学习行为发生的环境、幼儿学习的具体过程。我们初步分为三个板块:指向学习动机——好奇好问,指向学习过程——操作摆弄,指向结果思考——表达表征。<br>　　我们还罗列了每个板块的各种外显行为,如:好奇好问的外显行为:欣喜、模仿、操作、讨论、提问……操作摆弄的外显行为:出主意或提建议、有目的地选择材料、按照想象进行制作、不断试误……表达表征的外显行为:交流感受、提问、质疑他人、用自己的方式记录……<br>　　行动三:验证——修正观察工具<br>　　我们选择了大三班作为观察对象,所有教师运用这份观察工具走进教育现场,观看了5次活动,涉及5种教育活动:探索活动(做咸蛋)、种植活动(搬运葡萄藤)、幼儿游戏(火山喷发)、幼儿生活(用餐)、幼儿运动(区域运动)。<br>　　每一位教师均用设计好的工具进行观察,观察的同时开展记录。活动结束后立刻开展对记录结果的分享:能不能发现幼儿完整的学习过程? 能否看到幼儿学习的不同特点?<br>　　经过五轮验证,教师们提出三点修改意见:<br>　　(1) 表达需要"去模糊、要精准":工具中文字的表达不能模糊,例如"欣喜"等词语无法从行为中明确地观察到,改成"面露笑容"更有助于捕捉。<br>　　(2) 表格需要"少判断、多描述":打钩的方式虽然便于现场记录,但很难清楚地回忆细节,所以希望尽可能地进行现场记录。<br>　　(3) 记录需要"边描述,边理解":教师们记录的幼儿学习过程的细节非常繁多,以至于看完记录后对"到底要表达什么"仍不清晰。记录的同时不仅要看到细节,更希望体现观察者的"当下辨识"。例如:幼儿对哪些问题产生了思考? 幼儿离开或放弃的原因是什么?…… |
| 过程性证据及其搜集工具与方式 | 　　1. 访谈了解教师对自身观察能力提升的内在评估<br>　　97.5%的教师认为工具有帮助。那么具体有哪些帮助呢?<br>　　课题组比了教师们的记录,发现不论是年长教师还是青年教师,甚至职初教师的记录都是满满的。"实用、有引导性、有一定效果",教师们捕捉幼儿学习行为的意识明显加强。<br>　　2. 观察教师教育现场的能力变化<br>　　在第一轮实践中,50%的教师主动承担开放班级活动的任务,60%的教师主持分享交流,70%教师坚持每周一次使用观察工具进行记录。 |
| 结果与反思 | 　　第一轮实践的后阶段,课题组发现在实施观察后,教师虽然能发现幼儿各个不同的学习特点,但如何更有效地提供教育支持,这方面的能力还有待提升。 |

## 第二轮实践

| 单位 | 安庆幼儿园 | 填写人 | 曹 云 |
|---|---|---|---|
| 循证点 | 证据视野下如何支持幼儿学习经历——收获大班幼儿体验手记的实践 |||
| 前端证据 | 通过观察记录工具在教育现场中的多次运用和后续研讨交流，教师们逐渐能发现幼儿各个不同的学习特点，但如何更有效地提供教育支持，这方面的能力还有待提升。考虑到课题组内80%是大班教师，本轮实践围绕如何支持大班幼儿的学习作为重点内容进行探索。<br>大班幼儿年龄特点表现为：爱学、好问，有极强的求知欲望。他们能初步理解周围生活中比较隐蔽的因果关系，例如理解球是圆的，所以放在斜坡上会滚。大班幼儿能根据周围事物的属性进行概括分类；能用自己的语言叙述生活中的见闻，语言表达能力明显提高；表现欲望强烈，会用多种方式表达自己的想法。同时，合作意识逐渐增强，能开展合作性活动。总之，大班幼儿的学习行为更为外显，便于进行研究、观察与分析。<br>支持行为如何更适应幼儿的需求？首先是要明确哪些是幼儿自己的需求，而非教师认为的幼儿需求。 |||
| 核心举措 | 在前轮实践中，我们研发工具提升教师观察能力，从"看不清、不会看"到"有意识看、愿意边看边分析"来了解幼儿发展背后的需求。本轮实践中，通过采集来自幼儿的体会、感受作为第一手依据，了解哪些是幼儿自己眼中的需求。<br>行动一：创设环境中的"体验手记区"。<br>幼儿体验手记是什么？它与"幼儿作品"有什么不同？<br>我们都知道幼儿作品包括幼儿绘画作品、建构作品、手绘记录作品、音像作品等，而体验手记则在这些内容的基础上，体现"幼儿真实体验"的课程味道，是幼儿沉浸在教师创设的幼儿园课程中生活、学习的真实感受和体会。手记与作品不同，带着课程的印迹，是幼儿浸润在幼儿园课程环境中体现出的真实反馈。<br>课题组每位教师在班级中都设置"体验手记区"。有的是一面墙，有的是一个橱，有的是一些文件夹，有的是一些小抽屉。幼儿正在做什么，对什么产生兴趣，持续了几天的探究……幼儿将自己的感受记录下来。<br>体验手记提出初衷在于尊重每一个幼儿的学习经历，希望通过幼儿自己的"感受、提问、操作"等方式表达自己的理解，例如：感受故事、问题墙、圆桌会议……"体验手记"是切入口，是让幼儿在幼儿园的学习经历可视化。<br><br>图1 |||

续表

| | |
|---|---|
| 核心举措 | 行动二：收集和分析"幼儿体验手记"。<br>一是根据教育现场事件先行解读。教师在自然情境中采集到幼儿手记后，第一步需要将事件关键内容记录下来而非看也不看立刻将这些纸张夹起来。及时记录有助于记忆和理解幼儿的话。例如图2记录表达了孩子对班级两棵葡萄树不同长势的关注：一棵树长出了叶子，另一棵树没有叶子。由此引发了后续移栽没有叶子的葡萄树的活动。<br><br>图 2<br><br>二是根据课程内容分类解读。面对多种多样的手记，教师容易发生"见树不见林"的情况，经常看到的是幼儿个体的感受、愿望。有部分教师提出：幼儿的每一个需求都要支持吗？要解惑离不开充分解读每一份手记。经过初步阅读，教师会发现幼儿"共同的兴趣、共同需要的时间、相似的想法"，更会发现幼儿"不一样的兴趣、独特的想法、有趣的主意"……根据幼儿与周围环境相互作用过程中的体验，将体验手记匹配课程内容，整合为共同生活、探索世界、表达和表现三大领域，有助于我们在幼儿生活的"运动、游戏、生活、学习"等各种活动中提供课程支持。 |
| 过程性证据及其搜集工具与方式 | 第二轮实践经历3个月，课题组大班教师共进行过系统的研讨活动5次，尝试进行了来源于幼儿需求生成的活动9次，8位老师中7位老师进行过实践。<br><br>表1  来自幼儿视角的活动<br><br>| 活动名称 | 发起者 | 地点 | 人数 | 持续时间 |<br>|---|---|---|---|---|<br>| 种什么花 | 大二班教师 | 草地 | 5 | 一个上午 |<br>| 挖个洞 | 大一班卢* | 泥地 | 7 | 半天 |<br>| 去商量 | 大一班教师 | 游泳池 | 11 | 周一、周三和周四的下午 |<br>| 看仙人掌的小耳朵 | 大二班3名幼儿 | 阳光房 | 6 | 连续三天上午运动时 |<br>| 有一个大冰块 | 大一班赵* | 游泳池 | 14 | 持续两天半 |<br>| 借垫子 | 大一班童童 | 园长室 | 3 | 50分钟 |<br>| 能抵抗大风大雨地震的雨棚 | 大三班昊昊 | 教室 | 8 | 三天 |<br>| 做咸蛋 | 大三班阳阳 | 食堂 | 5 | 三天 |<br>| 学骑自行车 | 大三班 | 操场 | 6 | 40分钟 |<br><br>总体来看，教师解读幼儿体验手记之后，所萌生的课程支持活动丰富多样。活动注重幼儿直接体验的过程，尊重幼儿的想法。幼儿可以是活动发起的主体，完全主导整个活动，也可以由教师和幼儿共同发起活动，教师有意识地退后。 |
| 结果与反思 | 成果得到教师们的专业认同。我园教师可根据幼儿的需求，支持幼儿申请时间与资源、师幼共建设计活动、进行班级个性生成课程的实践。 |

# 第七章　教师循证实践的结果表达

教育中的循证实践是"通过整合可利用的最佳研究成果与教育者的专业知识、价值观来解决实践问题的艺术",可利用的研究成果及由此形成的证据库是循证实践的基础。教师经过循证实践而形成的大量优秀成果,汇聚起来就是教育循证实践证据库的源头活水,也是教育循证实践未来持续发展的关键所在。

长久以来,教师教育研究成果的有效应用是一个瓶颈问题,尤其一些经实践检验的优秀成果远没有发挥应有的积极作用和价值。如今,循证实践研究的兴起给教师教育成果推广、迁移、应用带来了契机和方向,如何帮助教师有效表达循证实践的研究成果,并使这些成果能够受到广大教师的关注、接受、借鉴和运用,对此,我们形成了一些共识,也在学校中进行了试点实践。

教师在经历了循证实践行动之后,面临的一个重要任务是如何将循证实践的结果表达出来。这既是一个老生常谈的问题,又是一个崭新的研究话题。

众所周知,研究结果的表达和呈现是任何一项教育研究活动不可或缺的重要组成部分,其价值意义主要体现在两大方面。一方面,向外界展现研究的新成果,使成果得以在更大范围传播和辐射,促进教师之间的交流与合作,丰富教育的实践与理论,为教育的改革和决策服务;另一方面,研究结果表达也是教师对研究问题"二次学习和研究"的过程,它可以促进教师对问题的深度认识,促进对实践不足的反思并不断完善研究成果和结论。通过这一梳理总结和表达的过程,可有效提高教师自身的分析、综合和表达能力。

教师循证实践也不例外。教师在经历了循证问题提出—循证方案设计—循证实践行动之后,同样要面对循证实践结果如何表述的问题。它既是教师对循证实践问题、循证实践路径方法、循证实践结果成效进行系统梳理、提炼总结和适切表达,也是成果固化成证据,不断积累并向外展示、辐射的过程。教师循证实践成果将为后续研究深化发展提供重要的证据支持,更是成果推广运用、迁移转化的重要基石。

## 第一节　教师循证实践结果表达的理性思考

教育循证实践的研究历史并不长,在我国开展教育循证的实践也才刚刚起步。教育循证实践的结果表达没有现成的范例和经验可以借鉴,只能摸着石头过河,这完全是一次全新的尝试。在尝试之前,我们对于教师循证实践成果的表达主要基于这样一些基本的认识和思考。

### 一、审视现状:教师研究结果表达的现实困境与优化需求

如前所述,教育科研成果表达的价值意义既体现在对外推广、辐射交流等方面,也体现在提升教师综合的能力素养上。然而现实中,教科研成果所发挥的价值作用却远远没有达到我们所期望的那样。每年中小学教师的研究成果数量不少,表达的形式也是多种多样,有论文、经验总结、调查报告、教学案例、研究报告等,但成果发挥的实际效用价值却非常低,"一些成果止于获奖、止于本校,获奖成为一个个醒目的'标签',而成果从此束之高阁"。优秀成果根本没有起到真正的引领作用,而"优秀教科研成果转化为教育生产力而惠及更多的学校,恰恰是优秀成果的价值所在"。[1]更有相当数量的课题成果被戏称为"僵尸型"的研究报告,研究结束即被丢弃或封存,对教育实践根本没有起到任何积极有效的作用和影响。

成果的推广应用环节被喻为"最后一公里",教科研成果服务教育教学的"最后一公里"不打通,实际效益就会大打折扣。[2]如今,中小学教科研成果如何推广运用,进而转化为教育教学生产力,已经成为教科研高质量发展的一大难题。这一难题的形成固然有评价、管理等制度机制问题,也有教育本身的复杂性问题。但从研究本身来看,对教育科研成果表述目标价值的认识、程式化的规范要求以及统一刻板的评价标准,都在很大程度上影响着教师教育实践成果的传播、推广和应用。

---

[1][2] 胡玫,陈素平."研究+":打通教科研成果推广应用的"最后一公里"[J].人民教育,2017(10):49—53.

一直以来,有这样一种现象:教师研究做的比说的好,说的比写的好。撰写研究成果报告是教师最害怕和最不愿意做的一件事,原因可能有两个方面,一是撰写成果报告的目的就是为了评奖和评职称,评价结束,成果也就束之高阁,对实践没有意义;二是研究报告的撰写要求很高,理论、实践、方法、过程、叙事、议论、数据、案例、成效、反思等缺一不可,还有字数的要求等,这些都使本来就不太擅长理论阐述、逻辑归纳、文本写作的教师望而生畏。因此也不难理解教师研究成果往往会出现理论站位不高、条理不清、篇幅冗长、材料堆砌、缺乏操作性、证据缺失或单一、结论缺乏说服力等问题。成果提炼得不充分、不到位以及成果泛化的倾向极大地影响了科研成果自身的质量,也影响了其推广应用的价值。如何改变这种现状？如何契合教师的特点与需求,让教师能够将最精华的研究成果表达出来？如何让更多的成果成为教师相互学习、从中受益的宝贵资源？这些问题都值得我们思考和解决。

二、把握核心:凸显教师循证实践的关键要素与主要特征

研究范式规范着研究的目的、过程和成果表现形式等要素。教师循证实践这一新的实践范式,其研究成果到底如何表达和展现,成果的价值如何得到充分体现,从而更好地架起教育理论和实践的桥梁,有效打通成果应用转化的通道？我们认为,最重要的是在把握和体现教师循证实践的内涵特征和关键要素的基础上进行突破创新。

教师循证实践是教师主体基于证据开展教育教学活动的过程,是从证据的角度,使教师主体的个性化经验、教学对象的客观实际、教学过程的情境性等有机整合起来,提升教师教学决策以及教学行为的合理性与有效性。[1]循证实践要求教师在教育教学中用证据说话,在证据的基础上科学施教,提高教学质量。可见,教师循证实践的基础是证据,核心是教育教学的干预方案和措施。

因此,我们认为"核心举措的证据化表达"应该成为教师循证实践成果最显著的特征和标志,即成果要充分体现围绕核心举措而进行的证据搜集、证据筛选、证据积累、证据评估、证据解释等全过程,其中更要重点关照后三种证据的状况,即实施干预之后所积累的证据、对这些证据的评估以及科学合理的解释。因而从整体上来看,对教育干预核心措施的高度提炼以及与之相关的一切重要

---

[1] 崔友兴.循证教学研究的现状、问题与展望[J].海南师范大学学报(社会科学版),2018,31(01):82—90.

证据的具体阐释是教师循证实践成果表达的关键所在。

三、寻求突破：彰显和提升教师循证实践成果的效用价值

当代法国杰出后现代理论家让·弗朗索瓦·利奥塔曾指出："只有将知识转化成批量的资讯信息，才能通过各种新的媒体，使知识成为可操作和运用的资料。甚至可以预言：在知识构成体系内部，任何不能转化输送的事物，都将被淘汰。"①在经历了教师循证实践研究之后，我们不难发现这种研究的新范式其实对教师角色提出了新的要求，最显著而直接的要求就是教师不仅是成果的消费者和需求方，更要努力成为成果的生产者和供给方。在研究中，教师期待拥有非常丰富的各类相关证据，以支持自己的实践创造，这固然是非常重要的。但丰富多样的证据产生也同样需要研究者用实践成果来加以不断地积累、补充和拓展。只有证据库质量的不断提升和数量类别的不断丰富，教师的循证实践研究才能得到良性、持久地发展。因此，教师循证实践成果既是证据运用的终点，更是证据产生的起点。

基于上述认识，作为区域教育研究指导机构，我们认为要使教师循证实践成果发挥更大的实践推动价值和作用，必须努力达成如下目标。

第一，研发成果证据化样例，为成果转化应用提供支撑。我们期望教师循证实践成果能够在内在要素与外在形式上有创新，使研究成果既能充分体现教育科学研究成果应有的最基本原则和特点，如科学严谨、真实有效、具体可行等，又能朝着证据化样式的方向发展，为成果的转化运用提供最可行、最有效、最便捷的支持。

第二，提高教师证据应用意识，反向促进过程证据的搜集。教师循证研究的主要目的之一就是提高教师证据应用意识，培养循证实践的思维方式。成果表达也是教师循证实践的重要环节，它并不是研究的终结。通过成果的证据化提炼表达，进一步促进教师在反思证据的基础上搜集证据、实践改进和循环提升。

第三，强化核心举措的示范与创新，有效促进实践改善。如前所述，循证实践的核心是教育干预的方案与可操作化的措施，因此，这一核心内容在教师循证研究成果中必须加以重点强化，它不仅是研究成果促进教育实践的关键创新点，也是成果进一步推广应用的最核心内容。

---

① [法]让-弗朗索瓦·利奥塔,岛子译.后现代状况：关于知识的报告[M].长沙：湖南美术出版社,1996：35.

简而言之，教师循证实践成果表达不是完全脱离和抛弃传统成果总结的基本要素和基本原则，而是要在遵循基本要求和原则基础上，体现循证实践的特点，在要素内容和表现形式上有新的突破与创新，这种突破与创新的核心指向在于促进实践，使成果发挥更大的效益，更好地为提升教育教学质量服务。

## 第二节 教师循证实践报告的基本架构与要素剖析

循证实践是一个复杂的生态活动链，包括证据的产生、证据的综合、证据的转化、证据的实施等环节，只有把这些要素作为一个整体来考虑，才能在教育中形成一个有效的证据生态。英国学者指出，教师寻找和使用证据来改进教学实践还存在困难，原因之一是缺乏高质量的研究证据。[1]提升研究证据的质量可以说是教师循证实践未来发展的关键。

如前所述，教师循证研究成果即是一种经实践检验且行之有效的成果证据，为了避免与其他证据混淆，我们暂且称之为循证实践报告。为了帮助教师更好地完成循证实践报告，形成一个最佳的证据，我们对教师循证实践研究报告的基本框架和要素进行了开发与尝试。

一、教师循证实践报告的基本框架

教育科研成果表达是对教育科研过程中获得的规律和结论用恰当的载体和方式进行有效呈现的过程。教师循证研究结果到底表达什么内容？表达载体和方式又是怎样？对此，我们基于教师循证实践的关键特征和基本模型，对教师循证实践报告基本框架和要素进行了初步构想和设计，同时还根据教师校本化循证实践过程与实践效果等状况进行综合研发。

在表达内容上，我们力求以证据为线索，以干预举措为核心，重点关注循证实践效果的证据搜集、证据评估以及证据解释，努力遵循六个基本原则：

一是科学性，指成果要体现正确的教育价值观和科学的方法，要体现"以人为本"的思想，不能违背教育和人的发展规律，要在充分尊重学生成长规律与教育内在发展规律的基础上进行研究与实践。

二是真实性，指成果要体现真实问题的提出与解决过程，结论和论证的材

---

[1] [法]让-弗朗索瓦·利奥塔，岛子译.后现代状况：关于知识的报告[M].长沙：湖南美术出版社，1996：35.

料必须真实可靠。

三是针对性，指成果主题要明确，针对现实需解决的某一个具体问题，切忌研究目标和内容空泛庞杂，指向性模糊。

四是操作性，指成果的核心举措要具体化，具有操作性，避免理论性的阐述或者空洞的解释。

五是严谨性，指成果不是惯例、个人经验或者直觉，而是要有多方证据的支持；成果有适用的对象和范围，且可能存在一定局限性；借鉴或引用他人观点和成果也需要注明。

六是有效性，指成果要对教育教学实践有切实的作用和成效，结论观点要鲜明正确，证据多元充分，值得他人借鉴与应用。

在表达形式上，我们努力尝试简洁、实用的表达方式，主要以表格形式呈现基本结构与要素，这样不仅易于教师按照要求提炼相关内容，也方便他人阅读使用。这种形式的确定主要基于三方面思考：

一是借鉴循证医学（EBM）理论中的信息格式化的检索方式——PICO 格式，注重四个要素呈现，即对象（participants），干预（interventions），对照（comparisons）和预后（outcomes）。

二是吸收和保留其他一些研究成果报告的优点，力求成果有据可依、有迹可循、有法可效。

三是借鉴物品操作说明书的表达方式，对研究主题、研究价值、研究对象、研究过程、研究效果等要点，用科学严谨、操作可行、简洁明了的表达形式加以呈现，方便他人的选用和借鉴。

基于上述思考，我们提出的循证实践报告框架和要素大致如下（见图 7-1）：

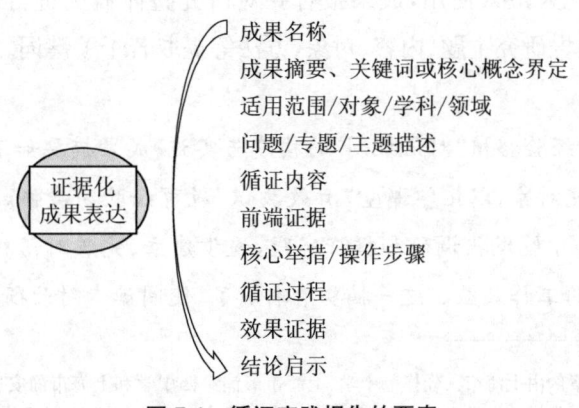

证据化成果表达
- 成果名称
- 成果摘要、关键词或核心概念界定
- 适用范围/对象/学科/领域
- 问题/专题/主题描述
- 循证内容
- 前端证据
- 核心举措/操作步骤
- 循证过程
- 效果证据
- 结论启示

图 7-1　循证实践报告的要素

## 二、教师循证实践报告的要素剖析

循证实践报告撰写对于我们来说是一次全新的尝试。为了更好地呈现循证实践报告各要素的表述要求，体现循证实践报告的特有价值，我们以部分学校的循证实践报告为案例，[①]作进一步的剖析，以便于教师对循证实践报告框架及要素有更感性的认识，并在自己的实践中加以尝试、创新和发展。

### 1. 成果名称

以往我们常常把成果名称等同于课题名称，课题名称直接就用来作为成果名称，而教师循证实践成果报告名称，我们强调要提炼和呈现研究所获得的具有操作性的成果，而非一般意义的研究成果或者理论性成果，即该成果是为实践问题解决提供有效支持，要充分彰显成果促进实践、改善实践的功能。在表述名称时，要力求具体、鲜明，体现本报告的核心内容或特色要义，反映本报告的典型特征。比如：

《小学道德与法治教学中促进学生深度学习的途径与方法——以中低年级为例》《指向化学学科核心素养提升的初三化学实验教学设计》《教育经验移植"对话机制"的构建与实施》等成果，都是教师在原有相关研究中抽取出最具操作性内容作为成果主题加以提炼总结。"途径与方法""实验教学设计"以及"构建与实施"，这些极具操作性的成果为提升其推广应用价值和效能提供了可能。

### 2. 成果摘要、关键词或核心概念界定

为了便于他人检索使用，成果报告要对研究整体概况进行简明扼要的介绍，同时依据报告研究主题、内容、对象、方法等提取若干关键词。比如：

《教育经验移植"对话机制"的构建与实施》成果摘要如下：以高中化学教师为研究对象，以化学课堂"有效共识"教育经验为载体，在移植实践的对话环节，开展现状调研和循证实践，逐步建立、完善对话机制，提升教育经验移植的工作效益。这一摘要清晰明了，使阅读者对此研究的整体概况

---

[①] 本节中的案例由上海市久隆模范中学、上海市彭浦第四中学和上海市静安区万航渡路小学提供。案例执笔人为久隆模范中学毛东海，彭浦四中郭佳怡，万航渡路小学王斐、吴盈沁。

有了一个较为清晰的了解和认识。其关键词则为：教育经验，移植实践，对话机制，构建过程。这些关键词也便于阅读者的相关检索和利用。

对研究主题或研究内容中特别重要、有特定解释、不易理解或容易引起歧义的关键词或核心概念要进行解释说明。比如：

《小学道德与法治教学中促进学生深度学习的途径与方法——以中低年级为例》成果报告对"深度学习"的解释如下，深度学习是指在理解学习的基础上，学习者能够批判性地学习新的思想和事实，并将它们融入原有的认知结构中，能够在众多思想间进行联系，能够将已有的知识迁移到新的情境中，做出决策和解决问题的学习。这一核心概念的界定阐释，是整个研究的灵魂和线索，使读者对"深度学习"的基本要义有了最基本的理解和把握。

3. 适用范围

一项教师的循证实践研究成果不可能适用于所有学生、所有学科或所有领域，因此，表明合适的使用对象与范围是必须的。如针对的是哪个学段、哪个年级的学生，或针对的是哪个群体；适用于什么学科，或者适用于某个学科的什么板块、领域等。比如：

《小学道德与法治教学中促进学生深度学习的途径与方法——以中低年级为例》成果适用对象为小学中低年段学生，适用范围为课堂教学；《教育经验移植"对话机制"的构建与实施》成果适用对象为高中化学教师，适用范围为教育经验移植的对话交流活动；《指向化学学科核心素养提升的初三化学实验教学设计》成果适用对象为初三学生，适用范围为化学实验教学。这些范围对象的表明充分体现了成果的针对性，为有效应用提供了重要信息。

4. 问题描述

解决实际问题是中小学教育科研最主要的价值取向。此部分主要阐明研究是针对什么现实问题或者是为了达成什么目标任务而展开的，可以通过现状观察、教育调查或者是教学反思等途径，逐项反映问题的现实状况与所要达成的具体目标。比如：

《教育经验移植"对话机制"的构建与实施》成果报告对教师对话交流活动的现实问题进行了描述："对话"是分享教育经验的重要途径。在当前的校本教研中，对话交流主要存在以下问题：第一，缺少专业对话。有的是学校工作的精神传达，无关专业内容；有的是单向的个人发言，缺乏双向的思想交流。第二，对话主体不平等。有的是以教研组长身份的工作布置，有的是以备课组长身份的教学安排，其他教师很少有发言机会。第三，没有研究主题或教学共识。专业对话缺少共同的话题，或彼此认同的价值依据。

这些真实的现实问题就发生在每一位教师的身边，它们也是教师循证实践研究的真实起源，彰显了研究的现实价值和意义。

5. 循证内容

主要阐明该循证实践是通过哪些具体的途径、内容或方式展开研究的。比如：

《指向化学学科核心素养提升的初三化学实验教学设计》结合学情，针对不同课型（新授课、实验课、复习课）设计实验，采取对比实验研究法进行科学探究与创新意识、综合学习能力的对比，得出相关结论。

6. 前端证据

指在方案设计或实施过程中，参考了哪些重要依据，这些依据为研究实践提供的支持主要体现在哪些方面。这里需要强调的是，报告中呈现的前端证据不是之前方案中设想准备去搜集的证据，因为经过实践，有些证据可能不用了，还有可能在实践中增加了证据，报告呈现的应该是真正有助于实际研究成果获得的那些证据材料。比如：

《教育经验移植"对话机制"的构建与实施》成果报告显示了研究中三类起到实质性作用的前端证据以及具体的参考文献资料，具体如下：

政策标准类,其中对异地移植的合法性、合理性起到支撑作用的是《上海市教委/上海市教育委员会关于加强特级教师流动工作管理的实施意见》,诠释了本论题研究的重要意义。

理论实证类,其中对教育经验移植的可行性、核心概念的形成起到重要作用的是:(1)《论教师专业发展中对话的教育意蕴》(《课程·教材·教法》2012 年第 4 期)探讨了专业对话的意义和路径;(2)《教育经验的意义及其表达与分享》(《全球教育展望》2004 年第 8 期)对核心概念的建立起到理论支撑的作用;(3)《化学课堂"有效共识"异地移植的实践探索——教育经验异地移植的运行机制与工作策略研究》(《化学教学》2020 年第 11 期)建立了教育经验异地移植的工作模型、运行机制与工作策略,为本研究建立逻辑前提和实践基础。

实践经验类,其中对对话机制的建立起到启示作用的是《夯实"三个对话"模式　深化校本研修活动》,该案例分析了"教师与自己、教师与同行、理论与实践"三个对话模式的实施要点和经验启示。

### 7. 核心举措

这是报告的核心,也是能为别人提供参考、借鉴的关键。要明确、客观、翔实地反映经过实践检验的核心举措是什么,有哪些操作步骤,是怎么具体运作的,有什么支持性的工具,需要什么样的条件环境等。操作说明+案例提供是比较好的一种呈现形式。比如,《指向化学学科核心素养提升的初三化学实验教学设计》是这样呈现其中一项核心举措的:

新授课——设计课前家庭小实验。新授课的实验主要是解决教学中的"重难点"。在化学学习中,很多学生难以掌握的知识是受到生活中错误的前概念影响,即认知心理学中说的"迷思概念"。因此对学生新授课中容易出现的迷思概念进行整理归纳,并设计精准的课前家庭动手实验,效果较好。

如溶解度学习,大部分学生看到"打开汽水瓶盖后,有大量气泡冒出"时会有这样一个误区:气体溶解度不变,压强不变,二氧化碳全部逸出,剩下的是不饱和溶液。为此我设计了这样一份家庭小实验:

(1)请大家买一瓶汽水,在家里摇一摇,捏一捏瓶子,记录感受。

(2) 请大家打开瓶盖,观察现象,并捏一捏瓶子,记录感受。

(3) 请大家结合所学的溶解性曲线,分析原因,我们在下一节课上一同探讨。

这份实验简单易操作,能够让学生的思维有所转变:瓶盖开后,瓶子捏动程度不同,压强减小,气泡逸出,溶质析出,溶解度减小,剩下的是饱和溶液。学生带着问题进课堂,有效降低了相关习题的错误率。

### 8. 循证过程

主要说明研究经历的时间和阶段,反映研究成果获取的真实过程和步骤。比如,《指向化学学科核心素养提升的初三化学实验教学设计》是一位青年教师用了一年时间进行的研究成果,因此成果报告清晰地写明了整个研究的时间和主要经历的阶段:

本研究从 2020 年开始,用一年的时间,对于循证要点的循证经历了以下的过程。

(1) 2020 年 9 月:问卷调查和文献研究,了解初中化学实验现状和研究空间。

(2) 2020 年 10—12 月:设计三个课型实验作业。

(3) 2020 年 12 月:证据搜集,优秀的化学实验成果/作业。

(4) 2021 年 1—5 月:实验研究,在任教的 2 个班级对比研究,将同一实验的分层效果进行比较,得出结论。

(5) 2021 年 6 月:反思结题,撰写结题报告。

### 9. 效果证据

对行动效果进行较为全面、充分、多元的考察,证据要多元充分,且能够互证。多元充分的证据既包括量化证据(如学业成绩、测量数据、调查数据、观察数据等),也包括质性证据(如观察记录、访谈记录、实物及其分析等),要对这些证据做出恰当的描述和分析。通过证据说明本次循证过程及验证的举措是科学的、有效的。比如,《教育经验移植"对话机制"的构建与实施》从理论成果形成、教学实践知识生成、教师专业发展以及化学课堂质量提高等多方面全面反映教育经验对话机制对教师发展与教学质量提升的关键作用和显著效果。其报告总结如下：

(1) 形成了教育经验移植"对话机制"的理论成果。目前，《教育经验异地移植中"对话机制"的构建与实施——以化学课堂"有效共识"移植研究的"对话"实践为例》一文发表在核心期刊《化学教学》2022年第3期，并荣获2021年度静安区教育科研高质量发展的实践智慧征文评选一等奖；《运用"两次对话"推动"有效共识"的移植研究》一文进入核心期刊《化学教学》二审阶段。

(2) 推动了教育经移植实践的研究。通过"对话机制"的实施，教师在教育经验的学习实践中，准确领悟教育经验的要点，自主探索课堂，逐步形成了个性化的教学实践知识。其中，3篇论文发表在专业期刊《高中数理化》2019年第9期；4篇论文已被专业期刊《中学化学教学参考》录用。

(3) 推动了教师的专业发展，提高了化学课堂的质量。学生生源在本区排名第7至第8位，化学成绩稳居全区第三，教育经验对话机制的推动起到了关键作用。2017—2020年，在支教学校运用"对话机制"开展教育经验移植实践也取得显著成效，主持100多场教研活动，公开300多节家常课，研发50多万字的校本课程教材，支教学校的化学教学质量多次实现历史性突破，学科建设迈上新台阶；青年教师教学能力显著提高，获各类区级以上奖二十多项，发表论文十多篇。

10. 结论启示

明确表达报告最后的结果或结论；理性分析本报告的意义、价值；对本报告的不足之处进行反思；对使用中需要注意的地方加以提示或说明等。比如，《教育经验移植"对话机制"的构建与实施》成果报告研究结论明确，且对研究样本以及后效证据类型的不足进行了反思，使读者对研究成果的真实性状况与有效性程度有了更好了解和把握。

(1) "对话机制"对于推动教育经验的移植研究起到了重要作用。特别是"两次对话"（即课前指导性对话、课后评价性对话）的实施，相比于"一次对话"（即课后评价性对话），更有利于教育经验的移植研究。

(2) 需要更大的样本验证"对话机制"及其实施形态的有效性。目前参与实践的教师一共 10 名,教师样本量较小,需要增加样本数量来增强研究成效的说服力。

(3) 需要丰富"对话机制"循证实践的效果证据类型。目前的效果证据类型主要停留在定性研究上,例如:观点论文、研究案例、校本课程等,而定量研究的证据明显不足。虽然获取难度较大,但需要加大力度,以丰富证据类型,更全面地反映"对话机制"的合理性、实施形态的科学性。

## 第三节　教师循证实践报告的案例参考

研究报告的撰写是整个研究过程的重要环节,也是研究者不断学习、总结、反思、改进、提升的过程。万事开头难,我们对教师循证实践成果报告撰写的思考和探索才刚刚起步,学校提供的报告案例难免存在着诸多不足,但我们还是想把不成熟的阶段成果呈现出来,期待能够通过不断的实践检验,改进完善,将研究成果报告的效用价值发挥到最大程度。以下是两所学校教师循证实践完整报告,谨供参考。

**案例 7-1:生活活动中支持小班幼儿归属感萌发的途径与方法**[①]

导读:南阳实验幼儿园是静安区一所实验性示范性幼儿园,这份循证实践报告是他们经过三年研究所获得的一项成果。该成果报告从小班幼儿入园遭遇的情绪、生活等现实问题出发,以归属感萌发为主题探索有效的教师支持途径与引导方法。报告整体的线索清晰,从初始的三类前端证据中,教师获取了关于幼儿归属感研究价值意义、概念关系以及既有实践基础的有力支持;研究获得的核心举措明确具体,即幼儿归属感萌发的有效途径——环境创设和师幼互动,五种方法——放大细节图、增强游戏性、进步可视化、表扬具体化、选择自主化。报告对这五种方法的操作解释简明清晰,并配以小案例,形象生动,令人印象深刻。关于研究成效,报告用教师日常观察评估量表的数据统计以及家长问卷调查、教师反馈信息等方式证明了方法举措的有效性,数据翔实,从中可以看到幼儿在参与、发现、交往、探索、合作等方面的变化非常显著,幼儿的归属感

---

[①] 本案例由上海市静安区南阳实验幼儿园提供,执笔人:李祎超、陆玮芳。

增强、入园适应期缩短,更喜欢幼儿园了,这样的结论令人信服。总之,这是一份值得小班幼儿教师阅读、学习和借鉴的循证实践报告。

**循证实践报告表**

| 成果名称 | 生活活动中支持小班幼儿归属感萌发的途径与方法 |
| --- | --- |
| 适用对象与范围 | 适用对象:幼儿园3—4岁的小班年龄阶段幼儿<br>适用范围:生活活动 |
| 研究摘要 | 　　以小班幼儿为对象,在现状调查、文献分析、实践探索的基础上,对支持小班幼儿归属感萌发的环境创设、师幼互动两条途径开展循证实践研究,获得放大细节图、增强游戏性、进步可视化等三个环境创设的方法;获得表扬具体化、选择自主化等两个师幼互动的方法,有效促进了小班幼儿归属感的萌发。 |
| 关键词 | 小班幼儿,生活活动,归属感,环境创设,师幼互动 |
| 核心概念界定 | 　　生活活动:聚焦于满足幼儿基本生活需要的活动,主要包括进餐活动、睡眠活动、盥洗活动、排泄活动、整理习惯和作息习惯等。<br>　　归属感:充分感受到老师和同伴的关爱,乐意和同伴、老师一起游戏和生活,喜欢上幼儿园,在幼儿园的集体氛围中获得安全感和信任感。 |
| 问题描述与循证内容 | 问题描述:<br>　　小班幼儿刚进入幼儿园时,往往会有哭泣、不愿来园等分离焦虑的表现。进一步观察发现,有部分孩子是因为离开熟悉的家人来到幼儿园,许多原本由家人代劳的生活活动需要自己去完成,生活能力的缺失使得这些幼儿对幼儿园缺乏归属感。本研究从生活活动环节入手,探索小班幼儿萌发归属感的支持方法。<br>循证内容:<br>　　从促进幼儿归属感提升的目标指向出发,通过循证实践探索检验环境创设、师幼互动两方面方法的作用与效果。其中在环境创设中包括放大细节图、增强游戏性、进步可视化三个具体方法;在师幼互动中包括表扬具体化、选择自主化两个具体方法。 |
| 前端证据 | 　　本研究中的前端证据主要包括政策标准类、理论实证类、实践经验类。<br>　　政策标准类,其中对厘清"生活活动""归属感"等核心概念起到关键作用的如下:(1)《上海市学前教育课程指南》明确本研究中"生活活动"的核心概念以及包含的具体环节。(2)《3—6岁儿童学习与发展指南解读》明确本研究中"归属感"的核心概念。(3)《3—6岁儿童学习与发展指南》明确生活活动对小班幼儿的重要价值。<br>　　理论实践类,其中对"归属感"等核心概念起到关键作用的如下:《自我决定理论的新发展述评》明确归属感与小班幼儿之间的密切联系。<br>　　实践经验类,其中对支持方法探索起到关键作用的是:(1)《在生活活动中,通过"计划—做—回忆"的循环,提升小班幼儿自主能力发展的实践研究》提供支持方法的循证基础(我园现有研究成果)。(2)《优化班级环境,支持幼儿自主能力提升的实证研究》提供支持方法的循证基础(我园现有研究成果)。 |

续表

| | |
|---|---|
| 核心举措 | 一、环境创设的方法<br>1. 增强游戏性<br>针对小班幼儿好动、好玩的特性，围绕幼儿生活活动中需要积累的经验，创设游戏情境，投放趣味的游戏材料，支持幼儿主动探索，积累经验。<br>【打招呼】师幼共建富有童趣的环境，制作"黏土小话筒"，想要分享的孩子可以将小话筒放在自己的人偶手上，呈现手拿话筒说话的有趣情境，激发幼儿大胆表达、主动打招呼的意愿。<br>【进餐】在区域活动中创设"吃饭香喷喷"的主题，投放"喂小动物吃饭""我爱吃蔬菜"等游戏材料，支持幼儿游戏中熟悉不同的蔬菜、水果，渗透样样都爱吃的进餐习惯培养。<br>【穿脱衣物】在小舞台游戏中，教师提供了拉链、纽扣等不同穿脱方式的舞台表演服装，支持幼儿在主动装扮自己参与表演的过程中，尝试穿脱、整理不同类型的衣物。<br>2. 放大细节图<br>根据幼儿的认知特点，教师针对生活活动中的重点、难点以及任务要求不明确的部分增加细节图，为幼儿搭建"支架"，帮助幼儿理解。<br>【进餐】针对吃饭握勺姿势有问题的幼儿，增加握勺细节图，幼儿通过观察细节图也明确了小手要变成数字8的正确握勺方式。<br>【进餐】与幼儿共同设定近期进餐可以通过努力达成的三个小目标：一手扶碗一手拿勺子、吃饭不乱跑、小脚放放好。每个小目标都用图片的方式展示给幼儿，照片中突出坐在哪里、手如何握勺子、脚怎么样摆放等细节，帮助幼儿理解要怎么做才能达成目标。<br>3. 进步可视化<br>幼儿的思维以具体形象为主，教师创设直观的评价环境，和幼儿一起记录同伴、个人的进步过程。帮助幼儿了解自己和同伴的进步，在增强自信的同时朝着自己的"小目标"努力。<br>【打招呼】创设"我爱打招呼"墙面，在每日来园运动结束后由幼儿进行自我评价，如果完成了"打招呼"的小目标就可以让墙面上的人偶前进一步。我们每天记录一次，让孩子们进步的轨迹能看得见，从而激发他们打招呼的意愿。<br>【进餐】创设"进步一点点的小星星"环境，每天幼儿做到自己制定的进餐小目标(例如：身体靠近桌、小手扶好碗、在预定的时间内吃完)就能得到一颗星星粘贴在自己的照片周围。每周我们都会引导幼儿清点自己获得了几颗星星，完成了哪些小目标，让他们在观察、分享中感受自己的每一点进步。<br>【午睡】每天教师用照片的方式记录幼儿午睡前整理衣物的情况，存放在iPad上。孩子们翻看照片时，能够发现自己的衣物是否整理整齐，穿脱衣物的速度快慢。如果有进步，就能在"午睡小能手"的台阶上，将自己的小人偶往上走一个。通过照片和台阶记录，孩子们能够直观地看到自己的表现，发现自己的进步。<br>二、师幼互动的方法<br>1. 表扬具体化<br>教师在表扬幼儿的时候，具体描述幼儿进步的行为表现，说清表扬的原因，让幼儿感受到自己被认可、被肯定，同时也清晰地意识到自己有哪些具体的积极行为，发现自己的进步。 |

续表

| | |
|---|---|
| 核心举措 | 【进餐】在讨论中,幼儿提出了自己的问题,怎样才算进餐中没有离开座位？饭碗亮光光是只要饭碗干净还是桌上、地上也要干干净净呢？在争论中,孩子们迁移平时使用 iPad 的经验,提出要将好榜样拍摄下来,于是每天中午都有一支队伍出动,他们或是蹲在地上拍摄地面干净的照片,或是举起 iPad 拍下同伴小肚子贴近桌子的好样子。<br>【打招呼】在分享环节中,教师除了引导孩子们说"今天和哪位老师打过招呼了,用了什么方式呢",还鼓励他们试着发现自己身上的闪光点,夸夸自己。一开始他们只会夸自己今天很棒、特别棒,渐渐地,有的孩子将老师表扬自己的话记在了心里,逐步发现了自己到底棒在哪里,哪方面有了进步,自我评价的内容也逐步变得丰富起来。比如:"今天我打招呼的声音很响亮。""今天我和××老师也打过招呼了。""我打招呼的时候是笑眯眯的……"<br>【来园】在与幼儿见面打招呼的那一刻,教师通过"今天你好棒呀！哪里进步特别大呢"等提问,和幼儿一起寻找今天的进步点。例如:缩短哭泣时间、没有眼泪、自己走进幼儿园、愿意和家人告别、愿意和老师打招呼、情绪愉悦等,及时表扬、肯定幼儿,将积极的情绪情感传递给幼儿。<br>2. 选择自主化<br>即便是 3—4 岁的小班幼儿,他们也具有主动学习的能力和探究发现的潜能。教师鼓励幼儿根据自己的需求、自己的感受、自己的兴趣,自主选择目标,这样可以激发幼儿产生强烈的求知欲望,这是他们学习的动机。<br>【打招呼】小 A 是个较为内向的孩子,来园情绪一直不太稳定,不愿意打招呼也不愿意去运动。老师主动询问他想用什么方式打招呼,还给了他几种选择,最终约定,第二天来园小 A 以挥挥手的方式和老师问早。第二天,小 A 果然遵守了约定,在等了一会后,开始主动打招呼。<br>【进餐】在每天吃饭前,教师鼓励幼儿进行主动选择:今天能自己动手吃完几个小碗里食物,把小碗的数量贴在自己的卡通人物旁边,剩下的碗可以请老师来帮忙。老师与那些始终无法达到最终目标的幼儿进行了分组讨论,幼儿都觉得每周四个进餐小进步换大奖太难了,于是老师鼓励幼儿自己选择,最终大家决定每周三个进餐小进步就可以换到大奖。通过调节任务难度,那些从未完成目标任务的幼儿也获得了成功,从而使每一个孩子都能在集体的环境中得到积极的情感体验,建立起对于整个集体的初步归属感。 |
| 循证过程 | 本研究从 2018 年开始,历经三年时间,对于环境创设、师幼互动中的方法共进行了实践—汇总—验证—优化三轮的循环研究。<br>根据案例记录、评量表的使用等效果证据,我们保留有效方法,剔除使用频率极低或无效的方法,归并相类似的方法,同时,对方法的描述进行了统一。<br>第一年,通过实践收集汇总环境创设的方法 5 种,分别是:突出细节,帮助理解；做做玩玩,提升兴趣；活动引导,直观易懂；形式多样,满足需求；触手可见,时时鼓励。师幼互动的方法 2 种,分别是:生生互动,以强带弱；自主计划,自我评价。<br>第二年,通过实践验证,我们保留有效方法,剔除普适性不足的方法,增加新生成的方法,共获得环境创设的方法 6 种,分别是:突出细节,帮助理解；做做玩玩,提升兴趣；形式多样,满足需求；触手可见,时时鼓励；保留轨迹,进步可视；打破固有边界。师幼互动的方法 3 种,分别是:引发生生互动,共同发现进步；鼓励主动选择；让进步听得见。 |

| | |
|---|---|
| 循证过程 | 第三年,我们继续通过实践验证,保留有效方法,对于相类似的方法进行归并,并对方法的表述进一步优化,获得环境创设的方法3个,分别是:放大细节图;增强游戏性;进步可视化。师幼互动的方法2个,分别是:表扬具体化;选择自主化。<br><br>以上方法的提炼、优化、完善由我园三个小班教研组28位教师在15个班级进行,然后在幼儿园范围内进行成果推广。 |
| 效果证据 | **一、萌发了幼儿的归属感**<br>我们借鉴霍力岩教授《学前儿童主动学习指标体系研究》中"学前儿童主动学习关键发展指标体系",设计了《生活活动中小班幼儿归属感关键发展指标》(见附表),作为工具辅助教师观察、评估儿童归属感的萌发。<br><br>我们5个班级,每个班级2位教师,连续3年,共28位教师分别使用《生活活动中小班幼儿归属感关键发展指标》面向总计120名小班幼儿,在生活活动的各个环节中观察、评估,每一年数据汇总后就平均值进行对比(见下图)。<br><br>| 项　　目 | 2019年6月 | 2020年6月 | 2021年6月 |<br>|---|---|---|---|<br>| ◆ 参与 | 51.67% | 76.67% | 97.50% |<br>| ■ 发现 | 34.17% | 38.33% | 40.83% |<br>| ▲ 交往 | 45.83% | 67.50% | 82.50% |<br>| ✕ 探索 | 33.33% | 50.00% | 54.17% |<br>| ✳ 合作 | 17.50% | 21.67% | 24.17% |<br><br>**2019—2021年小班幼儿归属感萌发数据对比图**<br><br>从图中可以发现:"参与"维度表现出"适应融入"的平均值从51.67%提升至97.50%,有显著提升,这表明幼儿更加适应幼儿园环境,积极主动地参与班级中的各项活动。"交往"维度表现出"乐于接触"的平均值从45.83%提升至82.50%,有显著提升,表明有更多的幼儿愿意与同伴、教师一起游戏。"探索"维度表现出"敢于尝试"的平均值从33.33%提升至54.17%,有小幅提升,分析原因,因为幼儿有了归属感,在一定程度上表现出"更加愿意接受和参与新的任务""愿意尝试解决问题"。从以上数据变化可以判断出,现有的支持方法有效萌发了幼儿的归属感。<br><br>**二、缩短了幼儿的来园适应期**<br>在教师的分享交流中,我们发现了一个可喜的现象,小班幼儿来园适应期变短了。2018年的9—11月,长达两个月的时间里,每天早上都会有不同的孩子因为不适应而在幼儿园门口哭闹。但是到了2020年,几乎只用了一个月的时间,绝大部分的小班幼儿就能够高高兴兴地来幼儿园了。<br><br>**三、促进了幼儿喜欢幼儿园**<br>连续三年小班幼儿家长的调查问卷显示,幼儿对幼儿园的喜爱程度有所提升,2018年"您的孩子是否喜欢上幼儿园"选择"是"的家长百分比为54.17%,2019年为72.83%,2020年为93.17%。 |

续表

| 结论与启示 | 首先,环境创设和师幼互动的5个方法能够在生活活动中有效支持小班幼儿归属感的萌发。<br>其次,需要更大的样本验证方法的有效性。目前研究开展过程中,参与实践的教师一共28名(其中一名教师一直带小班),验证方法有效性的教师样本量较小,需要增加样本数量,来增强研究成效的说服力。<br>再次,需要从更多不同的人员处搜集证据。除了班级老师以外,还可以从保健老师、保育老师、幼儿家长等幼儿生活中的重要他人处多维度的搜集效果证据,进行多方互证,更全面地反映幼儿归属感萌发的实际情况。 |
|---|---|

**附表：生活活动中小班幼儿归属感关键发展指标**

| 基本维度 | 关键发展指标 | 指标含义说明 | 发展阶段 | 幼儿行为描述 |
|---|---|---|---|---|
| 参与 | 适应融入 | 适应新的环境,积极主动地参与各类活动,并在活动中表现出持续的兴趣和热情 | 第一阶段 | • 对活动感兴趣,但仍会想办法留在信任的成人身旁,或呆在某个自己感觉舒适的区域,活动参与度不高<br>• 在成人的带领下参与活动<br>• 愿意和小朋友一起游戏<br>• 喜欢上幼儿园 |
| | | | 第二阶段 | • 独立自主地选择活动内容 |
| | | | 第三阶段 | • 乐于参与各类活动,在活动中独立自主,积极热情 |
| | 计划选择 | 根据自己的兴趣或意向,制订活动计划,并自主选择材料或活动方式 | 第一阶段 | • 通过指认或其他动作做出选择<br>• 能根据自己的兴趣选择游戏或其他活动<br>• 喜欢承担一些小任务 |
| | | | 第二阶段 | • 根据自己的意愿(兴趣、需要、经验等)制订计划(口头、书面等),并按计划开展活动<br>• 用一两个单词或短句简单地表达自己的计划和选择<br>• 进专用活动室,选择未完成的材料继续探索<br>• 倾听同伴的建议,调整自己的计划 |
| | | | 第三阶段 | • 根据之前对自己提出的进阶目标,持续开展探究<br>• 能用细节具体说明自己的计划和选择<br>• 在活动进程中,围绕自己的目标,边玩边主动调整计划 |

续表

| 基本维度 | 关键发展指标 | 指标含义说明 | 发展阶段 | 幼儿行为描述 |
|---|---|---|---|---|
| 发现 | 善于观察 | 对周围新奇的人和事物，或将要发生的事情感兴趣，善于通过观察发现不同事物的不同属性或发展变化 | 第一阶段 | • 对感兴趣的事物能仔细观察，发现其明显特征 |
| | | | 第二阶段 | • 通过观察对事物或现象进行比较，发现相同点与不同点<br>• 能够从整体和局部，进行多角度地观察 |
| | | | 第三阶段 | • 通过观察寻找游戏失败的原因<br>• 通过观察理解、推测同伴的意图<br>• 聚精会神地专注观察，发现不同种类物体的特征或某种事物的前后变化 |
| | 喜欢提问 | 面对新异事物和未知事物时，乐于思考，喜欢提出问题以满足好奇心 | 第一阶段 | • 对幼儿园的生活好奇，会问简单的问题 |
| | | | 第二阶段 | • 面对未知，会提出问题，以求进一步了解<br>• 面对失败，会向自己提出问题<br>• 对以往的活动规则（讨论结果），提出自己的想法 |
| | | | 第三阶段 | • 会提出越来越复杂的问题，刨根问底，想了解更多 |
| 交往 | 乐于接触 | 愿意与同伴一起游戏，主动建立并保持良好人际关系 | 第一阶段 | • 愿意与熟悉的长辈一起活动<br>• 愿意和小朋友、老师一起做事或游戏 |
| | | | 第二阶段 | • 对同伴活动表现出兴趣，愿意主动接近并加入某个团体<br>• 等待同伴加入自己的活动<br>• 主动寻找玩伴 |
| | | | 第三阶段 | • 喜欢与不同的人交朋友，主动寻找并建立人际关系 |
| | 互动表达 | 在与人互动中明确、具体地表达自己的想法和愿望，在活动中大胆表现 | 第一阶段 | • 会对别人的意见或问题加以回应<br>• 愿意将自己的需求告知老师<br>• 在成人的鼓励下，在各类活动中大胆表达表现 |
| | | | 第二阶段 | • 可以自发引起一段对话，或延伸和别人的对话 |
| | | | 第三阶段 | • 会与成人或同伴来回交换意见<br>• 根据所处的情境，灵活调整表达方式，清楚表达自己的想法<br>• 用多种表征方式表达自己的想法（口头、表征符号、肢体动作等） |

续表

| 基本维度 | 关键发展指标 | 指标含义说明 | 发展阶段 | 幼儿行为描述 |
|---|---|---|---|---|
| 探索 | 敢于尝试 | 主动接受和参与有挑战性的任务 | 第一阶段 | • 愿意参加自己熟悉的活动,接受有把握完成的任务<br>• 自己能做的事情愿意自己做 |
| | | | 第二阶段 | • 在成人的鼓励和引导下接受有挑战性的任务 |
| | | | 第三阶段 | • 主动接受和参与有挑战性的任务<br>• 能向自己提出更高的挑战 |
| | 问题解决 | 遇到困难和问题时,主动尝试多种办法解决 | 第一阶段 | • 出现问题时,寻求帮助,或附和众人 |
| | | | 第二阶段 | • 遇到困难和问题时,有意愿自己想办法解决,但努力程度有限<br>• 有独立解决问题的意识<br>• 寻找事物之间的内在联系,进行探究,从中获得解决问题的线索 |
| | | | 第三阶段 | • 遇到困难和问题时,会开动脑筋,当一个方法行不通时,会再寻找各种新的办法<br>• 不怕失败,能持续地坚持探究<br>• 从成功中及时总结经验 |
| 合作 | 冲突解决 | 可以通过协商解决冲突 | 第一阶段 | • 遇到冲突时,寻求成人的帮助<br>• 接受成人或同伴的建议来解决冲突 |
| | | | 第二阶段 | • 遇到冲突后,先尝试提出解决的办法,再寻求成人的帮助 |
| | | | 第三阶段 | • 遇到冲突后,主动提出解决方法,并经过自主沟通协商,最终达成协议 |
| | 分工协作 | 和同伴一起游戏时能够相互配合、相互协作 | 第一阶段 | • 当有人邀请时,愿意合作,共同游戏或完成任务 |
| | | | 第二阶段 | • 愿意和同伴共同游戏,在与同伴合作的过程中配合默契 |
| | | | 第三阶段 | • 会制定游戏规则,组织、带领同伴一起游戏<br>• 在合作中胜任自己的角色(组织者—任务分工、跟随者—接受并完成相应任务) |

**案例 7-2:提升小学中高年级学生几何思维水平的活动设计及实施**①

导读:这是一份大宁国际小学数学教研组经过四年研究获得的成果。他们以"几何思维水平"提升为核心目标,对课堂学习活动任务设计与实施开展了实践性循证研究,形成了分层预习任务设计、巧用媒体技术、巧设逐层探究任务、加强几何表达任务设计等核心举措,并对实践效果进行了验证。研究报告主题鲜明,对核心概念"几何思维水平"五个水平的能力层次划分阐明清晰,依据的前端证据多元充分,研究探索的四项核心举措条理清晰,实例简洁明了。同时,报告也对实践研究中的问题不足和后续研究进行了反思展望。整篇循证实践研究报告针对性强,操作步骤清晰,可以为小学中高年级数学教师借鉴学习。

**循证实践报告表**

| 成果名称 | 提升小学中高年级学生几何思维水平的活动设计及实施 |
|---|---|
| 适用对象与范围 | 适用对象:小学中高年级学生<br>适用范围:数学,图形与几何相关内容的学习 |
| 研究摘要 | 以小学中高年级学生几何思维水平的提升为目标,在现状调查、文献分析和实践探索的基础上,对与之相关的活动任务设计进行实践性循证,在明确课时要点的基础上,对分层预习任务设计、巧用媒体技术、巧设逐层探究任务、加强几何表达任务设计等开展了探索,并对实践效果进行了验证。 |
| 关键词 | 几何思维水平,小学数学,活动设计 |
| 核心概念界定 | 几何思维水平是荷兰学者范希尔夫妇经过理论和实践两方面的长期探索后提出,将学生几何学习的能力层次划分成由低到高的五个等级。<br>水平1——视觉:学生能依据外观辨认各种形状的图形(如正方形、三角形),并能操作其几何构图要素(如线、角、方格)。<br>水平2——分析:学生能依据图形的组成要素和要素之间的关系去分析图形,依据经验建立某类图形的特性,并用这些特性解决几何问题。<br>水平3——非形式化推理:学生能建立图形及图形性质之间的关系,提出非形式化的推论,能进一步探求图形的内在属性及其包含关系,能使用公式、定义或发现的性质做演绎推论。<br>水平4——形式演绎:学生可以在公理体系中建立定理,能认识到定义、公理、定理以及未定义的对象之间的差别。他们可以从已知条件出发,采用逻辑推理的方式证明命题。<br>水平5——严谨、元数学:学生完全能在数学系统中作出数学推理,能在缺少参照模型的条件下研究几何。 |

---

① 本案例由上海市大宁国际小学提供,执笔人:赵晨、黄丽娟、吴卫群。

续表

| | |
|---|---|
| 问题描述<br>与循证内容 | 问题描述：<br>　　通过问卷调查和作业分析，主要发现如下问题：<br>　　1. 学校高年级学生几何思维水平的发展现状存在以下现象：<br>　　(1) 学生的几何思维水平差异较大，有近 28% 的学生处于思维水平 1，8% 的学生低于水平 1(为便于表述，称为水平 0)，而对照课程标准要求及课本上的任务要求，这个阶段的孩子一般需要达到水平 2 及以上。<br>　　(2) 几何思维水平达到水平 2 级以上的学生，非形式化几何推理能力尚显不足，主要体现在对于图形包含关系的理解不够清晰，不善于使用图示等进行推理，几何表达能力较欠缺。<br>　　2. 在现有的课堂教学任务中，欠缺对教材例题的几何思维水平评估，也缺少相应的有意识提升学生几何思维水平的活动任务设计。<br>循证内容：<br>　　从兼顾学生差异、提升学生几何思维能力维度出发，从情境任务的针对性、任务活动呈现的形式和学生的可接受度等多个维度出发，探寻活动任务设计与实施的基本策略和方法。 |
| 前端证据 | 　　本研究中的前端证据主要包括科学研究类、现状调查类。<br>　　科学研究类的前端证据主要是对几何思维水平概念理解、小学生总体几何思维水平现状了解起到理论指导作用的《数学学习的心理基础与过程》《儿童几何思考之 VAN HIELE 水准分析研究——VHL、城乡、年级、性别、认知形式与几何概念理解及错误概念之关系》《范希尔理论的几何思维水平研究综述及启示》等著作与论文；对评价标准及几何思维水平测试工具开发起到借鉴作用的《台湾中部地区小学高年级学生 Van Hiele 几何推理能力之研究》《创意教学活动"四边形的猎捕"——包含关系的推理》《基于范希尔理论下八年级学生对全等三角形的几何思维水平的调查研究》等著作与论文。<br>　　现状调查类的证据主要是对小学教材几何内容水平分级起到指导作用的《上海市小学数学学科教学基本要求》；对学校以活动设计为突破口起到方法借鉴的《小学四年级数学几何思维水平的调查研究》《2021 届大宁国际小学学生几何思维水平现状调查》等资料。 |
| 核心举措 | **一、课前设计可选择的分层预习任务，明确学习重点，串联新旧知识**<br>　　小学段的图形学习是通过螺旋上升的方式，帮助学生逐步积累关于图形的特征和测量的基本经验。到了中年级，尤其是高年级后，梳理旧知、回顾学习方法，对于新知的学习很重要。<br>　　学生几何思维水平差异很大的原因之一是，水平 0 和水平 1 的学生对于一些基本的几何概念知识理解不清，水平 2 的学生则主要对图形之间的联系缺乏一定的思考。但我们不能给学生的能力过早贴上标签，因此，根据学生几何思维水平发展的不同需求，我们要求每份预习任务单必须由预习要求和预习任务以及三类不同难度的自测题目组成。这些任务需要有水平层次要求上的递进。<br>　　此外，学生可以自主选择挑战的任务，但无论挑战几星级的题目，只要勇于挑战，就有等值的奖励；只要挑战正确，也有等值的奖励。预习任务必须融合在课堂教学中进行分析和反馈。 |

| | |
|---|---|
| 核心举措 | **二、倡导几何直观,巧用媒体技术,激活几何思维**<br>小学生的认知特点,决定了小学阶段几何思维水平的提升必须建立在几何直观基础上。因此,在活动设计的过程中,一方面我们强调任务必须能够通过学生的动手操作或者作图,进一步增加对几何概念的认识,对图形关系的理解;另一方面,我们强调运用媒体技术,给予学生更加清晰的操作或演示,便于学生通过观察形成一定的归纳。<br>例如:在"梯形的面积"一课探究活动中,我们设计了如下的学习任务:请大家用画一画、剪一剪、拼一拼等方法,试着推导出梯形的面积计算公式。<br>学生以小组为单位,通过实物操作来推导面积计算公式。随后,教师通过媒体展示,将这些推导公式的过程在图中进行展示,最后引导学生归纳解决图形问题的核心是转化,即将未知图形转化为已知图形。<br><br>**三、巧设逐层探究任务,促进空间想象,发展空间观念**<br>在任务设计的过程中,需要注意依托最近发展区,设计逐层探究任务,让学生在探究中逐层深入理解几何概念,发展空间观念。<br>例如"正方体的展开图"是沪教版小学数学五年级下册"几何小实践"单元中的内容。在"正方体的展开图"教学展开探究的过程中,我们通过三个层次递进的任务,帮助学生更好的展开学习。<br>学习任务1:通过剪一剪,将一个立体图形转化成一个平面图形。思考:除了这种展开图,正方体还有没有其他的展开图?请你像老师刚刚的样子,自己动手剪一剪,看看能不能得到不同的展开图。<br>学习任务2:每一个正方体展开图都有6个相同的正方形,这里还有3个由6个相同的正方形组成的图形,它们都能折成正方体吗?请先在脑海中想一想,有困难的同学可以打开信封利用图形折一折。<br>学习任务3:尝试对11种正方体展开图分类。<br>通过三个有关联且逐层递进的问题,学生对相关几何概念有了从个例到整体的认识和理解。<br><br>**四、适当拓展,加强几何表达任务设计,发展逻辑推理能力**<br>几何的学习不能仅仅局限于操作、观察、实验、演示、想象等方式,根据学习要求,我们会适时引导学生进行比较、分析、综合、猜测,在感知的基础上加以抽象、概括,并进行简单的推理,从而促进非形式化几何推理水平提升。<br>例如:"平行四边形的认识"一课中,我们设计了这样两个学习任务。<br>学习任务1:选择一根蓝色色带和红色色带交叠出一个四边形,观察并归纳四边形的边有什么特点。<br>学习任务2:拿出2号信封中的平行四边形,选择合适的工具,归纳并总结平行四边形的特点。<br>在归纳平行四边形特征的过程中,学生可以通过直接比较测量,即裁剪出相对应的边或角进行操作验证,也可以通过测量工具测量,即借助直尺和量角器进行长度和角度的度量验证。 |

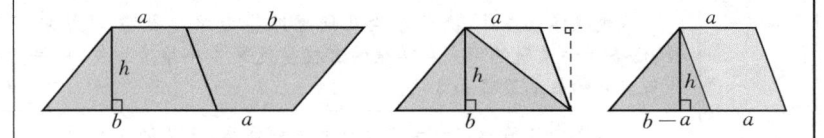

续表

| | |
|---|---|
| 核心举措 | 与此同时,在任务2的汇报过程中,教师提出:"在沿着对角线剪开后,破坏了一组对角(下左图),能不能用说理的方式证明$\angle A = \angle C$?"这个活动任务要求学生在思考与说理中,体会数学推理的优势,发展数学思维。为了帮助那些可能有困难的学生,教师也准备了一个锦囊(下右图),给予他们进行推理的拐杖。 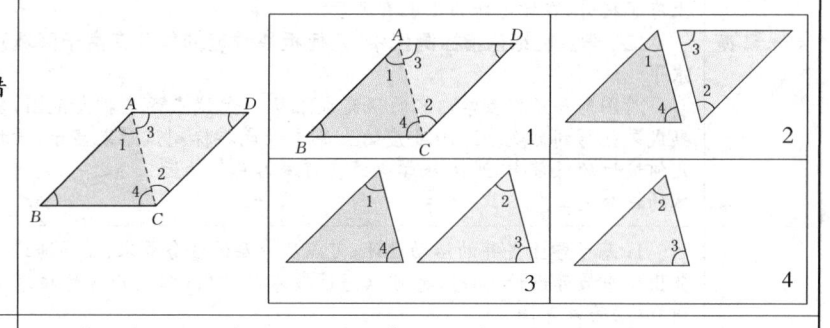 |
| 循证过程 | 本研究从2017年开始,历经四年时间,对于循证要点的循证经历了如下的过程。<br>第一年:通过点上的摸索,探寻学生在图形与几何板块学习中存在的问题,并确定以活动设计的优化为主要视角,开展点上的实践和案例积累。<br>第二年:通过文献研究、经验总结和访谈,明确了以提升学生几何思维水平为指向,并确定了活动设计的两条路径:分别是鉴于学生现有的能力水平,设计分层预习任务;根据学生普遍的认知特点,依托媒体技术,加强几何直观感受。<br>第三年:通过实践验证,在保留这两条行动路径的基础上,对分层预习任务的实施做出优化,强调必须与课堂教学内容相整合,并对分层任务对应的目标做进一步的明晰,在推进的过程中明确提出设计逐层递进的任务要求。<br>第四年:通过实践验证,保留之前提出的三条策略,并从五年级的教学入手,做提升学生几何表达的任务设计,获得成功后,推广到其他年级。 |
| 效果证据 | 一、学生在几何思维水平方面获得了不同层次的提升<br>学校对2017级学生进行了两次全样本几何思维水平的测试(前测2018年1月,后测2020年1月),收到有效样本368份。从两次测试结果可以发现学生的几何思维水平有显著提升。 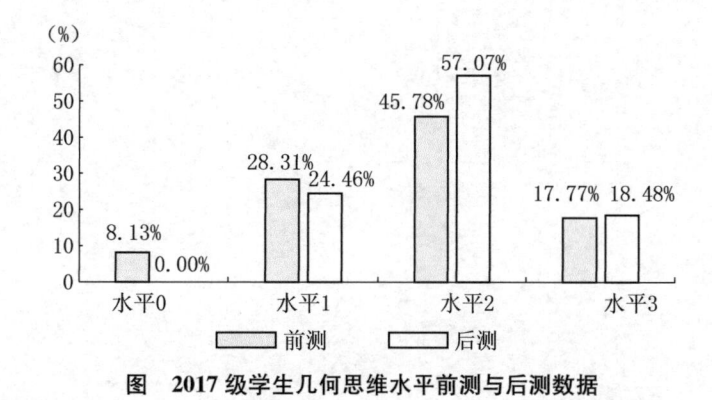<br><br>图 2017级学生几何思维水平前测与后测数据 |

续表

| | |
|---|---|
| 效果证据 | 　　通过后测过程中的学生和教师补充性访谈,水平0的孩子均提升到了水平1,原来水平1的孩子中,有近一半的孩子在完成水平2的练习中,正确率也大幅提高。此外,原先水平2的学生中,超过70%的学生对于图形间的包含关系的理解、通过语言表达进行几何推理的能力有了进步。不仅在知识的掌握上有了提升,在学习能力上也有进步。<br>　　**二、学生在绿色指标测试中,几何板块维度的得分率高于区域及市平均水平**<br>　　对图形与几何教学内容的研究成果从点上试点逐步扩大范围,实践中前期成果就得到显现。2019年度的上海市绿色指标测试结果显示,学校图形与几何板块的练习中,2016级学生的良好率占总体的近三分之一,优秀率超过总体的三分之二。 |
| 结论与启示 | 　　1. 基于学生差异的活动设计,可以从分层的任务要求、逐层递进的探究任务出发来展开设计,同时,也可以通过技术的辅助(如利用媒体技术来加强几何直观)予以支持。<br>　　2. 几何表达任务的设计,对促进学生从水平2向水平3提升的效益似乎并不显著,后续还要通过增加观察的样本,做进一步的检验。<br>　　3. 后续研究中,需进一步加强测试题库、练习题库的开发。配套开发的学生几何思维水平的测试题,要根据课堂学生的即时表现和测试情况,综合评价教学设计的合理性,适时地进行调整和改进。 |

# 第八章　教师循证实践的行动推进

教师循证实践的行动推进需要整体规划、上下联动、持续完善。在经过攻关研究形成教师循证实践的模型建构、方案设计、过程记录工具及循证实践报告后，最主要的就是在基层学校或项目组中进行推进，也只有这样，才能最终促进循证实践的优化发展。为彰显其中的经验，本章介绍以循证实践为主题的基于工作坊的区域专题研修，呈现学校基于项目组的专题行动，展示基于试点校的合作研究，通过一系列典型案例从不同侧面反映围绕教师循证实践的学校行动和区域作为。

循证实践是在新时代背景下教育教学研究和发展的一种新途径与新思路，是值得深入探索和积极推广的。教师循证实践的行动推进，不仅需要研究人员自身的努力，更需要学校及教师的支持与关注。

这里的行动推进，既有在模型建构及要则设计之前的行动探索，如基于工作坊的区域研修、基于项目组的教育反思专题行动，也有与模型建构、要则设计同步推进的工作，如基于试点校的合作研究。

## 第一节　基于工作坊的区域研修

在"十三五"期间，我们一方面在幼儿园、小学、中学分三个培训班进行实证方法培训，作为实践性循证方法的铺垫，另一方面，我们组织了实践性循证专题研修班，用一年多的时间持续探索实践性循证的实际操作和具体运用，并召开了实践性循证研修班的中期进展交流和结业论坛。

在这个过程中，我们尝试以"工作坊"模式把循证实践引入各学段的研修活动中，以解决实际问题为导向，边实践、边摸索，有序地开展各类研讨学习活动。

这种基于工作坊的区域研修需要结合教师学习需求和学校发展特点来进行针对性、开放性的设计与实施。

一、基于工作坊的区域研修方略

1. 聚焦实践性实效性设计

实践性循证研修班是在区域实证研究方法培训的基础上，本着"基于证据、立足实践、循环改进"的基本原则，运用"问题解决式"的研修方式，以各校承担的"十三五"教育部重点课题子课题研究中的"问题"为基点而开展的。其目的，一是培养教师科学、规范、恰当地运用实证研究的方法，提升学校课题研究中证据搜集、分析、运用的针对性和有效性，使研究的结论更加科学可靠，提高课题成果的质量；二是提升研修班学员及参与者运用教育研究方法的实践能力。

本着"有基础、有意愿、有时间"的原则，我们确立了部分子课题研究单位的核心研究人员为研修对象（如学校科研主任或科研负责人），全程参与所有活动。在现场研讨以及案例分享等环节，我们也鼓励子课题核心组的其他成员共同参与，原则上每两周安排一次活动。在研修方式上，以工作坊形式为主，采用主题辅导、自主学习、实践运用、动态诊断、分组研讨等多种形式，边做边学（详见表 8-1）。

表 8-1　具体的研修方式

| 典型问题剖析 | 围绕实践性循证方法的关键问题及重要环节，以及学校子课题研究过程中的方法问题，集中研讨，合作攻关 |
|---|---|
| 开展互动交流 | 定期组织小组或全班的学习交流活动，相互借鉴促进。原则上每两周活动一次 |
| 聘请导师指导 | 研修班按照幼儿园、小学、初中、高中四个学段进行分组，每个小组聘请导师，进行全程指导 |

研修内容主要包括三个方面，一是"实践性循证"研究方法的基本形式及其操作要点，二是学校子课题研究中"实践性循证"研究方法的运用及成果总结，三是个性化教育深化实施中的问题梳理及解答。课程主要由理论学习、自学辅导、实践应用、问题研讨四大模块组成，采用相互穿插进行的方式实施（详见表 8-2）。

表 8-2　研修的模块和内容

| 模块 | 内　　容 |
| --- | --- |
| 理论学习 | 根据本区"十三五"课题的需求,基于经验实证、数据实证、事理实证等不同要求,学习"实践性循证"方面的相关知识及其操作路径和要点 |
| 自学辅导 | 自主学习本课程班提供的相关研究资料,做好阅读札记,就相关的问题与专家、同行请教、讨论 |
| 实践应用 | 学员结合本校"十三五"国家课题子课题和循证班的学习,制订具体的行动计划并加以实施,主要目的在于将学习到的知识、技能在学校的课题研究中加以应用,并为本校的课题研究服务 |
| 问题研讨 | 分小组交流研究进展、分享研究体会,解决各学校子课题研究中的实际问题 |

2. 彰显多元化自主化实施

自开班伊始,按照总体规划,四个学段的学员在导师指导下,围绕子课题的推进及循证方法的运用开展一系列研修活动,包括子课题的问题征集、专家报告与问题研讨、学校现场诊断、工作坊大组交流、阶段成果交流、结业论坛等。

在学校现场诊断活动中,各学员围绕学校所承担的"十三五"国家课题子课题进行了汇报,重点包括以下几方面内容:(1)已经完成了哪些具体研究工作;(2)运用了哪些实证研究方法;(3)搜集了哪些研究资料;(4)取得了什么研究成果或有什么重要发现;(5)下一阶段重点研究什么;等等。

在实践性循证研修班的阶段成果交流会上,市西高中李学明老师以"记载、反思、成长——《个性化学习实践与指导手册》的设计与运用"为题,展示了基于循证思路的手册研发和使用;育才初中朱枫老师以"建构自组织,促进个性化——指向关键能力培养的初中生'自组织'创生及其运作"为题,通过多元证据呈现了学生之间的合作变化以及"自组织"的生长;永和小学吴烨老师以"高结构设计,低结构实施,循环式推进——基于课堂教学的小学生 GRIT 品质培养"为题,介绍了全学科、大课堂、多路径的实践性循证研究流程;大宁国际幼儿园王琳老师以"玩出一道道彩虹——支持小班幼儿探究性行为的循证研究"为题,分享了他们以循证研究的思路追寻问题,萌发幼儿探究兴趣,多元主体参与,提高评价证据的效度与有用性,以及拓展教育时空、促进幼儿丰富经验、开拓视野的好做法。这些精彩的循证案例交流,不仅体现了学校在个性化教育、学生核心素养培育方面的探索与突破,也展现了循证方法的核心要点:基于问题、注重证据、体现循环。

## 二、基于工作坊的循证方法运用

### 1. 涉及领域

实践性循证方法的研修显示了问题导向、做中学习、以点带面等若干特点。研修班学员基于本校的子课题,从方法应用的角度进行审视、总结,思考并明晰本校在方法应用上的特色和亮点,挖掘和提炼出一批高质量的典型案例,涉及领域包括学校管理、课程开发、教学设计、学生培养等。其中,在课程(幼儿游戏活动)开发方面的研究所占比例最大,其次为教学设计(详见图8-1)。

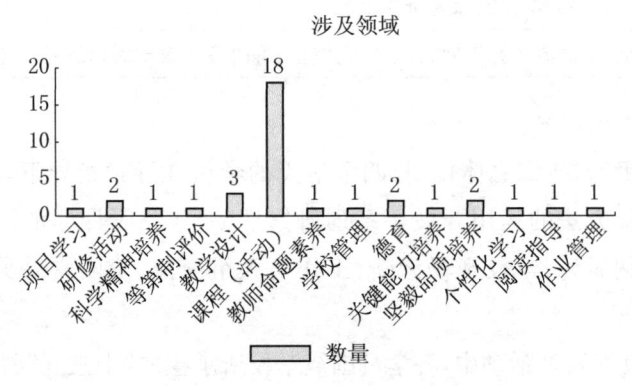

涉及领域

| 项目学习 | 研修活动 | 科学精神培养 | 等第制评价 | 教学设计 | 课程(活动) | 教师命题素养 | 学校管理 | 德育 | 关键能力培养 | 坚毅品质培养 | 个性化学习 | 阅读指导 | 作业管理 |
|---|---|---|---|---|---|---|---|---|---|---|---|---|---|
| 1 | 2 | 1 | 1 | 3 | 18 | 1 | 1 | 2 | 1 | 2 | 1 | 1 | 1 |

**图 8-1 循证案例涉及领域**

### 2. 学科分布

实践性循证的研究方式源于行动研究,但又强调证据的搜集与运用,其基本模式是确定问题—实施行动—评估成效—反思举措,并不断循环。本次研修班学员涵盖了语文、数学、美术、科学、幼教等多门学科的老师,每位老师教授的学生年级也不同。根据对不同学段共计36篇案例的统计分析发现,学科兼顾文理,分布较广(详见图8-2)。

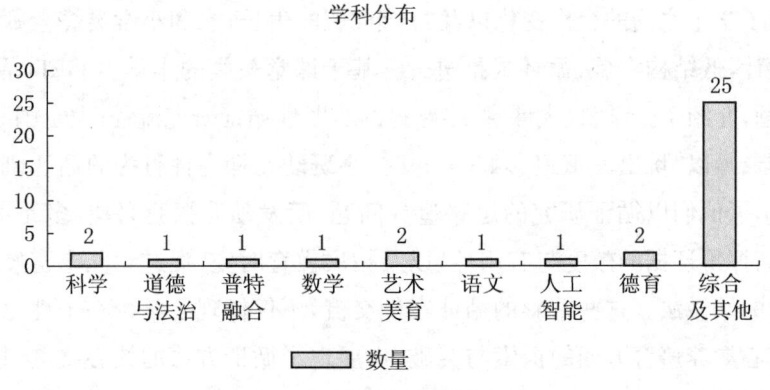

学科分布

| 科学 | 道德与法治 | 普特融合 | 数学 | 艺术美育 | 语文 | 人工智能 | 德育 | 综合及其他 |
|---|---|---|---|---|---|---|---|---|
| 2 | 1 | 1 | 1 | 2 | 1 | 1 | 2 | 25 |

**图 8-2 循证案例学科分布**

3. 典型案例

实践性循证研究,是在实证研究基础上更加强调与实践的融合,更加强调循环性的历程,更加强调基于证据的改进,是以多元证据为核心的行为驱动,以广泛参与为目的的深度实践,以持续改进为思路的行动变革,以反馈评估为着力点的循环系统。

案例8-1:基于研究共同体,开展实践性循证研究[①]

南阳实验幼儿园以教研组为基本单位,以教研活动为主要形式,力求使教师与研究共同体之间形成对话通路,开展"实践探索—反思交流—推进提升"的多次往复的小循环研究,切实帮助教师将办园理念落实于教育行动中,从而获得个别化教育专业能力的提升,如下图所示:

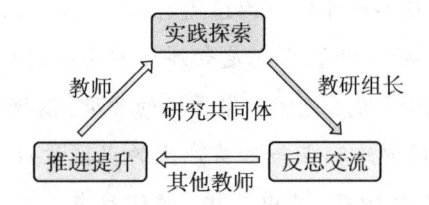

将全体教师纳入到研究中来,形成幼儿园、教研组、教师等研究主体之间的循环,形成研究共同体,从源头上保障人人参与、人人明晰我园的子课题研究。

此外,形成了基于研究共同体参与的"成果发布交流""答疑会""教研组方案优化""优化方案论证""任务分解与认领""小循环研究"等流程的多次往复的大循环研究,如下图所示:

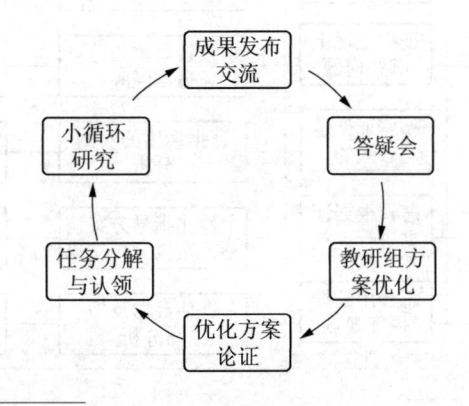

---

① 本案例由上海市静安区南阳实验幼儿园提供,执笔人:陆玮芳。

借助多方参与、运用多途径(文本—研究小结、分享—成果发布、对话—教研活动、答辩会、论证会)形成研究内容(方案优化和论证)之间的循环,确保研究的有理有据,筑好教育反思专项行动研究的科学基石。

从上述案例中可以看出,循证实践在推进过程中离不开每一位教师的支持,只有形成合力才能解决教育教学研究中的关键问题。在教师已经具备一定的实证研究经验的基础上,可以运用研训同步推进的方法,带领老师们体验循证研究的一般过程,让老师们在思考中回答如何循证教学、如何循证指导,在教学研究中逐步形成循证思维,让实践性循证研究成为构建教师学习共同体的有效载体。

案例8-2:基于证据再造流程,培育循证思维[①]

在中山北路小学,研究的过程也是老师们解惑的过程,学习与研究并行于整个研究过程中。我们采用了先问后学再研的步骤,依据每个研究阶段教师在证据的获取、分析、运用中的难点与容易产生的误区设计了针对性强的学习培训,做到先学后做,做中反思,思中改进,循环往复。具体操作路径,如下图所示:

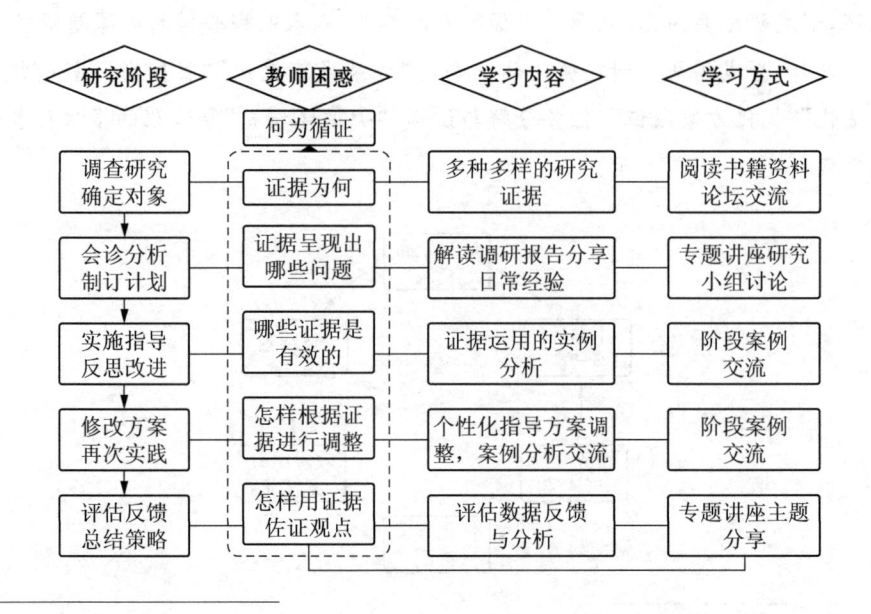

| 研究阶段 | 教师困惑 | 学习内容 | 学习方式 |
|---|---|---|---|
| | 何为循证 | | |
| 调查研究确定对象 | 证据为何 | 多种多样的研究证据 | 阅读书籍资料论坛交流 |
| 会诊分析制订计划 | 证据呈现出哪些问题 | 解读调研报告分享日常经验 | 专题讲座研究小组讨论 |
| 实施指导反思改进 | 哪些证据是有效的 | 证据运用的实例分析 | 阶段案例交流 |
| 修改方案再次实践 | 怎样根据证据进行调整 | 个性化指导方案调整,案例分析交流 | 阶段案例交流 |
| 评估反馈总结策略 | 怎样用证据佐证观点 | 评估数据反馈与分析 | 专题讲座主题分享 |

---

[①] 本案例由上海市静安区中山北路小学提供,执笔人:张艳。

通过以上的这些学习讨论，老师认识到研究中可以获取的证据是多种多样的，并不局限于过去的文献与数据。国家的政策、同行的论述、自己对学生的观察记录、学生的作业等都可以作为证据。这样，基于教师问题的前置式的学习活动，在为教师解惑的同时也促进了研究的有序开展。

课题中心组在深入各子课题组的研究过程中发现，教师在学生情况分析中往往不能将学生的阅读素养和学科表现进行联系，只是单一地从某一个方面进行分析，从而造成辅导目标的偏移，进而影响指导方法的正确选择和使用。为解决这个问题，课题中心组经过讨论，设计了学生阅读素养的个性化指导方案，对教师进行个案指导研究的流程进行了规范，帮助教师全面回顾学生的单科学习情况，联系多方面因素进行合理的推测，做出更准确的判断，提高指导的效能。其具体内容及操作流程，如下图所示：

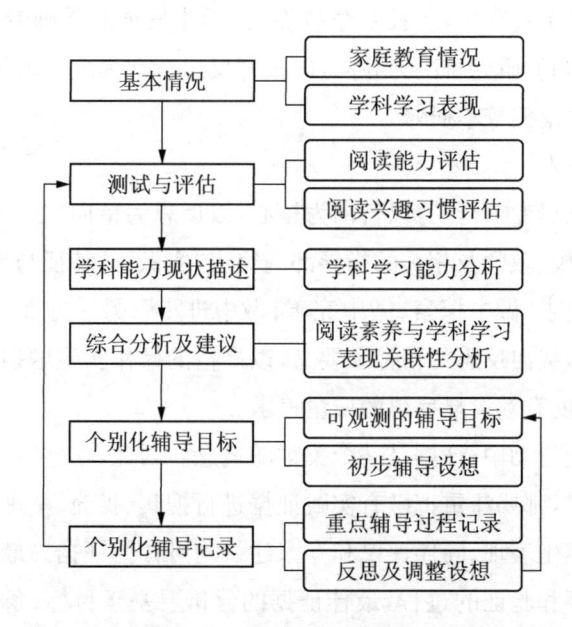

```
基本情况 ──┬── 家庭教育情况
           └── 学科学习表现
   │
测试与评估 ──┬── 阅读能力评估
             └── 阅读兴趣习惯评估
   │
学科能力现状描述 ── 学科学习能力分析
   │
综合分析及建议 ── 阅读素养与学科学习表现关联性分析
   │
个别化辅导目标 ──┬── 可观测的辅导目标
                 └── 初步辅导设想
   │
个别化辅导记录 ──┬── 重点辅导过程记录
                 └── 反思及调整设想
```

个案研究框架的推出，保障了教师在研究的过程中能够获取充足的理论支撑和证据支持，体验较为完整的循证研究，初步形成循证意识。

上述案例体现了在循证研究过程中，教学主体围绕教学证据所展开的思维方式转变。循证实践帮助老师们改变教学主观臆断、经验本位的倾向，形成基于证据实施个性化指导的思维方式，使个性化指导有迹可循。只有将以往经验与客观证据链接起来，糅合理性与感性，才能在实践中充分发挥循证教学的实效。

## 第二节 基于项目组的教育反思专题行动

为助力循证实践的区域推进和区域"十三五"课题的深入开展，我们策划实施了静安区教育反思专项行动，制定了《静安区教育反思专项行动实施意见》，从学科教学、学生自主成长两个方面引领教师开展经验提炼、行动反思与改进，为教师提升教学素养、形成教学主张提供支持。这一行动既是全区学校共同参与重大科研项目的过程，也是研究方法渗透的过程。

在开展两年的教育反思专项行动中，我们注重实践性循证方法的引导与渗透，促进学校对这一方法的知晓与尝试，力求运用实践性循证的方法，不断优化循环历程。在这个过程中，各校从学校发展、学生发展和教师专业发展的需求出发，以实际问题的研究解决为导向，以教育反思行动为主线来设计研修活动，从循证的角度来落实校本研修。

一、行动要义

本次教育反思专项行动，以行动为核心，以反思为指向。一方面，在行动实施的过程中，学校、教师及相关的指导部门突出"实做"的特征与要求，多方主体在实际运作中追求"做中探索、做中完善、做中进步"；另一方面，在行动中选好问题，强化证据，突出反思的精神和要义，以严格的操作实施增强反思的过程体现，以内容的深度有效彰显反思的质量追求。

在本次专题行动中，证据是一个关键的概念。因此，在进行回顾与梳理、方案设计及总结时，都要注重把已有实践证据进行搜集、扩充、整理、提炼，实践成果、学术论文、学生表现、同伴评议和专家建议均可作为证据。最佳证据的获得是一个不断循环和验证的过程，最佳证据的分析要基于目标、条件、过程、效果等四个要素，要关注目标、路径、结论之间的一致性，以及证据对结论的支持度。

二、操作流程

本次教育反思专项行动采用循证实践的方式进行，我们提供支架，制订并推出"静安区教育反思专项行动"教师操作指南，提供基本步骤和要点解释，并鼓励广大教师在把握反思行动主旨精神和核心要点的基础上，创造性地加以深化和完善设计。根据循证实践方法和本次教育反思专项行动的总体要求，我们确立了如下的教师操作步骤：

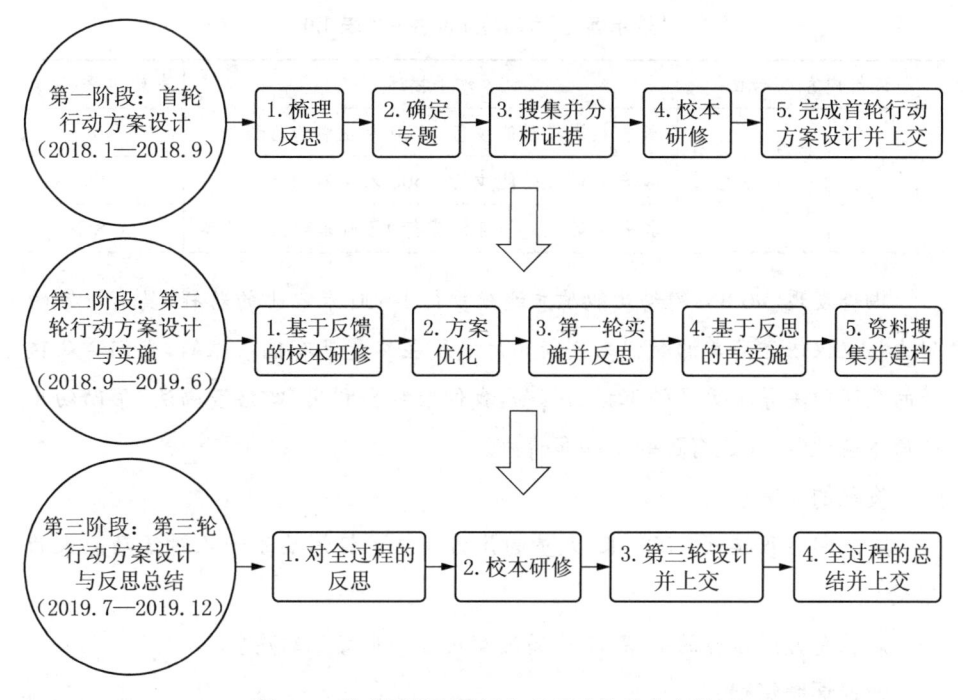

```
第一阶段：首轮          1.梳理    2.确定    3.搜集并分    4.校本    5.完成首轮行动
行动方案设计            反思      专题      析证据        研修      方案设计并上交
（2018.1—2018.9）

            ⇓

第二阶段：第二          1.基于反馈  2.方案   3.第一轮实    4.基于反思   5.资料搜
轮行动方案设计          的校本研修  优化     施并反思      的再实施     集并建档
与实施
（2018.9—2019.6）

            ⇓

第三阶段：第三          1.对全过程的   2.校本研修   3.第三轮设     4.全过程的总
轮行动方案设计          反思                        计并上交       结并上交
与反思总结
（2019.7—2019.12）
```

**图 8-3　静安区教育反思专项行动的基本步骤**

如上图所示，该行动分三个阶段进行，要求同一专题原则上要进行三轮的循证研究，从而更好地体现实践性循证的特点。

三、指向个性化教学的循证实践

1. 基于循证的主题活动升级

秉持儿童立场、关注儿童需求、促进个性发展应是广大基础教育工作者的不懈追求。永和路幼儿园立足园所实际，借助幼儿发展评价开展了基于幼儿核心素养发展的园本课程优化行动研究，不断夯实挑战教育课程内容，促进幼儿个性化成长，深化园所内涵发展。下面以大班挑战性体验活动"快乐远足"为例，展示他们基于循证的园本课程优化过程。

案例 8-3：一项远足活动的二次"生长"[①]

课程优化的证据是什么？下面为大家还原我们是如何借助幼儿发展评价的工具和方法来捕捉课程优化证据，从而完善课程的。

---

① 本案例由上海市静安区永和路幼儿园提供，执笔人：骆晓青。

**"快乐远足"活动幼儿发展评价表 1.0**

| 评价内容与标准 | | 水平描述 | 表现水平(%) |
|---|---|---|---|
| 子领域2：动作发展 | 标准3：具有一定的力量和耐力 | 水平1：远足时能步行1000米左右的路程 | 0% |
| | | 水平3：远足时能步行1500米左右的路程 | 3.2% |
| | | 水平5：远足时能连续步行1500米以上的路程 | 96.8% |

调查发现，96.8%的幼儿能独立连续步行1500米以上的路程，具有一定的耐力。仅仅依靠简单的数据来判断幼儿发展显然是具有偏颇性的，我们会从孩子的表现中去寻求更多的证据。例如，我们经常会利用"四格漫画法"帮助幼儿还原体验过程，表达自己的认知和情感。

**发现的问题：**

➢ 来回路程接近2000米，大量的体力消耗已经影响了幼儿对活动原来的期望。

➢ 在龙盛园短暂的逗留，不能满足幼儿进一步交往的愿望。

**形成调整策略：**

➢ 把往返徒步改为单程徒步远足，减少体力消耗。（由家长直接送到另一园所）

➢ 重新安排到达目的地后的活动安排，满足幼儿交往意愿。

**"快乐远足"活动幼儿发展评价表 2.0**

| 评价内容与标准 | | 水平描述 | 表现水平(%) |
|---|---|---|---|
| 子领域2 动作发展 | 标准3：具有一定的力量和耐力 | 水平1：远足时能步行1000米左右的路程 | 0% |
| | | 水平3：远足时能步行1500米左右的路程 | 2.5% |
| | | 水平5：远足时能连续步行1500米以上的路程 | 97.5% |
| 子领域2 人际交往 | 标准1：愿意与人交往，能与同伴友好相处 | 水平1：愿意与同伴共同游戏，参与同伴游戏时能友好地提出请求 | 11% |
| | | 水平3：能运用简单的交往技巧加入同伴的游戏 | 48.6% |
| | | 水平5：能想办法结伴共同游戏，活动中能与同伴分工、合作、协商，一起克服困难、解决矛盾 | 40.4% |

活动后再次对幼儿从"动作发展""人际交往"两方面进行评价，从数据分析中看，达到水平3和水平5的幼儿占了比较大的比例，可见活动对促进幼儿主

动交往能力有促进作用。

**发现的问题：**

➢ 近50%的幼儿在结伴玩耍的过程中，"弄丢"了朋友，小主人的责任意识有待提高。

➢ 结伴中发生矛盾，解决问题的能力不强。

**形成调整策略：**

➢ 引导幼儿有计划地接待朋友：事前做"参观"计划，安排参观时间、路线等。

➢ 给予幼儿自主选择朋友的权利，学习一些朋友间友好相处的沟通方法。

**"快乐远足"活动幼儿发展评价表 3.0**

| 评价内容与标准 ||水平描述|表现水平(%)|
|---|---|---|---|
| 子领域2 人际交往 | 标准1：愿意与人交往，能与同伴友好相处 | 水平1：愿意与同伴共同游戏，参与同伴游戏时能友好地提出请求 | 2% |
| ^^ | ^^ | 水平3：能运用简单的交往技巧加入同伴的游戏 | 79% |
| ^^ | ^^ | 水平5：能想办法结伴共同游戏，活动中能与同伴分工、合作、协商，一起克服困难，解决矛盾 | 19% |
| 子领域1 自我意识 | 标准2：具有自尊、自信、自主的表现 | 水平1：乐意接受和承担一些小任务 | 13% |
| ^^ | ^^ | 水平3：喜欢接受和承担一些小任务，愿意尝试有一定难度的活动和任务 | 72% |
| ^^ | ^^ | 水平5：能对自己做的计划、事情和结果进行回忆和一定的分析，并愿意做出适当的调整 | 15% |

活动后对幼儿从"人际交往""自我意识"两方面进行评价，数据显示仍有13%的幼儿对承担任务的概念模糊。新的问题又出现了……"快乐远足"活动很快就会有4.0版，因为课程的优化永远在路上。

综观永和路幼儿园"快乐远足"活动的二次生长可以发现，寻找证据、多元评价和持续改进是其中非常关键的操作点。从"快乐远足"活动1.0版到3.0版，多次突破，体现了教师观察、评价指标分析、幼儿自我评价以及家长评价的有机结合，也在优化的过程中逐步形成了"课程与评价"互证互进的循证机制，从而推动园本课程质量持续提升。

## 2. 持续改进的多元评价探索

活动评价是活动组织和开展的重要环节，有效的活动评价能够使活动收到事半功倍的效果。如何基于循证实践的思路，通过持续的循环改进，提升评价工具的质量和效用，是非常值得研究的课题。下面以一师附小为例，看看他们是如何开展基于循证的评价改进的。

**案例8-4：促进儿童个性发展的音乐评价三次改进**[①]

一师附小音乐组从学生学情出发，针对学生学情，重点关注学生对音乐的兴趣，制定出多元化的歌唱评价表，给予每位学生"音乐小档案袋"，记录该学生本学期的歌唱水平发展。每个单元设置一张歌唱评价表，每位同学的"音乐小档案"学期结束时会有五张歌唱评价表。档案袋内的歌唱评价表涉及歌唱、表现、参与三个维度，综合评价学生的歌唱水平，并且在每一个单元结束时设置"艺术小舞台"，给予所有学生展示平台，教师对学生的多个维度进行评价，并将评价表装入每位学生的"音乐小档案"。

在实施歌唱评价表1.0版后，教师能够更加充分全面地了解学生的学习状况、学习需求、个性差异，从而进行有针对性的提升学生歌唱水平的教学。然而评价表1.0版中，评价主体为教师，评价方式单一，不能全面评价学生的歌唱水平。于是，项目组在1.0版本的基础上，充分发挥学生的参与作用，让学生每次评价寻找三位歌迷，歌迷可以包括自我、同学、老师、家长，设计了歌唱评价表2.0版。

评价表2.0版运行后，显著提高了各年段学生的歌唱水平，提高了学生主体参与评价的积极性。组内教师根据汇总评价数据，结合本校艺术特长社团的实际情况，将评价表进一步个性化，设计了个性化的歌唱评价表3.0版，如"百灵鸟"歌唱评价表（适用合唱社团）、"弹唱小达人"（适用尤克里里社团），给予每位孩子个性化的指导与提高。

一师附小歌唱评价单从1.0基础版、2.0互动版到3.0个性版，通过基于证据的三次改进与完善，评价形式、评价主体、评价内容都不断优化，不仅增强了

---

[①] 本案例由上海市第一师范学校附属小学提供，执笔人：黄帅。

学生的歌唱水平,也提高了学生的兴趣度和参与度,同时增强了学生的审美判断能力和综合音乐素质,从而引导学生在更大的艺术舞台表现自我。

四、指向学生自主发展的循证探索

1. 社会实践活动的设计实施

越来越多的教育工作者已经关注到社会实践活动在培养学生核心素养中的关键作用。如何在实践中不断优化相关的具体行动方案,是许多教研团队研修的重要任务,例如,风华初级中学教研组基于循证改进的思想,对教材中的社会实践活动进行了多轮的改进与实施。

案例8-5:《道德与法治》教材中社会实践活动的多轮改进[1]

**一、依据教材的自然单元,开展单元活动第一轮实施**

在最开始的阶段,我们依据教材的自然单元,开展单元活动的编制。我们先梳理了六年级整册的教材,发现学生活动主要存在于"运用你的经验""探究与分享""方法与技能""阅读感悟""相关链接""拓展空间"六个栏目中。

在这个过程中,我们认识到教材中的活动并不单是作为正文观点的论证、阐释或解读,而同样承担着具有主体性特征的核心知识习得的功能,教材编写时必定充分考虑到了对核心知识的分类以及对生活经验线索的梳理。教师应首先充分理解、把握活动的特定功能与思想意图,思考这些功能与意图如何在教学互动中得以实现。

深入理解教材实践活动设计意图,还有助于教师更加合理有效地选择单元活动的形式,体现目标、内容、过程、评价的一致性。如"运用你的经验""相关链接""阅读感悟"更加适合通过演奏、游戏、小品等方式培养学生的综合表达能力;"探究与分享""方法与技能"更加适合通过实地走访、现场观察等方式开展资料搜集与调查研究,或者通过辩论、演讲进行交流探讨;"拓展空间"更加适合用小报、PPT制作等呈现学生学习成果。

**二、依据教材自然单元遴选核心活动,开展单元活动第二轮实施**

经历了上述第一个阶段之后,虽然我们对教材主旨有了更加深入的把握,但这不意味着教师只需要按图索骥,照着教材按部就班的实施就可以了,还是

---

[1] 本案例由上海市风华初级中学提供,执笔人:金雷。

需要主动地根据学校和学生的实际情况开展校本化的单元活动设计。

于是我们依据教材中的自然单元,对零散的各种活动进行遴选和充分的整合,开展了第二轮的《道德与法治》(人教社)六年级单元活动编制。我们依据《道德与法治》课程标准中提到的要注重生活经验和社会实践的联系,作为遴选活动的主要标准。

**三、依据课标模块整合设计单元活动,开展单元活动第三轮编制**

在前一阶段的研究中,我们深化了对课程标准的理解。同时我们也发现教材总是在不停的修改,如果从课程模块出发,可以保持内容的相对稳定。

于是我们将单元活动按照学生的生活场景如家庭、学校、社会进行重新整合和梳理。如在设计家谱的时候,既让学生能学到调查采访的方法,也让学生学到文明礼仪等方面的知识。

通过上述三轮循证研究,我们认识到:

1. 单元活动的循证研究,能够持续帮助老师提升把握教材内容主旨的能力,可以更好地开展情境教学,引导学生主动思考、积极提问、自主探究。

2. 循证研究中的证据来源可以是课程标准、教材,也可以是教师的教学经验、学校的龙头课题,以及市教研室相关教学研究的成果。

3. 每轮研究的改动必须依循证据,避免仅凭教师的个人喜好随意地更换活动设计。

风华初级中学的案例告诉我们,要充分理解教材实践活动设计意图,搜集和运用多元证据,主动地根据学校和学生的实际情况开展校本化的社会实践活动设计,并在此过程中不断优化方案。

**2. 注重循证的特色课程优化**

静安区彭浦实验幼儿园基于幼儿园美育课程研究实际,以支持和促进幼儿发展为根本的价值导向,构建了艺术特色活动日课程模式。为了促进课程不断优化,幼儿园基于循证的思想,在教育反思行动中,从幼儿的现实水平和兴趣需要出发,注重生活化、游戏化,不断完善活动的策略或方法。

**案例 8-6:基于循证三部曲,奏响"个性化教育"和弦**①

如何优化实施"艺术小当家"活动,使其成为满足幼儿需求,凸显幼儿个性化发展的艺术特色活动,是我们在研究与实践的过程中亟待解决的问题。优化活动的策略或方法不是一次就能形成的,需要有多次往复的循环论证,如下图所示:

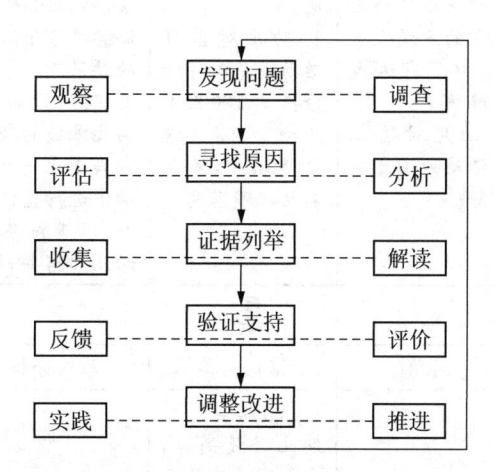

```
观察 ----> 发现问题 ----> 调查
                ↓
评估 ----> 寻找原因 ----> 分析
                ↓
收集 ----> 证据列举 ----> 解读
                ↓
反馈 ----> 验证支持 ----> 评价
                ↓
实践 ----> 调整改进 ----> 推进
```

以"西游记"主题游戏为例,我们进行了三次反思调整,如下图所示:

| 玩法与过程 | 问题 | 证据列举 | 原因分析 | 反思调整 |
| --- | --- | --- | --- | --- |
| 1. 幼儿欣赏绘本故事《三打白骨精》及《西游记》故事片。<br>2. 引导幼儿介绍自己感兴趣的《西游记》故事或人物。<br>3. 让幼儿尝试扮演唐僧念紧箍咒的场景。<br>4. 最终选出一个最受欢迎的《西游记》片段作为之后幼儿扮演的主要内容。 | 1. 教师全程带领多,幼儿自主少。<br>2. 部分幼儿兴趣浓厚,但参与面不广。 | 1. 故事绘本、片段都是教师选择和提供的,并没有经过共同讨论。幼儿扮演唐僧念紧箍咒的场景也是由教师指定的。<br>2. 报名参加《西游记》主题游戏的幼儿共14名,在尝试自主扮演时,有5名幼儿没有参与,只是坐在一边观看。 | 1. 教师对活动预设多,给予幼儿自主讨论、选择、安排的空间少。<br>2. 幼儿对游戏的兴趣点不同,例如有的幼儿擅长表达表现,有的幼儿则擅长手工制作。 | 给予幼儿更多的自主空间,教师和幼儿共同讨论游戏所需要的资源、内容的安排、开展的形式等,引导幼儿分工、合作。 |

↓

---

① 本案例由上海市静安区彭浦实验幼儿园提供,执笔人:樊静。

| 玩法与过程 | 问题 | 证据列举 | 原因分析 | 反思调整 |
|---|---|---|---|---|
| 1. 教师带领幼儿共同讨论：《西游记》游戏准备怎么玩？需要老师帮助什么？<br>2. 采用让幼儿投票的方式来决定。 | 1. 幼儿关于西游记主题游戏的想法五花八门，教师采用让幼儿投票的方式来决定，但没有达成最终统一。<br>2. 幼儿对第二次活动的满意率下降。 | 1. 幼儿的表达和记录中所呈现的想法各不相同。<br>2. 幼儿对当日活动满意率评价分值从100%下降至57.2%。这次活动中，有6名幼儿不满意。 | 1. 幼儿对少数服从多数的决定并非100%认同，有的幼儿还是坚持自己的想法，所以出现了满意率分值下降的结果。<br>2. 教师没有将幼儿零散的经验和兴趣在一个活动中进行整合提升，以满足不同幼儿的需要。 | 肯定幼儿对于《西游记》游戏中表演、建构、绘画不同玩法的想法，并对幼儿提出建议将想法整合在一个主题游戏中，分工合作。 |

↓

| 玩法与过程 | 问题 | 证据列举 | 原因分析 | 反思调整 |
|---|---|---|---|---|
| 1. 采用《西游记》招聘会的方式，让幼儿展示特长与兴趣，自主选择想要承担的任务。<br>2. 鼓励幼儿按照分工进行游戏。 | 1. "招聘会"深受幼儿喜欢。能否在其他游戏中推广？<br>2. 场地、材料局限。 | 1. "招聘会"上，幼儿兴致高昂，向大家——展示自己的本领。有的来应聘做演员，有的来应聘做服装道具制作师，有的来应聘做摄影师。"招聘会"后，幼儿根据自己应聘的内容，自然分组。其中，表演组有6名。<br>2. 幼儿根据分工商量游戏计划。<br>表演组：设计剧本、分配角色、排练表演。<br>服装道具组：收集音乐等材料、设计道具服装。<br>摄影组：绘制剧本、现场摄影。 | 1. 第一次尝试"招聘会"，但形式新颖，又能让每位幼儿都有充分表现自己的机会。<br>2. 幼儿又根据现场商量的计划，提出了新的材料。 | 1. 家园协作，通过多种途径，让幼儿进一步熟悉《西游记》。<br>2. 拓展场地和材料。 |

从上述案例中可以看到，教师不断为儿童创设丰富的活动环境，让儿童通

过自身的活动与环境进行充分的交互作用,用自己擅长的方式表达对世界的认识。与此同时,通过举证幼儿参与活动的行为表现,教师提出了自己在活动开展过程中积累到的、行之有效的教学方法和举措,把多种研究证据纳入实践视野,并进行多次完善。教师通过对这些证据分析和反思,能够快速寻找到问题并及时调整教学策略。

## 第三节 基于试点校的合作研究

教师循证实践的行动推进,除了区域研修的完善和专题行动的引领之外,还有非常重要的一个方面,那就是不断加强区校之间的合作并在学校展开深度实施。基于试点校的合作研究表明,教师循证实践的行动推进有赖于相关主体的共同参与,只有深入学校教育内部,合力探寻才能取得突破。

一、关于核心环节的合作共研

1. 从示范实验到普遍推广

为验证循证实践模型的实际效用,2020 年初,我们开始在大宁国际小学进行合作研究。学校安排了六个循证实践小组先行参与实验,并尝试制定循证实践方案。在相关小组完成方案的初步设计后,教育学院项目组与学校又进行了多次研讨,并对前端证据的表达不断进行调整完善,引导教师结合自身教学实践对循证核心要点进行内化和再创造。随着对循证实践价值认识的深入,为促进学校相关工作的优化与提升,大宁国际小学经讨论后决定在校内进一步扩大循证实践的试点范围。基于双方的共识,项目组与大宁国际小学就循证实践共同举行了更大规模的专题培训。

**专栏 8-1**

**循证实践在试点学校的深度开展**

作为"十三五"重大课题"深化教育个性化:发达城区提升学生核心素养的实践性循证研究"的子课题承担学校,为了更好地促进实践性循证在一线教育教学中的落地生根,切实提升教师的循证研究能力,2020 年 6 月 18 日下午,上海市大宁国际小学举行了"聚焦循证实践,助力合作共研"的校本研修培训活动。学校邀请静安区教育学院科研室王俊山主任及各学段的科研员与学校各科教研组长、科研小助手 60 余人共同开展深度研讨。

当天的活动分成两个环节。第一环节是分组研讨，围绕学校"为全球胜任力奠基"的龙头课题，王俊山主任，小学段科研员居宁老师、邓敏老师、盛影莹老师作为研修共同体成员分别深入学校的6个试点项目组，分别就"小学校园非正式学习时空的内容优化和运作创新研究""培养学生创新实践能力的实验""大观念引领下单元任务链的设计与实施研究""指向深度学习的英语学科思维导图的设计与运用研究""口语交际课程中基于话题模块的情景式学习研究"以及"在小学中高年级图形与几何教学中提升学生空间观念的学习支架"等课题推进对教师们进行针对性极强的指导。第二环节是专题讲座，由居宁老师主持。她用激情澎湃且不乏幽默的话语，简要地阐述了实践性循证的意义和价值。

随后，邓敏老师根据6个项目组的共性问题，针对教师循证实践的方案设计、实践推进中的操作要点等进行了实务培训，深入浅出的阐述让教师豁然开朗。

最后，王俊山主任再次明确了实践性循证在教育教学研究中的重要地位，强调了其核心要义是基于证据的持续改进。此外，王主任更是强调，实践性循证的落地必须体现出整合性、开放性、创新性、持续性和非功利性等五个方面。

### 2. 从深度研讨到精细指导

在完成第一阶段的循证实践方案培训学习之后，大宁国际小学项目组根据循证实践方案进行了初步设计。对于各项目组提交的第一稿方案，教育学院课题组与学校开展了深入的研讨，并针对方案的修改、完善进行了精细的指导。在此基础上，课题组又和学校就循证实践工作单的试用情况进行了讨论，指导学校教师加以填写，并在此基础上不断调整和完善。同时，项目组成员在此过程中超越了个人的反思、实践，转向了教师之间的相互学习，在彼此信任和交流分享中实现了共同成长。

**专栏 8-2**

**循证实践工作单的研发与应用**

2021年1月20日上午，静安区教育学院科研室主任王俊山，区小学段科研员居宁、邓敏、盛影莹老师莅临我校，对如何依托循证实践工作单开展过程性证据的收集、记录和整理做专题指导。学校德育、语文、数学、英语、大科学和道德与法治六个学科的循证研究小组核心成员参与了此次培训活动。

> 整个活动采取分组指导与集中培训相结合的形式。在分组指导的过程中，循证研究小组分成三组，围绕循证问题的确立、前端证据的收集、核心举措的确立与实施、过程性证据及收集工具等和专家进行了深入的探讨。
>
> 各小组扎实的研究过程、积极的研究热情得到了各位专家的高度肯定，同时，专家对教师们后续更好地收集证据，依据证据来改进教育教学实践行为，提供了方向上和技术上的支持。老师们纷纷表示，循证实践工作单是帮助教师更好地厘清研究路径的支架，以此为依托，能够促进自己在研究中不断自省、反思，边研究边总结。

3. 从阶段总结到联动分享

在试点先行、有序推进的基础上，我们以同伴观摩、经验分享、现场互动等形式，逐步提高教师参与循证实践的覆盖率和受益面。2021年5月27日下午，由上海市"双名工程"科研高峰联盟和静安区教育局科研室联合举办的"双名工程"科研高峰联盟——静安站活动在上海市大宁国际小学举行。静安区教育局中教科长，上海市科研高峰联盟成员，静安区科研室全体成员，静安区8所循证实践试点学校的校（园）长、科研负责人等共同参与了本次活动。

王俊山主任首先做了《教师循证实践：现状调查与路径优化》的主题报告，他从教师循证实践推进的背景、现状调查、循证实践路径的优化、思考及展望等方面详细介绍了静安区"十三五"期间推进实践性循证研究范式的实践与思考。随后，大宁国际小学的朱建飞副校长和英语学科周嘉蓓老师分别从学校和学科两个领域的具体研究和探索实践做了案例分享。

### 案例8-7：循证实践：让教育研究的每一步都可见[①]

尽管对学校来说，什么是循证实践，如何开展循证实践，本身就是一个需要循证实践的大课题，但我们相信，问题需求多想一点、方案设计更人性化一点，教师行动的动力才会更强一点。

从循证实践来说，区项目组提供了循证实践的基本模型，我们围绕教师循证实践的痛点、难点和痒点，进行了整体布局和设计。

---

① 本案例由上海市大宁国际小学提供，执笔人：朱建飞。

**行动一：构建多维的循证实践研究团队。**

为充分保障循证实践的长效发展，我们从学术优先、多元结构、互助融通的角度对研究团队做了细化与安排。

第一步，成立6个循证小组。分别是语文、数学、英语、道德与法治、科学与技术5个学科循证小组，以及德育实践活动循证小组。循证小组组长由学科分管人领衔，小组组员由组长和青年教师组成。

第二步，为循证小组提供智力扶持。对内，成立"科研小助手"团队，每个循证小组内部设立1—3个科研小助手，一般由研究生学历或者比较优秀的青年教师来担任。他们协助小组组长做好组内循证实践方案循证与设计、工具研发与实施、证据整理与分析等工作。同时，科研小助手定期参与学校各类循证实践培训。对外，与区科研室建立深度研修伙伴关系。每位小学科研员具体结对2个循证小组，全方位参与循证小组的方案设计、实施与指导。

第三步，成立校级循证小组。由校长、科研分管副校长、教学分管副校长、科研分管主任和2位校级科研小助手组成，主要做好学校循证实践的总体设计、组织、管理、服务、培训与保障等，并做好循证实践小组的蹲点、互动、支持与服务等工作。

**行动二：制定可操作可实践的循证方案。**

作为循证实践的起始阶段，我们将循证方案的制定与循证实践的培训紧密结合起来。

首先，研制工具，启动设计。循证方案主要围绕背景要素和工作要素两个部分思考，强调基于证据。

其次，互动研讨，精细指导。结合循证方案表格，基于证据，学校联动区科研室，多轮互动，具体指导。

第三，多轮修订，确立方案。在多轮互动下，6个循证小组聚焦学生学科关键素养和素养培育的关键教学策略，结合当下学科研究的重点，确立循证实践的研究课题。

**行动三：推进循证实践进入行动的深水区。**

从设计走向行动就进入研究探索的深水区。这个部分直至今天，我们依然感觉进步不甚明显，关键难点在于指向策略效应值的证据存在太多不确定因素。对我们来说，任何的尝试都是一个摸着石头过河的过程。从学校已有实践来说，主要从规范外部管理与激活内驱潜能两个角度来对循证研究提供支持。

从规范外部管理来说,我们联动区科研室,为循证小组研制了三轮循证反思的过程性记录表。设计表格只是规范外部管理的开始,是否适合指导教师进行证据的收集和分析,是否能够为循证实践的阶段推进与小结提供充分的反思逻辑等,这些依然需要实践证据来验证,但这对于过程管理的第一步,是尤为重要的。

从激活内驱潜能来说,我们鼓励各循证小组在借鉴循证工具的同时,可以针对性地自制循证工具,发挥教师教学设计与实践经验的优势。

通过这一阶段的探索,我们看到循证小组能够借鉴同课异构尝试实验组与对照组的设计,敢于研制针对学生水平测试的命题,能够研发具有学科特色的对比设计表格,能主动加强课堂观察、问卷、访谈等多种证据的组合分析,等等。虽然大多是基于课例或者案例的尝试,但是确实从意识和行动上,我们看到了教师们在研究上的主动性、积极性。

从认识到行动,每一步操作化设计都很重要,也是使研究落地的关键所在。上述案例结合教师循证实践的痛点和难点,从组织规划、方案设计、行动推进三个角度,向我们展示了大宁国际小学作为试点先行校在推动循证实践过程中的决心和智慧,以及区校联动的良好成效。正如科研高峰联盟主持人朱连云老师所言,静安的循证实践符合当下科研改革的方向,是在建构教师循证实践的科学范式,而且是扎根于教师的实践—行动—反思—改进中的看得见变化的研究范式。

**案例8-8:英语学科组探索循证实践的历程与发展**[①]

从循证实践路径的三个阶段来说,我们英语学科的循证实践进度已经从循证方案的制定逐步走向循证方案的实施。

### 第一阶段:方案制定
**问题一:如何有效收集和整理前端证据。**

循证实践进一步凸显了前端证据对方案制定的重要意义。教育学院研发团队将前端证据分成了政策标准类、学术理论类、实践经验类、现状基础类四个类别,而证据类别不同,证据收集的方式也各有差异。

---

① 本案例由上海市大宁国际小学提供,执笔人:周嘉蓓。

我们英语循证小组一共有20位组员,我们根据前端证据收集的要求,对照教师的特长,将循证小组分为理论组、经验组和调研组开展前端证据的搜集。搜集到的证据,小组内进行共享,并进行集体的前端证据分类和整理。

通过前端证据的梳理和分析,我们不仅提炼了小学阶段常用的八大类思维导图,还进一步建立思维导图与学生深度学习的意义关联,具体表现在:

(1)借助语言和图形支架主动获取、梳理、概括、整合信息,获取基于主题的新知识结构。

(2)借助思维导图丰富的学习和实践活动信息,将习得内容内化为个人的认知和能力。

(3)能在新的语境中借助思维导图主动构建意义,表达情感和态度,表现出更完整的认知结构,更得体的语言运用,更高阶的思维层次,更明确的价值取向和行动选择。

由此,更好地促进了英语学科核心素养要求的语言能力、文化意识、思维品质和学习能力的共同发展。

**问题二:如何优化循证方案。**

在指导专家、区科研室邓敏老师的深度指导下,我们的循证方案前后经历了三次重要的调整。

第一次调整:精准定位。对低中高年级学生思维导图的使用现状进行分析,跳脱仅在故事教学中运用思维导图的局限,指向不同课型的思维导图的设计;从单课时的思维导图逐步指向基于单元学习主题的不同功能思维导图的设计与实施,同时进一步聚焦运用思维导图促进深度学习的教学活动设计与有效教学策略研究。

第二次调整:明细目标。在专家的引领下,团队成员多次集体头脑风暴,最终确立实践目标,即通过研究,构建学校英语学科思维导图设计运用的分级目标以及内容序列,探索形成运用思维导图促进学生深度学习的操作性策略与路径,从而提高学生英语学习效率,提升英语学习兴趣,落实学科素养培育。

第三次调整:细化分年级任务。在整体循证方案的设计基础上,我们又进一步协助每个年级的学科教研组拟定循证研究的子课题及关键任务,推动循证实践从循证小组向整个英语学科团队扩展,让每位教师都成为教学实践的参与者,循证研究的亲历者。

**第二阶段：方案实施**

方案实施过程中,我们的研究视角从关注教师的如何教到关注学生的如何学的转变。

教师视角:不同文本类型及适配思维导图研究。

首先,我们依据教材内容以及以往循证研究的课例基础,将《牛津英语》1—5年级文本类型进行了全面梳理,初步归类出三类文本题材,分别是人物介绍类、故事复述类和观点表达类。

其次,根据典型课例,结合思维导图进行多轮教学实践与循证研究。

第三,根据阶段性的证据分析得出初步的结论,或发现新的需求。

通过一个阶段的研究实践,我们逐步梳理并总结了与不同文本类型相适配的思维导图的基本类型。如人物介绍类文本——树状图、气泡图;故事复述类——流程图(多流程图);观点表达类——括号图。

学生视角:促进学生深度学习的有效策略研究。

在第一轮循证实践过程中,我们观察课堂学生的思维表达,发现他们虽然借助思维导图,但依然存在表达逻辑不清、顺序混乱等普遍问题。比如介绍人物时容易句序颠倒,故事复述的过程中信息遗漏等。因此,我们进行第二轮循证尝试优化和改造思维导图,以支持学生的语言表达,发展学生的逻辑思维能力。

基于思维导图的基本模型,从学生语言表达和思维逻辑性出发,我们通过思维导图+编号箭头、思维导图+关键提示语、思维导图+故事元素等方式,从一定程度上为学生的语言表达提供了更为合适的学习支架。

在上述案例中,周嘉蓓老师围绕"指向学生深度学习的英语学科思维导图的设计与实施研究"这一话题,从方案设计到方案实施的过程,介绍了学校英语循证小组如何在区科研室专家引领下,从前端证据的收集与分析起步,分工合作,实践探究,从而推动学科循证实践的有序开展。周老师的交流分享体现出了样例示范中的方法引领和思路引领,为循证实践试点校带来了很好的启发和借鉴。

二、关于方案验证的推广应用

1. 学段推进与试点突破相结合

为了使循证实践在教育教学工作中的实施和检验更有深度和代表性,教育学院项目组在高中、初中、小学、幼儿园四个学段分别确定了两所试点学校,通过以点带面的方式加以推进。在与试点学校进行初步讨论之后,我们在每个试点学校开展了关于循证实践的第一轮培训,学校也根据自身实际情况,确定了参与试点的具体人员。多样化的培训,营造了平等和谐的研究氛围,实现了共进共赢的良好态势。

> **专栏 8-3**
>
> 在久隆模范中学的系列研讨
>
> 2020 年 9 月 18 日,静安区教育学院科研室王俊山主任、杜兴义副主任莅临上海市久隆模范中学指导学校教科研工作。王俊山主任"送教上门",面向学校部分青年教师,做了"教师循证实践的基本认识与操作要点"专题指导讲座。
>
> 在王俊山主任的带领下,老师们在具体的循证实践案例的解读中,了解了循证实践研究的目的、过程与实践方法,这为老师们后续开展循证实践研究奠定了良好的基础。
>
> 2020 年 11 月 5 日,我校举行了"教师循证实践"校本研修活动,这是区循证实践专题指导的后续活动。区级青年课题的负责人、学校课题的部分参与者到会参加研修。
>
> 此次活动以"循证研究"案例详解为重点。毛东海副校长率先垂范,将循证研究方案设计与自己的市级课题相结合,形成《化学课堂"有效共识"异地移植运行机制与工作策略的循证实践》方案,并向与会老师详细介绍方案的设计思路与过程。
>
> 此次研修,为教师的循证实践研究提供了样例与参考。通过研修,与会教师们在案例学习中对循证研究及其方案设计有了更为深入的认识与理解,也为后续自己的课题设计、课题研究以及学校课题研究的开展奠定了扎实的基础。

2. 引导渗透与关注需求相结合

谁来开展、为何开展、怎样开展始终是教师循证实践推进过程中的三个关键要素。在开展循证专题培训和研讨的过程中,我们以合作伙伴的角色,结合学校的特色特点和发展需求,帮助教师掌握前沿的科学研究方法与范式,促进科研实践的不断创新与探索。

> **专栏 8-4**
>
> 在南阳实验幼儿园的培训
>
> 教育循证实践是一种基于证据的循环性改进历程,是"十三五"区域重大课题"深化教育个性化:发达城区提升学生核心素养的实践性循证研究"的重要研究成果,是区域教育反思专项行动的升级版。为了促进幼儿教师的研究更扎实、更专业、更科学,本着"整合""开放""持续""创新"的思路,2020 年 6 月 30 日,静安区教育学院科研室走进"教师循证实践研究基地园"——上海市静安区南阳实验幼儿园,以"教师循证实践的基本认识与操作要点"为题进行教师培训活动。王俊山主任、夏小红副主任与幼儿园四十多位教师进行了面对面的交流,为幼儿园的实践性循证研究拉开序幕。
>
> 首先,夏小红副主任从基本认识和操作要点两方面进行阐述,她用文献分析结合现状调查,清晰说明了实践性循证的意义和价值,并针对教师循证实践的方案设计、实践推进中的操作要点等做了务实培训,使教师们初步了解了"教育循证实践"。
>
> 随后,王俊山主任与老师们进行现场互动交流,就教育循证实践与区域教育反思专项行动,幼儿园统领课题研究、研修,教研组专题研究及教师课题研究之间的关系进行了说明,希望"一案多用",为提高幼儿园各项研究的质量提供支架。
>
> 最后,李文静园长谈培训感想:这样的培训为我们幼儿园的研究指明了方向,对于实践有具体的操作说明,方便一线教师去尝试、去操作。我们将在区科研室的引领下,以合作共研为实践支架,以遵循证据实践改进为目标的行动路径,在推动教师循证实践研究能力的同时提供具有幼儿园特点的研究成果。

3. 问题挑战与支持服务相结合

随着方案验证的不断深入,教师对循证实践的学习思考和实践感悟在不断丰厚,同时也遇到了各种问题和挑战,包括如何区分循证研究和行动研究、如何制定循证方案、如何提高证据的有效性,等等。尽管教师们大都具备良好的教育专业背景和较高的学历,但仅仅依靠教师自身能力还不足以解决这些困惑。为了更好地落实这项工作,试点学校成立了循证研究项目组,主要由行政班子、教研组长、年级组长以及青年骨干组成。而在循证实践推广应用的整个过程中,区域层面也及时提供了切合学校、教师需要的支持和服务,在互联互通、分享交流中实现协同发展。

---

**专栏 8-5**

**学校在循证实践过程中的困惑及需求举例**

在循证研究的路径上,是否能以区里的循证研究范式来进行校本化的实践研究?包括撰写循证方案的格式、内容等。

循证的次数一般要几次?

循证研究和行动研究的区别在哪里?在做的过程中,要注意哪些方面以区分这两种研究方式?希望得到专家的进一步指导。

如何筛选证据,提高证据的有效性,以及如何利用证据说明研究的成效,希望得到更专业的指导。

希望在做循证相关课题研究的时候能够得到区科研室的跟踪指导。

---

针对上述困惑与需求,区科研室深入试点校进行了多次的现场指导。在答疑解惑的过程中,教师学习掌握了循证研究的基本路径,对于证据的收集、循证方案撰写的要求等方面有了更多的了解,对循证的意义和价值也有了更好的理解。在实践中,教师通过上课、讨论、反思等方式对循证方法不断落实。基于证据研究,从静态方案文本逐步转向动态持续更新,并在实践操作的基础上形成了对各类课程研究的若干高质量实证案例。

---

**专栏 8-6**

**基于循证实践试点校推进工作的访谈**

● 运作基础

因为学校有一个大课题的背景做支撑,我们每一个学科其实本来都有一些研究的点和方向,只不过在这个基础上再融入循证实践的研究方法。所以我们在整个运作当中,是有一定的信心的。

● 团队架构

在推进过程中,是从区级科研室这个团队到学校团队的,像我们学校实际上是从一个行政管理团队到学科团队,而学科团队都是由课程中心的主任来牵头的,这样就确保了我们从培训到指导的力度是够的。

我们把青年教师,特别是有研究基础的青年教师,逐渐纳入到循证实践研究的培训轨道上来。从整个团队的组建到推进过程当中也看得出来，他们发挥了比较充分的力量。

● 实践反思

在推进过程中，因为涉及不同的学科，他们之间的推进的进度确确实实是有一些差异的，导致差异的一个原因可能是课题本身的抓手。

大家对前端证据是做得最充分的，但是到了后效证据的时候，怎么去收集证据，证据和要解决的问题之间的关联性、可解释性和科学性，其实老师们是有疑虑的。

如果我们要使循证实践再进一步优化和推进的时候，怎么去确立证据，怎么去制定或者说研发循证工具，怎么去提高证据结果分析的科学性和可解释性，需要做进一步的实践性培训。

由此可见，循证实践作为一种前沿的范式，有它的独特性和挑战性。在教师循证实践的行动推进过程中，每一步要解决的问题都不一样。从理论架构到行动落实，从团队组织到机制保障，从方案设计到工具研发，每前进一步都是一个新的挑战。而在这个过程当中，如何进一步深化培训并检验实践效果是迫在眉睫的关键任务。

# 第九章 教师循证实践的支持提升

中小学教师的循证实践要在更大范围推进,需要得到多方面的支持,这个支持系统的构建不是静止的,而是一个不断优化的动态过程,包括指向教师循证实践的指导完善、培训实施及机制建设。首先,完善指向教师循证实践的指导。其次,实施指向教师循证实践的培训。第三,建设指向教师循证实践的机制。

教师循证实践的大范围实施,研发团队提供专业的工具仅是前提和基础性的工作,后续比较关键的是提供有关的支持,包括资源、平台、政策等。对教师循证实践支持的不足,会直接影响教师循证实践的能力提升,影响教育活动的效果。而这些支持需要从指导、培训、制度等多个领域及行政、业务及学校多方主体安排完成。

## 第一节 指向教师循证实践的指导完善

循证实践即"遵循证据进行实践"。[①]教师的循证实践是教师将自身所具有的专业知识、在教育活动中所获得的经验证据与教学实际情况相结合的过程,这种关联性在日积月累的教育教学实践过程中会逐步形成具有指导性的支持证据,引导教师实现教育价值。基于此,中小学教师的循证实践应该得到区域专业力量的指导,并在实践过程中得以提升。区域要从促进教师循证实践提升的角度,考量如何在指导内容、指导方式、指导效果上加以完善。

---

① 杨文登.循证实践:一种新的实践形态?[J].自然辩证法研究,2010,26(04):106—110.

一、立足循证实践的个性化问题

1. 问题本身来源于教师的循证实践

教育是对人的工作，教师的工作方式与社会上的其他职业不同。作为教育主体的教师都有其个性特点，作为教育对象的学生既存在着年龄、性别等差异，也有其个性特征，因此，在教师的教育教学过程中遇到的问题也各不相同。循证实践的起点是教师教育教学中遇到的真实问题，问题越清晰、越明确，就越容易聚焦，越有利于有针对性、指向性地加以解决。总体而言，作为对循证实践的推进和支持，从指导完善的角度，问题来源至少要关注三个方面，即来源基于实践、基于教师、基于证据。

首先，问题来源要基于实践。即专业指导者在指导时提出有针对性的问题，应该来源于循证实践中的问题，来源于教育教学的实际工作，而不是来源于学术理论，更不是来源于指导者自己的假想。这需要指导者深入一线，在教育现场感受、观察与分析；需要指导者与教师保持沟通，多聆听他们在教育教学工作中遇到的真实问题；需要指导者分析循证教育实践中形成的相关资料，从中发现和捕捉问题。

其次，问题来源要基于教师。教师在循证实践中遇到什么问题，希望解决什么困难，期待哪些帮助，对这方面了解得越精细，越有利于提供针对性的指导。不同学历、不同发展阶段、不同职称、不同教龄、不同学科的教师在循证实践中遇到的问题都有其个性化特点，针对不同群体教师在循证实践中的问题，加以梳理和分析，才能更好提出指导和解决的对策。

再次，问题来源要基于证据。循证实践的核心是证据，而要精准、有针对性地发现问题，同样需要基于多元证据，而且指向问题的证据还要进行互证，具有一致性。这就需要对循证实践有针对性地开展调研，从问卷、访谈、现场观察、资料分析等多个渠道发现和梳理问题，从而使问题更有典型性、更有迫切性。

2. 问题采撷来源于客观工具

为了推进本区教师循证实践的开展，我们编制了问卷，对全区教师就循证实践的相关方面进行了调研，了解了教师对循证实践的认识、开展循证实践的能力、对开展循证实践价值的看法、开展循证实践的意愿、在循证实践中遇到的困难、在教育教学中对证据的运用以及反思意识与能力等情况。通过调研，我们对不同类型教师在循证实践中的差异、影响因素及可能遇到的问题进行了梳理，基于问题进行针对性的指导。

但这还远远不够，还需要在实践中、在教育教学现场发现问题。为此，我们一方面在高中、初中、小学、幼儿园四个学段分别选择了两所学校，就循证实践的问题进行深度研讨；另一方面，我们也在幼儿园、小学等学段通过进一步的深度研究，从中发现老师在循证实践中的具体问题。当然，我们还希望教研、德研等专业指导者，都能从各自的工作出发，发现教师在循证实践中遇到的问题，然后给予针对性的指导。

专栏 9-1

**教师在循证实践中遇到的问题**

在对学校教师培训和与老师对话的过程中，教师对循证实践提出了多种多样的问题，这些问题反映了教师在面对循证实践时的疑惑，也是在进行指导前和指导时要特别关注的方面。

我怎么样选择到一个适合循证的问题？

我在教学实践中能正常实施这种循证吗？

所定的目标与循证的运用之间有必然联系吗？

要多少前端证据才合适？

怎样就证据进行目标、效果、范围等方面的分析？

证据的使用要符合什么样的规范？

在实践过程中怎么根据证据进行即时的修正？

在循证过程中进行几次循环比较好？

说明效果的证据一定是要数据吗？

怎么提升案例实证的解释力？

所搜集的证据都必须是公开发表的吗？

循证实践的结果报告与一般报告的最大区别是什么？

同一个证据可以在一个循证实践中多交次使用吗？

根据教师所提出的循证实践中遇到的问题，我们在教育反思行动的推进中开设了循证研修班，尝试编制有关的问题解答，既可以解决老师们所遇到的问题，也可以提高辅导的效率。

二、强化基于证据的个别化指导

1. 证据为本的个性化指导思想

教师的循证教学能力影响着循证教学的实现水平，进而影响中小学教学的质量。循证教学称为基于证据的教学,是指教学要以满足学生的学习愿望为教学的出发点和归宿,同时应用当前所能获得的最好的教学研究证据,结合教师个人的专业素养和教学经验以及学生的独特个性与实际情况进行的教学。[1]在教师的循证实践过程中,我们谋求教师的专业智慧与最佳教学研究证据之间的融合,缩短教学理论与实践的鸿沟,从而提高教学的科学性。通过循证实践的过程,使教师的教育教学从纯粹感性经验的积累,到理性证据的搜集、梳理及反思。对教师的指导,我们彰显证据为本的观念,从单纯基于经验到注重基于证据,使指导更具有针对性,指导方式个性化。

2. 证据为本的个别化指导实践

作为专业的指导者,在指导的过程中,要基于证据的搜集、分析和判断,并根据证据拟定相应的指导方案来进行。指导方案的拟定,建立在对相关证据全面分析和把握的基础上,凸显对教师个人特点、现实问题等多方面状况的关照。

静安区教研室在对初中物理教学进行教研指导的过程中,围绕对教学的诊断和改进,采取了"四步三阶"的教研行动,以区域学业质量检测结果切入,基于实证,针对教学真实问题开展行动研究,并在此过程中研究学生学习规律,服务教师专业成长。

**案例 9-1：基于循证的物理教研指导——"四步三阶"模型的教研指导优化**[2]

**一、教研行动的缘由**

课堂、检测、诊断和改进,是教学中相互交融和影响的四个环节。这四个环节是否具有实效,它们之间的循环是否通畅,是提高教学质量的关键,因此教研工作,自然而然会对此进行实践研究,以服务课堂、服务师生。

日常教研对课堂、检测、诊断和改进是不均衡的。教研通常在备教、备学和备考方面有周详的措施和成熟的系统,而对于诊断和改进则往往处于表层处理,不涉及教学的根本。如果将课堂、检测、诊断和改进的教研内容视为一个矩形循环,则按图1所示,教研对循环对角线两个半侧有较大的差异,在诊断和改进方面缺乏相应的主题内容、行动策略和实施路径。

---

[1] 茹秀芳.教师循证教学能力及培养研究[J].教育理论与实践,2016,36(07):58—61.
[2] 本案例由上海市静安区教育学院教研室提供,执笔人:张俊雄。

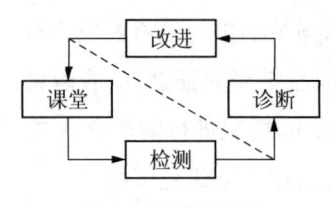

图1 教学四环节

其原因一是应试观念的干扰,教研会不自觉地处于法官审判模式,而课堂则着重题海订正模式;二是实施路径的模糊,缺乏诊断问题的路径,无法保证问题的真实可靠,与此同时,缺乏区域、学校和教师三个不同层面教研联动的路径。

基于以上分析与思考,区域学科团队尝试通过主题教研与项目研究相结合,以循证研究的方式来改变诊断和改进的薄弱现状,达成"课堂、检测、诊断和改进"的链通,并以此推动区域、学校、教师个人教研体系的完备。

## 二、教研行动的机制

### (一)教研流程

"四步三阶"教研行动是指在区域教学检测后,将诊断和改进的教研行动细化为现象提示、问题确立、认识更新和经验形成四个步骤,并通过其间经历的多维互证、同伴共研和循环推进三个研修阶段,与课堂、检测相连通(见图2)。

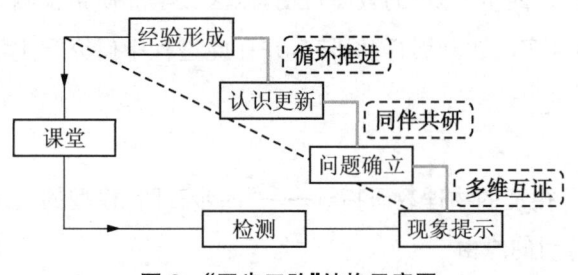

图2 "四步三阶"结构示意图

### (二)运行架构

"四步三阶"运行架构是在指向问题诊断精准性、教学研究科学性、教师专业成长性的教研过程中,通过区域、学校、教师个体三级联动,实现课程目标引导下的教学自省和质量自控(见图3)。

## 三、教研行动的案例

### (一)"四步三阶"的教研行动

#### 1. 多维互证阶段

多维互证是指通过检测数据、日常观察和人员访谈等途径搜集信息,以三角论证方式诊断教学问题(见图4)。

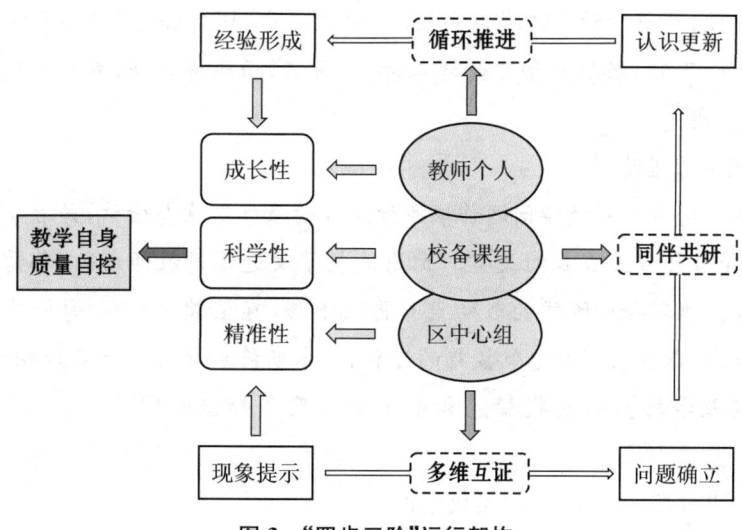

图3 "四步三阶"运行架构

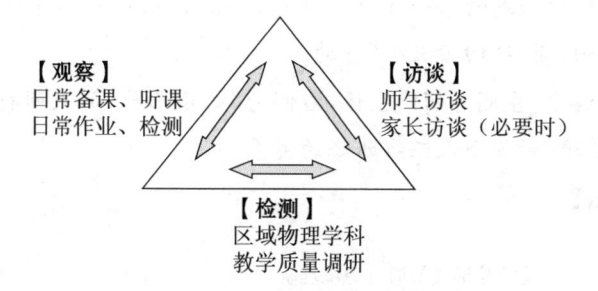

图4 信息搜集来源

【观察】
日常备课、听课
日常作业、检测

【访谈】
师生访谈
家长访谈（必要时）

【检测】
区域物理学科
教学质量调研

教学诊断,仅凭教学检测数据的高低就一锤定音是不可靠的,造成低得分的原因多样,具有偶然性,得分的高低仅是一种现象提示。

多维互证阶段,是教学诊断的阶段,也是教研的选题阶段,通过多维度论证保证了教学诊断的精准性,也保证了教研行动主题的真实可靠,是整个教研行动的方向、结果的前提。本阶段,通常由区域学科教研员、学科带头人以及中心组成员等区域层面学科团队实施,像这样一个过程,更直接地表明教研不是"法官"的判决而是"医生"的诊断。

2. 同伴共研阶段

同伴共研是指通过理论学习、案例分析等对教学问题进行溯源究因。我们认为只有明晰问题存在的原因,才会有教学改进的产生,因此同伴共研是诊断的结果,也是改进的起点,即诊断和改进的链接点。同伴共研阶段是教研主题的深究阶段,教研行动从区域走向校本,此过程中"同伴合作"显得尤为重要和必要。重心下移,教研行动才会得以持续、落实,而同伴合作,教研行动才会得以科学、务实。

3. 循环推进阶段

循环推进是应对教学问题作根源性改进的教学探索与尝试,是教学改进的关键,也是教师专业成长的关键。无论是教学改进还是教师成长,都需不断反思并循环。循环推进阶段的教研重心再次下移,直至教师个人,每一次循环经历集体备课、课堂实践和总结提炼的过程,校本研修和教师个体实践相结合,并以此推进教学的集体实践智慧和个体专业默会知识的增长,最后形成教学经验。

(二)"四步三阶"行动的实践案例

"凸透镜成像的规律"是初中物理教学的重点,也是难点,是大多数初中学生在物理学习中所遇到的第一个学习障碍。现以"凸透镜成像的规律"的教学诊断和改进为例,简述"四步三阶"行动。

在图 5 示例中,左侧为研修主体,右侧为"四步三阶"的教研行动过程,箭头表示了区域、学校、教师个人三级研修的关系。

【现象提示】

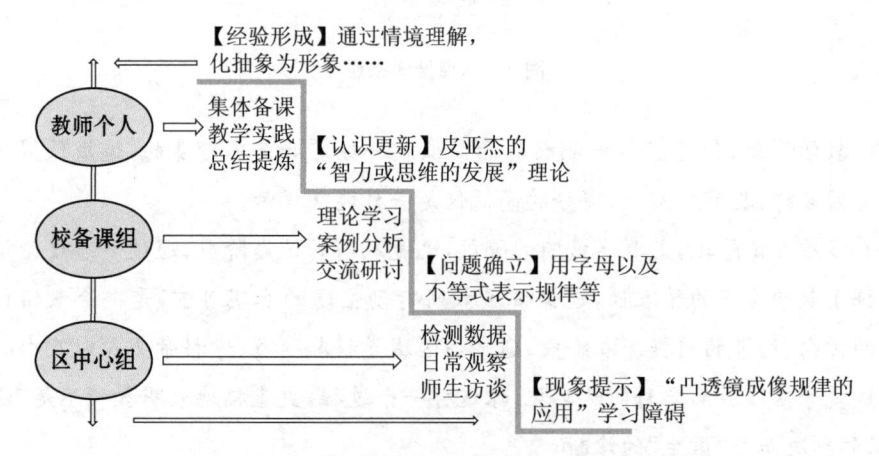

**图 5 以"凸透镜成像的规律"为例的"四步三阶"行动**

多次区域检测数据表明,"凸透镜成像的规律"相关试题得分偏低。

1. 多维互证阶段

关于"凸透镜成像的规律"学习障碍的诊断,有以下几方面。

日常观察的结果:课堂教学中练习杂乱,难度紧跟中考要求;新授课的课时之间逻辑不畅;随堂教学反馈以加强纸笔训练为主;等等。

师生以及部分家长访谈的结果:凸透镜成像规律的内容偏多,不容易记忆;规律用字母表示,如果以文字表示则更长;规律是区间性的,用不等式表示更复杂,部分习题利用不等式解答,增加了难度。

与其他学科教师访谈的结果:在数学、化学的学习中,学生同样表现"用字母表示数"的困难,不同学科、不同年级,均会有不同的表现。

【问题确立】

通过多维互证,形成两个相互关联的教学问题。

问题一:用字母($u$、$v$、$f$)以及不等式来表示规律。

问题二:"凸透镜成像的规律"的获得过程以及巩固练习。

2. 同伴共研阶段

理论学习:皮亚杰的"智力或思维的发展四个阶段"理论;分析国内外最新的物理教育课程理念和标准。

教材研究:比较国内7个不同版本教材的内容,分析国内近几年对"凸透镜成像的规律"教学研究的相关内容。

课例研究:近几年,全国物理教学评选、上海市中青年教师教学评比的相关课例分析;区域各校相关课例的研究。

【更新认识】

理论知识:皮亚杰的"智力或思维的发展四个阶段"理论,"形式运算思维从低到高的秩序深化"。

单元教学:凸透镜成像的规律。

3. 循环推进阶段

认识到问题的原因所在,要改变差距,就必须要寻找相应的教学方法。教师通过课堂实践,探索解决问题的具体方法如下:

对规律形成,尝试探究实验。"凸透镜成像的规律"的形成,在教师指导下,学生通过探究,在亲身经历下获得规律。探究实验中,通过数轴描点、处理数据,形象生动地表达出规律。

对知识的巩固,尝试单元规划。凸透镜成像的规律的巩固应用,根据学生认知进程,分阶段从单元整体规划递进,设置学习缓冲阶段,将部分学习要求延后至第二学期。

对字母理解，尝试动画表达。字母表示物理量是抽象的，如果掌握不好，就很难加以运用。在教学中利用多媒体技术开展教学，通过形象直观的演示，可以把"死板"的物理量"活跃"起来，它可以为学生提供生动的感性材料，将抽象、概括的概念在脑海里具体化，以此引导学生理解，最终达到熟练的效果。

【经验形成】

通过情境理解，化抽象为形象。

通过解构理解，化复杂为简单。

通过变式理解，化形式为本质。

### 四、"四步三阶"行动链的教研价值

诊断和改进是对教学中所存在的真实问题进行实证、反思的过程。在行动中，教研员和教师共同探讨教研的本质属性和教研的根本使命，把握教研规律，让教研更好地服务实践、服务课堂、服务学生。

（一）实现基于问题解决的教研贯通

一是用机制规范教研。有观点认为，诊断和改进是需要管理的，不过这个管理绝不能是行政的职级指挥，而应该是一种教研的机制约束。四步骤、三阶段本身是一种明示流程和规格的教研机制，依靠机制规范可保障教学的诊断和改进，进一步解决教研活动的规范性问题。

二是用问题导向教研。"四步三阶"教研中，前三步"现象提示""问题确立"和"认识更新"，每一步是前期的结果，也是下一步的问题，决定着研究的方向或者内容，而随后相应阶段的研修则是针对问题的解决过程。

三是用行动落实教研。三级教研系统无痕链接，要在实施的过程中强化专业的行动指引，通过项目或专题行动促进教研的深度开展，促进教研方式的转型升级，促进教研实施的重心下移。

（二）提升以校为本的学科课程领导力

我们认为，教师与其被动管理，不如主动教研。"四步三阶"就是主动教研，同样看到由于其发生"专注经验"走向"证据与经验相结合"的转变，教研工作的组织策略和行动方式也随之出现变化。

一是以证据自控教学质量。质量调研到专题形成两步之间有多维互证阶段，实际就是数据到证据的保证。在大规模调研后，听到最多一句话是"用数据说话"。技术时代，数据来得太方便，但是用什么数据、怎样说话是关键。通过

对数据的多维论证,精准分析教情、学情是教学质量调控的起始。

二是以支持推动课程校本。对于学校的课程建设与实施,区域教研发挥着十分关键的作用,通过给予学校专业、深度、全面的支持,可以为学校提供更加坚实的力量,推进学校的课程更加体现校本特点,更能关照和尊重学生的差异。

三是以反思助力教师发展。循环推进阶段是用反思充实教研的过程,是课程指导力和教研团队建设的重要阶段。这一过程中,教师的经验得到传播和分享,教研活动组织者和参与者共同经历从普通到卓越的全过程,进一步凸显教研的价值功能。

### 三、促进教师循证实践意识和能力的全方位提升

1. 重视教师循证意识的培养

张琦提出,循证教育必须由三部分组成,首先要制定循证教育政策,第二是采用循证实践的原则,第三要培养"证据文化"。[①]在这个过程中,教师的循证知识、循证实践意识、循证能力应该同步得到重视,通过指导,获得全方位的提升。我们重视培养教师循证教学能力的策略,创造支持教师循证教学的氛围,增强基于"实践取向"的课程设置(包括校本课程),促进教师从经验教学逐步形成循证教学意识。

2. 促进教师循证能力提升的实践

教师循证能力的提升是在循证实践的过程中得以实现的,循证实践的成效源于证据的可靠性。为了达成教师循证实践能力的全方位提升,我们在全区范围内进行了主题为"教育反思专项行动"的项目实施。此专项行动的目的一方面是推进静安区承担的重大课题,另一方面就是渗透并运用循证实践的思想,在行动过程中不断创建并丰富证据,探索并尝试实践性循证的有效形式和运作机制。在此过程中,全区每位教师都参加到项目活动中,承担着不同的角色,经过多轮反思,提升了自身的循证实践能力。

为了推进行动的顺利开展,我们专门制定了教师指导者工作要点,以充分发挥指导者的支持功能及专业优势。要点以附件形式随文件颁布,在反思行动实施中发挥了积极作用。

---

① 张琦.遵循循证原则 制订教育政策[J].中国教育学刊,2007(07):11—15.

专栏9-2

### "教育反思专项行动"教师指导者工作要点

为了能更好地落实《关于开展"静安区教育反思专项行动"的实施意见》和《"静安区教育反思专项行动"教师操作指南》,特制定"静安区教育反思专项行动"教师指导者工作要点。

**一、教师指导者工作要点及流程**

教师指导者工作要点及流程如下图所示:

---

第一阶段:首轮行动方案设计的指导与反馈(2018.1—2018.9)
1. 解读《关于开展"静安区教育反思专项行动"的实施意见》
2. 细化《"静安区教育反思行动"教师操作指南》
3. 指导教师完成首轮行动方案设计
4. 评估首轮行动方案
5. 反馈首轮行动方案评估意见

⇩

第二阶段:指导与评估第二轮行动方案设计与实施(2018.9—2019.6)
1. 基于第一轮的反馈,指导教师进行第二轮行动方案设计
2. 评估第二轮行动方案
3. 指导与评估第二轮行动方案的实施

⇩

第三阶段:评估第三轮行动方案与反思总结(2019.7—2019.12)
1. 评估第三轮行动方案
2. 评估教师的反思总结
3. 教师指导者撰写教育反思行动分析报告

---

注:本工作要点中的教师指导者指区域中发挥示范引领作用的教师,如特级教师、正高级教师、区学科带头人、教研员、科研员、德研员、研训员等。

教育反思行动既指向教育教学的内容反思,包括基于学科教学的反思和基于自主成长的反思,又指向方法过程的反思,把实践性循证的思想融入其中。在实施过程中,既强调问题的选择、方案的设计要基于证据,也强调实施过程中的证据积累及基于证据的多轮改进。因此,教育反思专项行动,既是指向个性化教育实施中的教学和学生成长的专项行动,也是强调实践性循证方法渗透和应用的专项行动。

## 第二节　指向教师循证实践的培训实施

培训是促进教师专业成长的有力措施。为了提升教师循证实践能力,我们开展了丰富多样的教师循证培训,有区域层面的也有各学校独立进行的,从培训内容的安排、培训方案的设计、培训过程的实施上加以优化。循证取向的"教师教育"教学体现了问题解决与知识能力培养的统一、科学研究与教学实践的统一、教学的价值性和客观性的统一,教学的经验性和开创性的统一,是"教师教育"教学的一种新范式。[1]

张涛等人采用提问—讨论—总结三段式教学法进行了循证研究的培训,选择合适的案例为切入点,运用循证手段和证据来研究问题和解决问题,培养独立思考问题的能力,并充分调动个体的求新和创新意识。[2]这种培训方式的主要特点就是从临床实际问题出发,模拟和组织学习以问题为中心,以学习者为主体,在解决问题的过程中学习和掌握基础理论知识,这不仅符合人类获取知识的自然心理过程,还能有效地激发学习者的学习兴趣,充分调动和发挥学习者的能动性。

### 一、强化循证实践的培训内容渗透

1. 设计循证实践分层培训内容

从教师循证实践的现状及需求出发,遵循教师成长规律,坚持按需供教,学、研、用相结合,突出前瞻性、创造性、针对性、实效性,构建适合教师循证实践需求的培训内容体系。这就要求我们根据教师们的不同需求,从两个方面来加强相关的工作。一方面,在区域的教师培训设计中,开设循证实践的专门课程供教师选修,全面增强教师的循证素养;另一方面,是在某一课程方案的设计中,增强循证实践知识的模块或专题,促进教师的循证素养提升。除了这两种基本形式外,还可以根据学校的需求,送教上门,在学校的校本训练中进行专题培训。

---

[1] 靳伟.循证取向的"教师教育"教学:内涵、价值和实现路径[J].教师教育研究,2021,33(04):1—6,25.

[2] 张涛,黄会云,朱朝阳,陈思羽,卓少元.基于循证医学思维应用PBL教学法提高中医内科研究生科研素质的实践与评价[J].内蒙古中医药,2014,33(01):113—114.

在对教师的培训方面,从区域层面来说,可以开设区级共享课程,由各学校推荐科研骨干参加学习,带着自己的教育科研项目进入培训,边学习、边实践,这样可以在教育实践中用循证的方法将自己的研究落到实处。同时,也可以将自己学到的循证实践理论和操作方法带回自己学校,作为星星之火,进行辐射,带动学校的科研骨干进行尝试。近两年来,我们有学校将循证的方法运用于教育科研方案设计过程中证据的搜集,极大地提高了搜集证据的质量,较好地支持了研究设计,取得了很好的效果。

除了在教育科研课题研究中运用循证实践,教师们还可以在自己的教育教学中运用循证的思想和方法来进行,使自己的教学目标、教学过程以及对学生的评价等都能基于事实证据来进行,在这个过程中教师们会体验到基于证据开展教育教学活动的踏实感和成就感,在践行中活用循证实践。

2. 深入学校进行专题培训

我们在区域层面上安排的关于循证实践的专题培训课程通过实践性循证研修班进行实施。另外,在校长班、青年骨干班等班级上,也安排了与循证实践有关的专题模块,推进循证实践的传播。在学校层面上,我们在试点校进行了专题培训,从背景、内涵、价值等基本认识和模型、方案、报告等操作要点,就循证实践进行了系统讲解。

**专栏 9-3**

**在校本培训中讲解循证实践**

2020年7月7日上午,上海市静安区教育学院科研室主任王俊山老师莅临我校指导,面向我校全体教师进行了主题为"教师循证实践的基本认识与操作要点"的讲座,为我校教师进行循证实践研究提供了思路,指明了方向。

讲座中,王俊山主任主要从循证实践模型、循证实践方案和循证实践报告三方面阐述了循证实践的操作实施。其中,关于循证实践方案,王俊山主任详细阐述了方案的八要素:问题名称、选题分析、实践目标、前端证据、举措要点、过程安排、效果证据和预期成果。全体教师都觉得受益颇深,为日后撰写循证研究方案奠定了基础。

相信在王俊山主任的悉心指导与引领下,我校教师在循证研究方面定能开拓新思路,开辟新局面。(上海市彭浦第四中学)

8月31日中午,市一中学教工开展了"教育循证实践的基本认识与操作要求"专题学习,讲座由静安区教育学院科研室主任王俊山老师主讲,陶凯书记主持活动。王主任主要分析了教师循证实践的基本认识与操作要点,并阐述了有关循证实践模型、循证实践方案要素以及循证实践方案的撰写等内容。同时,王主任还结合我校关于全球胜任力的课题,指出对于全球胜任力研究要注重前端证据的搜集,并讲解了一系列关于前端证据在撰写课题中的经典案例。本次讲座开拓了老师们对于循证研究的新思维,老师们掌握了更全面和科学的研究方法,为探索和推进培养学生全球胜任力的循证实践和实施做好了方法和技术上的准备。(上海市第一中学)

二、凸显证据支持的培训方案设计

1. 基于证据的培训设计

循证实践为教师教育研究和实践的科学化、权威性、高效益指明方向的同时,也提供了实施范式。①循证实践培训本身就应该体现循证的思想,基于证据,在实践中探索多样化的培训模式。培训过程安排适切,培训结果能成为新的证据。对于培训方案的设计,要体现循证的思路,在了解需求、设置内容、确立形式等方面,更加强调基于证据的运作。

为了在全区推进实践性循证研究,我们先开办了实证培训班,针对教师们的困惑组织培训,如实证研究方法有哪些,这些方法的具体使用过程和操作要点是什么,教师如何将实证方法用于自己的教育教学及教育科研中,以及科学地进行评价指标、评价内容的制定等。通过培训,促进了教师实证能力的提升。在此基础上,又组织了高阶培训,开办了实践性循证研修班。通过培训,培养了一批具有初步循证思想,并有一定循证实践能力的研究骨干。

学校层面,通过教育反思专项行动,结合学校自身特点,进行了项目设计,每一位教师都是其中的学习者,同时也是分享者,通过项目组的活动,在亲身体验中实现循证实践能力的提升。

2. 立足解决问题的培训实践

在开展专题培训方案的设计中,我们努力体现基于问题、基于学校、顶层设计、上下互动的思路。在区"十三五"重大课题立项之后,我们启动了第一次研究意向、面临问题、实施建议的征集。

---

① 胡艳,刘佳,赵兰,王红燕.教师教育领域的循证实践:价值与挑战[J].教师教育研究,2020,32(06):1—7.

为了体现循证的要求,并彰显持续深化跟进的特点,我们在第一轮征集问题和实施建议的基础上,进行了第二轮的问题、建议征集,以便在下阶段工作中更好地进行谋划和落实。实施过程中遇到的问题来自不同的学校,不同的行为主体从自己学校的层面出发提出了困惑(详见表9-1)。

表9-1 对课题研究存在的问题或困惑(以内容理解为例)

| | |
|---|---|
| 对于个性化教育内涵的理解 | 对教育个性化的相关理论不了解或者了解不深 |
| | 个别化学习机制的途径、策略等需要进一步厘清 |
| | 个性化教育深化的内涵 |
| 对于循证方法运用的理解 | "循证研究"的基本概念和操作方法 |
| | 实践性循证研究与行动研究的区别 |
| | 案例研究与实践性循证研究的区别 |
| 对于核心素养含义的理解 | 核心素养的领域、维度、具体要求在不同学段的理解和对应程度 |
| | 核心素养与学校课程之间的关系 |

也正是基于对学校存在问题的调研和梳理,为我们组织实证研究方法培训班及实践性循证研修班提供了证据,为方案的设计和实施奠定了良好的基础。

又如,在教育反思行动的推进中,为了更好帮助学校及研修团队把握要点,我们在前期访谈及征求意见的基础上,形成了"基于教育反思行动的校本研修有关问题解答",涉及研修主题确定、团队专题研修的组织与实施、研修的成效及其评价、研修的参与形式、研修的区域支持与保障、研修的学校落实与材料上交六大方面,共计29个问题。在提供问题解答的同时,还深入学校开展教育反思行动的专题培训。

案例9-2:关于教育反思专项行动的问答

为更好推进教育反思行动的实施,教育科研室及有关部门深入学校开展了以"教育反思专项行动问答"为主题的专项培训,培训内容涉及如下:

一、为什么要开展这项行动?

◇ 推进教育实践改善的一个新载体

◇ 促使教师专业提升的一次总动员

| 第一轮 | 多次跨部门研讨 | 讨论稿 |
| 第二轮 | 多次咨询研讨 | 征求意见稿 |
| 第三轮 | 多次讨论完善 | 正式文件 |

## 二、行动方案是如何形成的？

◇ 方案形成本身体现了多方协作

◇ 方案形成过程体现了反思完善

## 三、反思的内容指向是什么？

◇ 结合总课题内容

◇ 结合具体领域

◇ 结合实践问题

## 四、反思在方法上有什么新要求？

◇ 实践性循证的基本内涵

◇ 教育反思行动的方法体现

## 五、这项行动与我们有什么关系？

◇ 反思与我们密切关联

◇ 本次反思的内容指向我们的教育、教学

◇ 本次反思的方法具有前瞻性

◇ 这是一个持续时间长、参与面广的行动

## 六、反思行动的团队研修方案如何设计与实施？

◇ 主题（或问题）名称

◇ 行动目标

◇ 选择主题原因

◇ 研究对象特点

◇ 现有证据分析

◇ 解决方案设计

◇ 研修过程安排

◇ 预期成果描述

专项培训的开展，更好地解决了学校、教师在基于循证的教育反思行动中遇到的问题，也更好地促进了学校实践更加有效、深入的开展，为后续的深化及交流奠定了基础。

## 三、注重基于证据的培训过程动态调整

### 1. 注重证据的培训过程

循证式培训在培训设计、实施、评价上围绕教师循证实践意识的培养、自主循证实践能力的提升进行,在具体实施过程中立足解决教育实践问题,培训的内容、过程、结果都是为问题的解决提供证据,支持教师循证实践能力的提升。循证实践的核心是最佳证据。在培训的过程中,证据不是一成不变的,从一开始的发现问题,进而明确问题,再到解决问题,在此过程中会不断产生新的证据,这些证据将被用于之后的研究,也可以作为评价的依据。在培训的实施中,要不断搜集并分析来自学员及教师的实时反馈信息,并根据多方证据对培训进行动态调整和优化。

### 2. 循环实证的培训实践

在培训过程中,各学校从教师的需求出发,针对各自教师在循证实践中遇到的问题,组织了针对不同内容的循证培训实践,积累了相关案例。

命题是考核中必不可少的环节,也是一种教学评价的研究,是对测量工具的研究,是教师专业化发展必不可少的一个重要方面。静安区教育学院附校以提升教师命题素养为抓手,通过研究形成了有效的方法、途径、策略,快速提升教师的命题素养,以实现减少学生作业的量、提高学生作业的质量的目的。

#### 案例9-3:多次"循环实证"提升教师命题素养[①]

第一,"循环实证"研究方法的运用。

静安区教育学院附校以学期为单位展开教师命题能力的研究,采用"搜集—分析—评估—反馈—改进—实践"多次往复、不断循环的操作路径,基于证据展开研究分析,对提升学生核心素养的经验不断筛选和完善,以提升教师对学情的把握力、课标的理解力、命题的设计力。

第二,"循环实证"的操作流程(见图)及解读。

具体解读如下:

一是确定"循环实证"的研究变量。以学期为单位,以期中考试卷的命制为内容,研究学校教师对于课标、教材的理解与把握能力,以及对学生的研究

---

[①] 本案例由上海市静安区教育学院附属学校提供,执笔人:翁慧俐。

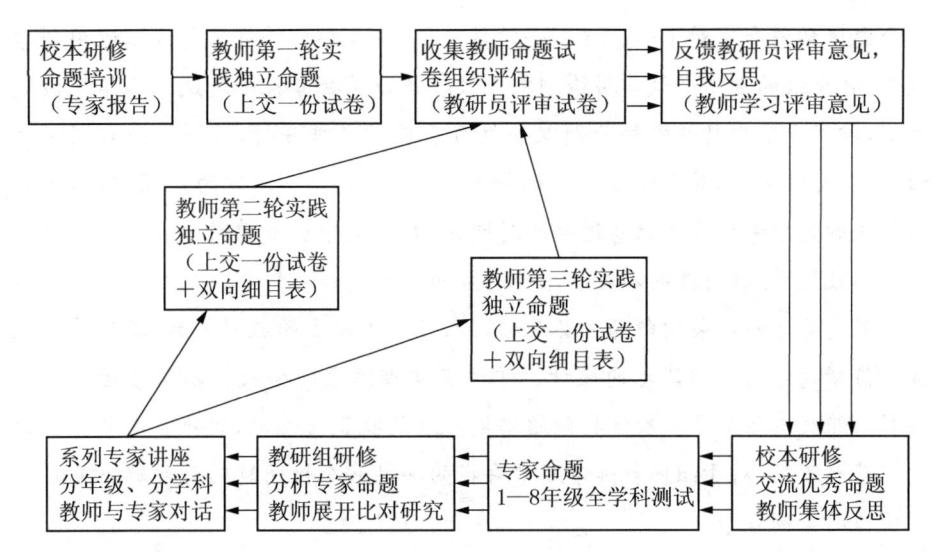

**静安区教育学院附校"循环实证"提升教师命题素养的操作流程**

深度、对学生学习的了解程度,基于证据进一步分析教师命题能力的变化发展。

二是做好"循环实证"的前期准备。①邀请华东师范大学专家开展命题培训,全校教师集体培训。②共同研发《静教院附校命题设计评比表》,形成两个维度、六大指标的命题设计评比表。③学校联系有能力、有意愿参与课题研究的区教育学院,组成学科专家命题评审团队,双向沟通,明确教师命题评审的要点。④学期结束的校本研修,以假期作业的形式布置教师设计一份下一学期期中考试的命题试卷,开学上交教导处。⑤组织好校本研修队伍。⑥准备录音、录像等有关设备。

三是组织形式多样的校本研修。①每一次教师命题评比之后,都有一次校本研修。校本研修是教师在专家引领、同伴互助、个体反思实践中提升命题素养的基本途径。对每一次教师命题评比中出现的问题或闪光点进行总结,对下一次学科命题提出建议。②校本研修呈现形式多样、内容多样、培训方式多样的特征。有围绕专家给出的评估意见进行讨论的教研组研修,有交流优秀命题设计的全校研修等;有"小众型"对话研修、食堂午餐研修,办公室闲时研修,走廊研修等;有专家讲座报告式经典研修,有自我反思型自主研修。

四是邀请专家对命题开展比对研究。每一次教师命题评比活动之后,学校都会邀请学科专家对1—8年级,全学科进行统一命题,并将命题试卷运用到学校1—8年级的期中考试学科检测中。教师结合学科专家命题试卷的学生检测数据,学科专家出具的学科命题双向细目表展开数据分析,理解学科专家对于教材、课标的把握,对于学生学情的分析,对于社会热点问题的处理,然后再和自己出的期中考试命题试卷进行比对研究,在实践中理解学科命题的基本要求和基本技能,寻找自身的不足和改进的方向。

五是基于新发展的命题循环改进。在经历了以上的流程之后,教师需要完成一份新的学科命题试卷的设计。学校在学期结束的全校校本研修活动中请各教研组交流经历了一次学科命题培训之后的收获与感悟,教研组内命题能力的优势与不足,对于组内教师命题中存在的共性和个性问题的有效解决策略和有价值的案例故事。

静教院附校所开展的基于"循环实证"的教师培训,注重多方面证据的搜集,强调基于证据的持续优化与跟进,进行了三轮的实施与完善。通过基于循证实践思路的培训实施,显著提升了教师的命题素养,形成了提升教师命题素养的长效机制。

## 第三节  指向教师循证实践的机制建设

机制原指机器的构造和动作原理,后引申为是指各要素之间的结构关系和运行方式。在不同的行业、不同的部门、不同的岗位都有其具体的做事准则,目的都是使各项工作按计划、按要求达到预计目标。区域为促进教师的循证实践水平的整体提升,从多元平台创建、专业资源建设、政策制度安排等方面加以推进,从而形成一种合力。

一、促进教师循证实践的多元平台创建

1. 区域学术平台的长效运作机制

由于多种原因,教师在实践中可能会受到经验的局限,这也导致其自身循证实践水平还有很大的提升空间。故此,区级和校级层面需要规划和建立多方位、多层次、多角度的各学科背景下的平台支持,能够助力教师的循证实践提升。建立平台是形式,其本质是对于教育规律的知识进行系统的梳理,并分门别类地管理,将教育的"隐学"变成"显学"。[①]教师循证实践的有效推进,需要从学校与区域两个层面实施,为了保证教师循证实践水平的提升,需要通过会议交流、网络媒介等为教师创设共同进步的平台。

我们在区域中小学及幼儿园各学段建立了实践基地,这些基地学校定期进行循证实践研讨,并将在研究中提炼出来的教育循证实施方法、路径进行交流共享。循证实践带来的实际提升逐步吸引了更多教师的自主参与,教师们将循证实践的方法用于教育科研项目的设计与研究,取得了很好的效果。

"静安教育学术季"是静安区创设的一个发展学术、提升专业的长效机制,打造形成了一个静安教育发展的新引擎和支持平台,使教育艺术和学术品性相得益彰,共同繁荣。2016年至2021年,"静安教育学术季"已连续举办了六季,在强化教师教学及研究意识、促进教学与研究有机结合等方面的积极作用初步显现。教师专业发展需要对教育实践进行学术化诠释、归纳、提炼、表达和分享,"学术季"为教师提供了这样的交流平台。静安区青年教师联谊会每年都会借助"学术季"平台开展相关的学术活动,结合当年学术季的主题,制定相应的活动方案,促进青年教师的交流与成长。

专栏9-4

**青年教师联谊会为教师搭建展示交流平台**

2017年,围绕静安教育学术季第二季的宗旨,开展了全区范围的青年教师教学主张征集,并主办了"十课准备着"展示活动,收到了良好的反响。

2018年上半年,通过从主张归纳到实践反思的衔接,实现青年教师专业成长活动的深入与细化。主办了"见贤思齐"的主题论坛活动,由三位青年教师围绕三个关键词,从不同角度分享他们在教学实践与反思中的动态过程。还特意选取了两位参加过教学主张交流的青年教师,追踪其通过活动后的成长足迹。

2018年下半年,结合静安教育学术季第三季的主题,结合"反思专项行动",学习了循证研究方法,从反思工具和反思内容方面开展了一场青年教师对课堂教学深度反思的论坛活动。

---

[①] 任萍萍,李鑫.循证教育研究:缘起、困境、体系框架与实施建议[J].中国电化教育,2021(12):33—39.

> 2019年,活动聚焦小学学段,在主题交流环节,来自区内小学的四位青年教师围绕教学研究、课题效应、个性育人和教学优化等角度进行了展示分享。两位来自大学的嘉宾对青年教师的观点和案例进行了精彩指导和点评。

这些搭建的平台,为青年教师及更大范围内的学校教师提供了展示交流的机会,也促使青年教师关注本区教育改革的重点,关注教学方法、科研方法的进展。特别是区域推进的教育反思行动、实践性循证等通过这些平台得到了落实和推进。

2.借助区域平台开展循证活动的实践

静安教育学术季的构建实现了多方面价值:激发教师个体的专业活力,培育教师研究文化;搭建教师发展成果的展示、交流和推广平台;进一步创新和优化区域教师专业提升的机制,促进区域教育优质均衡发展。除了学术会议、论坛展示这样的平台之外,我们也借助于现代信息技术,创建支持、促进教师循证实践的网络平台。其中生命科学的二次学习平台为教师专业提升和教学改进提供了坚实支撑。

**案例9-4:基于二次学习平台　促进教师专业素养提升**[①]

静安区高中生命科学二次学习平台的品质保证,不是数字化网络技术,而是平台承载的二次学习微课程内容、评价内容与方式的质量。平台微课程内容的建设质量需要理论指引与精湛技术的把握,课程内容建设的技术需要连续的实践锻炼和情绪的保持。因此,项目组将平台承载内容建设的理论与技术培训、实践操作置顶,致力于教师综合素养的提升。项目组将高中生命科学二次学习平台设计、创建与项目实施所需的教师基本素养分析、研究相同步:在总体架构"二次学习微课程与平台"内容与功能的同时,跟进二次学习的知识呈现与教学方法的区域教师研修课程;在"二次学习的微课程"建设的同时,跟进微课程视频创建的信息化技能培训课程;在"二次学习微课程与平台测试评价"的同时,跟进教育、教学评价和个人学习环境下自主学习的理论研修课程,充分保障"项目研创到什么程度",区域教研课程就设计、实施、跟进到相应的阶段,教师的成长同步于项目的发展。

---

[①] 本案例由上海市静安区教育学院教研室提供,执笔人:丁银娣。

```
                    ┌─────────────────┐
                    │  二次学习微课程  │
                    │    实施要素     │
                    └─────────────────┘
          ┌───────────┬──────┴──────┬───────────┐
    ┌─────────┐ ┌───────────┐ ┌──────────┐ ┌───────────┐
    │学习问题的│ │基于学习问题的│ │精准的习题│ │信息科学技术的│
    │  诊断   │ │   教学    │ │  设计   │ │   应用    │
    └─────────┘ └───────────┘ └──────────┘ └───────────┘
         ⇩          ⇩            ⇩            ⇩
              ╭─────────────────────────╮
              │   教师教学性知识结构    │
              ╰─────────────────────────╯
              ┌────────────┴────────────┐
       ┌─────────────┐           ┌─────────────────┐
       │教育教学理论课程│         │教学实践与技术课程│
       └─────────────┘           └─────────────────┘
         教学目标分类理论             问题化教学
         教学测量与评价理论         知识呈现方式与教学
             学习论                    命题技术
             知识论                  习题讲评与分析
             教学论                   PPT制作技术
          学科本体知识理论           微课视频录播技术
          教育信息化理论              视频编辑技术
              └────────────┬────────────┘
                  ╭─────────────────╮
                  │  区域教师研修课程  │
                  ╰─────────────────╯
```

**二次学习微课程的实施**

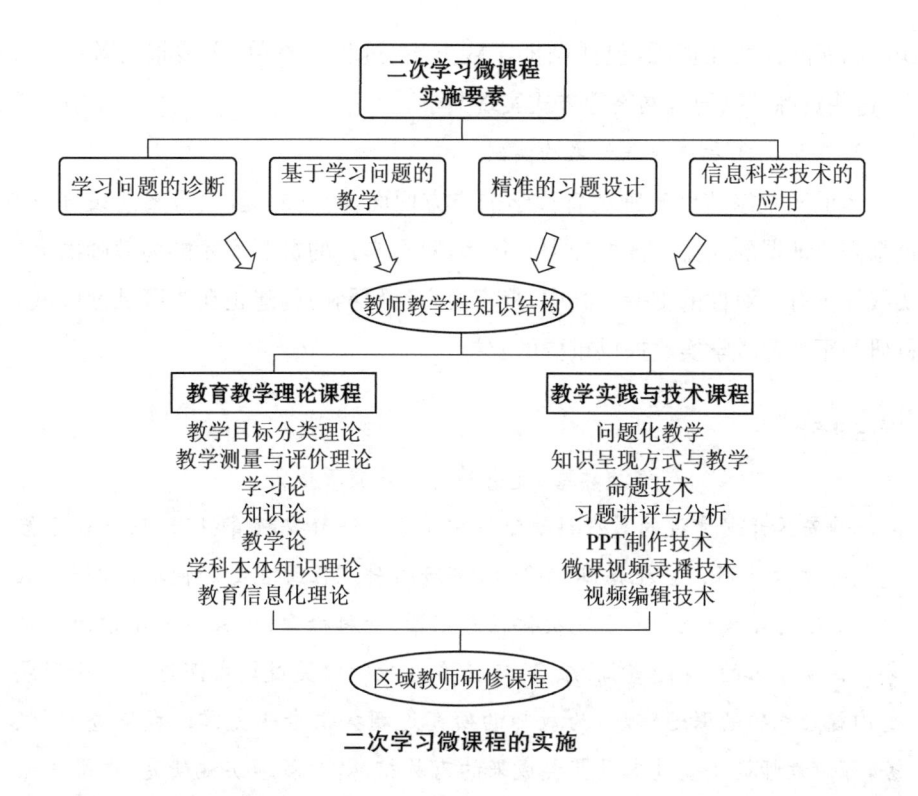

二次学习平台不仅是一个信息技术平台，更是一个互动交流、循证教学、循证教研的平台。通过这个平台，学生、教师形成了学习研究的共同体，基于平台所获得的大量数据及有关证据资料，能更加精准了解学生的学习需求、教师的发展需求，为基于证据的教学、教研设计及持续改进提供了专业支持。

二、支持教师循证实践的专业资源建设

1. 多渠道丰富循证实践专业资源

教师的循证一方面来源于自己的一手经验，更多则来源于自己和他人的成果证据化。区域和学校可以加强专业资源的建设，为教师提供课程资源以及可操作的工具支持，帮助他们更好地将教育理念转化为教学实践，如专题文献数据库、教科研等实践研究成果转化而形成的证据样例库，等等。要进行系统设计，建立从教育系统内部到教育系统外部全方位的支撑体系。

此外，区域通过开展专题活动，组织观摩学习，达到区域共享，对学校取得的研究成果进行公开展示；通过聘请专家进行专场报告或者现场指导，得到专业的引领；通过保障研究经费，提供查阅文献的经费支持。

学校在引领教师进行循证实践的过程中，还可以逐步积累起适合本校教师团队的实践性循证资源,包括循证实践方案、过程记录单、实践报告等一手资料,这些资源可以通过网络等方式实现共享。

2. 循证实践专业资源积累的实践

循证实践渗透到教师教育教学的方方面面,问题的提出、方案的设计及改进都需要证据的支持。证据种类有很多,只有丰富的资源库才能为教师的循证实践提供有针对性的支持。其中,静安教育科研网的创建正在为区域教师教育科研乃至教育教学实践提供重要的支持。

> **专栏 9-5**
>
> **资源共享,促进教师专业素养提升**
>
> 静安区开发建设的教育科研信息化平台——静安教育科研网,目前已经建成并初步使用。依托信息化平台,科研的全流程管理更加便捷和顺畅,从而更好地为学校、教师的研究提供信息汇聚、资料检索、过程推进等方面的服务。目前推出的"课题查询"服务,可为本区教师以关键词或课题名称等形式查询曾经立项的课题信息,为教师的研究选题提供专业支撑;"成果查询"服务,可为教师提供查询本区获奖成果的有关信息,为教师实施研究、成果总结等提供支持保障。

静安教育科研网作为一个集管理、服务、研究于一体的平台,开展课题评审、成果评奖、过程管理等只是其功能的一个方面,该平台建设的最终指向和愿景是打造成静安区教师开展课题研究和循证实践的专业服务平台,将为教师的课题研究提供信息检索服务,为教师的教育教学循证实践提供证据支持和展示交流服务。

三、激励教师循证实践的政策与制度制定

1. 基于证据的循证实践政策与制度构建

循证实践不是一蹴而就的,需要一个循环往复不断积累的过程,在此过程中,需要有相应的政策与制度作为保证,以保障循证实践的推进,同时也使老师们感觉到被重视而受到激励。通过循证,不仅可以促进学校教育教学的质量和效能的跃升,提高教师满意度,增强学生自信心,而且可以实现教育研究、教育政策与教育教学实践之间的互动,促进证据共享、体系共建、价值共赢。[①]区域要

---

① 俞可,陈丹,赵帅.循证:欧盟教育实证研究新趋向[J].华东师范大学学报(教育科学版),2017,35(03):142—149,173—174.

为促进教师循证实践的开展,在评优、奖励等方面设计相关政策与制度。

通过调查,我们了解到,在教师循证实践的过程中,教师们希望能有走出去、请进来的培训机会,提高自身的理论修养,学习他人的循证经验。教师们还希望能得到循证实践经费上的支持,用于购书、查资料、研讨等活动。此外,教师们还迫切希望有相关的制度保障他们循证实践活动的进行,起到激励作用。在学校层面,可以通过项目活动的开展、绩效的评估等对教师的循证实践加以支持,调动大家的积极性;而在区域层面,则可以整合区域优势,加强对骨干的培养,达到以点带面,扩大效果。

静安区教育局试行教育科研流动站制度就是一个很好的尝试。科研流动站的建立旨在更好地满足区域教师个性化的专业发展需求,促进区域内校际的深度交流,形成有效的学习和研究共同体。目前,该流动站促进了已有成果在多情境的实践推广中进一步深化发展,扩大了区层面科研工作成果的辐射范围。

2. 区域科研流动站制度的实施

2019年1月,静安区教育局探索试行教育科研流动站制度,发布了《静安区教育科研流动站管理办法(试行)》。流动站的设立,使学员通过在科研流动站的学习,亲历循证实践的过程。

**案例9-5:区教育学院科研流动中心的架构与运作**

科研流动站文件的出台,是静安区教育科研发展的一个特色举措,也是一项制度的创新。静安区科研流动站制度现已在静安区教育学院、静安区教育学院附校和安庆幼儿园进行试点运行。

一、建章立制,形成总体框架

1. 确定学员招录流程

确定学员招录程序、面试评估要求。在面试中,从教育理论基础、科研方法知识与研究能力、以往教育教学课题研究经历、进站后发展规划、未来研究计划五个方面打分,确定人选。

2. 制定学员管理制度

制定了《教育学院科研流动中心学员管理制度》,明确了进站申请、协议签订、学员学习内容方式、带教指导、出站评估等相关内容。

3. 明确学员工作内容

明确了"教育学院科研流动中心学员工作内容",包括一份发展规划、经历两次跟踪评估、提升三种科研能力、开展四轮积极对话、完成五项具体任务、享受六种优先权利。

## 二、多措并举,夯实运作过程

为了促进学员三种能力的提升,实现流动站运作的既定目标,我们在第一期学员入站的两年时间里,开展了多个平台、多样形式、多种内容的活动,让学员在活动中结合自身实际工作进行学习、反思。具体活动包括以下几方面:

一是聚焦科研方法的专题研修。为了提高学员的方法素养,开展调查问卷编制及信效度分析的专题辅导与研究,以及质性研究专用工具Nvivo使用的专题研修。

二是聚焦科研管理的观察学习。为了提升学员的科研管理能力,请学员以观察员身份,观摩区级课题申报评审、区级课题结题评审、区级课题中期汇报等过程。

三是聚焦课题研究的实务培训。为了提升学员课题研究的能力,一方面组织导师开展课题方案的设计、结题报告的撰写等专题培训,另一方面请导师对学员课题申报和实施进行全程指导。

四是聚焦热点工作的适时指导。为了提升学员在日常热点工作中的应对能力,开展长三角论文征集撰写的专题交流与辅导,以及市级课题申报的跟踪学习。

## 三、群策群力,彰显促能提质

为了促进流动中心学员的能力提升和实践改进,流动中心创造一切条件,为学员提供有关的支持,同时加强导师和学员之间的协作,为完成有关任务和达成目标提供保障。

以上是静安区科研流动站开展情况的一些简要介绍,彰显了科研流动站促进研究流动、成果流动的宗旨,体现了促进科研方法与成果应用、转化及深化的功效。为了进一步推进循证实践的进展与分享,我们于2021年10月还开展了循证实践的专题研修活动。

---

**专栏9-6**

循证研究助成长,发展规划定方向

2021年10月27日下午,静安区教育学院科研流动中心举行第二次集体研讨活动,活动地点在静安区民立中学。第二期14名学员老师、中心站长王俊山主任以及科研室导师们参加了本次活动。本次活动的主题为"教师循证实践探索及个人发展规划研讨"。

中心站长王俊山主任就"教师循证实践的基本认识和操作要点"做了深入细致的讲解。在基本认识上,他就"教师循证实践"的背景、内涵、价值等层面进行了解读;在操作要点上,他就"教师循证实践"的模型、方案、报告等层面进行了演示。他强调,循证研究是大势所趋、主流倡导,它不仅能夯实课题研究的过程,还能有效改善教学品质,提升校本研修的质量,多效并显,助推教师的专业成长。

活动现场,中心学员们全神贯注,忘我学习,认真领会教育研究的前沿理论和方法。

在集体研讨之后,学员们在学段导师的带领下分高中组、初中组、小学组和幼儿园组分学段深入研讨未来两年个人发展规划和研究计划,这为学员们未来两年的科研工作定下了方向。

这次学习与交流,必将促进学员们课题研究的规范化和科学化。

学员通过研修,在科研能力、专业素养上有了长足发展,取得了丰富的成果与成效。据不完全统计,第一期学员取得研究成果及获奖达 39 项,主持或参与课题及项目共 27 项,参加学术研讨和成果转化计 56 场。

3. 指向循证实践成果的评比

除了推出具有静安特色的政策与制度外,区域层面上还组织开展相关的评比活动,关注循证实践的渗透,关注反思意识的提升,从而在学校及教师等层面促进循证实践的开展。

在推进本区"十三五"教育部重点课题"深化教育个性化,发达城区提升学生核心素养的实践性循证研究"过程中,我们在全区范围内开展了渗透循证实践思想的"教育反思专项行动"。行动历时两年,经过了三个阶段三轮的反思行动方案设计与实施,学校和教师运用循证方法的实践、认识与经验不断走向深化。

为了进一步总结、提升、交流、推广已形成的"教育反思专项行动"成果,我们还开展了"教育反思专项行动优秀论文与团队校本研修案例"征集与评选活动。论文征集与评选既是"教育反思专项行动"的重要组成部分,也是体现学术季"学术精进"价值追求的重要举措,还是推进循证思想方法普及的重要举措。

征文活动得到了全区教师的积极响应,累计收到论文492篇,案例169篇。论文获得一等奖37篇、二等奖59篇、三等奖97篇;案例奖获得一等奖12篇、二等奖17篇、三等奖28篇。这些文章涵盖了教师个人或团队在核心素养提升、个性化教学方式和学生自主成长、循证方法运用等方面的实践与思考,体现了广大教师在深化教育个性化、推进实践性循证过程中的应对与成长,呼应了教育变革的时代要求。

# 第十章 教师循证实践的反思展望

评估反思本身是循证实践的环节之一,也是循环改进的精要体现。对于教师循证实践的研究本身,进行全方位、系统性的考察反思,既是对教师循证实践整体研究历程的回顾与梳理,也是发现问题与不足,进行持续研究和深度优化的必要基础。评估反思的全面性、针对性、深刻性,既是评估自身的要求,更是鉴往知来、长远谋划的重要前提。

教师循证实践的研究是一个系统工程,我们就教师循证实践的现实状况、概念内涵、模型建构、方案设计、过程记录、结果表达、行动推进及支持提升等方面进行了研究,也取得了相应的成果和成效,但从整体推进及深度实施上来说,还有很长的路要走。只有不断地反思、总结,不断地深化、推进,寻找突破点、发现创新点、探索生长点,才能把教师循证实践进一步推向深入。

## 第一节 教师循证实践开展的成果与成效

经过四年多的研究,关于教师循证实践,取得了多方面的成果和比较显著的成效,对这些成果进行梳理与分析,可以更好地回顾总结,并为教师循证实践的未来探索提供基础。

### 一、教师循证实践开展的成果认识

关于教师循证实践,我们形成了一些理论认识,在内涵、框架、实施等方面取得了一定的成果,形成了一些突破和创新亮点。

1. 形成了教师循证实践的理论思考

循证实践从西方医学而来,但引入到教育领域,特别是运用于教师实际工作中时,有什么特殊的价值,教师循证实践在我国历史与现实中有何基础,如何准确把握教师循证实践的内涵？这些问题的思考与把握对于后续的工作非常重要。通过研究,我们不但认识了教师循证实践的独特价值,而且从我国传统医学的辨证论治及传统教育的因材施教中找到思想渊源,为我们进行本土化的创新与发展提供了信心与基础。对于当下基础教育实践工作的微观考察发现,尽管教师们并不知晓或理解循证实践,但在其教育教学工作都有关键元素的存在,从而使教师循证实践的开展有了重要的方法基础。

基于这些考察与剖析,本研究对教师循证实践的内涵进行了界定,关照了教育场景的复杂性和教师工作的独特性,并在此基础上,对教师循证实践的特点进行了思考,形成一些新的认识和理解,为教师循证实践模型的构建及操作要则的研发提供了理论上的储备。

2. 获得了教师循证实践的现状结果

为有效地开展现状调查,首先研发了教师循证实践的调查工具。基于测量学的要求和步骤,基于文献分析和现场调研,开发了教师循证实践调查问卷。该工具属原创性的编制,为开展循证实践现状的调查提供了有效的工具支撑,也为同类项目的工具编制提供了参考。为比较全面、深入地了解教师循证实践的状况,我们一方面从教师循证素养的角度进行设计,按循证知识、循证能力、循证情意进行架构;另一方面,对教师开展循证实践的困难也加以考察,还就教师的反思状况加以了解。因为我们既需要把握教师循证实践的基本现状,也想了解循证实践的关联因素,而教师反思应该是其中一个重要的因素。这样的问卷编制框架为我们后续的调研及实践开展提供了重要的支撑。

基于自编的调查工具,我们对上海市5个区4542名教师进行了抽样调查。通过统计分析,总体把握了教师循证素养的现实状况,了解了教师对开展循证实践的困难及需求,既为这方面的研究提供了一手资料,也为后续的行动提供了参照。从调查结果可以看出,尽管教师对循证实践相关术语概念的知晓度不高,但教师循证的能力有一定基础,这为我们后续推进循证实践提供了数据支持。另外,为深入了解教师循证实践的微观状况,我们还在幼儿园学段开展了质性研究,获得了比较鲜活的资料和细致的认识。

3. 创建了教师循证实践的操作要则

在对循证实践内涵理解和特征把握的基础上,创造性地构建了教师循证实践的模型,并确定了循证实践方案、循证实践工作单、循证实践报告的要素,研发了相应的书面表格，为循证实践的具体落实提供了支撑。

教师循证实践如何开展？有什么具体要求和工具支撑？这是在调研时教师们反映最突出的问题。因此，研发相应的模型工具就成为开展教师循证实践的前提和基础，没有这些关键条件的创造，实施和推进只能是纸上谈兵。我们通过集中研发和多轮研讨与试点，使形成的循证实践模型不断完善，从而给教师提供了直观的形象和指引。在模型建构基础上，又开发了循证实践方案表、循证实践工作单、循证实践报告表，这些表单，不仅凸显了证据运用这一关键要义，明确区分了前端证据和效果证据，便于教师操作与把握，而且强化了循环的体现，要求在工作单中至少体现两轮的实施与改进。对于循证实践报告表，我们将之作为成果证据化的一种探索，其对于科研或研修成果的转化、推广与应用将是一个新的生长点。

4. 探索了教师循证实践的实施途径

通过工作坊、项目组、试点校等途径，实质性推进了循证实践的开展，形成了多个层面的典型案例，获得了不同层面推进的典型经验。这些经验扎根于静安区的实践基础，与静安区多年来重大教育科研项目的实施和积淀有关。另外，这些经验也具有推广应用的潜在优势，是与当下区域教育实践的工作有机衔接和相互融通的。

通过工作坊的形式，我们为循证实践的初步开展探索了基本要点，并形成了一些问题清单和典型样例，也培养了一些种子力量。而借助于全区性的教育反思专项行动，我们通过把循证实践的思想镶嵌其中，使每一所学校在校本研修中渗透和尝试了循证实践，从而使得循证实践得到较大范围的传播。为更加深入和细致的开展循证实践，我们在全区建立八个试点研究基地，就循证实践的模型与要则进行运用与改进，从而不仅验证了这些成果，而且积累了一些案例，为后续更加有效、规范、深度地实施与推进提供了坚实保障，也为在更大范围的传播和推广提供了说明与范例。

5. 明晰了教师循证实践的支持方式

教师循证实践的开展，特别是大范围的推进，既需要有操作要则的支撑，也需要资源、平台、制度等方面的支持。正如医学循证实践的开展和推进一样，不但有相关的指南提供，有运作的机制保障，而且有证据的查询平台，即考科蓝协作网和坎贝尔协作网，这为循证提供了最切实有力的支撑。

作为教师循证实践的开展，我们也探索了整体实施的支持要素，为更大范围的推广提供了可能。这些要素包括指向教师循证实践的指导完善、指向教师循证实践的培训实施、指向教师循证实践的机制建设。其中在培训方面,我们通过区域层面、学校层面等途径进行了若干场专题性的培训,促使循证实践为更多学校和教师所了解,也带动了进修部等部门人员关注、传播循证实践,形成了部门协作推进的良好局面。

二、教师循证实践开展的成效考察

教师循证实践的实施,在区域、学校、教师等不同层面获得了进展,也取得了一定的成效。2022年,为考察循证实践实施的成效,我们对静安区2018年调查的样本对象,进行了第二次调查。从数据的变化可以看出,我们的实践及推进收到了一定的效果,此处择要进行呈现。

1. 教师循证实践的基本素养显著提升

从2018年至今,经历了四年多的研究与实践,其中具体的活动在静安区实施,通过不同层面的会议、研究动态的发布、反思行动的开展、循证研修班的开办等渠道,循证实践的概念为更多人所知晓。从两次抽样调查中发现,2018年大部分教师是近一两年才知道循证实践的,本学期或上学期才听说的,占总数的57.7%;而到了2022年,完全没听说过的教师由27.3%下降到13.5%,一年前就已经听说过的,由14.9%上升到41.4%,体现了区域有关活动在教师了解循证实践中发挥了积极作用(见表10-1)。

表10-1 教师对循证实践的了解情况

| 调查年月 | 统计量 | 完全没听说过 | 本学期刚听说过 | 上学期就听说过 | 一年前就听说过 |
| --- | --- | --- | --- | --- | --- |
| 2018.6 | 人数 | 633 | 904 | 432 | 346 |
|  | 百分比 | 27.3% | 39.0% | 18.7% | 14.9% |
| 2022.6 | 人数 | 386 | 783 | 506 | 1 181 |
|  | 百分比 | 13.5% | 27.4% | 17.7% | 41.4% |

调查发现,教师了解循证实践的渠道,大部分是通过学校活动和本区相关活动。从两次调查的数据对比来看,更能说明这一点。从2018年到2022年,通过学校活动了解循证实践的由45.1%提升到54.8%,经由本区相关活动了解的由17.1%上升26.6%,各上升了约10个百分点,说明区域和学校推进循证实践对老师产生了较大的积极影响(见表10-2)。

表 10-2　教师听说循证实践的渠道情况

| 调查年月 | 统计量 | 个人自主学习 | 本校相关活动 | 本区相关活动 | 其他 |
| --- | --- | --- | --- | --- | --- |
| 2018.6 | 人数 | 193 | 1 044 | 395 | 683 |
|  | 百分比 | 8.3% | 45.1% | 17.1% | 29.5% |
| 2022.6 | 人数 | 388 | 1 566 | 759 | 143 |
|  | 百分比 | 13.6% | 54.8% | 26.6% | 5.0% |

调查发现，本区与外区教师在循证素养及其各个子维度上的得分均存在显著差异，本区教师在循证素养及其子维度上的得分高于外区教师，显示了静安区开展循证实践及相关活动的积极效果（见表 10-3）。

表 10-3　静安区与外区的差异情况

| 维度 | 静安区 | 外区 | T 值 | P 值 |
| --- | --- | --- | --- | --- |
| 循证素养 | 3.42(0.55) | 3.23(0.55) | 11.465 | <0.001 |
| 循证知识 | 2.16(0.99) | 1.60(0.79) | 20.985 | <0.001 |
| 循证能力 | 3.60(0.77) | 3.47(0.86) | 5.455 | <0.001 |
| 循证情意 | 3.64(0.85) | 3.45(0.90) | 7.448 | <0.001 |
| 前端证据 | 3.85(0.68) | 3.79(0.72) | 3.286 | 0.001 |
| 后效证据 | 3.58(0.65) | 3.53(0.68) | 2.316 | 0.021 |

2. 实践工作中的证据意识得到增强

通过循证实践的实施与推进，教师在教育教学实践中的证据意识明显增强，这在以下几个方面得到反映。

第一，课题研究关注证据和循证。对 2016—2020 年静安区立项的研究课题名称进行梳理发现，立项课题名称中含有"实证"的逐年增多，也出现了"循证"或"实践性循证"关键词。这些研究涉及中小学、幼儿园各个学段，也涉及不同的实践领域（见专栏 10-1）。另外，在研究报告的撰写中，证据运用的丰富性也不断增强，不仅关注量化的证据，对质性证据的运用也更加规范。

> **专栏 10-1**
>
> 2018—2020 年立项的部分课题名称
>
> 初中物理多样化教学设计的循证研究
> 精准锁定家长需求，提升幼儿园家庭教育指导效能的实践性循证研究
> 学生差异视角下初中化学微粒观教学的循证研究

> 幼儿园社会性体验活动设计与实施的循证实践研究
> 文化自信视角下中学生"文化认同"培养的循证研究
> 培育中学生"全球胜任力"的学校实践与循证研究
> 微信公众平台在高中地理教学中的应用循证研究
> 体育教学中发展预初年级学生规则意识的循证研究

第二，教学与活动中强化证据。在教学设计及活动组织中，证据的意识得到提升，既关照了前端证据的运用，也加强了效果证据的采集与分析。在一些研修项目中，注重从搜集的实物分析比较中获得发现，从量化的数据统计中分析学生学习情况，强化基于证据的改进与提升。

静安实验小学以"错题集"为切入点，开展了走向学生自主学习的作业管理研究，他们以遵循学生心理及认知发展特点等有关前端证据为依据，在深入分析基础上，建立了符合小学低年级学生特点的错题集，并基于学生接受情况的错题集整体指导。在具体的实施过程中，他们进行多轮实践，而且通过搜集多元证据评估实践成果。限于篇幅，以下截取案例中的一些片段加以呈现。

### 案例 10-1：作业管理中的循证实践[①]

**错题集使用的第二轮实证**

经过试点研究，无论是学生还是教师，更加坚定了错题集的建立与使用的重要性与必要性。但是如何使学生通过错题集来逐步关注自己的整体学习呢？在第二学期中，教师在学生建立的错题集基础上提出：关注自己同类型题目做错的次数及原因，用自己喜欢的方式呈现。在这样的要求下，学生不仅仅关注自己错题的原因，而且还关注自己错题的数量。通过数据来分析自己的学习情况。

A 同学在家长的帮助下，统计了自己课堂练习 1—10 的错题（见下页上图）。A 同学是根据错误原因来进行统计分析，发现在错题中，计算错误占据很高的比例。A 同学在绘制完这张统计图后，就说："自己太粗心了，计算错误怎么如此之多，看来计算还是要多练练啊。"

---

① 本案例由上海市静安实验小学提供，执笔人：王伟。

**课堂练习1—10错题统计图**

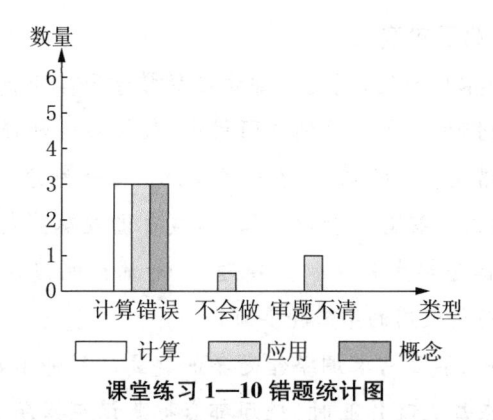

B同学统计了自己的四次阶段练习,出现的数据又是不一样的(见下表与图)。

| 序号 | 错题数 | 错题类型 | 错题分析 | 概念错误 | 计算错误 | 其他 | 粗心问题 |
|---|---|---|---|---|---|---|---|
| | | 2018学年第二学期数学阶段练习错题分析 | | | | | |
| 1 | 2 | 计算1、应用题1 | 1.计算错误1  2.粗心错误1 | 0 | 1 | 0 | 2 |
| 2 | 11 | 计算5、应用1、概念5 | 1.计算错误5  2.概念错误5 | 5 | 5 | 0 | 7 |
| 3 | 7 | 应用2、概念5 | 1.粗心错误7  2.概念错误1 | 1 | 0 | 0 | 7 |
| 4 | 4 | 计算1、应用题1、概念2 | 1.计算错误2  2.概念错误2 | 2 | 1 | 0 | 4 |
| 合计 | 24 | 计算7、应用5、概念12 | | 8 | 7 | 0 | 20 |

根据下面的数据分析,本次四套阶段练习中,总共错题24道,其中5道应用题、7道计算题、概念错误12,涉及粗心引起的错误20道,总共得出以下结果:

1. 在做题过程中粗心造成的问题最大,需要有针对性的锻炼提升。
2. 概念理解还有些不是很清晰(个人以为相关练习太少,以后会主动增加日常的练习重现,加深理解概念细节),需要做一些强化理解的工作。
3. 本次数据分析发现了一个问题,希望老师们能够给出一些帮助,就是孩子阶段的粗心大意问题颇为严重,有没有什么办法逐步改正?

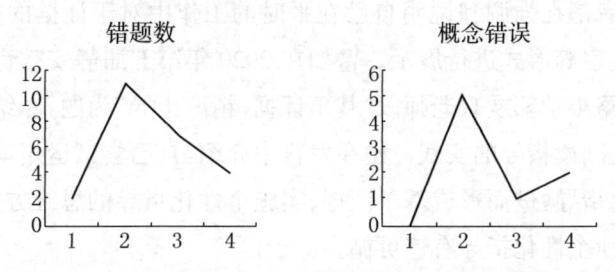

从数据中,我们看出,B同学在第2次阶段练习中错题数是最多的,在错误类型中计算错误及概念错误占了很大的比例。

基于错题集的数据统计,为教师进行针对性、精细化的指导提供了方向和依据。

**错题集使用的第三轮实证**

基于第二轮的推广研究，错题集逐步在数学学科二至五年级全面铺开，学生自主管理自己的作业。在全面铺开研讨中，数学石老师提出"收集错题要有针对性，对于一些错误较多的孩子，不一定要他们每题都分析错误原因，老师可以有的放矢地圈画出一些有代表性的错误，减负增效嘛！"金老师也提出"对高年级的孩子，可以指导学生分类收集错题"。老师们的建议，引起了大家的共鸣，由此开始了错题集使用的第三轮实证。

基于高年级学生学习需求调整错题集的建立。教师不再让学生把所有的错题都记录下来，在每次改作业时，教师都会把要记在错题集上的题目勾选出来，以减轻学生的负担，激发孩子们的积极性。在每次作业和测试讲解之后，教师要求学生在作业本或试卷上订正好之后，先把需要记录的错误的题目抄好，然后在旁边一栏记录解题思路，侧重分析解题技巧、方法和思维。通过书写解题思路，彻底搞懂为什么要这样做，依据是什么。这样，学习困难的学生即使隔一段时间再做时碰到困难，也不用问家长、同学或教师，可以通过看自己写的解题思路来解决问题，这样大大提高了错题集的实用性，让学生切实感知到错题集的妙处。

基于高年级学生学习需求调整错题集的使用。高年级学生对于错题集的使用频次比中低年级要相对高一些，具体要求是：学生在空闲时间或准备下一次考试时，拿出错题集，浏览一下，或者对错题再重做一遍。对于错题集上的题目确实已经彻底掌握了，可以考虑从错题集上删去或者打个右斜杠的标记。教师可以在课堂教学活动过程中，找到与错误题型相似的数学题，让学生进行二次练习。

第三，论坛发言中凸显证据。静安区自2016年至今，连年举办教育学术季，在学术季召开期间，会有区域、学校等不同层面的论坛活动，在这些论坛的发言者、报告者都在强调和说明自己在平时的工作中对于证据的关注，并通过视频、图片、文字等形式进行展示。譬如在2020年第五届静安教育学术季闭幕式上，中山北路小学郭欢欢老师以"基于证据，精准指导"为题，介绍自己开展小学英语个性化阅读指导的实践。她在发言中介绍，自己尝试运用动态发展的数据开展个性化指导，进而形成基于证据、实施个性化指导的思维方式，让循证研究扎实落地，使个性化指导有迹可循。

3. 学校对循证实践的关注显著增加

通过两年的推进，特别是循证研修班的开展，学校对于循证实践的关注与重视持续增加。在对教师是否开展循证实践进行调查时发现，从2018年到

2022年,一点没有探索的教师减少了11.7个百分点,而进行各种程度探索的教师都有数量不等的提升,特别是进行较多探索和专题研究的教师从绝对数量上增加了200人(见表10-4)。

表10-4 教师进行循证实践尝试的情况

| 调查年月 | 统计量 | 一点没有 | 有较少的类似探索 | 进行了一些探索 | 进行了较多的探索 | 进行了专题的研究 |
|---|---|---|---|---|---|---|
| 2018.6 | 人数 | 804 | 804 | 586 | 59 | 62 |
|  | 百分比 | 34.7% | 34.7% | 25.3% | 2.5% | 2.7% |
| 2022.6 | 人数 | 657 | 1 002 | 876 | 132 | 189 |
|  | 百分比 | 23.0% | 35.1% | 30.7% | 4.6% | 6.6% |

另外,学校也开展了与循证实践有一定关联的活动,譬如相关的讲座、培训,有关的研修活动。有学校组织了专门小组,作为先锋队尝试循证方面的行动,有的学校甚至在学校范围内推进循证实践,显示对于这一模式极大的兴趣与关注(见专栏10-2)。

**专栏10-2**

**循证实践引领下的校本探索**

安庆幼儿园在循证实践方法影响下,形成了"明证—寻证—映证—验证"的四步研究法。

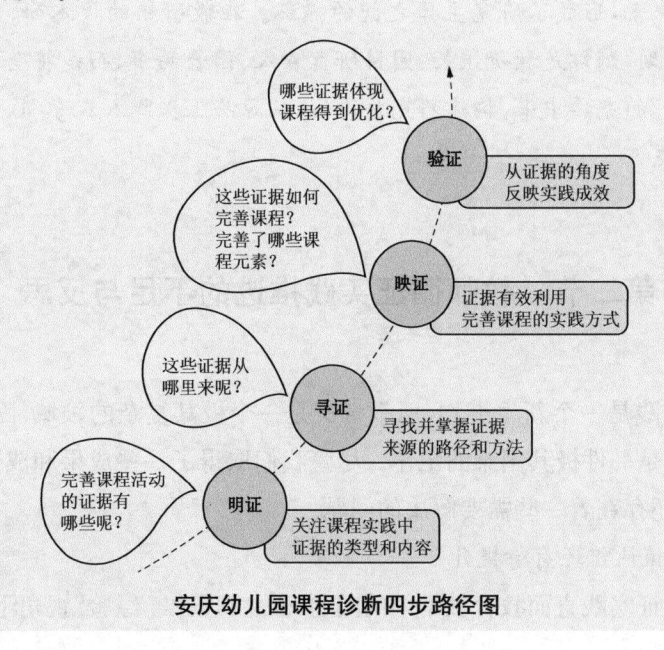

**验证**:从证据的角度反映实践成效
— 哪些证据体现课程得到优化?

**映证**:证据有效利用完善课程的实践方式
— 这些证据如何完善课程?完善了哪些课程元素?

**寻证**:寻找并掌握证据来源的路径和方法
— 这些证据从哪里来呢?

**明证**:关注课程实践中证据的类型和内容
— 完善课程活动的证据有哪些呢?

安庆幼儿园课程诊断四步路径图

第一步明证:有哪些证据可以证明这个问题?在行动前明确方向,树立证据意识。

第二步寻证:这些证据从哪里来的?下次我还可以从哪些地方获取此类证据?从路径和方法的角度寻找搜集途径。

第三步映证:这些证据指向什么?反映什么?将证据与研究内容对应起来。

第四步验证:有哪些证据是有效的?为什么有效?有效期多长?

基于课程诊断四步法,还形成了若干重要证据搜集、分析、筛选、提炼机制,如"观察过程六步走"机制、"实践交流对对碰"机制、"三步一库证据池"机制等,体现对实践的改进。

南阳实验幼儿园在区循证实践项目组培训指导下,开展了教师研究的路径探索,形成了如下的园本操作流程(下左图)和验证方法的路径(下右图)。

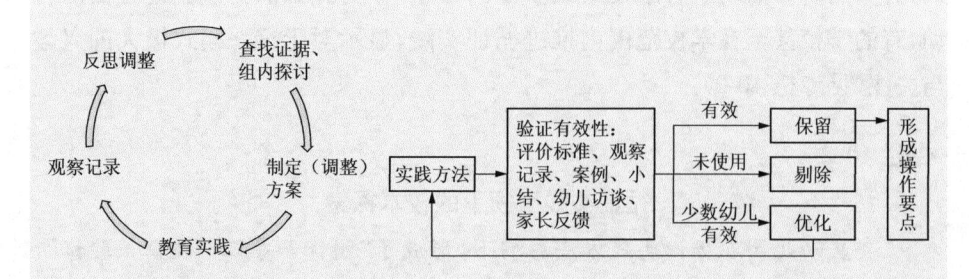

通过探索,形成了研究主体之间的循环。在教研组的校本研修中,改变了以往"计划"制订是教研组长、园科研负责人、园长的事,而是将全体教师纳入到"方案"的完善中来,构建研究共同体,从源头上保障人人参与、人人明晰研究的重点。

## 第二节 教师循证实践推进的不足与反思

循证实践是一个新生事物,而教育又是一个极其复杂的领域,因此开展教师循证实践是一件极其困难的工作。尽管我们取得了一些成果和成效,但在实际开展中,还存在着一些需要解决的问题。

一、价值认识还有待提升

教师循证实践直面教育教学中的问题,强化"理论+经验"视角下的方案设计,注重效果评估反思基础上的循环跟进,其对于教师的工作改善和专业发展,对于团队的研修活动与课题研究,均具有重要的意义和价值。循证实践的开展和推进,必将会对教师个体、团队及学校层面的工作带来深刻的影响和积极的变化。

目前,循证实践的成效取得与预想的期待水平之间还有差距,这一方面与实践开展不够深入有关,另一方面也与学校、教师对其价值认识有关。循证实践不是简单地另做一件事情,而是一种意识、精神、态度。循证实践的实施,从价值层面上审视,是一种科学精神的弘扬;从实践层面上审视,是一种专业精神和敬业精神的体现。认真开展循证实践,会取得专业提升的新突破、实际工作的新发展、校本研修的新亮点、课题研究的高品质,但这是水到渠成的自然结果,而不是一开始的功利化目标,只有从内心提升对循证实践的价值认识,才能在实践中更好地开展和贯彻,进而取得更显著的成效。

不管是前期采用渗透式通过教育反思行动的推进,还是后期采用专题式通过试点学校进行深度的开展,学校、教师在价值认识上都还需要提升。尽管各个学校领导对专题培训都很支持,但后续的过程开展上还相对松懈,具体执行项目的教师也由于工作繁忙而影响了专题交流和深度研讨,在一些思路表达和文本呈现上还存在这样或那样的问题。

在循证实践的推进中,还需要进一步激发教师的主体精神。开展循证实践不是机械地执行或者形式化地操作,而是要发挥教师本人的创造性。正如大家所熟知的备课,有学者提出要改变教师备课的程序安排,由教师→教参→文本向教师→文本→教参转变,不要先行阅读他人的学术阐释或教学设计方案,以防他人的思考对主体形成抑制,导致主体性的独立思考变得淡薄,从而丧失本应具有的主体创造精神。[1]同样,循证实践的开展,需要教师在掌握要则的基础上进行创造性的落实。

二、要则应用还不够到位

在循证实践的研究中,我们创造性地构建了操作模型,并研发了循证实践方案表、循证实践工作单、循证实践报告表,特别是三个支撑性工具,为教师循证实践的具体开展提供了非常坚实的基础,也使得教师循证实践有了本土化的特点和常态化的应用,这些要则的研发,不仅是理论性的成果提炼,更是实践性

---

[1] 张明琪."一体双翼式"校本教研生态范式[J].教育理论与实践,2013,33(23):17—20.

的成果彰显。

但是，在静安区目前的进展中，关于教师循证实践的要则应用还不到位，高质量的典型样例还比较缺乏。这一方面与我们的先导研发进度有关。虽然循证实践模型和循证实践方案表在 2020 年上半年就已经完成，但由于疫情等多方面原因，导致循证实践工作单的研发比较滞后，缺乏持续的跟进研讨和试用修订，特别是对于循证实践报告表，更是缺乏多次的试用与完善，这导致学校及项目教师在运用上比较仓促，影响了实施的效果。另一方面，也与循证实践的深度实施相对缺乏有关。尽管我们提出了比较好的设想，并有相应的工具作为支撑，但循证实践的过程实施需要时间，更需要精细化的观察与指导，由于各种原因，我们与试点校之间的专题研讨和深度对话还不够细致与深入，这也使得几个工具要件的应用都还不够精致。

尽管对于循证实践方案的撰写质量相对较好，但面上的扩展及分享交流、持续辅导还有欠缺。循证实践工作单虽然为循证实践过程的开展提供了指引，并为证据的搜集与记录提供了手段，但由于这本身是循证实践环节中的一个难点，也是以往实践活动的弱点，如何扭转与优化，确实并非填写一次表格就能实现的。加之工作的繁忙与疫情的影响，又对原计划中的跟进研讨造成了冲击，所以使得循证实践过程的开展不够扎实，循证实践工作单的使用也相对薄弱。对于循证实践报告表，我们将其纳入到"成果证据化"的视野中加以研发，是对以往成果报告要点及撰写的一个大调整，但由于没有前期的反复试用，只是在后期阶段才让学校加以填写，尽管学校也非常支持，进行了多次的修改与完善，但与我们理想中的表达还有距离，这是我们感到缺憾的地方，也是我们后续还要深入研讨的块面。

在循证实践的具体开展中，在证据方面还有两个明显的不足。一是证据的丰富多样还需增加。尽管老师在实践中的证据意识有所增强，但在具体的证据使用和呈现上还有较大差距，证据的种类体现还不够：（1）在政策标准、理论类、经验类、现状基础等方面，学科标准使用较多，但其他方面相对欠缺；（2）在量化证据、质性证据方面，量化证据相对还欠缺；（3）在前端证据和后效证据方面，前端证据相对还比较欠缺。二是证据运用中的科学规范还需加强。这具体体现以下几个方面：（1）证据的搜集上，对于量化证据，工具编制的科学性，搜集过程中操作的规范，还需要加强；对于质性证据，典型性和代表性要更加关注；（2）证据的分析上，对于专业的统计软件工具如 SPSS 等使用较少，大多是浅层的百分比统计;(3)证据的表述上,如何规范、富有逻辑、语言准确,还需要进一步增强;(4)证据的呈现上,譬如标注的规范性、引证的规范性、图表呈现的规范性等需要加强。

我们在循证实践的问卷调查中,设置了相关的问题以了解老师的困难,发现大多数老师在证据的搜集、分析与呈现,确实还有相关的困难,还需在后续的研究中加以解决。

### 三、支持系统还相对欠缺

循证实践的实施是一项系统工程,需要有关的配套资源或机制保障。譬如医学领域的循证实践,一个非常重要的支持性条件是证据库的建立。正是由于建立了协作性证据平台(如考科蓝协作网、坎贝尔协作网),才有了高质量的证据检索基础,循证也才得以实现。以循证心理健康服务为例,除了服务者的工作之外,还需要研究者通过心理与行为等多方面的研究,提供实践决策的科学依据;需要政府、行业组织等管理者,进行经费投入、软硬件设计的管理以及有关的心理健康服务政策、标准、手册与指南的研制。①这充分说明如果开展循证实践,构建支持系统是非常重要的。

教师循证实践作为一项开创性的工作,在内涵、模型、要则等方面进行了创建,但要在更大范围内推进,没有相应的支持系统是很难实现的。就具体的事项而言,以下方面的缺失对普及推广会产生制约:

一是还未形成系列专题的培训课程。尽管这一研究取得了较大的进展,也在理论探索和操作要则方面提供了支撑,但从全区或更大范围的实施而言,需要有成系列的专题培训课程,以便参与者可以在短时间内快速掌握基本要点,并由此形成有一定基础的骨干队伍。但到目前为止,专题培训课程还未开发完成。

二是还未形成一支专业的指导力量。本研究主要依托静安区教育科研室作为专业研究力量加以实施。尽管通过研究的实施,这一团队成员的认识、理解、开发、操作等能力都得到提升,但在循证实践的总体把握、具体实施等方面也参差不齐。除此之外,关于教师循证实践的指导力量微乎其微,无法满足教师开展循证实践的指导需求。

三是还未形成丰富有效的平台资源。在教师循证实践的研究与实施过程中,我们形成了一些研究文本和初步的案例,可以为部分学校的推广提供支撑。

---

① 杨文登.循证心理健康服务[M].北京:商务印书馆,2017:9—10.

但是要在更大范围内推进,还需要有效的平台支撑,也需要积累更加丰富的资源,特别是循证实践各环节的高质量样例,这是教师最需要的,也是教师学习内化的最佳途径之一。但目前覆盖各学段、各领域的典型样例还尚未完成,这影响了循证实践的大面积传播。

## 第三节 教师循证实践深化的谋划与展望

循证实践在社会科学领域的探索还在发展之中,在教育领域中的实施正逐步受到关注,教师循证实践的研究只是刚刚起步。尽管我们在教师循证实践的探索上取得一些突破,但继续深入完善的空间还很大,展望未来,许多工作值得进一步深入推进。

### 一、加强核心内容的研发突破

循证实践本身是一个新生事物,许多教师接受和运用起来有一定困难。而且,教育学院的专业人员,对循证实践的运作也不太了解。因此,对于循证实践的深化实施,要通过点的深入探索,进一步加强核心内容及环节的研发突破,在一些关键认识、工具支持、过程记录等方面积累一些有效的经验,然后再大规模推进。

我们前期通过在试点学校的探索,开发了具有操作性的循证实践工具,包括循证实践模型、循证实践方案、循证实践工作单、循证实践报告等。然后,在八个试点学校尝试运用的基础上,形成了一些操作案例和典型的文本材料。但还需要深入的互动研讨,发现真正的问题并进而解决,从而使学校和教师能够更深入地开展循证实践。

首先,要提升对教师循证实践的认识。循证实践的开展需要与学校教育教学工作的融合,而不是外加的一种活动。正如有专家对校本教研的认识那样,校本教研活动既是教师教学方式、研究方式的一场深刻变革,同时也是教师学习方式、历练方式的一场深刻变革,它既需要制度的规约、保障和激励,更需要培植一种新型的教研文化。[1]我们对教师循证实践的推进,需要从整体上来把握和构建,不仅是技术、工具的研发,还需要从行动、使命与文化上去关照。尽管形成循证实践的文化需要一个过程,需要耐心培养,但建立这种文化的愿景必

---

[1] 顾泠沅,王洁.校本教研:从制度建设到聚焦课堂[J].人民教育,2007(19):45—47.

须确立,也只有这样,循证实践才能持久,教师和学校也会在这种变化中得到改造。

其次,要加强对循证实践中证据的研究。我们要借鉴循证实践的思想,增加对科学研究等证据的运用,但教师的循证实践不能过分强调对外在前端证据的运用,否则会导致教师的外在依赖,从而影响教师的独立思考和自主能力。所以,在循证实践的模型与过程中,对于前端证据的运用一定要重视个体的经验。这个经验可以是作为前端证据的一部分,也可以作为第一轮循证时的全部前端证据。另外,在效果证据的反映上,除了数据、访谈,要注重观察,借用中医学的概念,不要全部是外显证据,或者是借用工具的证据,实践者的现场观察或直觉描述也是重要的证据。像"望、闻、问、切"的证据,在教师教学中怎么体现,非常值得去研究。

第三,关于过程的记录与报告的撰写。我们现在已经有了工作单和循证实践报告表,但在运用上还有待完善,特别是如何既关照教育的场景,又能够解决现实的问题,并引领教育教学实践向高品质发展,还需要深入研究。

## 二、加强部门之间的协同推进

循证实践的完全落实不仅需要设计出操作的要点,还需要相关机构或部门之间的联动协作。以美国开展的循证教育为例,其实施开展需要多个部门与机构间的协作,不仅仅是研究者与教育者(主要指各类教育、培训机构的教师)发挥作用,受教育者、管理者(主要指教育政策的制定者及相关行政人员)也需要纳入实施体系之中,从而形成一个知识可持续积累、实践可持续改进的框架结构。在这个框架结构里,研究者提供最佳证据,教育者基于证据进行教学,受教育者有权参与教育实践的决策,管理者协调整个教育过程(见图10-1)。[1]

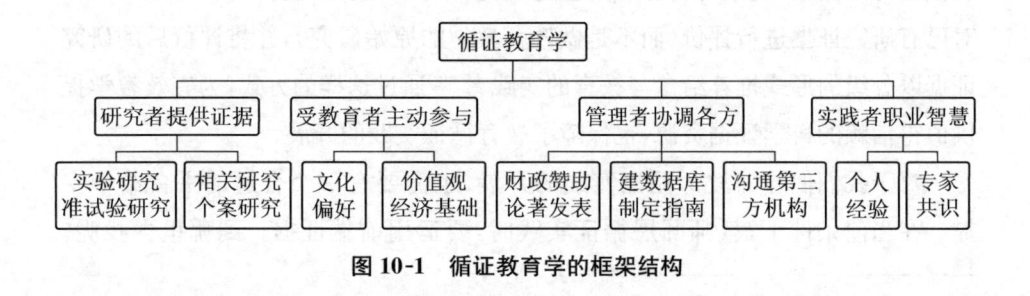

**图 10-1 循证教育学的框架结构**

---

[1] 杨文登,叶浩生.缩短教育理论与实践的距离:基于循证教育学的视野[J].教育研究与实验,2010(03):11—17.

在教师循证实践的深度实施特别普及推广中,还必须有多部门的联动与协同。从区域整体层面而言,需要教育局或有关部门制定相关的政策,为循证实践的区域推进提供领导、组织、协调等方面的支持;需要区域教育研究和培训等业务机构提供有关的专业支持,发挥研究、指导、服务职能,提供循证实践开展所需要的专业引领与问题解决。具体而言,如培训部门的宣传与整体培训,教学和德育等研究部门立足于循证实践的指导提升,信息中心搭建相关的平台等,需要学校发挥具体的组织和实施主体作用,给教师开展循证实践创造营造氛围、创造条件、提供支持。

从校本研修的发展来看,其实施与指导改进从"基于经验"转向"基于实证",注重多方面的证据搜集与分析,并据此循环优化,是一种正确的打开方式。[1]在循证实践的指导、培训中如何也践行循证实践的思路,强调基于证据,需要进一步深入研究。只有加强协作,取得观念与能力上的实质提升,并形成相关的制度与机制,教师的循证实践才能真正在实际的教学工作中落实和细化。

三、加强平台资源的建设应用

循证实践要能够有效地落实,基于平台的资源建设非常重要。因为从循证实践的原初内涵而言,遵循证据进行决策和实践是其根本要义,寻找到最佳证据是这个范式的核心。没有证据,就谈不上循证;而没有丰富的高质量证据,循证也可能是低效甚至无效的。为此,医学领域为了循证,创建了专门的证据库。循证扩展到社会科学领域,证据库的建设仍然是关键环节和重要任务,需有专业的团队运作,有专门的标准遵循。在教育领域中,美国为了推进循证,专门建设了教育教学证据库——有效教学策略网(What Works Clearing-house,简称WWC)。该平台创立于2002年,是美国教育科学研究所向教育部倡议建立并直接管理的网站,网站将自己的角色定位为"最佳证据"的提供者。它组织人员对已有研究证据进行评价(而不是做教育教学的原始研究),并将评价后的研究证据以分级的形式推荐给参与教育的实践者。[2]通过这样的方式,为有效教学提供值得信赖的科学证据资源,也保障了教育循证实践的开展。

对于我们倡导的教师循证实践的开展,也需要有一个合适的平台给予支撑。在当前条件下,教师开展循证实践时,要运用前端证据。到哪里去找呢?

---

[1] 江姝.校本研修的正确打开方式——一种校本化的理解与实践[J].江苏教育,2018(46):11—14.
[2] 杨文登.循证教育学理论及其实践——以美国有效教学策略网为例[J].宁波大学学报(教育科学版),2012,34(04):5—10.

如果让各个教师以自己的条件去寻找，他们可能没有足够的时间、精力与经费来获得充足的证据，也不一定能找到最适合的证据。目前，大多数教师搜寻证据，主要借助于中国知网（www.cnki.net）这个平台，这个平台的资源量非常丰富，其检索方式也并不复杂，但这个平台一是收费，二是非常庞大，教师不一定能很快搜集到自己有用的信息。因此，搭建一个更有针对性的平台，是非常迫切但又有难度的挑战性任务。

教师循证实践的大范围实施与推进，不但需要有检索平台的支撑，还需要有证据资源的建设与积累。一些专业性的证据库，大多是以科学研究和系统综述为主，作为中小学教师开展的循证实践，除了高标准的科学研究证据外，教师实践性的研究成果如何纳入到证据库中，是一个非常值得研究的课题。中小学的研究课题数量很多，形成的研究报告也很丰富，但如何转化为证据资源，在这方面还缺乏研究。我们计划通过区域教育教学研究成果的转化，建立相应的证据库，但这个过程是比较漫长的，也需要很多技术或学术的支持。尽管我们在第七章中就循证实践报告表的研发进行了介绍，在这方面进行了尝试，但还不够成熟，后续研究中将会进一步深化与完善。另外，除平台资源外，形成系统化、操作性的指南手册也非常必要，在现有成果基础上，进行可视化、操作性、简洁性的转化与加工，提供给教师一些清晰、便捷的指引和提示，也是资源建设的一个方面。

# 主要参考文献

[美]莫兰,马洛特;肖艳,邵冉译.实证教育方法[M].北京:中国轻工业出版社,2006.

[美]佩第;宋懿琛,付艳萍,孙一菲译;王为杰校.循证教学:一种有效的教学法[M].广州:广东教育出版社,2013.

巴拉克·罗森海因,蒋慧,盛群力.教学原则:所有教师应了解的循证策略[J].课程教学研究,2017(07):8—15.

陈进,卿平,王聪.循证教育研究与实践[M].北京:学苑出版社,2013.

陈向明,王志明.义务教育阶段教师培训调查:现状、问题与建议[J].开放教育研究,2013,19(04):11—19.

陈向明.从教师"专业发展"到教师"专业学习"[J].教育发展研究,2013,33(08):1—7.

陈向明.扎根理论在中国教育研究中的运用探索[J].北京大学教育评论,2015,13(01):2—15,188.

陈宇卿.让每个孩子充分发展:教育个性化的区域追求[M].上海:上海人民出版社,2022.

崔友兴.论循证教学的内涵、结构与价值[J].教师教育学报,2019,6(02):53—58.

崔友兴.循证教学研究的现状、问题与展望[J].海南师范大学学报(社会科学版),2018,31(01):82—90.

邓敏杰,张一春,范文翔.美国循证教育的发展脉络、应用与主要经验[J].比较教育研究,2019,41(04):91—97.

胡晓玲,张宝仁,李丹,柳春艳.循证教育学研究现状及未来发展的探讨——基于兰州大学循证科学与知识转化论坛[J].高等理科教育,2019(01):30—34.

胡艳,刘佳,赵兰,王红燕.教师教育领域的循证实践:价值与挑战[J].教师教育研究,2020,32(06):1—7.

李霞.循证教育:英国的实践探索[J].比较教育研究,2021,43(08):71—78.

刘雪梅,蔡羽嘉,杜亮,陈霖.对撰写循证实践文章的一点建议[J].中国循证医学杂志,2004(08):578.

柳春艳,李秀霞,杨克虎.发展中的循证教育学:多元特征与研究前景[J].图书与情报,2018(03):35—42.

马玉斌,江建国.让教育科研成果真正"落地生根发芽"——对优秀教育科研成果推广与应用的几点思考[J].教学月刊·中学版(教学管理),2014(03):17—19.

任萍萍,李鑫.循证教育研究:缘起、困境、体系框架与实施建议[J].中国电化教育,2021(12):33—39.

茹秀芳.教师循证教学能力及培养研究[J].教育理论与实践,2016,36(7):58—61.

盛影莹,王俊山,汪振兵,居宁,邓敏,陈吉.小学教师循证素养的现况调查与提升建议[J].上海教育科研,2021(05):35—40.

苏军.教研转型依靠证据"说话"[N].文汇报,2013年1月18日.

谭轹纱,范卿泽.论循证教学的发展向度和功能限度[J].当代教育科学,2022(02):41—49.

童峰,郑昊,刘卓.从循证医学到循证实践的思辨与发展[J].医学与哲学(A),2017,38(02):38—42.

王江.循证:"可见的学习"理论下的数学思维"能见度"提升的路径建构[J].中小学课堂教学研究,2021(01):38—41,62.

王俊山等.个性化教育评价:设计与实施[M].上海:上海社会科学院出版社,2021.

徐淀芳.严格的证据:教学研究进步的核心[J].教育发展研究,2013(02):1—4.

徐文彬,彭亮.循证教育的方法论考察[J].教育研究与实验,2014(04):10—14.

许爱红.基于证据的教育及其对我国教育发展的启示[J].教育理论与实践,2011(09):16—19.

薛海平,陈向明.我国中小学教师培训质量调查研究[J].教育科学,2012,28

(06):53—57.

杨婷.当教育成为一种循证实践——兼与格特·比斯塔等人对话[J].全球教育展望,2021,50(07):54—63.

杨文登,谈心.教师实践智慧的五种常见误解及其澄清——基于循证教育学的视角[J].教师教育研究,2016,28(04):1—7.

杨文登,叶浩生.社会科学的三次"科学化"浪潮:从实证研究、社会技术到循证实践[J].社会科学,2012(08):107—116.

杨文登、叶浩生:缩短教育理论与实践的距离:基于循证教育学的视野[J].教育研究与实验,2010(03):11—17.

杨文登.社会工作的循证实践:西方社会工作发展的新方向[J].广州大学学报(社会科学版)2014,13(02):50—59.

杨文登.心理健康领域的循证实践[M].北京:商务印书馆,2017.

叶浩生,杨文登.教育心理学:历史、分歧与超越[J].教育研究,2012(06):103—112.

游洁,拜争刚,黄鹏,吴淑婷,钟小玲,赵坤,王建成,杨克虎.循证实践理念和方法在中国管理领域研究现状可视化分析[J].河南大学学报(医学版),2017,36(02):91—97.

俞可,陈丹,赵帅.循证:欧盟教育实证研究新趋向[J].华东师范大学学报(教育科学版),2017(03):172—149.

张红霞.教育科学研究方法[M].北京:教育科学出版社,2009.

张琦.遵循循证原则 制订教育政策[J].中国教育学刊,2007(07):11—15.

郑红苹,崔友兴."互联网+教育"下循证教学的理念与路径[J].教育研究,2018,39(08):101—107.

周加仙等.教育神经科学视野中的循证教育决策与实践[M].北京:教育科学出版社,2016.

朱连云.导向深度学习的教学实践框架与循证案例[M].上海:学林出版社,2020.

朱郁华.课堂改进:从基于"经验"走向基于"证据"[J].中小学教师培训,2017(07):59—60.

Hempenstall, K. What does Evidence-Based Practice in Education Mean?[J]. Australian Journal of Learning Disabilities, 2006, 11(2):83—92.

Kee-Hsin Chen, Pei-Chuan Tzeng, Tzu-Hsuan Chen, Ken N. Kuo, Hsueh-Erh Liu, Chiehfeng (Cliff) Chen. Develop a Self-Evaluation Questionnaire for Evidence-Based Practice Education [J]. American Journal of Educational Research, 2014, 2(9):740—744.

Lingenfelter, P. "Proof", Policy, & Practice: Understanding the Role of Evidence in Improving Education[M]. Stylus Publishing LLC, 2016.

Maria B. Sciuchetti, John W. McKenna, Andrea L. Flower. Teacher Knowledge and Selection of Evidence-Based Practices: A Survey Study[J]. Journal of Vincentian Social Action, 2016, 1(2):20—31.

Maria Ruzafa-Martinez, Lidon Lopez-Iborra, Teresa Moreno-Casbas and Manuel Madrigal-Torres. Development and Validation of the Competence in Evidence-Based Practice Questionnaire(EBP-COQ) among Nursing Students[J]. BMC Medical Education, 2013, 13:19.

Philip Davies. What is Evidence-Based Education? [J]. British Journal of Educational Studies, 1999(6):108—121.

Richard J. Shavelson and Lisa Towne. Scientific Research in Education[M]. Washington DC: National Academy Press, 2002.

U.S. Department of Education, Institute of Education Sciences, National Center for Education Evaluation and Regional Assistance. Identifying and Implementing Educational Practices Supported by Rigorous Evidence: A User Friendly Guide [EB/OL]. 2003. http: www. ed. gov/rschstat/research/pubs/rigorousevid/rigorousevid.pdf.

Wendt D J. Evidence-Based Practice Movements in Psychology Empirically Supported Treatments, Common Factors, and Objective Methodological Pluralism[J]. Intuition: BYU Undergraduate Journal of Psychology, 2006(2):49—62.

# 后　记

　　参加工作以来,我曾经撰写和参编过多部著作,每一本书的写作都比较艰辛,但这本书尤感艰难。本书能够顺利完成并出版,是诸多因素良性积累的结果,更是群体智慧的结晶。

　　本书的撰写及相应课题的研究,首先得益于静安区丰厚的科研土壤。静安区多年来以重大项目引领区域教改,推动着前沿探索和研究深化。而聚焦循证实践,是一种偶然,也是一种必然。这既吻合了教育研究方法发展的总体趋势,也彰显了静安区通过方法进阶推进研究品质提升的不懈努力。在总结静安区"十二五"重大课题成果时,我们已经提出"实践性循证",但只是初步讨论了这一概念,还未进行具体实施上的探索。2017年,静安区申报的"十三五"重大科研项目"深化教育个性化:发达城区提升学生核心素养的实践性循证研究"立项为教育部重点课题。在这一课题的名称中,"实践性循证"被明确提出,其成为本课题研究方法的鲜明特征。如何回应课题方法推进的需要和学校的需求,一些关于循证的深层次问题亟待回答,而更为关键和急迫的,是提供一些操作性的举措和支持性的工具。为了更加集中、深入地对循证开展研究,我主持申报了"中小学教师循证实践的现状调查和优化路径研究",并被立项为2019年度上海市教育科研课题,由此开启了对循证实践的系统探索。

　　循证实践是一个前瞻性话题,也是一个世界性难题。本书的撰写及相应课题的研究,是艰难行进的航程,也是自我突破的过程。在立项之初的一年时间里,我们研发编制了原创性的调查工具,并在全市五个区进行了大样本的调查,形成了重要的调查成果。但如何在实践操作层面上实现突破,是横亘在我们面前的一座大山。在2019年底和2020年初,我连续组织了几次攻关研讨,终于建构了循证实践的操作模型,这算是一个突破。但学校具体落实的有效支撑工具还需要持续研发以及实践的检验。怎么办?为了尽快取得新的突破,在徐晓唯校长的大力支持下,在小学学段科研员的全心参与下,我们开始与大宁国际小学进行联合研讨,通过一段时间的集中攻关和深入讨论,终于在支撑性工具研发上获得重要进展。在此基础上,我们扩大了试点合作的范围,先后有四个学段的八个学校加入,使得循证实践研究探索的队伍得到进一步壮大。但当我们有序地推进研究时,由于受到新冠疫情等方面的影响,后续的研究又受到迟滞,工具的研发与检验遇到了新的挑战。

如果说研究之路充满艰难,那本书的撰写就显得更加困苦,最后的成书是一项特殊的工程。我于2021年10月就提出了出版本书的设想和计划,并于2022年1月构思了本书的写作框架。但同研究小组一起讨论时,大家都感到研究成果还不够丰富,写作框架未能充分关照实践,成书出版比较困难。而且在这个节骨眼上,因疫情又开始居家办公。就这样,在做抗疫志愿者的同时,我又对目录框架进行了较大幅度甚至是颠覆式的改动,终于在5月初敲定了写作框架。开始动手写作了,又因为缺乏相关素材,部分章节仍然面临着很大障碍。尽管疫情之下非常艰难,但材料搜集得到保障,线上讨论也随时开展。历经困顿与磨砺,终于在6月份完成书稿第一稿。

本课题的研究和本书的撰写离不开大家的关心、支持与帮助。张民生主任、顾泠沅教授、郅庭瑾教授等对总课题的指导,也为本课题的研究指点了迷津。特别是顾泠沅老师,作为实践性循证研修班的总指导,对循证实践课题的前期研究提出了思路和建议,为整个研究奠定了坚实的基础。循证研修班所聘请的专家张才龙、谢光庭、曹培英、张小华对研修小组的悉心指导,不但推进了方法的研修应用,促进了学校子课题研究的品质提升,而且对本课题的研究也有很多帮助。在中期汇报时,向明中学芮仁杰校长和原卢湾区教科室主任谢光庭老师又提出了很好的建议。借此机会,对促进静安区教育科研方法进阶提升给予帮助,特别是本课题研究中给予悉心指导的领导、专家表示衷心的感谢!

在课题研究过程中,陈宇卿局长多次关心方法研修所取得的成果,这督促和激励我们持续研究、不断深化。课题开展的大样本调查,得到了黄浦、徐汇、闵行、青浦四区教科室的鼎力协助,得到本区中教科、小教科、幼教科和样本学校的大力支持,特别是在试点推进过程中,市一中学、久隆模范中学、彭浦四中、时代中学、大宁国际小学、万航渡路小学、安庆幼儿园、南阳实验幼儿园八所试点校更是精心组织、积极行动,为课题的研究实施和书稿的最后撰写提供了坚实的支撑。为了体现直观性和操作性,本书的撰写中还选用了一些学校、老师的材料作为案例。在课题研究和本书出版过程中,教育学院陈青云院长和分管领导汪振兵副院长，给予了诸多支持和具体帮助。在此，对本区及外区关心、支持、帮助本课题研究和本书撰写出版的所有领导、专家、同仁表示特别的谢意！

　　课题的研究和本书的撰写是核心团队踔厉奋发、精诚协作的结果。一场场智慧碰撞的专题讨论铺就了研究推进的牢固基石，一次次深入学校的对话研修构筑了成果生长的实践根脉。即使受到新冠疫情的困扰，面临体力和心力的双重煎熬，但每个执笔人都全力以赴，努力按时高质量地完成稿件。本书的出版源自我主持的课题，参与课题研究的成员为：汪振兵、杜兴义、居宁、陈吉、邓敏、柯慧、徐梦杰、盛影莹、夏小红、刘慧、李志翔、程书丽、张俊雄、秦蓁、吕涵。其中杜兴义、盛影莹、夏小红、李志翔协助我完成了子课题研究报告。以此为基础，我重新拟订了写作框架及撰写的体例与格式，各位执笔人根据框架进行了改写、补写甚至重写。本书各章的执笔者分别为：前言，王俊山；第一章，王俊山；第二章，王俊山；第三章，陈吉、盛影莹、李志翔；第四章，杜兴义；第五章，邓敏；第六章，居宁；第七章，柯慧；第八章，盛影莹、王俊山；第九章，夏小红、王俊山；第十章，王俊山。全书由王俊山统稿、定稿、审稿。

　　循证实践的研究和成果还非常缺乏，我们的探索只是开辟了一条新航道，成果的总结与出版只是打造了一艘新航船。航道需要拓宽和加深，航船也需要升级和扩增。静安区"十四五"重大课题将继续开展并深化实践性循证研究，这也对我们提出了新的要求和任务。希望未来在循证实践的探索上有更多的志同道合者加入，也希望有更加丰富的成果涌现。

　　我们耕耘着！我们期待着！

王俊山<br>
2022 年 9 月 25 日

图书在版编目(CIP)数据

教师循证实践的现状与路径优化 / 王俊山主编. —上海：上海社会科学院出版社，2023
ISBN 978 - 7 - 5520 - 3805 - 7

Ⅰ.①教… Ⅱ.①王… Ⅲ.①师资培养—研究 Ⅳ.①G451.2

中国国家版本馆 CIP 数据核字(2023)第 006204 号

## 教师循证实践的现状与路径优化

主　　编：王俊山
出 品 人：佘　凌
责任编辑：陈如江
封面设计：黄婧昉
出版发行：上海社会科学院出版社
　　　　　上海顺昌路 622 号　邮编 200025
　　　　　电话总机 021 - 63315947　销售热线 021 - 53063735
　　　　　https://cbs.sass.org.cn　E-mail：sassp@sassp.cn
照　　排：南京理工出版信息技术有限公司
印　　刷：苏州市古得堡数码印刷有限公司
开　　本：710 毫米×1010 毫米　1/16
印　　张：20.25
插　　页：1
字　　数：339 千
版　　次：2023 年 3 月第 1 版　2025 年 4 月第 2 次印刷

ISBN 978 - 7 - 5520 - 3805 - 7/G·1237　　　　　　　　　　　定价：89.00 元

版权所有　翻印必究